Lindemann · Gustav Heinemann

Helmut Lindemann

Gustav Heinemann

Ein Leben für die Demokratie

Kösel-Verlag München

Cip-Kurztitelaufnahme der Deutschen Bibliothek

Lindemann, Helmut
Gustav Heinemann : e. Leben für d. Demokratie.
– München : Kösel, 1978.
ISBN 3-466-41012-6

Printed in Germany. Gesamtherstellung: Kösel, Kempten.
Umschlaggestaltung: Günther Oberhauser, München.
Umschlagfoto: Scheler/Stern

Inhalt

Für meine Enkel

Wer in unserem Zeitalter sich nicht selber eine Grabschrift aufsetzt, ehe er stirbt, der wird nicht länger im Gedächtnis leben, als die Glocke läutet und die Witwe weint.

William Shakespeare: Viel Lärm um Nichts.

Denn die Lebendigen wissen, daß sie sterben werden; die Toten aber wissen nichts, sie haben auch keinen Lohn mehr – denn ihr Gedächtnis ist vergessen.

Prediger Salomo 9,5.

Vorwort

Dieses Buch ist ein Versuch, der verhindern soll, daß das Gedächtnis Gustav Heinemanns bei den Deutschen verlorengehe. Der dritte Präsident der Bundesrepublik Deutschland hat in den letzten Jahren seines Lebens daran gearbeitet, sich eine Grabschrift aufzusetzen. Richtiger gesagt: er hat versucht, von seinen Reden und Schriften dasjenige der Nachwelt zu erhalten, was ihm zum Verständnis seines Wirkens und der Zeit, in der er gewirkt hat, wichtig erschien. Das Ergebnis ist die im Suhrkamp-Verlag seit 1975 erschienene Sammlung seiner Reden und Schriften.
Noch zu Heinemanns Lebzeiten, und zwar während seiner Amtszeit als Bundespräsident, sind mehrere Bücher veröffentlicht worden, die sich mit verschiedenen Phasen seines öffentlichen Wirkens beschäftigen. Unter ihnen verdient besondere Erwähnung die umfassende Monographie des Historikers Diether Koch über *Heinemann und die Deutschlandfrage.* Schließlich ist nach Heinemanns Tod als Essay eine Schilderung seiner Kinder- und Jugendjahre aus der Feder Carola Sterns erschienen. Alle diese Darstellungen sind in den bibliographischen Angaben am Ende dieses Buches verzeichnet und haben dem Verfasser als Quelle gedient, ohne daß immer besonders auf sie Bezug genommen worden ist. Das Buch von Diether Koch kann, was Heinemanns Rolle im Kampf gegen Adenauers Deutschland- und Außenpolitik angeht, als eine auf lange Sicht erschöpfende Darstellung gelten; diese in ihren Einzelheiten zu wiederholen erschien mir daher sinnlos. Auch die anderen in den bibliographischen Notizen aufgeführten Bücher enthalten manche Einzelheiten und Quellenangaben, die hier nicht berücksichtigt worden sind.
In dem hier vorgelegten Buch geht es weder um Vollständigkeit im Detail noch um wissenschaftliche Akribie, sondern um politische und menschliche Vergegenwärtigung. Deshalb ist bei aller Sorgfalt der Quellenauswertung auf einen wissenschaftlichen Apparat verzichtet worden. Er würde dem Zweck dieses Buches nur im Wege stehen. Die Anmerkungen beschränken sich auf Erläute-

rungen, die zum Verständnis des Gesagten unentbehrlich sind, im Text selber aber störend wirken würden. Die bibliographischen Angaben enthalten außer den bereits erwähnten Werken nur solche Arbeiten, die über die hier gegebene Darstellung hinaus Zugang zu Heinemanns Denken und Handeln erschließen.

Der zeitgenössische britische Historiker Alan J. P. Taylor hat unlängst in der Rezension einer Biographie geschrieben: »Um eine geschichtliche Gestalt zu verstehen, müssen wir mehr über ihre geschichtliche Umwelt und weniger über ihr Tun als Individuum erfahren.« Dieses Rezept voll anzuwenden war hier schon wegen der räumlichen Beschränkung nicht möglich; wohl aber ist jedem Kapitel ein knapper Abriß des zeitgeschichtlichen Hintergrundes vorangestellt worden, der dem Leser die Vergegenwärtigung erleichtern soll.

Der Verfasser ist vielen Personen, die ihm Auskunft gegeben haben, zu Dank verpflichtet. Stellvertretend für alle seien hier Brigitte und Helmut Gollwitzer genannt; zusammen mit Peter Heinemann und Manfred Wichelhaus haben sie dem Verfasser auch den Zugang zum schriftlichen Nachlaß Gustav Heinemanns ermöglicht, der im Archiv der sozialen Demokratie der Friedrich-Ebert-Stiftung in Bonn-Bad Godesberg aufbewahrt wird. Eine von Martin Lotz besorgte Bibliographie der Veröffentlichungen Heinemanns ist dort in dessen Todesjahr erschienen. Der Friedrich-Ebert-Stiftung gebührt der besondere Dank des Verfassers dafür, daß sie ihm die Vorarbeiten für dieses Buch in jeder erdenklichen Weise erleichtert und damit die Fertigstellung des Buches ermöglicht hat.

Nonnenhorn am Bodensee,
im November 1977

Einleitung

Keine Regierung und keine Bataillone vermögen Recht und Freiheit zu schützen, wo der Bürger nicht imstande ist, selber vor die Haustüre zu treten und nachzusehen, was es gibt.

Gottfried Keller, Züricher Novellen

Als ich 1975 zusammen mit Gustav Heinemann den im Jahr nach seinem Tode erschienenen Band seiner politischen Reden und Aufsätze aus den Jahren 1919 bis 1969 (III) vorbereitete, beanstandete er in einem meiner Zwischentexte das auf ihn bezogene Wort »Engagement« und bat mich, dafür einen anderen Ausdruck zu wählen. Natürlich habe ich seinem Wunsch entsprochen, doch habe ich oft darüber nachgedacht, was ihn, einen der engagiertesten Menschen seiner Generation, zu dieser Bitte bewogen haben mag. Es war gewiß mehr als die Abneigung gegen entbehrliche Fremdwörter, die er nicht liebte. Vielleicht war es der eher unbewußte Wunsch, sich von einem in den Jahren der Studentenrebellion etwas verschlissenen Begriff zu distanzieren. Die Nüchternheit, einer seiner charakteristischen Wesenszüge, ließ ihn vor Worten und Begriffen zurückschrecken, die sein politisches Verhalten mit Gefühl oder gar mit Leidenschaft in Verbindung zu bringen schienen.
Daraus folgt, daß jeder, der über Gustav Heinemann zu schreiben unternimmt, seinen Stil auf die Goldwaage der Nüchternheit legen sollte. Mit großen Worten wird man diesem Manne nicht gerecht. Am 10. April 1829 soll der fast achtzigjährige Goethe zu Eckermann über den französischen Schriftsteller Beaumarchais gesprochen und dabei gesagt haben: »Er war ein toller Christ.« Das war bewundernd und anerkennend gemeint, doch ist das eine Aussage, wie sie über den Christen Heinemann kaum möglich erscheint. Oder vielleicht doch? Für Gustav Heinemann, dem Christusglaube und kirchliche Frömmigkeit in seiner Jugend nicht selbstverständlich waren, ist das Evangelium etwa seit seinem

dreißigsten Lebensjahr zum unerschütterlichen Fundament allen Denkens und Handelns geworden. Unter den maßgeblichen Politikern der Bundesrepublik Deutschland hat es bisher nur sehr wenige gegeben, die in ihrem öffentlichen Wirken von ihrem Glauben so sicher getragen und so stark geprägt worden sind.

Nun ist freilich nach einem bekannten Wort Martin Luthers ein Christ überhaupt ein rarer Vogel. Bei Gustav Heinemann aber paarte sich diese seltene Eigenschaft mit der in Deutschland nicht weniger seltenen radikalen Entschiedenheit für die Demokratie. In Heinemanns Denken, wie es uns in einer ungewöhnlich großen Zahl von Reden und Aufsätzen gegenwärtig und der Nachwelt aufbewahrt ist, tritt schon frühzeitig als ein Hauptmotiv die von ihm selbst erlebte mühsame Überwindung des Untertanengeistes in Deutschland hervor. Als dem Bundesjustizminister Heinemann 1967 von der Universität Bonn der theologische Ehrendoktor verliehen wurde, hielt er einen Vortrag über das für seine geistige Welt bezeichnende Thema »Der demokratische Rechtsstaaat als theologisches Problem«. Darin findet sich der Satz: »Mit dem Umbruch von 1918 traten wir zum ersten Mal in unserer Geschichte in eine Demokratie ein.« Diese Aussage mag heute manchem banal erscheinen. Für Heinemann umreißt sie eine der beiden entscheidenden Erfahrungen seines Lebens.

In der noch immer kurzen Geschichte der Bundesrepublik Deutschland hat es glücklicherweise in allen größeren politischen Parteien so viele überzeugte Demokraten gegeben, daß auch heute noch der Satz gilt: Bonn ist nicht Weimar. Die zweite deutsche Republik ist mindestens bisher einen besseren Weg gegangen als der Staat von Weimar. Gustav Heinemann aber ist unter den deutschen Demokraten nach 1945 in zweifacher Hinsicht ein Sonderfall gewesen. Einmal hat wohl kein anderer Politiker seiner Generation die Hinwendung wenigstens eines Teiles der Deutschen zur demokratischen Republik mit solch nüchterner Leidenschaft erlebt wie er, der 1968, als er bereits Kandidat für das Amt des Bundespräsidenten war, von seinem mütterlichen Großvater Walter erzählte: ...»der nahm mich als kleinen Jungen gerne auf den Schoß und sagte: So, jetzt sprich mir einmal nach, und dann hat er mir das Heckerlied beigebracht: ›Er hängt an keinem Baume, er hängt an keinem Strick, er hängt nur an dem Traume der schwarz-rot-goldenen Republik.‹« Heinemann sprach in diesem Zusammenhang von einer politischen »Einfärbung von der Familie her«.*

Zum andern ist Gustav Heinemann in der Zeit nach 1945 der einzige Unabhängige in der deutschen Politik gewesen, dem es gelungen ist, seine unabhängige Position mit der Zugehörigkeit erst zu der einen und dann zu der anderen großen Partei in der Bundesrepublik in Einklang zu bringen. Zum Bruch mit der CDU, die er in Essen mitgegründet hatte, kam es nicht etwa deshalb, weil die Partei Heinemanns Unabhängigkeit ausdrücklich in Frage gestellt hätte, sondern weil die CDU von ihrer Grundlage, dem Ahlener Programm, abwich und weil Heinemann sich mit Adenauers autokratischem Regierungsstil nicht abfinden mochte. Später war er ein loyales Mitglied der SPD, ohne doch jemals im landläufigen Sinne Sozialdemokrat geworden zu sein. Er sah jedoch zutreffend in der Sozialdemokratie diejenige politische Gruppe, die es ihm am ehesten ermöglichte, in und mit ihr seine eigenen politischen Vorstellungen zu verwirklichen. Außerdem wurde er einer der Geburtshelfer des Godesberger Programms.

Der Christ und Demokrat Heinemann war außerdem Patriot in einem Sinne des Wortes, der in Deutschland eher ungebräuchlich ist. Patriotismus stellt man sich hierzulande meistens in Verbindung mit wehenden Fahnen, dröhnender Marschmusik und hohlem Pathos vor. Dergleichen war dem nüchternen Heinemann durchaus fremd und sogar zuwider. Was ihm Vaterlandsliebe bedeutet hat, ist nachzulesen am Schluß der Rede, mit der er am 1.Juli 1969 das Amt des Bundespräsidenten übernahm: »Es gibt schwierige Vaterländer. Eines davon ist Deutschland. Aber es ist *unser* Vaterland. Hier leben und arbeiten wir. Darum wollen wir unsern Beitrag für die *eine* Menschheit mit diesem und durch dieses Land leisten.«

Das Merkwürdige und – man darf das bei aller gebotenen Nüchternheit wohl sagen – das Einzigartige an Gustav Heinemann

* Im Gespräch mit Günter Gaus »Zu Protokoll« im Ersten Deutschen Fernsehen am 3. 11. 1968. – Friedrich Hecker (1811–1881), seit 1842 Mitglied der Zweiten Kammer in Baden, begann 1848 einen Aufstand, um die Republik zu verwirklichen, und floh nach dessen Scheitern in die USA.

als Erscheinung im öffentlichen Leben Deutschlands, zumal nach 1945, war der in seiner Person harmonisch vollendete Dreiklang aus Christ, Demokrat und Patriot. Keine dieser drei Seiten seines Wesens ließe sich hinwegdenken, ohne daß das Bild verfälscht würde. Dieser Dreiklang ist der Schlüssel, mit dem sich das öffentliche Wirken Heinemanns dem Verständnis der Nachwelt öffnet. Es fällt nicht leicht, ja es dürfte fast widersinnig sein, Gustav Heinemann den Deutschen insgesamt als Vorbild hinzustellen. Schließlich ist auch er nur aus den Zusammenhängen seiner Zeit und aus den besonderen Bedingungen seiner politischen und sozialen Umwelt zu verstehen. Darum werden wir seinesgleichen nicht wieder sehen. In einzelnen Bezügen aber, zumal in seinem radikalen Demokratieverständnis und in seiner unbedingten Menschlichkeit, kann dieser Mann künftigen Generationen seines Volkes ein Beispiel sein.

1 Die verdeckten Jahre

Alle Zukunft erwächst auch aus Vergangenheit. *17. Januar 1971*

Das erste Drittel des 20. Jahrhunderts ist uns, die wir in seinem letzten Drittel leben, bereits sehr fern gerückt. Dazu hat nicht nur die Zahl der Jahre, dazu haben vor allem die grundstürzenden Veränderungen der politischen und sozialen Verhältnisse beigetragen.

Als Gustav Heinemann 1899 geboren wurde, befand sich das 1871 gegründete Deutsche Reich auf dem Höhepunkt seiner Entwicklung. Bismarck, der 1890 im Streit mit dem jungen Kaiser Wilhelm II. aus dem Amt geschieden war, lag seit einem Jahr im Grab. Noch kurz vor seinem Tod hatte Bernhard von Bülow, der Bismarck erst im Amt des Außenministers und später auch in dem des Reichskanzlers folgte, jene berühmt-berüchtigte Rede gehalten, die mit dem Satz schloß: »Wir wollen niemand in den Schatten stellen, aber wir verlangen auch unseren Platz an der Sonne.« Damit kündete sich das Unheil an, dessen Folgen Gustav Heinemanns Lebensweg bestimmt haben.

Mit dem jungen Kaiser brach der Wilhelminismus über Deutschland herein, der das bürgerliche Zeitalter zum großbürgerlichen verfälschte, ja zum Zeitalter des Größenwahns entarten ließ. Weil Deutschland nicht Maß zu halten verstand, weil Bismarck dem Reich mit seiner Gründung außenpolitische Aufgaben gestellt hatte, die nur er selbst zu meistern vermochte, aber auch weil das deutsche Bürgertum der Versuchung zum Größenwahn nicht widerstehen konnte und wollte, zeichnete sich schon um die Jahrhundertwende die Entwicklung ab, die erst mit der Katastrophe Deutschlands im Mai 1945 ihren Abschluß fand.

Aus heutiger Sicht erweist sich der Erste Weltkrieg als das eigentliche Ende europäischer Geschichte. Was nach 1918 geschehen ist, bildet nur noch ihren Epilog. Die meisten Europäer waren sich dieser Tatsache damals nicht bewußt. Die älteren Zeitgenossen jener Jahre, also die Generation von Gustav Heinemanns Eltern, standen in Deutschland Anfang der zwanziger Jahre vor allem unter dem Eindruck der unmittelbaren politischen Folgen der militärischen Niederlage. Die Einbuße an Prestige, der Verlust wichtiger Grenzprovinzen und der wirtschaftliche Druck der unsinnig hoch bemessenen Reparationen einerseits, der Untergang der Monarchie und die Errichtung einer demokratischen Republik andererseits beherrschten damals mehr als alles andere das Bewußtsein der meisten Deutschen. Die weitaus schlimmste Folge jenes Krieges, nämlich der Tod des besten Teiles der europäischen Jugend, wurde zunächst in den Hintergrund gedrängt.

Der Friedensvertrag von Versailles, den die Reichsregierung nach langem Widerstreben im Juni 1919 unterschrieben hatte, schuf keine Grundlage für einen gedeihlichen Frieden. Die Härte seiner Bedingungen, vor allem Deutschlands Diskriminierung als alleiniger Urheber des Weltkrieges, trugen entscheidend zur Fehlentwicklung der Weimarer Republik bei. Zusammen mit der Inflation, die einer Depossedierung des Bürgertums gleichkam, führten die Folgen von Versailles in verschiedenen Teilen des Reiches zu politischen Unruhen, deren die von den demokratischen Parteien der Linken und der Mitte getragene Reichsregierung nur mit Hilfe des Militärs Herr werden konnte. Als nach des sozialdemokratischen Reichspräsidenten Friedrich Ebert frühem Tod 1925 Generalfeldmarschall Paul von Hindenburg an die Spitze des Reiches trat, war der erste Schritt zum baldigen Ende der Republik getan.

Nach der Stabilisierung der deutschen Währung schien sich zunächst das Schicksal der jungen Republik zum Guten zu wenden. 1925 wurde der Vertrag von Locarno unterschrieben, der die politischen Verhältnisse in Westeuropa entspannte und Deutschland den Weg zurück in den Kreis der Nationen ebnen sollte. 1926 trat das Reich als Ratsmitglied dem Völkerbund bei, und als Symbol einer erhofften Aussöhnung erhielten Frankreichs und Deutschlands Außenminister Aristide Briand und Gustav Stresemann gemeinsam den Friedensnobelpreis.

Damals hätte kaum jemand zu prophezeien gewagt, daß die Weimarer Republik die Hälfte ihrer Lebenszeit bereits hinter sich hatte. Ihre mangelnde Stabilität war jedoch daran abzulesen, daß im Januar 1926 die dreizehnte (!) Reichsregierung seit 1919 gebildet und vier Monate später wieder gestürzt wurde. Ein anderes für die verhängnisvolle Entwicklung Deutschlands bezeichnendes Ereignis dieses Jahres 1926 war die Ernennung von Joseph Goebbels zum nationalsozialistischen Gauleiter von Berlin. Damit begann, auch wenn das damals im allgemeinen nicht erkannt wurde, Hitlers Kampf um die Macht in Deutschland.

Im internationalen Bereich gab es 1928 den nach dem amerikanischen Außenminister benannten Kellogg-Pakt, durch den der Krieg geächtet werden sollte. Obwohl der Pakt schließlich von 54 Staaten unterschrieben wurde, verhinderte er schon 1932 nicht Japans Eroberungszug in der Mandschurei.

Die wichtigsten Ereignisse in der Weltpolitik waren jedoch wirtschaftlicher Natur. Durch den Young-Plan erfolgte 1928 ein weiterer Schritt zum Abbau der Reparationslasten, die schließlich noch vor dem Zusammenbruch der Weimarer Republik praktisch ganz beseitigt wurden. Das gestörte Gleichgewicht der Weltwirtschaft ließ sich jedoch nicht mehr retten. Im Oktober 1929 brach in New York die Börse zusammen. 1931 verzichtete Großbritannien auf den Goldstandard, und gleichzeitig stellten große deutsche Banken die Zahlungen ein. Durch das nach dem amerikanischen Präsidenten benannte Hoover-Moratorium für internationale Schuldverpflichtungen wurde eine Atempause geschaffen.

In Deutschland verlor die demokratische Republik immer mehr an Boden. Mit dem Sturz der von dem Sozialdemokraten Hermann Müller geführten Reichsregierung im März 1930 war die parlamentarische Demokratie am Ende. Der neue Reichskanzler Heinrich Brüning (Zentrum) sah sich mehr und mehr genötigt, aufgrund des Notstandsartikels 48 der Reichsverfassung mit Verordnungen des Reichspräsidenten zu regieren. Im September 1930 errangen die Nationalsozialisten bei der Reichstagswahl erstmals einen großen Erfolg. Obwohl Brüning sich im Frühjahr 1932 energisch für die Wiederwahl des vierundachtzigjährigen Hindenburg zum Reichspräsidenten eingesetzt hatte, entließ der Greis auf Betreiben reaktionärer Ratgeber Brüning im Mai 1932. Die ihm folgenden Reichskanzler Franz von Papen und General Kurt von Schleicher hätten das Unheil nicht mehr aufhalten können, selbst wenn sie das gewollt hätten. Am 30. Januar 1933 wurde Hitler von Hindenburg zum Reichskanzler ernannt.

Heute kann man sich kaum mehr in die krassen Szenenwechsel jener drei Jahrzehnte hineinversetzen. Eine so tiefe Kluft, wie sie den allerdings talmihaften Glanz und die äußerliche Ordnung des Kaiserreiches vom Elend der ersten Nachkriegszeit und von dem unruhigen Jahrzehnt der Weimarer Republik trennt, hat es seither nicht wieder gegeben. Auch die Weltwirtschaftskrise um 1930 mit ihren Millionenheeren von Arbeitslosen hatte ganz andere Dimensionen als die wirtschaftlichen Schwierigkeiten der späten siebziger Jahre. Deshalb muß es allen Jüngeren schwerfallen, sich vorzustellen, was dieser Bruch für einen jungen Bürgersohn bedeutet haben mag, dessen Reifejahre vom düsteren Geschehen des Ersten Weltkrieges überschattet wurden und dem das Scheitern der Weimarer Republik die erste große Enttäuschung seines Lebens bereitet hat – in einer Zeit zudem, da er seine berufliche Laufbahn begonnen und eine Familie gegründet hatte.

»Gustav wollte schon als kleiner Junge Geld verdienen.« Das mag für viele, die den persönlich anspruchslosen Kirchenführer und Politiker Gustav Heinemann erst in den letzten Jahrzehnten seines Lebens kennengelernt haben, eine überraschende Nachricht sein; aber unglaubwürdig können wir sie nicht nennen, stammt sie doch von seinem Vater (9). Otto Heinemann drückt mit diesem Satz nicht nur den liebevollen Stolz auf seinen einzigen Sohn aus, der dem Fünfunddreißigjährigen 1899 als erstes von drei Kindern geboren wurde. Ein wenig schwingt darin auch die Zuversicht des rheinischen Bürgers mit, daß der Sohn wohl das Zeug dazu habe, den seit Jahrzehnten steil nach oben führenden Weg der Familie fortzusetzen.
Otto Heinemann war, was die Soziologie einen Aufsteiger nennt. Er war 1864 in dem hessischen Eschwege geboren worden, wo die Familie Heinemann seit Generationen ansässig war. »Meine Vorfahren väterlicherseits wie auch mein Vater betrieben das Metzgerhandwerk ... Das Geschäft meines Vaters war allerdings kleinsten Umfangs und beschränkte sich im wesentlichen auf das Schlachten von Kühen und Rindern und den Kleinverkauf des Fleisches.« Es waren kümmerliche Verhältnisse. Gewiß klingt es glaubhaft, wenn Otto Heinemann schreibt, er habe Armsein nie empfunden, und hinzusetzt: »Reich oder arm ist man nur von einem subjektiven Standpunkt aus ... Derjenige ist reich, auch

wenn er nur wenig besitzt, der seine Wünsche und Bedürfnisse unter dem hält, was seine Mittel ihm erlauben.« Nicht die Armut im landläufigen Sinne scheint den Sohn des Wandermetzgers gestört zu haben – eine Armut, die noch fühlbarer wurde, als der Vater schon 1881 von einer Lungentuberkulose dahingerafft wurde. Anstoß zum Aufstieg wurde vielmehr die von Otto Heinemann als drückend empfundene Enge des Daseins. »Gegen die Berufstätigkeit meines Vaters hatte ich eine starke Abneigung, für andere Handwerke besaß ich auch keine Neigung, auch zu wenig handwerkliche Geschicklichkeit. Ich wollte aber etwas ›Besseres‹ werden und aus der wirtschaftlichen Enge und Ärmlichkeit des Elternhauses heraus.«

Das ist dem Volksschüler Otto Heinemann über alles Erwarten hinaus gelungen. Mit achtundzwanzig Jahren bewarb er sich mit Erfolg um die Stelle des Kontrolleurs der Spar- und Stadtkasse im westfälischen Schwelm; dort erwies er sich als so tüchtig, daß ihn die Bezirksregierung in Arnsberg schon drei Jahre später zum Kommissar der Allgemeinen Ortskrankenkasse in Schwelm bestellte. Noch ehe Gustav, nach dem Urteil seines Vaters »als kleiner Junge ein hübsches und besonders liebes Kerlchen«, die ersten Kinderschuhe ausgetreten hatte, fand sein Vater: »Meine Schwelmer Stellung und Tätigkeit konnte mich auf die Dauer nicht befriedigen.« Er genoß den Ruf, ein solider Arbeiter und ein Fachmann für die sozialpolitische Praxis zu sein, der ein gutes Stück über die Kante seines Schreibtisches hinauszublicken pflegte. Das eröffnete ihm so viele Möglichkeiten, daß er eine gute Stellung wie die des Rendanten der Stadtsparkasse in Lünen ausschlagen konnte. Als aber die Firma Krupp den Posten eines Assistenten in ihrem Büro für Arbeiterangelegenheiten ausschrieb, war Otto Heinemann alsbald einer von 266 Bewerbern und kam mit drei andern zusammen in die engere Wahl. Dann hatte er es geschafft: »Anfangsgehalt 5500 Mk jährlich, Pensionsberechtigung; nach einem Jahr fünfjähriger Dienstvertrag mit entsprechenden Gehaltserhöhungen. Ich trat am 15. Dezember 1900 bei Krupp ein.« Gustav Walter, der die Vornamen nach seinem Großvater mütterlicherseits erhalten hatte und von den Eltern Tüpp genannt wurde, war damals siebzehn Monate alt.

Für die rheinische Bürgerlichkeit, die den familiären Hintergrund

Gustav Heinemanns bestimmt hat, war ausschlaggebender als das Elternhaus ebendieser Großvater, dessen Name der Knabe erhalten hatte. Der Dachdeckermeister Gustav Walter war in seiner Vaterstadt Barmen ein hochangesehener Mann und hatte es bereits zu beträchtlichem Wohlstand gebracht. Mit seinem Schwiegersohn Otto verband ihn bald eine freundschaftliche Beziehung, die ihre Wurzeln in einer gemeinsamen Liebe zum Männerturnen, in gleichgerichteter politischer Überzeugung, vor allem aber in der Gewißheit beider Männer hatte, im jeweils andern einen Menschen gefunden zu haben, auf den man sich verlassen konnte. Nicht von ungefähr hat Gustav Heinemann zeitlebens nie darauf verzichtet, das W. seines zweiten Vornamens zu führen. Er war nicht weniger ein Walter als ein Heinemann.

Man muß das Leben im Hause der Familie Walter kennen, wenn man Gustav Heinemann, seinen Werdegang und sein öffentliches Wirken verstehen will.* Nicht zuletzt auch die republikanische Gesinnung und das radikaldemokratische Bewußtsein, die Heinemann sich bis zu seinem Tode bewahrt hat, sind ein Vermächtnis seines Großvaters Walter.

Man kann sagen, daß Gustav Heinemann in bürgerlichen Verhältnissen aufgewachsen ist, ohne doch damit viel über seinen soziologischen Standort und geistigen Habitus auszusagen. Das liegt einmal an dem schillernden, doppeldeutigen Charakter des Begriffs Bürger im deutschen Sprachgebrauch. Zu größerer Genauigkeit gelangt man bei Anwendung dieses Begriffs immer nur, wenn man die französischen Wörter Bourgeois und Citoyen zu Hilfe nimmt. Versteht man unter Bourgeoisie das wohlhabende Besitzbürgertum, so kann man ihr weder Gustav Walter noch Otto Heinemann zurechnen. Ihrer Herkunft nach gehörten beide dem Kleinbürgertum an, doch waren beiden die geistige Enge und die politisch-reaktionäre Einstellung, die gewöhnlich das Kleinbürgertum kennzeichnen, wesensfremd. Otto Heinemann hat seinen sozialen Aufstieg sehr bewußt erlebt. Es hat ihn immer ein wenig

---

* Einzelheiten bei: Kurt Schnöring, »Gustav Walter – 1841–1913. *Wuppertaler Biographien, 12. Folge.* Beiträge zu Geschichte und Heimatkunde des Wuppertales. Wuppertal 1973.

gewurmt, daß ihm, nachdem er bei Krupp Prokurist geworden war, der Aufstieg in das Krupp-Direktorium versagt blieb, weil er lediglich die Volksschule besucht hatte. Er ist dadurch aber keineswegs verbittert worden, sondern hat im Nachwort zu seiner 1944 kurz vor seinem Tode abgeschlossenen Autobiographie (9) geschrieben: »Hinter mir liegt ein arbeitsreiches und kämpferisches Leben... Ich stand mit vielen wirtschaftlich und politisch führenden Zeitgenossen in Berufsverbindung.« Unter Hinweis auf seinen Sohn Gustav, der sein Stolz und seine Freude war, und auf »eine hoffnungsvolle Enkelschar« stellt er fest: »So hat sich mein Leben erfüllt, und ich glaube nicht umsonst gelebt zu haben.« Man darf das nicht als Selbstzufriedenheit eines satten Bürgers mißverstehen. Gleich darauf nämlich verneint Otto Heinemann die von ihm selber gestellte Frage, ob er sein Leben noch einmal beginnen möchte, und schreibt zur Begründung: »So auf mich selbst gestellt und frei, wie ich in meinem reichen Leben war, würde ich mich in die Bindungen und in den Zwang der Neuzeit nicht einfügen können.«

So spricht kein Kleinbürger. Was Otto Heinemann und erst recht seinen älteren Freund und Schwiegervater Gustav Walter zeitlebens daran gehindert hat, in dem Sinne bürgerlich zu werden, wie der politische Sprachgebrauch dies Wort versteht, war ihr demokratisch-republikanisches Selbstverständnis. Otto Heinemann umreißt sein politisches Glaubensbekenntnis, mit dem er 1900 seine Tätigkeit bei der Firma Krupp begann, in seinen Lebenserinnerungen ganz schlicht: »Deutsch sein und national sein, mein Vaterland über alles; sozial fühlen, denken und handeln; gleiche Rechte und Pflichten für alle!« Er neigte der Freisinnigen Volkspartei zu, der auch sein Schwiegervater angehörte. Gustav Heinemann hat viel später von seinem Vater gesagt, er sei »geprägt von dem geistigen Liberalismus und Nationalismus seiner Zeit« gewesen. Wollte man mit heutigen politischen Begriffen den Standort beider Männer bestimmen, so könnte man sie als Liberale einordnen, wobei Gustav Walter insgesamt wohl etwas weiter links stand als sein Schwiegersohn. Dieser mehr graduelle als prinzipielle Unterschied erklärte sich aus der Lebensgeschichte beider Männer. Während Otto Heinemanns Jugend von dem Erlebnis des Deutsch-Französischen Krieges und der Reichsgründung durch Bismarck geprägt wurde, erlebte Gustav Walter im gleichen Alter die bürgerliche Revolution von 1848.

Man kann aber nicht sagen, daß Otto Heinemanns Vorfahren durchweg unpolitisch gewesen seien. Es gibt einige Aufzeichnungen seines Großvaters Johannes Christoph Schilling, der als Schreinergeselle auf Wanderschaft gewesen war. »Von seinem Vater wird berichtet, daß er sich in der napoleonischen Zeit aufsässig benommen und zwischen zwei berittenen Gendarmen zu Fuß von Eschwege nach Kassel habe laufen müssen ... Er selbst demonstrierte 1848 auf dem Marktplatz in Eschwege mit der schwarz-rot-goldenen Fahne.« Wenn also das Aufmüpfige, das dem deutschen Kleinbürgertum im allgemeinen immer fremd gewesen ist, schon in der väterlichen Familie angelegt gewesen zu sein scheint, so gilt das erst recht für die mütterliche Familie. Großvater Gustav Walters Vater und zwei seiner Brüder hatten sich 1848/49 in Elberfeld an der Revolution beteiligt. Von den beiden Brüdern wurde einer später im Kampf gegen preußische Truppen tödlich verwundet, während der andere über Frankreich nach Amerika in die Emigration ging, wo er verschollen ist. Gustav Walter hat oft bedauert, daß er als Sechsjähriger noch zu klein gewesen war, um sich an der Revolution zu beteiligen. Sein Enkel bemerkte nachmals dazu: »Er entlud sein revolutionäres Temperament dafür später, indem er sich zu Garibaldi auf nach Italien machte.« Gustav Walter hat seinem Enkel zwar nicht dieses revolutionäre Temperament vermacht, wohl aber seine republikanische Gesinnung und den unbändigen, unbedingten Freiheitsdrang. Bezeichnend dafür sind einige Sätze, die der Student Gustav Heinemann am 30. Dezember 1919 in sein Tagebuch schrieb: »Besonders gern beschäftige ich mich mit der 48er Revolution. Ich stöbere Zeitungen und Flugblätter aus dieser Zeit durch. Auch habe ich von Großmutter Walter einige Briefe von 2 Brüdern meines Urgroßvaters Walter bekommen ... Friedrich Walter berichtet von seiner Auswanderung nach Amerika – er fühlte sich nicht mehr sicher in seinem Vaterland – und erzählt, wie ihn deutsche Landsleute unterstützt hätten, ›weil er für die Freiheit gefochten hätte‹.« Dieser schwarz-rot-goldenen, republikanischen Tradition seiner Familie ist Gustav Heinemann zeitlebens treu geblieben; ohne sie ist sein späteres politisches Handeln nicht zu verstehen.

Will man Gustav Heinemann dem deutschen Bürgertum zuordnen – mancherlei Gründe sprechen dafür –, so muß man diesen Begriff interpretieren. Er gehörte zu demjenigen Bürgertum, das 1848 politisch gescheitert ist. Heinemann ist sich dieses Scheiterns immer bewußt gewesen. In einer der letzten Reden, die er als Bundespräsident gehalten hat, erinnerte er im Juni 1974 – bei der Eröffnung der auf seine Anregung geschaffenen Gedenkstätte an Freiheitsbewegungen in Rastatt – daran, daß die Geschichte immer vom Sieger geschrieben werde: »Wahr daran ist, daß die deutsche Erhebung von 1848/49 wie so manche andere Freiheitsbewegung niedergeschlagen wurde, und wahr ist auch, daß sich die Sieger mit den Fürstenkronen und ihre Diener nach Kräften darum bemüht haben, das Bild der Erinnerung daran bis in die Geschichtsbücher hinein zu schmähen, zu verdunkeln, ja nach Möglichkeit ganz zu tilgen... Doch wer ist nun Sieger und wer Besiegter? ... Sind wirklich jene die Sieger, die damals die deutsche Einheit verhindert und die demokratischen Freiheitsrechte niedergeschossen haben? Haben sie nicht letztlich unser Land in die Schande und in schreckliche Zusammenbrüche geführt? Sind nicht am Ende doch sie die Verlierer und Sieger jene, die einst für das kämpften, was wir heute unsere freiheitlich-demokratische Grundordnung nennen?«

Großvater Gustav Walter hätte an dieser Rede seines fünfundsiebzigjährigen Enkels seine Freude gehabt. Hier sprach ein Bürgersohn, der meilenweit von alledem entfernt war, was sich im Laufe der hundert Jahre, die auf 1848 gefolgt sind, als »nationales Bürgertum« verstanden und zum Unheil Deutschlands gewirkt hatte. Nur wenn man dieses alles berücksichtigt, geht es an, Gustav Heinemann als Sohn rheinischer Bürger zu bezeichnen. Weil er unerschütterlich in der schwarz-rot-goldenen Tradition seiner Familie stand, war er niemals der Versuchung ausgesetzt, sich mit der großen Mehrheit des deutschen Bürgertums zu identifizieren – mit denen also, die sich als bourgeoise Untertanen verstanden, nicht aber als demokratische Citoyens.

Das Privatleben von Politikern sollte grundsätzlich privat bleiben. Es gehört zu den übelsten Erscheinungen unserer indiskretionssüchtigen Zeit, daß dieses Gebot unaufhörlich mißachtet wird. Das Recht auf Information, das zu den Grundrechten der Bürger eines demokratischen Gemeinwesens gehört, findet seine Grenze dort, wo es in Neugier umschlägt und die persönliche Sphäre eines Menschen verletzt. Ähnliches gilt auch für die politische Biographie von Männern und Frauen, die in besonderem Maße im Lichte der Öffentlichkeit gewirkt haben. Ihr Privatleben sollte dort nur insoweit berücksichtigt werden, als es zum Verständnis ihres Werdegangs und ihres Wirkens im öffentlichen Leben unentbehrlich oder wenigstens aufschlußreich ist. Diese Verpflichtung würde für einen politischen Biographen auch dann gelten, wenn er einen Menschen darzustellen hätte, der es, selber von Publizitätssucht getrieben, nicht unterlassen hat, sein Privatleben ins Rampenlicht der Öffentlichkeit zu rücken. Gustav Heinemann lag nichts ferner als dies. Sein oft zitierter Ausspruch an der Schwelle der Bundespräsidentschaft: »Ich liebe nicht den Staat, ich liebe meine Frau!« war mehr als die schlagfertige Antwort auf die Frage eines Interviewers und sollte nicht nur sein unemotionales Verhältnis zum Staat umreißen. Darin steckt zugleich ein deutliches Bekenntnis zur Trennung von privater und öffentlicher Sphäre, die ihm zeitlebens ganz selbstverständlich war. In seinen letzten Lebensjahren hat er, sich seiner Kindheit erinnernd, etwas erzählt, was bereits einen Hinweis auf seine Abneigung gegen jegliche Schaustellung enthält und vielleicht auch eine Erklärung dafür liefert, daß ihm später jegliches Protokoll und förmliches Gehabe immer ein Greuel gewesen sind: »Auf dem Klavier bei uns standen Familienfotos«, berichtet Heinemann. Eines Tages sollte auch der Knabe Gustav fotografiert werden, aber »ich hatte nicht die geringste Lust, dauernd auf dem Klavier zu stehen... Fotografiert wurde aber natürlich doch. Ob ich nachher wirklich aufs Klavier geraten bin, weiß ich nicht. Jedenfalls war das Ende dann doch nicht so schrecklich: der Rest meines Lebens war noch nicht dahin.«

Tüpp, wie der kleine Gustav von seinen Eltern genannt wurde, hat eine Kindheit und frühe Jugend verbracht, die sich insgesamt kaum von der ersten Lebensphase anderer Kinder unterschieden, wie sie zu Beginn unseres Jahrhunderts in geordneten bürgerlichen Verhältnissen aufwuchsen. Ein besonderes Element seiner Erziehung war vielleicht der unbändige Stolz, mit dem Vater Otto seinen einzigen Sohn betrachtete. Obwohl der Vater scheinbar ganz in seinem Beruf aufging und nur wenig zu Hause war, lag ihm Gustavs Erziehung doch besonders am Herzen. Er scheute dabei auch vor ungewöhnlichen Methoden nicht zurück. So versprach er dem Fünfjährigen einen Taler als Belohnung für die erste von ihm eingeworfene Fensterscheibe. Auch sollte Gustav frühzeitig lernen, was Schiller »Männerstolz vor Fürstenthronen« genannt hat. So erzählte er später: »Wenn ich mich scheute, irgendeine unnahbare Person aufzusuchen, so sagte er: ›Geh hin und sprich ganz ruhig mit ihm. Er ist ein Mensch wie du.‹« Heinemann hat später anerkannt, nur auf diese Weise sei er dahin gekommen, einen eigenen Willen zu formen. »Wie kaum ein Zweiter würde ich durch natürliche Zaghaftigkeit und Autoritätsgläubigkeit ein ausgezeichnetes Objekt einer knetenden und tyrannisierenden Erziehungskunst geworden sein, wenn ich das Unglück gehabt hätte, einer solchen ausgeliefert zu werden.«

Unterschiedliche Auffassungen hatten hingegen Vater und Sohn hinsichtlich des Segens der Schulerziehung. Im Juli 1912 schreibt Otto Heinemann in einem Brief zum 13. Geburtstag des Sohnes, er hoffe, daß die Schule Gustav Freude mache, »auf daß Du die Grundlage bekommst, später ein tüchtiger Mensch zu werden, der seinen Eltern und seinen Mitmenschen Freude macht. Ich erwarte auch, daß Du Vater und Mutter ein gehorsamer und folgsamer Sohn bleibst.« Gustav hielt allerdings wenig von der Schule und hat als alter Mann dazu bemerkt: »Was ich geworden bin, bin ich trotz aller Schulerziehung geworden. Gar nicht ausmalen kann ich mir, was aus mir geworden sein würde, wenn man zu Hause ebenso mit mir verfahren wäre wie in der Schule. Ob ich wohl jemals gelernt hätte, durch geistige Freiheit und Unabhängigkeit alles zu überwinden?« – Die Eltern waren sich übrigens über Gustavs Mißverhältnis zur Schule sehr wohl im klaren. Als er 1926 sein Assessorexamen bestanden hatte, gratulierte seine Mutter ihm brieflich und bemerkte dazu: »Ich seh Dich noch aus der Schule kommen, wütend als Dreikäsehoch: ›Widder nix gelernt, nix als e und i schreiben!‹«

Wie wenig sich der Heranwachsende durch die Unzulänglichkeit der Schule beeinträchtigen ließ, zeigt die Tatsache, daß der sechzehnjährige Gymnasiast ein »Trauerspiel in fünf Aufzügen« mit dem Titel »Konradin, der letzte Hohenstaufe« schrieb. Das Stück ist erhalten geblieben und wurde dem inzwischen Bundespräsident gewordenen Autor 1971 von Berliner Studenten zu seinem Geburtstag vorgespielt. Ein literarisches Meisterwerk war es nicht, doch erscheint es nicht abwegig, hier einige Sätze zu zitieren, die der Schüler Heinemann den Richter Leone protestierend zu Karl von Anjou sprechen läßt: »Nie wird es mich reuen, der Wahrheit und dem Recht den Mund geliehen zu haben. Bringt mich nur durch rohe Gewalt zum Schweigen! Recht bleibt Recht! Vor dem Stuhle des Richters, der Euch einst fordert, werdet Ihr mich hören müssen!«

Heinemanns letzte Schuljahre wurden vom Weltkrieg überschattet. Vom April 1916 bis Juni 1917 nahm der Gymnasiast regelmäßig an »Übungen zur militärischen Vorbereitung der Jugend« teil. Am Schluß erhielt er darüber ein Zeugnis, in dem es heißt: »Besondere Fähigkeiten: Führung sehr gut.« Natürlich war Gustav Heinemann ein Kind seiner Zeit, so daß er wie andere auch kaum abwarten konnte, bis er schließlich zum Militär eingezogen wurde. Er ging zum Feldartillerieregiment 22 nach Münster. »Nach vier Wochen hatte ich es zum besten Richtkanonier der Batterie gebracht.« An die Front ist Heinemann jedoch nie gelangt. »Meine militärische Laufbahn kam nicht über den einmaligen Höhepunkt des besten Richtkanoniers hinaus.« Die Ursache dieses frühen Endes seiner militärischen Laufbahn war im August 1917 eine schwere Grippe, die eine Herzklappenentzündung zur Folge hatte. So reichte es nur noch zum Vermerk »Garnisonsverwendungsfähig Heimat«. Vorher allerdings hatte er einige Wochen in einem Erholungsheim verbracht: »Der übliche Zeitvertreib dort bestand im Skatspielen. Rund um die Uhr brachten wir es auf 400 bis 500 Spiele am Tag.« Übersättigung trat aber offenbar nicht ein, denn die Lust am Skatspielen hat sich Heinemann bis über die Bundespräsidentschaft hinaus bewahrt.

Das Ende des Krieges erlebte er in Essen, wo er zum Abschluß seiner militärischen Verpflichtung von Juni bis November 1918 bei Krupp Kriegshilfsdienst leistete. Als am 8. November in Essen

die Revolution ausbrach, saß Heinemann mit seiner Mutter in einem Konzert, das von rebellierenden Soldaten wohl gestört, aber nicht abgebrochen wurde.
Mehr als fünfzig Jahre später hat Heinemann seine damalige Einstellung geschildert: »Ich war entsprechend der Erziehung von der Familie her national gesinnt.« Er glaubte also, der Krieg müsse gut ausgehen. Aber diese Überzeugung hielt dem Gang der Ereignisse nicht stand. Immerhin erinnert er sich, er »habe die Art, wie dieser Krieg zu Ende ging, und insbesondere die Kapitulationsbedingungen als sehr schrecklich empfunden.« Dagegen berührte ihn der Sturz der Hohenzollern kaum. »Monarchistisch bin ich nie gewesen. Davor hatte mich mein Großvater Walter bewahrt und auch mein Vater, der bei aller guten, betont nationalen Gesinnung doch immer den Kaiser für einen Verrückten gehalten hat.«

Kriegsende und Revolution trafen für Gustav Heinemann zusammen mit dem Beginn seiner Lehrjahre. Er wollte Rechtswissenschaft studieren. Die Unsicherheit, mit der heute Abiturienten der Berufswahl gegenüberstehen, war damals ohnehin nicht verbreitet. Zudem war für Heinemann die innere Entscheidung längst gefallen: er wollte nicht nur Jura studieren, sondern Rechtsanwalt werden. Viel später hat er erzählt, daß er bereits als Obertertianer fest dazu entschlossen war. Vor der Versetzung nach Untersekunda mußte er zwischen Englisch und Griechisch als dritter Fremdsprache wählen. Der Direktor seiner Schule, »ein begeisterter Humanist«, wollte Gustav für das Griechische gewinnen. »Als ich bei Englisch blieb, frug er: ›Was willst du denn werden?‹ Ich sagte: ›Rechtsanwalt.‹ – ›Aber dein Vater ist doch kein Rechtsanwalt; wie kommst du darauf?‹ – ›Mein Vater ist kein Rechtsanwalt. Ich kenne überhaupt keinen Rechtsanwalt. Ich stelle mir aber vor, daß ich dann selbständig bin und daß ich dann etwas ausfechten kann.‹ Chef Meese gab seine Bemühung auf, und ich ging mit der Versetzung in die englische Untersekunda.«
Eigenen Angaben zufolge studierte Heinemann Rechtswissenschaften, Volkswirtschaft und Geschichte in Münster, Marburg, München, Göttingen und Berlin, doch lag der Schwerpunkt örtlich in Marburg und sachlich bei der Juristerei und Volkswirtschaft. In

beiden Disziplinen hat er den Doktorhut erworben: zunächst wurde er 1921 in Marburg zum Dr. rer. pol. promoviert, und acht Jahre später, als er bereits verheiratet und beruflich tätig war, erwarb er in Münster den juristischen Doktor. Die Jahre in Marburg waren für ihn auch in menschlicher Beziehung von großer Bedeutung. Dort schloß er Freundschaften, die Jahrzehnte überdauert haben, und dort lernte er Hilda Ordemann kennen, die seine Frau und Lebensgefährtin bis zu seinem Tode wurde.

Marburg war nach dem Ersten Weltkrieg eine der geistig lebendigsten deutschen Universitäten. Daraus erklärt sich wohl auch, daß sich dort vier Studenten trafen, deren jeder in der deutschen Geschichte nach 1945 eine sehr besondere Rolle gespielt hat. Heinemann hat seine drei Freunde mehr als vierzig Jahre später so geschildert: »Ich nenne zuerst Wilhelm Röpke, Arztsohn aus Schwarmstedt in der Lüneburger Heide. Er war ein Überflieger, promovierte sehr schnell mit einer ausgezeichneten Arbeit, wurde Assistent am Staatswissenschaftlichen Seminar und habilitierte sich alsbald als Privatdozent ... Über Professuren in Marburg und Jena führte ihn sein Weg 1933 in die Emigration nach Österreich und in die Türkei, weil er sehr schnell mit den Nationalsozialisten kollidierte.« Röpke wirkte später als Nationalökonom in Genf und wurde zum geistigen Vater des Neoliberalismus und der sozialen Marktwirtschaft.

»Ernst Lemmer, anderthalb Jahre älter als Röpke und ich, war Leutnant d. R. und studierte ebenfalls Nationalökonomie. Aber mehr noch bewegte ihn die Politik. Er leitete eine Studentengruppe der Deutschen Demokratischen Partei. An den Wochenenden zogen wir nicht selten über die hessischen Dörfer und hielten dort in den Wirtshausstuben politische Versammlungen ab, wobei wir uns als Versammlungsleiter und Redner abwechselten ... Ehe noch das Studium zu Ende war, ließ Lemmer sich bereits als damaliger Benjamin in den Reichstag wählen. Unsere Wege haben sich ... zumal nach dem Zweiten Weltkrieg oft gekreuzt, als Lemmer zunächst mit Jakob Kaiser die CDU der Ostzone leitete und späterhin Bundesminister in Bonn wurde.« Er leitete unter Adenauer verschiedene Ressorts und war zuletzt Berlin-Beauftragter der Bundesregierung. »Über Lemmer kam ich in nähere Bekanntschaft mit Viktor Agartz. Beide stammten aus Remscheid und kannten sich von der Schule her. Viktor Agartz organisierte und führte eine sozialistische Studentengruppe, mit der wir anderen Demokraten vielfältig, z. B. im Allgemeinen Studentenausschuß (Asta), zusammenarbeiteten, um uns des Übergewichtes der schwarz-weiß-roten Korporationsstudenten erwehren zu können.« Dem marxistischen Theoretiker und späteren Leiter des Wirtschaftswissenschaftlichen Instituts des Deutschen Gewerkschaftsbundes werden wir auf Heinemanns Lebensweg noch einmal begegnen.

Diese vier jungen Männer haben in Marburg gemeinsam politisch gearbeitet und daneben manchen Studentenulk verübt. Ihre Beschäftigung mit Politik beschränkte sich nicht nur auf theoretische Diskussionen. Heinemann war schon damals bereit, auch mit seiner Person für die Durchsetzung der demokratischen Republik einzutreten. Dabei machte er keinen Unterschied zwischen linken und rechten Feinden der Republik. Als die Rechte unter Leitung des ostpreußischen Beamten Wolfgang Kapp und des Generals von Lüttwitz 1920 mit einem Putsch einen untauglichen Versuch zum Sturz der Republik unternahm, meldete sich Heinemann ebenso zur Abwehr wie später gegen kommunistische Unruhen in Thüringen. Besonders deutlich blieb ihm in Erinnerung der »Ausmarsch nach Thüringen im Rahmen der Volkskompanie. Röpke war immerhin schon Unteroffizier. Ich erinnere mich sonderlich an einen Aufenthalt auf der Wartburg in der Nacht. Da saßen wir oben auf dem Turm und sahen das Thüringische weithin um uns und klönten da. Das war unser ganzer Kriegsdienst.«

Ganz so idyllisch, wie diese späte Schilderung klingt, war die Studentenzeit damals jedoch nicht. Dafür sorgten neben den politischen Unruhen die von der Inflation herrührenden wirtschaftlichen Schwierigkeiten. »Mein Vater erkundigte sich des öfteren, ob ich denn immer noch Geld hätte. Ich lebte genau so sparsam, wie ich es von ihm gelernt habe. Er griff dann manchmal selber ein, indem er dieses oder das zusätzlich gab. Ich habe sonderlich in Marburg als Student wirklich bescheiden gelebt, hatte bis in den härtesten Winter hinein nicht geheizt und überhaupt auf seltsamen Buden gewohnt. Das ist mir gut bekommen.«

Heinemanns politische Grundhaltung stand von Anfang an fest.

Neben der Arbeit in der Studentengruppe der linksliberalen Deutschen Demokratischen Partei schrieb er politische Artikel in der *Hessischen Landeszeitung;* denn publizistisches Wirken war ihm schon früh ein Bedürfnis. Dabei sah er mit Sorge die politische Spaltung des Volkes in Anhänger und Gegner der Republik voraus. »Allenthalben entfalten deutschnationale Agitatoren und von der alten Regierung übernommene Beamte eine lebhafte reaktionäre Propaganda ... Alle Wahlergebnissse der letzten Zeit haben ein deutliches Anschwellen der Extreme gezeitigt ... Drohend steigt dieser Kampf herauf ... Aber wir dürfen uns nicht blindlings ergeben ... Wir Demokraten haben die Pflicht, das Letzte zu versuchen, daß die Brücke zwischen den beiden Lagern nicht abreißt ... Die Hoffnung Rechtsstehender, auf dem Umweg über die zweite Revolution wieder zur monarchistischen Diktatur zu gelangen, wird an der Einigkeit der Arbeiterschaft zuschanden werden.« So zu lesen am 27. November 1919 in der Leitartikelspalte. Das Erbe des Großvaters Gustav Walter wird lebendig.

Nicht unwichtig für Heinemanns politische Entwicklung war das Intermezzo des Sommersemesters 1920 in München, wo er noch Lujo Brentano sowie Max Weber gehört und »Museen und Theater reichlich wahrgenommen« hat. »Gründlicher noch stieg ich in das politische Leben ein. Es gibt keinen belangvollen politischen Zeitgenossen jener Tage, dessen Auftreten in München ich nicht wahrnahm ... Am 19. Mai 1920 hörte ich Hitler selbst reden. An allem und jedem waren die Juden schuld. Hier wurden schreckliche Emotionen aufgerührt. Als ich meinem Entsetzen durch einen Zwischenruf Luft machte, holten mich einige handfeste Gesellen aus meiner Sitzreihe und expedierten mich vor die Türe. Meine erste und einzige unmittelbare Begegnung mit Hitler und seiner NSDAP war auf diese Weise schnell und eindeutig zu Ende ... Insgesamt offenbarte das Münchener Parteileben die bodenlose Zerrissenheit jener Tage.« Die Ereignisse standen ihm noch mehr als fünfzig Jahre später deutlich vor Augen.

Das politische Engagement tritt zurück, als Heinemann nach der ersten Promotion für ein Semester nach Göttingen übersiedelt, um seine juristischen Studien voranzutreiben. Wenn er sich nun überwiegend auf seine Ausbildung konzentrierte, so trug dazu vor allem der Wunsch bei, der Verlobung mit Hilda Ordemann baldmöglichst die Heirat folgen zu lassen. Die Bremer Kaufmannstochter studierte in Marburg evangelische Theologie, Germanistik und Geschichte und machte Examen bei Rudolf Bultmann. Das Interesse für Theologie war bei ihr ein mütterliches Erbe: Hildas Großvater war Pfarrer in Bern. Hilda Ordemann war einige Jahre älter als ihr Mann. Obwohl sie aus einem konservativ-konventionellen Elternhaus stammte, kam sie – zumal unter dem Einfluß ihrer älteren Schwester Gertrud, die frühzeitig Sozialistin wurde – bald mit linksprotestantischen Kreisen in Verbindung. So beruhte ihre Beziehung zu Gustav Heinemann nicht nur auf menschlicher Zuneigung, sondern auch auf einer Übereinstimmung im politischen und sozialen Denken.

Heinemann kehrte im Winter 1922/23 nach Marburg zurück und legte im Dezember 1922 die erste juristische Staatsprüfung ab. Fast gleichzeitig begann er seinen Freund Röpke zu vertreten, der Assistent am Staatswissenschaftlichen Seminar war und für einige Zeit nach Berlin übersiedeln mußte. Daneben begann er an einem Amtsgericht in der Nähe von Marburg seine Referendarausbildung. Als er diese später in Essen fortsetzte, begegnete er – in einem großen Strafprozeß zum Offizialverteidiger eines Nebentäters bestellt – dem angesehenen Justizrat Dr. Niemeyer, dem der junge Kollege auffiel. Niemeyer fragte ihn: »Sie sind doch der Sohn des Stadtverordneten Heinemann. Was haben Sie vor, wenn Sie fertig sind?« – »Dann will ich Anwalt werden, hier in Essen.« – »Besuchen Sie mich mal, wenn Sie soweit sind.« Damit war die berufliche Zukunft schon so gut wie gesichert.

Seine letzte Referendarstation hatte Heinemann am Kammergericht in Berlin, wo er im Juni 1926 die zweite Staatsprüfung ablegte. Fast gleichzeitig schickte ihm Niemeyer einen Vertragsentwurf. Es war bezeichnend für Heinemann, daß er nicht blindlings zugriff, sondern Niemeyer mitteilte, ihm liege ein Angebot des Justizministeriums vor, das den Prädikatsassessor gern in den Staatsdienst holen wollte; auch machte er hinsichtlich der finanziellen Regelung Gegenvorschläge, durch die er besser gestellt würde. Aber noch war der Weg in die Anwaltschaft nicht frei. »Statt der beantragten Zulassung erhielt ich vom Präsidenten des Oberlandesgerichts in Hamm die Aufforderung, mich als

Hilfsrichter beim Amtsgericht Lünen i. W. zu melden. Da half keine Empörung, den Dienst in Lünen mußte ich zunächst antreten.«

Heinemann verstand jedoch mit der Situation fertig zu werden. »Lünen hatte damals ein kleines Amtsgericht mit drei oder vier Richtern, die ihren Obertanen vorgeklagt hatten, daß sie wegen Arbeitsüberlastung sozusagen am Rande des Grabes ständen. An Ort und Stelle sah das anders aus. Da gab es eine Fülle nicht abgeschlossener Konkursakten und im übrigen große Wochenenden. Man gab mir allerlei Dezernate, die mich bei flotter Arbeit nicht hinderten, ebenfalls reichlich nach Hause zu fahren. Ich beschwerte mich beim Oberlandesgerichtspräsidenten ... und erhielt Anfang August 1926 endlich die Zulassung als Anwalt in Essen. Ich trat sofort meinen Dienst im Büro Niemeyer an und hatte damit erreicht, was ich als Obertertianer erklärte, als ich es ablehnte, mich in die griechische Untersekunda versetzen zu lassen.«

Geradliniger kann ein beruflicher Werdegang wohl kaum verlaufen. Als Heinemann fast fünfzig Jahre später von Freunden gefragt wurde, ob er es nie bereut habe, Jurist geworden zu sein, lautete seine Antwort eindeutig: »Nein, im Gegenteil!« Auf die weitere Frage, ob er wohl daran gedacht habe, Staatsanwalt zu werden, antwortete Heinemann beinahe entrüstet: »Staatsanwalt! Überhaupt nicht Beamter. Ich tauge nicht zum Beamten ... Vorgesetzte habe ich nie gut vertragen können, auch in der Schule nicht in der Person der Lehrer. Frei sein und selbständig sein.« Um so erstaunlicher mutet es den Betrachter an, daß Heinemann sich schon zwei Jahre später gleichsam abwerben ließ.

Die Kanzlei Niemeyer arbeitete häufig für die Rheinischen Stahlwerke (heute Rheinstahl AG), eines der bedeutendsten Unternehmen der Montanindustrie im Ruhrgebiet, deren Vorstandsmitgliedern der tüchtige junge Sozius des Justizrates bald in die Augen stach. Sie fragten ihn, ob er als Justitiar und Prokurist in ihre Dienste treten wollte, und boten ihm einen Dreijahresvertrag. Heinemann akzeptierte das Angebot, allerdings unter zwei Bedingungen: er wollte sich nicht auf drei Jahre binden, sondern eine dreimonatige Kündigungsfrist haben und außerdem Anwalt bleiben. Die Stahlwerke waren einverstanden und Justizrat

Niemeyer auch. Die Erklärung für Heinemanns Bereitschaft, mindestens einen Teil seiner Selbständigkeit aufzugeben, war wohl einerseits die reizvolle Aufgabe in dem großen Montanunternehmen und andererseits die damit verbundene Sicherheit für seine Familie. Gustav Heinemann und Hilda Ordemann waren 1926 in Bremen Mann und Frau geworden, und das erste Kind, die Tochter Uta, war 1928 bereits geboren. Sein Verlangen nach Selbständigkeit fand seine Grenze im nüchternen Abwägen des fürsorglichen Hausvaters.

Gustav Heinemann war nun dreißig Jahre alt. Kindheit, Jugend und Lehrzeit lagen hinter ihm. Wie sein Vater es ihm einst gewünscht hatte, war er ein tüchtiger Mensch geworden, der bisher seinen Eltern und seinen Mitmenschen Freude gemacht hatte. Mit der Promotion zum Doktor der Rechte hatte er soeben in Münster sein Studium abgeschlossen. Er hatte den von seinem Vater begonnenen steilen sozialen Aufstieg fortgesetzt und an der Schwelle seines vierten Lebensjahrzehnts bereits alles erreicht, was nach den Begriffen der bürgerlichen Welt, der er damals noch gänzlich verhaftet war, in dieser Lebensspanne erreicht werden konnte: Er hatte gute Examina gemacht, war in eine angesehene Anwaltskanzlei eingetreten, sah in den Rheinischen Stahlwerken nach menschlichem Ermessen einer glänzenden Laufbahn entgegen und hatte mit einer Frau aus respektablem Bürgerhaus, die er liebte, eine Familie gegründet. Kurz vor dem Ausbruch der Weltwirtschaftskrise schien Gustav Heinemanns Zukunft absehbar und gesichert zu sein.

Wenn die uralte Spruchweisheit, daß der Mensch denkt, Gott aber lenkt, irgendwo ihre Bestätigung gefunden hat, dann ist das im Leben Gustav Heinemanns geschehen, und zwar unmittelbar nach Abschluß dieser ersten drei Jahrzehnte seines Daseins. In welcher besonderen Weise Gott eingegriffen hat, wird im folgenden Kapitel noch ausführlich darzulegen sein. Hier muß zum Schluß noch eine Frage gestellt werden, die sich vom Ende dieses bemerkenswerten Lebens her unweigerlich aufdrängt: Wie hielt der dreißigjährige Heinemann es mit der Politik? Die Frage ist unvermeidlich, weil Gustav Heinemann – vermutlich entgegen allem, was seine Eltern erwartet hatten – schließlich als Politiker in die Geschichte eingegangen ist. 1929 war anzunehmen, daß er als ein geachtetes Glied der bürgerlichen Gesellschaft, in mancherlei Ehrenämter gewählt, als tüchtiger Jurist und vielleicht gleich dem Vater als Stadtverordneter um das Gemeinwohl bemüht, sein berufliches Leben und öffentliches Wirken in Essen verbringen würde. Die außerordentlichen Möglichkeiten, die in ihm beschlossen lagen, waren damals noch nicht zu erkennen und wären vielleicht ohne das aufwühlende Geschehen der nächsten beiden Jahrzehnte niemals zum Tragen gekommen.

Wie aber die Dinge sich dann entwickelt haben, muß einer, der das Leben des Politikers Gustav Heinemann darstellen will, an diesem Punkt seines Weges fragen, wo denn damals sein politischer Standort und welches damals seine politischen Ansichten und Absichten gewesen sind. Der Frage letzter Teil läßt sich am ehesten beantworten: politische Absichten hat Gustav Heinemann damals wohl nicht gehabt. Er verfolgte den Gang der Ereignisse mit der wachen Aufmerksamkeit eines noch jungen Mannes, dem das politische Geschehen seit seiner Kindheit niemals fremd gewesen ist. Wir haben aus jenen Jahren so gut wie überhaupt keine politischen Selbstzeugnisse von ihm, und daß seine Umwelt sich insoweit nicht viel um ihn gekümmert hat, war nur natürlich; denn Gustav Heinemann war in ihren Augen lediglich ein tüchtiger junger Mann, der in Beruf und Familie ganz damit beschäftigt war, sein Leben aufzubauen. Er dürfte politische Gespräche geführt und Meinungen geäußert haben, wie das seine Altersgenossen und Kollegen damals nicht anders taten. Es besteht kein Grund anzunehmen, daß Heinemann in jenen Jahren seine demokratisch-republikanische Gesinnung auch nur im geringsten geändert habe. Nur nach außen trat diese Grundhaltung kaum in Erscheinung – vermutlich eben weil er in jenen Jahren zu sehr mit der Gestaltung des privaten und beruflichen Lebens beschäftigt war. Dieses zeitweilige Ruhen des politischen Engagements ist auch an seiner schriftstellerischen Tätigkeit abzulesen, auf die Heinemann ja seit früher Jugend niemals verzichtet hat. Nachdem er die Universität verlassen hatte, beschränkte sich diese Tätigkeit aber fast ganz auf juristische Arbeiten. Er schrieb Aufsätze für Fachzeitschriften und größere Studien, die in Sammelbände aufgenommen wurden. Nachdem er schon seine erste Dissertation über Probleme aus dem Arbeitsgebiet des Vaters geschrieben hatte,* erschien bereits 1929 sein erstes juristisches Buch, das *Kassenarztrecht,* dessen fachliche Solidität dadurch bestätigt wird, daß es noch in den siebziger Jahren in 4. Auflage erschienen ist. Die wenigen nichtjuristischen Aufsätze, die in den Jahren nach 1922 erschienen sind, lassen sich als biographische oder historische Feuilletons einordnen, und nach 1933 hätte Heinemann ohnehin keine Möglichkeit mehr gehabt, sich als politischer Publizist einen Namen zu machen.

So erscheint es nicht abwegig, in einer dem öffentlichen Wirken Gustav Heinemanns gewidmeten Biographie die ersten drei Jahrzehnte seines Lebens als »verdeckte Jahre« zu bezeichnen – Jahre, die alles andere als inhaltlos oder gar untätig verstrichen sind, die aber kaum Hinweise enthalten auf das, was später dieses Leben für die Zeitgenossen und für die Nachwelt so bedeutend und so außerordentlich hat werden lassen. Das alles begann erst in den dreißiger Jahren seines Lebens und unseres Jahrhunderts.

* »Die Spartätigkeit der Essener Kruppschen Werksangehörigen unter besonderer Berücksichtigung der Kruppschen Spareinrichtungen«.

2 Der Widerstand des Presbyters

Wir lernten plötzlich, der eigenen Obrigkeit zu widerstehen um des Gewissens willen. 11. *Mai 1949*

Das Dritte Reich oder die Zeit der nationalsozialistischen Herrschaft in Deutschland und weiten Gebieten Europas teilt mit anderen Perioden der Geschichte die merkwürdige Eigenschaft, daß es als Begriff allgemein bekannt, in seinen Einzelheiten, ja selbst in seinen wichtigsten Zügen aber schon nach einem Menschenalter so gut wie vergessen ist. Das gilt zumal für alle diejenigen Deutschen, die diese dunklen Jahre nicht aus eigener Anschauung kennen. Es erscheint daher geboten, der Darstellung von Gustav Heinemanns Leben in jenen zwölf Jahren einige Einzelheiten vorauszuschicken, um die Einordnung zu erleichtern.

Die mit Hitlers Ernennung zum Reichskanzler am 30. Januar 1933 beginnende Machtergreifung der Nationalsozialistischen Deutschen Arbeiterpartei (NSDAP) wurde von dieser selbst von Anfang an als »nationale Erhebung« und revolutionärer Vorgang verstanden und bezeichnet. Mit ihr sollten die Folgen des »Versailler Schandfriedens« möglichst weitgehend beseitigt werden. Diesem Ziel dienten vor allem die Wiederherstellung der deutschen Wehrhoheit (1935) und danach mit dem Druckmittel der wachsenden militärischen Stärke des Reiches eine Reihe von außenpolitischen Handstreichen: die Besetzung des entmilitarisierten Rheinlandes (1936), der gewaltsame Anschluß Österreichs (März 1938), der sudetendeutschen Gebiete (Oktober 1938) und des Memelgebietes (März 1939) sowie die Besetzung der Tschechoslowakei (März 1939). Die Folgen dieser Ereignisse führten, als Hitler im Spätsommer 1939 die Hand nach Polen ausstreckte, zum Ausbruch des Zweiten Weltkrieges.

Das innenpolitische Geschehen nach der Machtergreifung stand im Zeichen des Schlagwortes »Gleichschaltung«. Darunter verstand man zunächst die parteipolitische Angleichung der Länder an die Verhältnisse im Reich. Das politische Eigenleben der Länder wurde praktisch ausgelöscht, obgleich sie formell bestehenblieben. Gleichgeschaltet oder vielmehr zur Selbstauflösung gezwungen wurden auch die politischen Parteien und die Gewerkschaften. Im Bildungswesen und in verwandten Bereichen zog sich die Gleichschaltung über viele Jahre hin, führte jedoch nicht immer zu dem angestrebten Ziel.

Das gilt insbesondere von den Kirchen. Zur Beschwichtigung der katholischen Kirche diente der einseitig von der Reichsregierung betriebene Abschluß eines Reichskonkordates (Juli 1933). Dieses hat freilich später die Bekämpfung der katholischen Kirche und zumal ihrer Orden unter fadenscheinigen Vorwänden nicht verhindert.

Die evangelische Kirche, bei deren Behandlung internationale Rücksichten kaum genommen zu werden brauchten, sollte in einem viel strengeren Sinne gleichgeschaltet werden durch die Auflösung des 1922 geschaffenen Deutschen Evangelischen Kirchenbundes und seine Umwandlung in die zentralistisch organisierte Deutsche Evangelische Kirche (DEK). Das Kampfinstrument der NSDAP innerhalb der evangelischen Kirche war die Glaubensbewegung Deutsche Christen. Schon 1933 wurde an die Spitze der DEK der Reichsbischof Ludwig Müller gestellt, den Hitler bald nach der Machtergreifung zu seinem Bevollmächtigten für Kirchenfragen ernannt hatte. Es stellte sich jedoch bald heraus, daß die DEK nicht lebensfähig war, was nicht zuletzt damit zusammenhing, daß sie die konfessionellen Unterschiede zwischen den einzelnen Landeskirchen nicht berücksichtigte (Lutheraner, Reformierte und Unierte). So kam es 1935 zum Rücktritt des Reichsbischofs und derjenigen Landesbischöfe, die den Deutschen Christen angehörten. Gleichzeitig wurde der Nationalsozialist Hans Kerrl zum Reichsminister für kirchliche Angelegenheiten ernannt. Dessen Versuche, mit eher unpolitischen Kirchenführern ein vom Staat kontrolliertes Kirchenregiment aufzubauen, sind schließlich nicht zuletzt an der zunehmenden Kraft des in der Bekennenden Kirche organisierten kirchlichen Widerstandes gescheitert. Diese hatte sich im Mai 1934 mit der Barmer theologischen Erklärung, die vornehmlich von dem Schweizer Theologen Karl Barth formuliert worden war, eine von den Deutschen Christen klar abgegrenzte Grundlage gegeben. Dem Regime ging es schließlich weniger um die Gleichschaltung der evangelischen Kirche als um die Durchsetzung seiner gegen das Christentum gerichteten Bestrebungen überhaupt und zumal um die Behinderung der Kirchen bei ihrem Bemühen um eine unverkürzte Verkündigung.

Als Hauptziel nationalsozialistischer Politik verlor allerdings der Kampf gegen die Kirchen mit Herannahen und erst recht mit Ausbruch des Zweiten Weltkrieges an Bedeutung. Je weiter der Krieg in Europa um sich griff und je mehr er sich zum echten Weltkrieg entwickelte und je unwahrscheinlicher es wurde, daß Hitler seine politischen und militärischen Ziele erreichen würde, um so mehr konzentrierte sich das Regime auf die eigentliche Kriegsanstrengung; im Innern des Reiches ging es vornehmlich um das Aufspüren und Verfolgen von angeblichem oder wirklichem Defaitismus. Eigentliche Innenpolitik einschließlich Kultur- und Kirchenpolitik fand nach 1939 kaum mehr statt.

Wie wird ein Mensch Christ? Nicht etwa ein Bewohner Chinas oder Zentralafrikas, der zum ersten Mal mit dem Evangelium in Berührung kommt, sondern einer, dessen Vorfahren vor mehr als tausend Jahren christianisiert worden waren, der christlich getauft wurde und der Religion seiner Väter nur durch Zeitumstände und Erziehung entfremdet worden war.

Ein solcher Mensch war Gustav Heinemann um die Mitte der zwanziger Jahre. Daß er christlich getauft und konfirmiert worden war, verdankte er mehr seiner Mutter als seinem Vater. Dieser war nach eigener Aussage »bereits bei meiner Konfirmation, am Altar stehend, der Kirche und dem Christentum entfremdet«. Am Ende seines Lebens schrieb Otto Heinemann: »Das Christentum paßt nicht mehr in unsere Zeit ... Eine gründliche Reformation der christlichen Kirchen, auch der evangelischen, ist dringend erforderlich. Der Ersatz des zuviel Metaphysischen durch Realitäten dürfte geboten sein.« Für Gustavs Einstellung war wohl mindestens so wichtig, daß sein geliebter Großvater Gustav Walter nicht der Kirche angehört hatte, was der Enkel nicht ohne Verwunderung erst bei der Trauerfeier für den 1913 Gestorbenen bemerkte, bei der »ihm ein Freund einen tiefempfundenen Nachruf hielt«, was an die Stelle einer kirchlichen Trauerfeier trat.

Otto Heinemann hatte sich auf der Suche nach einer auf Beweisen beruhenden Weltanschauung schon vor der Geburt seines Sohnes dem Monismus zugewendet, jener von dem Philosophen Ernst Haeckel aus dem Darwinismus entwickelten Lehre, welche die Vielfalt der Erscheinungen auf die Materie als einziges Prinzip zurückführte. So war er dann auch dem 1906 von Haeckel gegründeten Monistenbund beigetreten, der sich freilich nicht mit der Verbreitung der eigenen Lehre begnügte, sondern heftige Angriffe gegen die christliche Glaubenslehre richtete. Otto Heinemann empfand sich gleichwohl nicht als Freidenker, denn die Monisten waren ihm »zu sehr gespalten, ihre Lehren zu nüchtern und gemütlos. Ebenso fremd und kalt ließen mich Steiner, die Anthroposophen und Theosophen. So bin ich mein Lebtag ein Suchender gewesen und mit der religiösen Frage nie ganz fertig geworden.«

Ein Suchender war schon ziemlich früh auch sein Sohn Gustav. Er war zwar, dem väterlichen Beispiel und einer damals gar nicht seltenen Überschätzung naturwissenschaftlicher Erkenntnisse und Beweise folgend, ebenfalls dem Monistenbund beigetreten. Wirkliche Befriedigung hat ihm aber diese schon bald zur Ideologie entartete und erstarrte Philosophie noch weniger als seinem Vater verschafft. Vielmehr geriet er schon während der Studentenjahre in Marburg in eine weltanschauliche Krise, die freilich zunächst noch keine Hinwendung zum Christentum brachte, sondern nur eine zunehmende Ungewißheit. So gab es in den Marburger Jahren zunächst auch religiös-weltanschauliche Meinungsverschiedenheiten mit der Theologiestudentin Hilda Ordemann. Wie wenig Gustav Heinemann damals wie später aus seinem Herzen eine Mördergrube zu machen verstand, beweist die Tatsache, daß sein Schwiegervater Ordemann sich 1926 vor der Eheschließung von ihm versprechen ließ, daß er seine Frau nicht am Kirchgang hindern werde.

Eines solchen Versprechens hätte es allerdings bei Heinemanns liberaler und toleranter Einstellung kaum bedurft, und Hilda Heinemann ging in Essen regelmäßig, wenn auch ohne ihren Mann, zum Sonntagsgottesdienst, so daß die kleine Uta eines Tages fragte: »Gehen nur Mütter in die Kirche?« Trotz allen Suchens ist zweifelhaft, ob Heinemann schon so bald den Weg zum Christusglauben gefunden hätte, wenn ihm nicht Pfarrer Friedrich

Graeber begegnet wäre. Dazu kam es durch Vermittlung von Lydia Hövel, einer Freundin Hilda Heinemanns, die diese gelegentlich zu Vorträgen Graebers mitnahm. Als 1929 die kleine Uta sehr krank wurde, kam Graeber zu einem seelsorgerlichen Besuch ins Haus Heinemann, doch blieb auch das zunächst ohne Konsequenzen. Erst als Heinemann an einem Sonntag – was er gelegentlich auch schon früher getan hatte – in die Kirche ging und Graeber predigen hörte, war es geschehen.

An dieser Wendung ist äußerlich nichts Geheimnisvolles. Heinemann hat sich später, als er zum Bundespräsidenten gewählt worden war, sehr nüchtern dazu geäußert (10). Auf die Frage, was ihn dazu veranlaßt habe, sein Leben an der christlichen Botschaft zu orientieren, antwortete er: »Die Predigt – und der Umgang mit Pfarrer Friedrich Graeber in Essen ... Graeber konnte nicht nur predigen, daß die Fetzen flogen, er konnte auch einer Kuh beistehen, die Blähungen hatte. Er konnte nicht nur Gottesdienst halten, sondern auch bedürftige Bauern ansiedeln und kranke Kumpels verarzten ... Graeber interpretierte das Evangelium so realistisch, daß es seinen Zuhörern nicht schwer wurde, ihre eigene Situation darin zu erkennen. Mich ergriff diese Nüchternheit, mit der der Mensch gesehen wird in der Bibel, diese totale Nüchternheit.«

Wer Gustav Heinemann im Leben begegnet ist, wird diese Erklärung überzeugend finden; denn Nüchternheit war nicht nur seine hervorstechende Eigenschaft, sondern galt ihm überhaupt als Tugend. Heinemann hat in dem zitierten Gespräch auch gesagt, von Graeber habe er gelernt, was es heiße zu sagen: »Wer nicht bekennt, bleibt einsam. Wer aber bekennt, findet den Bruder.« Und auf die weitere Frage, welche Bedeutung Jesus Christus für ihn persönlich habe, antwortete der Siebzigjährige ohne Zögern: »Jesus Christus ist für mich der Weg, die Wahrheit und das Leben.« So unpathetisch und ebendeshalb so überzeugend ist Gustav Heinemann den Weg vom Monismus zu Christus gegangen: die Geschichte einer Bekehrung – oder auch einer Heimkehr – im 20. Jahrhundert.

Über den Mann, der diese Bekehrung, ohne sie als solche eigentlich gewollt zu haben, bewirkt hat, ist nicht viel zu berichten. Friedrich Wilhelm Graeber wäre außerhalb seines engsten Wirkungskreises längst vergessen, wenn ihm nicht Gustav Heinemann begegnet wäre, von dem freilich Ende der zwanziger Jahre niemand wissen konnte oder auch nur angenommen hätte, daß er eines Tages in der deutschen Politik eine maßgebliche Rolle spielen würde. Graeber war in vielen Dingen überhaupt nicht ungewöhnlich. Er kam, wie viele andere evangelische Pfarrer, aus einer Pastorenfamilie. Wichtig war für ihn ein Studienjahr im holländischen Utrecht 1904/05 gewesen. In diesem Zusammenhang sprach er später von seiner Bekehrung. »Der historisch-kritischen Theologie verdanke ich gewichtige Anregungen.« Graeber betrachtete sich in besonderem Maße als Schüler des aus der Schweiz stammenden und vierzig Jahre lang in Tübingen lehrenden Theologen Adolf Schlatter (1852–1938), des zumal während des Dritten Reiches hochgeschätzten Vertreters eines entschiedenen Bibelchristentums. Mit dreiundvierzig Jahren war Graeber 1927 als Pfarrer in die Gemeinde Essen-Altstadt gekommen; bald darauf begegnete er zum ersten Mal Gustav Heinemann.

Politisch stand Graeber wie viele andere evangelische Pfarrer in jener Zeit viel weiter rechts als Heinemann. Graeber war, als Heinemann ihn kennenlernte, in politischer Hinsicht ein Deutschnationaler. Er hat später in einer autobiographischen Aufzeichnung erwähnt, er sei wie seine Vorfahren als Student im »Wingolf« aktiv gewesen, einer christlichen Studentenverbindung, »und ihm verdanke ich meine besten und treuesten Freunde und die christliche nationale Haltung und Zucht«. Die Verschiedenheit des politischen Standortes hat jedoch das persönliche Verhältnis der beiden Männer nicht belastet. Zunächst stand Heinemann ganz und gar unter dem Eindruck des Predigers Graeber, und nach 1933 verband sie sehr bald die beiden gemeinsame Ablehnung der nationalsozialistischen Eingriffe in das kirchliche Leben. Der vom Gewissen gebotene Widerstand hat sonstige politische Unterschiede in den Hintergrund gerückt.

Ehe wir uns jedoch Heinemanns kirchlichem Widerstand im Dritten Reich zuwenden, sind zwei Eigentümlichkeiten seines Christseins zu erwähnen, die ihn bis zuletzt geprägt haben. Vor allem andern war Gustav Heinemann Christ in der Gemeinde. Er hat über Jahrzehnte hinweg hohe Ämter in der Gesamtkirche bekleidet. 1945 wurde er fast gleichzeitig Mitglied der Kirchenleitung der Evangelischen Kirche im Rheinland und Mitglied des neugeschaffenen Rates der Evangelischen Kirche in Deutschland (EKD). 1948 war er Präsident der verfassunggebenden Kirchenversammlung in Eisenach, und in demselben Jahr nahm er an der Weltkirchenversammlung in Amsterdam teil. Von 1948 bis 1961 gehörte er der Kommission für internationale Angelegenheiten des Weltkirchenrates an. Nicht zuletzt war er von 1949 bis 1955 Präses der Synode der EKD. Mann kann ihn also mit Fug einen Mann der Kirche nennen, und er hat alle diese Ämter mit Ernst und Hingabe wahrgenommen. Nichtsdestoweniger war Heinemann in erster Linie Gemeindechrist. Er hat, wie man heute wohl sagen würde, die Basis immer für wichtiger gehalten als den Überbau; dabei konnte er sich auf einen der »Leitsätze« stützen, die Friedrich Graeber zusammen mit seinen Vettern und Amtsbrüdern Johannes und Martin Graeber für die »Freien Evangelischen Presbyterianer des Westens« herausgegeben hatte (5). Dort hieß es: »Wir fordern eine gereinigte, eindeutig presbyterial-synodale Verfassung, die der bisherigen Spaltung in der Provinzialkirche ein Ende macht –, und verwerfen mit Entschlossenheit jedes Bischofsamt und jeden Bischofstitel und jede Entmündigung der Gemeinden durch eine Behörde oder sogenannte geistliche Obere. Der Bischof als Träger von Lehrautorität mit Jurisdiktion (= Rechtsprechung) ist der Weg nach Rom, der Staatspfaffe ist der Vorläufer der bolschewistischen Revolution.« Heinemanns entschiedene Betonung der Gemeinde findet Ausdruck in einem Brief, den er am 25. Mai 1950 an den Pfarrer Erwin Schmidt in Hamburg geschrieben hat; dieser war ein führendes Mitglied der aus dem Berneuchener Kreis hervorgegangenen Michaelsbruderschaft, die sich als eine Art evangelischer Orden versteht. Dort heißt es: »Einig bin ich mit Ihnen in der Beurteilung, daß unsere evangelischen Kirchen sich weithin zu Lehranstalten entleert haben und daß uns noch mehr als an theologischen Diskussionen an Verlebendigung gelegen sein muß. Mit dieser Übereinstimmung aber beginnt sogleich die Differenz, indem ich Ihren Weg zu dem angedeuteten Ziel für einen Abweg halte... Ihr Satz, daß die Kirche Jesu Christi als eine ›Bruderschaft‹ gestiftet sei, und zwar doch wohl in dem von Ihnen gemeinten spezifischen Sinne, verschiebt den biblischen Sachverhalt in ähnlicher Weise, wie die katholische Kirche in Matthäus 16,18 die Weiche auf eine sehr spezifische Fahrtrichtung stellt, wenn sie das Wort ›Gemeinde‹ durch ›Kirche‹ ersetzt. Ich bestreite, daß die Kirche Jesu Christi als eine ›Bruderschaft‹ gestiftet worden ist. Sie wurde als ›Gemeinde‹ gestiftet, natürlich als eine Gemeinde von Brüdern und Schwestern, aber unabdingbarer Weise eben auch als eine Gemeinde *aller* derer, die an Christus hangen, und nicht lediglich als eine verengte Gemeinde derer, die sich zu einer ›Bruderschaft‹ halten ... Dieser Ausgangspunkt hat Konsequenzen ... ›Wir können an der Kirche nur bauen, wenn wir selber Kirche sind‹, sagt Ihre Stiftungsurkunde. Nein, Sie sind als Michaelsbruderschaft nicht selber Kirche, sondern die Kirche Jesu Christi existiert in der Vielzahl der Gemeinden.« In der Ablehnung jedes Ordensgedankens kommt Heinemanns urprotestantische Grundhaltung zum Ausdruck. Die Arbeit in der Gemeinde und für die Gemeinde stand für ihn immer im Mittelpunkt. Obwohl sein theologisches Interesse im Laufe der Jahre ständig wuchs, lag ihm, der von dem Tatchristen Friedrich Graeber in die Gemeinde hineingeführt worden war, vor allem die praktische Arbeit in Bibelkreisen und Liebeswerken der Gemeinde am Herzen. Wenn Heinemann von Bruderschaft spricht, so meint er Brüderlichkeit, nicht etwa irgendeinen exklusiven Zirkel. Die in praktischem Wirken bezeugte Brüderlichkeit ist für ihn der Beweis, daß hier christliche Gemeinde ist. »Die Geschichte der Kirche und der christlichen Gemeinde ist die Geschichte des ständigen Bemühens um das Festhalten und Wirken dieser Bruderschaft. Und wo es nicht gelingt, sind die Folgen alsbald sichtbar« (Rede auf dem Kirchentag 1951).

Darum auch war ihm die wichtigste kirchliche Aufgabe zunächst das Amt des Presbyters (Kirchenvorstehers) in seiner Essener Heimatgemeinde, das er von 1933 bis 1948 ausgeübt hat. Wo es um praktische Aufgaben ging, dort stellte sich Heinemann aber schon frühzeitig auch außerhalb seiner eigenen Gemeinde zur Verfügung. So nahm er 1937 die Wahl zum Ortsvorsitzenden des Christlichen Vereins Junger Männer (CVJM) an. Er verstand dieses Amt, das er bis 1950 beibehalten hat, als Herausforderung. Er sah darin anfangs auch ein Stückchen Widerstand, zugleich aber die Möglichkeit einer kirchlichen Erneuerung. So sagte er

1937 in seiner Antrittsrede: »Wir alle sehen und erleben, daß Gott mit seiner Kirche etwas vorhat, daß sie durch die Stürme des Kirchenkampfes zu neuen Ufern geführt werden soll. Wo diese Ufer endgültig liegen, vermag zur Stunde niemand zu sagen. Eines aber scheint sicher zu sein, nämlich daß gegenüber dem Ansturm des organisierten Antichristentums enger zusammengehört, was zu Christus hält. Die Schranken der alten Bekenntniskirchen sind ins Wanken geraten. Sie dürfen sich nicht wieder verfestigen. Dazu beizutragen ist auch eine Mission des CVJM.«

In diesem letzten Gedanken klingt bereits die andere Besonderheit von Gustav Heinemanns Christlichkeit an: die unbedingte Ablehnung eines innerprotestantischen Konfessionalismus. Dafür gab es geschichtliche und persönliche Gründe. Die Kirche, in der Heinemann getauft und konfirmiert worden war, die Evangelische Kirche im Rheinland, war ursprünglich eine Kirchenprovinz der Evangelischen Kirche der altpreußischen Union (APU). Diese war 1817 durch Kabinettsorder Friedrich Wilhelms III. geschaffen worden und hat, obwohl die in ihr vereinigten Lutheraner und Reformierten ihr jeweils besonderes Bekenntnis beibehalten konnten, de facto zu einem neuen Bekenntnis geführt, einer sogenannten Konsensusunion, und das gilt zumal für die rheinische Kirche. Infolge der Teilung Deutschlands nach dem Zweiten Weltkrieg ist an die Stelle der APU die Evangelische Kirche der Union getreten. Auch abgesehen von diesem geschichtlichen Hintergrund hat Heinemann sich niemals als lutherisch oder reformiert, sondern ungeachtet einer starken calvinistischen Tradition in der rheinischen Kirche immer einfach als evangelisch gefühlt. Gerade weil er den Unterschied zum katholischen Christentum sehr stark empfand, war ihm eine konfessionelle Aufspaltung innerhalb des Protestantismus von jeher ein Greuel. Diese Überzeugung war durch die Erfahrung des Kirchenkampfes im Dritten Reich noch gestärkt worden, und er hat den selbst während des Widerstandes immer wieder aufbrechenden Konflikt zwischen den protestantischen Konfessionen entschieden bekämpft. Er betrachtete es als Unglück, daß selbst innerhalb der Bekennenden Kirche (BK) der Konfessionalismus sich immer wieder durchsetzte, und meldete deshalb auf der Reichssynode der BK in Oeynhausen 1936 zusammen mit drei Pfarrern aus

Essen, Rheinpfalz und Hessen einen unüberhörbaren Protest an: »Die unterzeichneten, in der Union stehenden Synodalen, die sich als solche zu einer ausschließenden Entscheidung für eines der Sonderbekenntnisse nicht ermächtigt sehen, erklären vor der Synode, daß sie sich als Glieder der Kirche Jesu Christi wissen, berufen und in unierten Gemeinden versammelt durch sein Wort und seinen Geist in der einen Herde des einen Hirten. Die Gemeinschaft in der Bekennenden Kirche wäre verleugnet und preisgegeben, und unser bisheriges Reden und Handeln würde als Täuschung dargestellt, wenn die lutherischen oder reformierten Brüder diesen Anspruch nicht gelten ließen.«

Wie sehr diese Sorge Heinemann auch nach dem Kriege verfolgt hat, zeigt ein Brief, den er am 31. März 1949 an den damaligen Prälat Hartenstein der württembergischen Kirche schrieb. Er erwähnt darin die »großen Kümmernisse, die der neue Rat der EKD (dem Heinemann selbst angehörte) mir bereitet« und vornehmlich »die immer stärker werdende Betonung des Konfessionalismus... In der letzten Ratssitzung wurde uns zu dem Thema der kirchlich-sozialen Schule und der Laienschulung eine Vorlage präsentiert, in der u. a. folgendes steht: ›Entsprechend dem in Aussicht genommenen theologischen Leiter wird das Gepräge der Hausgemeinde lutherisch sein, was nicht ausschließt, daß auch Glieder anderer Konfessionen willkommen sind. Der ökumenische Charakter wird stark betont...‹ In diesen wenigen Sätzen sind in geradezu klassischer Kürze alle Momente enthalten, um die es geht. Da steht zuerst, daß der Leiter der Schule das Gepräge der Hausgemeinde bestimmt. Also: cuius regio eius religio wie ehedem!* Und das noch dazu in einer Schule, die in Westfalen eingerichtet, also vornehmlich wohl auf Besuch aus dem Industriegebiet zugeschnitten werden und den Laien dienen soll... Geradezu generös klingt sodann der Zusatz, daß Glieder anderer Konfessionen nicht ausgeschlossen, sondern – trotz allem – willkommen sein sollen. Daß diese anderen nur als die geistig Minderbemittelten bewertet werden, weil sie sich nun einmal nicht in die konfessionellen Alternativen des 16. Jahrhunderts

---

* Im Augsburger Religionsfrieden von 1555 die Formel, die den Reichsständen die Befugnis zusprach, die Religion ihrer Untertanen zu bestimmen.

pressen lassen wollen, wissen wir ja längst. Trotzdem berührt es zumindest so lange immer wieder peinlich, als man sich nicht die Mühe macht, nun wirklich und verbindlich Rede und Antwort zu stehen, ob diese Alternativen vom Evangelium her begründet sind.«

Es ist nicht überflüssig, Heinemanns Ablehnung jeglicher Art von innerprotestantischem Konfessionalismus hier so ausführlich darzustellen. Diese Einstellung ist aufschlußreich sowohl für seine Haltung während der Zeit des kirchlichen Widerstandes wie auch während der Nachkriegszeit. Nach 1945 war für ihn die Einheit der evangelischen Kirche eng mit der – verlorengegangenen, aber wiederherzustellenden – Einheit Deutschlands verbunden. Daher besteht ein unmittelbarer Zusammenhang zwischen Heinemanns Ablehnung des Konfessionalismus und seiner späteren Gegnerschaft zu Adenauers Deutschland- und Außenpolitik. Wie auch sonst ging es ihm dabei weniger um ein theologisches als um ein existentielles Problem.

Wie Heinemann durch Pfarrer Friedrich Graeber zum praktizierenden Christen wurde, so stand auch der Beginn des Widerstandes, den der Presbyter Heinemann gegen staatliche Eingriffe ins kirchliche Leben leistete, in engstem Zusammenhang mit der Person dieses Pfarrers. Der eher deutschnationale Graeber ließ sich durch seine politische Einstellung in seiner kirchlichen Haltung nicht beirren. So kam es schon bald zu einem Disziplinarverfahren und zur vorläufigen Amtsenthebung. Hier fühlte sich nun nicht nur der Christ, sondern auch der Jurist in Heinemann herausgefordert. Zusammen mit Graeber vollzog er die Trennung ihrer Kirchengemeinde vom Kirchenregiment der Deutschen Christen, mietete von der Stadt Essen den Börsensaal und sorgte auch sonst dafür, daß die nunmehr selbständige Gemeinde – die rechtlich eine nach der kirchlichen Ordnung zulässige und weiterhin zur Landeskirche gehörende Personalgemeinde war – handlungsfähig blieb. Voraufgegangen war bereits im November 1933 ein Brief Heinemanns an Hitler, worin er den »sehr verehrten Herrn Reichskanzler« noch ohne jede Schärfe im Ton daran erinnerte, »daß die eigentlichen Träger kirchlichen Lebens in unsern Gemeinden bei den amtlichen Stellen zu Gehör kommen«.

Hier ist nicht der Ort, die Geschichte der Bekennenden Kirche und des kirchlichen Widerstandes überhaupt aufzuzeichnen. Die rheinische und die westfälische Kirche waren daran maßgeblich beteiligt, und als Mitglied der BK fiel dem rechtskundigen und unerschrockenen Presbyter Heinemann bald eine führende Rolle zu. Lange Zeit hindurch wurden im Keller seines Hauses in Essen Flugschriften der BK hergestellt und von dort aus verbreitet. Bei aller Entschiedenheit seiner Haltung ließ Heinemann es jedoch niemals an Umsicht fehlen; ihr hat er es zu danken, wenn er von den Schergen des Dritten Reiches fast unbehelligt geblieben und niemals verhaftet worden ist.
Vierzig Jahre später ist dieser kirchliche Widerstand zumal für alle diejenigen, die jene Jahre nicht bewußt erlebt haben, kaum mehr vorstellbar. Einen immerhin halbwegs anschaulichen Eindruck vermittelt eine Aufzeichnung von Heinemanns Hand, die hier ungekürzt wiedergegeben wird, weil gerade in der – schon in der Überschrift zum Ausdruck kommenden – knappen Nüchternheit so etwas wie ein Panorama des Kirchenkampfes und Widerstandes sichtbar wird. Die wenigen Lücken im Text, die mit Personennamen auszufüllen wären, sind Vorsichtsmaßnahmen; es bestand immer die Möglichkeit, daß solche Aufzeichnungen der Gestapo in die Hände fielen. (VKL = Vorläufige Kirchenleitung, RA = rechtsanwalt, LGR = Landgerichtsrat.)

Ereignisse um einen Vortrag
26.1.36: Der Leiter des Rassepolitischen Amtes der NSDAP, Dr. med. Groß, hält einen Vortrag in München vor Amtsärzten und Pädagogen über Rassenpolitik, Sterilisation, Vererbung usw. In dem Vortrag werden zugleich Methoden einer Propaganda gegen die christliche Lehre entwickelt. – Der Lehrer Dierlamm schreibt den Vortrag mit.
5.37: Eine Abschrift von der Niederschrift des Vortrages gelangt in die Hände von Pfarrer Busch/Essen. Pfarrer Busch gibt die Niederschrift wegen der darin offenbar gewordenen Angriffe gegen die Kirchen pflichtgemäß an die für ihn zuständige Kirchenleitung, die VKL-Berlin, auf dem Dienstweg über die Geschäftsstelle des Rheinischen Bruderrates mit kurzem Begleitschreiben weiter.
Das Schreiben an die VKL läuft auf der Geschäftsstelle des Rheinischen Bruderrates durch die Hände von Pfarrer Held, welcher auf dem Begleitschreiben vermerkt: »Gesehen und weitergegeben. Held.«

In Berlin gelangt die Niederschrift durch die Hände von Pfarrer Niesel, Dr. Schmidt, Landgerichtsdirektor a.D. Günther an Pfarrer Jannasch, welcher die Niederschrift im Auszug an die der VKL angeschlossenen Kirchenregierungen mitteilt.

5.37: Günther wird wieder entlassen.

24.5.37: Pfarrer Busch/Essen wird in Haft genommen.

25.5.37: Pfarrer Held fährt nach Süddeutschland und läßt sich von Dierlamm das Original der Niederschrift nebst eidesstattlicher Versicherung aushändigen gegen die Zusage, Dierlamm nicht zu nennen. Dierlamm bestätigt außerdem durch eine zweite eidesstattliche Erklärung die Richtigkeit des von Jannasch an die Kirchenregierungen mitgeteilten Auszuges aus der Niederschrift. Held fertigt mit kirchenamtlichem Pfarrsiegel eine beglaubigte Abschrift des Auszuges nebst eidesstattlicher Erklärung, jedoch unter Fortlassung des Namens Dierlamm an.

28.5.37: Held verabredet mit Pfarrer Böttcher/Essen für den Abend eine Zusammenkunft mit RA Dr. Heinemann zwecks Auswertung seines Materials. Die Zusammenkunft findet jedoch nicht statt, weil Held am Nachmittag gelegentlich eines Versuches, den Pfarrer Busch im Polizeigefängnis zu besuchen, ebenfalls in Haft genommen wird.

Dr. Heinemann kehrt abends 21.30 Uhr von Berlin zurück und wird von Pfarrer Böttcher in seiner Wohnung erwartet. Böttcher fragt nach den Heldschen Schriftstücken. Dr. Heinemann hat nichts bekommen.

Böttcher und Dr. Heinemann suchen den Vikar Disselhoff auf, welcher die Schriftstücke noch in Verwahr hat.

29.5.37: Hinterlegung der Schriftstücke bei

1.6.38: Heinrich von Waldthausen und Frau suchen den Polizeipräsidenten Zech auf. Nach allgemeiner Aussprache über die Verhaftungen wird angeordnet, daß die Verhafteten Sprecherlaubnis für ihre Ehefrauen sowie Erlaubnis zum Empfang von Lektüre, Tabak und täglich halbstündigem Spaziergang im Gefängnishof erhalten.

2.6.37: Dr. Heinemann fährt nach Berlin. Besprechung im Altpreußischen Bruderrat mit Müller/Dahlem, Asmussen, Ehlers und Perels. Erörterung einer Möglichkeit, den Wahrheitsbeweis ohne Nennung von Dierlamm zu führen.

3.6.37: Besprechung zwischen LGR Meyer im Reichsjustizministerium, Dr. Heinemann und Perels. Meyer will versuchen, die Akten Jannasch zu erlangen. Jannasch ist im Unterschied zu Busch und Held in Untersuchungshaft. Erörterung der Möglichkeiten eines Wahrheitsbeweises. Meyer will Nachricht geben.

5.6.37: Der CVJM Essen veranstaltet in der Erlöserkirche einen

Vortrag von D. Stange über dessen Teilnahme am Indienkongreß der CVJM. Dr. Heinemann spricht in der Einleitung über Pfarrer Busch und dessen Kampf gegen die Kriegsschuldlüge auf dem vorletzten CVJM-Weltkongreß in Cleveland/USA 1931. Fürbitte.
6.6.37: Sonntag. Kreis-Bekenntnis-Synode im Ernst-Moritz-Arndt-Haus. Telegramm und Brief an Reichsjustizminister, Geheime Staatspolizei/Berlin usw. in Sachen Busch und Held.
7.6.37: Die Pfarrer von Essen-Altstadt sprechen auf dem Polizeipräsidium vor.
9.6.37: Bittgottesdienst für Busch und Held in Kreuzeskirche und Auferstehungskirche.
12.6.37: Dr. Schmidt wird aus der Haft entlassen. Haussuchung bei Held in Essen. Perels fährt nachts von Berlin nach Stuttgart.
13.6.37: Sonntag. Perels veranlaßt drei Stuttgarter Geistliche, mit einem zweiten Zeugen des Vortrages von Dr. Groß Fühlung zu nehmen. Sie erhalten von diesem zweiten Zeugen eine eidesstattliche Erklärung gegen die Zusage, seinen Namen nicht zu nennen.
Dierlamm auf 9.30 Uhr in Eßlingen zur polizeilichen Vernehmung geladen. Er erscheint in der Annahme, daß es sich um allgemeine Schulangelegenheiten handelt, erfährt jedoch, daß die Gestapo durch Postkontrolle einen Brief an ihn abgefangen hat, in dem an Dierlamm eine Abschrift seiner Niederschrift über den Vortrag von Dr. Groß von ...... geschickt worden ist. Dierlamm erklärt zu Protokoll, daß die Niederschrift dem wirklichen Inhalt des Vortrages entspreche, daß er das Original an Held ausgehändigt habe und daß Held eine Hinterlegung des Originals bei einem Notar beabsichtigte. Keine Verhaftung von Dierlamm. Der vernehmende Kommissar wird wegen Anschwemmung einer Leiche im Neckar abgerufen.
Perels spricht Dierlamm nach der Vernehmung und reist sofort nach Essen. Perels nimmt eine Liste mit 25 Adressen von Zuhörern des Großschen Vortrages mit.
14.6.37: Perels ist morgens um 8 Uhr bei Dr. Heinemann. Nachricht an Held.
Böttcher fährt nachmittags gemäß Rücksprache mit Dr. Heinemann und Perels nach Süddeutschland, um weitere Zuhörer des Vortrages von Dr. Groß gemäß der von Perels mitgebrachten Adressenliste zu befragen.
Pfarrer Niesel/Berlin erneut verhaftet, ebnso Pfarrer Jakobi/Berlin.
15.6.37: Präses Humburg aus Wuppertal will Busch und Held im Polizeigefängnis Essen aufsuchen. Sprecherlaubnis nur für Held.
Böttcher ruft aus Stuttgart bei Dr. Heinemann an.
16.6.37: Das Auto mit dem gedruckten Mitteilungsblatt der Evangeli-

schen Bekenntnissynode vom 15. 6. 37 (10 Seiten) wird wegen Überbelastung durch Polizeikontrolle angehalten. Gefahr der Beschlagnahmung. Polizei läßt jedoch das Auto passieren!

Breuninger, Braß und ...... bei Oberregierungsrat Gallasch im Polizeipräsidium.

Böttcher in Ausgburg. – Ehlers/Berlin verhaftet.

17. 6. 37: Erste Vernehmung von Held in Sachen Dierlamm. »Kennen Sie Dierlamm?« »Haben Sie mit Dierlamm gesprochen?« »Dierlamm hat Ihnen das Original der Niederschrift ausgehändigt!« Held erklärt, keine Auskunft geben zu können wegen Beichtgeheimnis. Ein Brieftelegramm der Gestapo Stuttgart wird verlesen über Vernehmung von Dierlamm. Erklärung, daß man Held freilassen wolle, wenn er aussage. Held verlangt eine Erklärung von Dierlamm.

Böttcher in München.

Mitteilung von Held, daß Gestapo das Original der Niederschrift Dierlamms abholen wolle.

18. 6. 37: Erneute Vernehmung von Held. »Wenn Sie sagen, daß die Aussage von Dierlamm stimme, werden Sie freigelassen.« Held beruft sich wiederum auf Beichtgeheimnis. Frage an Held: »Wo ist das Original der Niederschrift, bei Dr. Mensing oder bei Dr. Heinemann?« Held erkennt, daß nach der geschehenen Aussage von Dierlamm keine Veranlassung mehr für ihn zum Schweigen besteht. Er erklärt, mit Dierlamm gesprochen und die Originalniederschrift erhalten zu haben.

Held schreibt an Disselhoff, daß die Originalniederschrift ausgehändigt werden möge. Kosthoff erscheint mit diesem Brief bei Disselhoff und erklärt, daß Dierlamm mit Aushändigung einverstanden sei. Disselhoff händigt nicht aus. Er ist nicht im Besitz der Niederschrift.

Böttcher trifft 14.30 auf der Geschäftsstelle des Altpreußischen Bruderrates in Berlin-Lichterfelde ein. Es meldet sich niemand. B. telefoniert vom Postamt im Nebenhaus zum Burckhardt-Haus, um zu hören, wann der Altpreußische Bruderrat Dienststunden hat. Er erfährt, daß der Altpreußische Bruderrat aufgeflogen und verhaftet ist. Beim Verlassen der Telefonzelle wird B. von zwei Gestapo-Beamten in Zivil verhaftet. Vernehmung auf dem Polizeirevier. Auspacken der Taschen. Der Beamte nimmt den Reisepaß und erklärt: »Sie sind also Pfarrer Böttcher aus Essen?« – »Jawohl.« – »Sie sind Vertreter von Held im Altpreußischen Bruderrat und Mitglied des Rheinischen Bruderrates. Sie haben in Vertretung von Held an der Sitzung des Preußischen Bruderrates betr. Kanzelabkündigung der Kirchenaustritte teilgenommen.« – B. bestreitet das letztere. – In seinen Papieren wird die Adressenliste gefunden. – »Aha, die Hilfsschullehrer! Was machen Sie mit der Liste?« – Es wird

eine Hotelrechnung aus München gefunden. »Was haben Sie in München gemacht?« – »Wir wollten Held und Busch freikriegen...« – »Welche wir?« – »Der Essener Bruderkreis. Wir wollten den Wahrheitsbeweis ermöglichen.« – »Wer hat Ihnen das Geld gegeben?« – »Ich bin mit eigenem Geld gefahren.« – »Was haben Sie erreicht?« – »Nichts. Die Dinge liegen für die Zeugen zu weit zurück.« – »Warten Sie.« Nach etwa ½ Stunde erscheint Assessor Chantré (Leiter der Berliner Gestapo). Die Vernehmung wird wiederholt. Chantré erklärt, er habe die beiden Pfarrer in Essen verhaften lassen. Auf ein Wort von Böttcher, daß die beiden Verhafteten nichts Strafbares getan hätten, erklärt Chantré: »Das will ich nicht gehört haben. Römer 13 kennen Sie wohl nicht?«
B. wird für verhaftet erklärt. Er soll andern Tages mit Sammeltransport zum Alexanderplatz. Nach Fortgang der Beamten bietet der Reviershauptmann sofortige Verbringung zum Alexanderplatz in Begleitung des Polizeibeamten an, wenn Böttcher die Straßenbahn selbst bezahlt. Das geschieht.
Nach etlichen Formalien und erneuter Vernehmung zu Protokoll wird B. im Polizeigefängnis auf Station II Zelle 4 festgesetzt. In der Zelle sind bereits 12 Insassen, neugierig nach Tagesereignissen (Bilbao usw.). In der Zelle sind nur Politische, welche B. sehr freundlich behandeln. Ein Gefangener zeigt Böttcher eine gedruckte Andacht von Pfarrer Busch/Essen, ein anderer Gefangener eine gedruckte Predigt von Immer/Barmen (»Her zu uns!«).
19.6.37: B. antreten zum Baden (»Nicht weil heute Samstag ist, sondern weil du neu bist!«). Nach dem Baden großes Frühstück (drei Scheiben trockenes Brot mit sog. Kaffee). Nach dem Frühstück erneute Vernehmung und Entlassung. Auf dem Weg zum Ausgang Zusammentreffen mit Brachmann/Berlin.
B. berichtet sofort bei Niemöller. Während der Unterhaltung Anruf von Asmussen aus dem Hause .... . Asmussen fragt, ob er sich im Hinblick auf die Verhaftung seiner Frau bei der Polizei stellen solle. Niemöller verneint strikte.
Held und Busch um 12.30 Uhr aus der Haft entlassen. Held fährt sofort zur Sitzung des Rheinischen Bruderrates nach Barmen. – Dierlamm in Eßlingen verhaftet.
Abends Besprechung im Gemeindehaus wegen der Bittgottesdienste am 24.6. Beschluß: Die Gottesdienste werden durchgeführt.
Böttcher um 24 Uhr aus Berlin zurück.
20.6.37: Sonntag. Präses Humburg morgens um 3 Uhr verhaftet. Haus abgesperrt, vor allem Telefon. Anscheinend wegen Asmussen.
Besprechung Held, Böttcher, Heinemann.

21.6.37: Held verreist.
23.6.37: Dr. Heinemann fährt nach Berlin. Anruf bei Perels; Perels ist verhaftet. Warten auf Beckmann am Bahnhof Zoo; Beckmann ist verhaftet. Mit RA Holstein zu Niemöller.
Dort tagt der Rest des Reichsbruderrats. Vormittags sind verhaftet worden: Müller/Dahlem, Beckmann, Perels, Lücking, Iwand, Rendtorff, von Rabenau, Dr. Böhm. Wahlvorbereitung! Kirchenwahl soll überraschend auf 27.6. angesetzt werden.
Mitteilung der Verhaftungen und des Beschlusses des Reichsbruderrates nach Essen.
24.6.37: Die Gottesdienste in Essen (etwa 15) finden statt. Mitteilung der Verhaftungen usw.

Hier bricht der Bericht ab, der vermutlich noch lange hätte fortgesetzt werden können. Aus dem Abstand von vierzig Jahren liest er sich beinahe wie ein Szenario zu einem Film. Es war aber kein Spiel, sondern harte Wirklichkeit: So war der Kirchenkampf, in dem Gustav Heinemann eine zentrale Rolle gespielt hat.
Die politische Bedeutung dieses Kampfes lag vor allem darin, daß der nationalsozialistische Staat durch den zähen Widerstand der Bekennenden Kirche mehr und mehr genötigt wurde, sein wahres Wesen an den Tag zu legen: eine durch keinerlei sittliche Bedenken gehemmte Gewaltherrschaft. Wenn sich die Behörden – wie in Heinemanns Aufzeichnung der Berliner Gestapo-Chef Chantré – gegenüber den Widerstand leistenden Pfarrern und Laien auf das Wort des Römerbriefes beriefen: »Jedermann sei untertan der Obrigkeit, die Gewalt über ihn hat; denn es ist keine Obrigkeit ohne von Gott. Wo aber Obrigkeit ist, die ist von Gott verordnet« –, so war das reiner Zynismus. Dagegen wehrte sich ausdrücklich die »Fünfte Preußensynode« der Bekennenden Kirche, die im August 1937 im westfälischen Lippstadt unter Mitwirkung Heinemanns abgehalten wurde. In einem »Wort an die Gemeinden« erklärte die Synode: »Die kirchenzerstörenden Gesetze und die Fülle von Verhaftungen und Bedrückungen aller Art, denen die Kirche von neuem ausgesetzt ist, haben uns in große Anfechtung und Gewissensnot gebracht. Denn es ist unsere Obrigkeit, von der uns solches widerfährt. Wir wissen, daß die Obrigkeit aus Gottes Befehl ihr Amt hat, und wollen ihr in Ehrerbietung alles geben, was ihr zukommt. Weil sie nun aber in

ein fremdes Amt eingreift und uns zumutet, was mit dem Gehorsam gegen Gottes Wort nicht vereinbar ist, können wir hierin nicht gehorchen.« Damit nahm die Synode einen Beschluß des Altpreußischen Bruderrates vom 17. Juni 1937 auf, der zu dessen in Heinemanns Aufzeichnung erwähnten faktischen Auflösung geführt hatte. In jenem Beschluß wurde der Widerstand deutlicher als je zuvor verkündet: »Wir bezeugen, daß die christliche Gemeinde sich das Recht der namentlichen Abkündigung von Kirchenaustritten nicht nehmen lassen kann und daß sich eine christliche Gemeinde die Ausübung ihres von Gott verordneten Wächter- und Seelsorgeamtes durch keine irdische Gewalt verbieten lassen darf.«

Die Lippstädter Synode war die letzte Synode der preußischen Bekennenden Kirche, an der Heinemann teilnahm. Ein Jahr später, am 17. August 1938, trat er von allen Ämtern in der Bekennenden Kirche zurück. Über die Gründe dieser Entscheidung, mit der er zum ersten Mal seine innere Unabhängigkeit von »Amt und Würden« bewies, sind wir sehr genau unterrichtet, weil er darüber – wie übrigens auch zwölf Jahre später über seinen historisch bedeutsameren Rücktritt als Bundesinnenminister – eine Denkschrift verfaßt hat. Schon das Zustandekommen dieser Denkschrift von 1938 war charakteristisch für Heinemanns Handeln in öffentlichen Angelegenheiten: zwischen Niederschrift und Übergabe lagen acht Monate! Es hat sich bis in die letzten Phasen von Heinemanns öffentlicher Tätigkeit immer wieder gezeigt, daß er seinen Ärger über Menschen oder Dinge, die ihm mißfielen, um so bedachtsamer äußerte, je wichtiger ihm die Angelegenheit erschien. Mit der Lippstädter Synode selber hatte Heinemanns Entschluß übrigens kaum etwas zu tun. Dagegen ist aufschlußreich eine Notiz, die er sich unmittelbar vor der Synode während einer Beratung des rheinischen Bruderrates machte: »Kampf gegen DC (Deutsche Christen H. L.) war falsche Front. DC sind nur Attrappe des Staates. Deswegen nicht dogmatischer Ansatz, sondern politischer.« Damit gewann für Heinemann der Widerstand eine neue Dimension. Er begann die Dinge mehr und mehr politisch zu sehen, und zugleich wurde ihm klar, daß der eigentliche Kirchenkampf nur dann sinnvoll wäre, wenn er zu einem neuen Verständnis von Kirche und Gemeinde führen würde. Hier zeigte sich zum ersten Mal ganz deutlich, daß Heinemann nichts ferner lag als eine restaurative Denkweise. Er ist immer ein geschichtlich denkender Mensch gewesen, hatte aber den Blick stets nach vorn gerichtet.

Allerdings wäre es falsch, Heinemanns Ausscheiden aus seinen Ämtern in der Bekennenden Kirche allein oder auch nur vornehmlich politisch zu begründen. Sein Unbehagen an der übermäßigen und zudem seiner Überzeugung nach falschen Theologisierung der Bruderräte reicht weiter zurück. So hatte er schon am 15. Dezember 1937 einen längeren Brief an den Essener Pfarrer Heinrich Held geschrieben, der deutlich macht, wie sehr Heinemanns späterer Entschluß kirchlich-theologisch motiviert war: »Nach unserer letzten Besprechung habe ich aus der mir noch zugegangenen Einladung (zur Synode H. L.) von der Formel Kenntnis bekommen, nach der die Synodalen das Gelübde ablegen sollen. Die Formel läuft darauf hinaus, daß nur derjenige an der Synode soll teilnehmen können, der die Auffassung der Bruderräte von ihrem allein rechtmäßigen Kirchenregiment teilt. Ich muß sagen, daß ich ein Gelübde dieses Inhalts geradezu ungeheuerlich finde. Anstatt darauf Wert zu legen, daß wir unsere Bekenntnissynoden auf jede nur mögliche Weise von den Gemeinden her bilden, ist der Kreis der regierenden Bruderräte darauf bedacht, die Synode so zusammenzusetzen, daß der von ihm verfolgte kirchenpolitische Kurs nicht gestört wird. Das erinnert in einer ganz scheußlich fatalen Weise an die Methode, mit der einst auch Ludwig Müller die Nationalsynode für seine Zwecke zurechtgebogen hat. Die Interpretation der Gelübdeformel – nämlich daß sie nur ein Ernstnehmen des Notkirchenregiments der Bekenntniskirche fordere – kann ich nur als albern bezeichnen. Es dreht sich ja gerade um die Frage, ob das Notkirchenregiment so ernst genommen werden kann, wie es die regierenden Bruderräte fordern, ob insbesondere ihr kirchenregimentlicher Anspruch auch auf solche Gemeinden und Pfarrer sich erstreckt, die von diesem Kirchenregiment nichts wissen wollen. Es ist völlig unsynodal, wenn jede ernste Auseinandersetzung über diese Frage von vornherein dadurch abgebogen wird, daß man gewisse Synodalen nicht zuläßt ... Ich kann im Augenblick nichts anderes tun als Ihnen und den andern Brüdern die

Mahnung mit auf den Weg zu geben, daß die Synode und ihre Teilnehmer nicht in eine Zwecktheologie verfallen möchten, die uns auf Abwege bringen muß...«

Den Anstoß zu Heinemanns Rücktritt gab die »Frage, ob wir die Verteidigung der evangelischen Kirche seit 1933 recht geführt haben oder nicht. Ich bin der Überzeugung, daß das nicht der Fall ist, und da ich des weiteren nicht die Möglichkeit zu einer gründlichen Änderung unserer Verteidigung sehe, bleibt mir nur übrig, auf die Seite zu treten.« Als ersten Grund nennt er den »Rückfall in einen neuen ... Konfessionalismus«, gegen den er ja schon 1936 in Oeynhausen protestiert hatte. Er hält die strenge Scheidung zwischen Reformierten und Lutheranern für historisch überholt und möchte nun »endlich die Folgerung daraus ziehen, daß die evangelische Kirche heute nach einer völlig anderen Richtung zum Kampfe gerufen ist, als die Bekenntnisse des 16. Jahrhunderts ausgerichtet sind!«

Mindestens so sehr beunruhigt ihn aber eine Erscheinung, die er durch einen Vergleich der Kirche mit einem Hause anschaulich macht. Der Hausherr, das vom Staate verordnete Kirchenregiment, »läßt uns zwar noch in dem überkommenen Gehäuse einer öffentlich-rechtlichen Körperschaft wohnen; er verändert aber Stück um Stück der Einrichtung dieses Hauses und zwingt uns in steigendem Maße unter kirchenfremde Hausordnungen.« Der Versuch der Bekennenden Kirche (BK), eine »eigene kirchliche Hausgewalt aufzurichten«, sei gescheitert. Zum anderen sei die BK mit ihren Hausgenossen nicht einig. »Ein Teil ist uns feindlich, ein anderer Teil will nicht wahrhaben, daß die Kirche unter eine fremde Botmäßigkeit gekommen ist.« Der Versuch, die andern Gruppen aus der Kirche hinauszudrängen, sei erfolglos und zudem bedenklich gewesen, »weil er nicht mit den von uns selbst verfochtenen presbyterial-synodalen Grundsätzen in Einklang stand.« Hier spricht wieder unverwechselbar der Gemeindechrist Heinemann, der auch den andern Gemeinden ihr Eigenleben nicht beeinträchtigen will. Bei der Suche nach einem Ausweg zeigt er nun eine Folgerichtigkeit, in der sich bereits Haltung und Handlungsweise des späteren Politikers ankündigen: »Was war zu tun? Sollte man nicht denken, daß es ohne weiteres zutage liegt? Gegenüber der Tatsache eines fremden und rechtlich unangreifbar gewordenen Regimentes in der Kirche sowie gegenüber der Tatsache fremder und nicht loszuwerdender Hausgenossen kann nur eine dritte Tatsache umgestaltend wirken, nämlich eine Verselbständigung gegenüber dem Gewalthaber und eine Scheidung von den fremden Hausgenossen bis hin zu einer glaubwürdigen Bereitschaft, nötigenfalls das Haus sogar ganz zu verlassen. Einer solchen Erkenntnis gegenüber aber verschließt sich die BK mit einer geradezu erschütternden Sicherheit.«

Es waren ja im Laufe des Kirchenkampfes auch außerhalb Essens selbständige Gemeinden entstanden, die in Sälen Gottesdienst hielten und ihre Pfarrer aus eigenen Mitteln bezahlten. Diese Entwicklung möchte Heinemann von der BK gefördert sehen und er ist enttäuscht, daß die Bruderräte der BK den Kampf viel eher theologisch und juristisch führen, anstatt aus der Not eine Tugend zu machen. »Es geht alles nach dem alten Schema weiter! Man bildet sich ein, daß man Krieg führe, weil man protestiert, antichambriert, Rechtsansprüche feierlich aufrechterhält, Synoden oder Sitzungen abhält und umherreist, und hat in Wahrheit überhaupt noch nicht mobil gemacht. Solange Pfarrer den Kampf mit Reichsnetzkarten oder noch so guten bekenntnismäßigen oder kirchenrechtlichen Gedanken führen, ohne Mann für Mann eine unabhängige Gemeinde hinter sich zu haben, sind sie für den Gegner wahrhaft harmlos. Wir haben nichts getan, um eine echte und glaubwürdige Bereitschaft zum Verzicht auf die öffentlichrechtliche Kirche zu wecken.« Man könnte vielleicht sagen, daß hier Heinemanns Ungeduld, die er selber manchmal als Untugend empfunden hat, die Feder geführt habe; daß er in der Sache recht hatte, ist indessen schwerlich abzustreiten.

In dieser Denkschrift meldet sich erstmals so deutlich der Praktiker Heinemann zum Wort – ein Mann, der sich von seiner Überzeugung, zumal wenn diese im Gewissen verankert war, nichts abhandeln ließ, der aber gleichwohl die Wirklichkeit nie aus dem Auge verlor. Aber auch in theologischer Hinsicht ging Heinemann durchaus seinen eigenen Weg. So wehrt er in der Denkschrift den Einwand ab, daß praktische Erwägungen weniger wichtig seien als das, »was nach Schrift und Bekenntnis richtig sei. Dieser den Laien zunächst entwaffnende Satz von der Richtschnur in Schrift und Bekenntnis hat aber nachgerade meine Hochachtung verloren. Er enthält nämlich nur die halbe Wahrheit. Auch Schrift und Bekenntnis sprechen nur in konkreten Lagen, und es ist noch nie so gewesen, daß Gott etwas anderes aufgetragen hat, als der Mensch leisten kann, weder mehr noch weniger.«

Der Ring seines Unbehagens am Zustand der BK schließt sich abermals in der Kritik am theologisch untermauerten innerprotestantischen Konfessionalismus. »Weil man die Einheit der Kirche in der Lehre sucht, kommen Lutheraner und Reformierte nicht über die alten Gräben hinweg. Man kann sich zwar nicht mehr gegenseitig verdammen wie ehedem! Aber man kann sich noch immer vorstellen, daß der andere genau das denken müsse, was man selbst denkt. Solche Uniformität des Denkens zur Voraussetzung der kirchlichen Einheit zu machen ist völlig unbiblisch ... Wann endlich lassen wir ab von der Tyrannei des uniformen Denkens, das eine Einheit nur in der Vergewaltigung der Mannigfaltigkeit findet?«

Damals war Heinemanns Denkschrift das Dokument seiner persönlichen Enttäuschung über die Richtung, die der Kirchenkampf genommen hatte. Für den, der vierzig Jahre später zurückblickt, kündigt sich in Heinemanns Vorstellung, daß »eine evangelische Kirche aus Gemeinden völlig unterschiedlichen Gepräges« bestehe, bereits der Politiker an, der in einer toleranten, pluralistischen Demokratie die einzige menschenwürdige Lebensform sah.

Die Wirkung dieser Denkschrift war nahezu gleich Null. Das hing teilweise damit zusammen, daß innerhalb der BK eine Diskussion um die Errichtung einer vom Staat unabhängigen Freikirche bereits 1934 geführt und mit deren Verwerfung beendet worden war. Daher empfanden wohl manche Theologen Heinemanns Gedanken als einen Rückgriff auf eine vermeintlich bereits erledigte Problematik. Nicht unterschätzen sollte man auch das teilweise unbewußte Mißtrauen vieler Theologen gegenüber auch solchen Laien, die wie Heinemann starkes kirchliches Engagement bewiesen. Die Absichten und Ansichten solcher Laien wurden auch dann, wenn sie der konkreten Lage viel näher sein mochten als die Auffassungen der Theologen, von diesen gern als »geistlich nicht gesichert« abgetan. Und es war schon so, wie Heinemann an einer Stelle seiner Denkschrift bemerkt hat: »Es beherrschen die theologischen Syndizi in einem unglückseligen

Maße das Feld. Man normiert und deduziert, wo ein schlichtes Sehen besser wäre.«

Heinemann hielt sich, nachdem er aus seinen Ämtern in der Bekennenden Kirche geschieden war, an dieses schlichte Sehen. Sein Urteil über Einstellung und Ziele des Staates änderte er nicht um einen Deut. Er tat lediglich das, was er in seiner Denkschrift empfohlen hatte: er rüstete die eigene Gemeinde für den Ernstfall. Zwar durfte Pfarrer Graeber inzwischen wieder in der Kirche predigen, aber er und Heinemann hielten es für richtig, eine Ausweichmöglichkeit zu schaffen. Diese bot sich in leerstehenden Lagergebäuden in den »Nassen Gärten«, einer kleinen Gasse im Bezirk Essen-West. Hier versammelte sich die Gemeinde, hier predigte nicht nur Graeber, sondern auch Heinemann selber, hier hielt er Lehrvorträge und sogenannte Bibelklassen. Dabei versagte er sich der BK auch künftig keineswegs und nahm seine Vorstandstätigkeit im Essener CVJM, der damals die größte Ortsgruppe des Vereins in Deutschland war, sehr ernst. Seine Widerstandstätigkeit leistete er ja nicht als Amtsträger der BK, sondern als Glied seiner Gemeinde. Heinrich Held, mit dem Heinemann während des Kirchenkampfes eng zusammenarbeitete, hat später, als er 1945 Superintendent des Kirchenkreises Essen wurde, Heinemanns Wirken geschildert. Er habe »im Nachrichtendienst der Bekennenden Kirche gearbeitet, stand jederzeit für Rechtsfragen bei Konflikten mit staatlichen, polizeilichen oder parteiamtlichen Stellen zur Verfügung und war an der Finanzierung der Ausgaben der Bekennenden Kirche für Pfarrerbesoldung und dergleichen durch Aufbringung privater Mittel beteiligt. In Vorträgen vor Essener Gemeinden hat Herr Dr. Heinemann für die jeweiligen Ziele des Kampfes der Bekennenden Kirche gegen die Maßnahmen des nationalsozialistischen Staates aufklärend und werbend gewirkt. Seine Wohnung stand ständig zur Abhaltung verbotener Zusammenkünfte sowie zur Anfertigung und Aufbewahrung verbotener Schriften und zur Verbergung von Personen gegen einen Zugriff seitens staatlicher Stellen zur Verfügung. Herr Dr. Heinemann hat der Bekennenden Kirche durch all dieses unter Einsatz seiner persönlichen Existenz wesentliche Dienste geleistet.« Dieses nüchterne Zeugnis verliert nicht deshalb an Wert, weil es für die Besatzungsbehörden abgegeben wurde. Ihnen mußte Heinemann 1945 ja zunächst ein Unbekannter sein, eben weil es ihm gelungen war, sich jedem offenen Zusammenstoß mit den nationalsozialistischen Behörden zu entziehen.

Damit beantwortet sich schon teilweise die Frage, ob oder inwieweit Heinemann politischen Widerstand gegen das Dritte Reich geleistet habe. Vergleicht man ihn etwa mit Männern wie Julius Leber, Helmuth von Moltke oder Carl Goerdeler, so ist die Frage zu verneinen. Heinemann hat zu den verschiedenen Gruppen des politischen Widerstandes keine unmittelbaren Kontakte unterhalten. Er hat weder über Mittel und Wege zur Beseitigung Hitlers nachgedacht noch detaillierte Pläne für die Zukunft Deutschlands nach der militärischen Niederlage oder dem Sturz des nationalsozialistischen Regimes entworfen. Fast vierzig Jahre später fragte ihn sein Freund Helmut Gollwitzer, wie es eigentlich zu erklären sei, daß er »abgesehen von der selbstverständlichen Ablehnung des Nazismus ... kaum eine politische Leidenschaft« gezeigt habe. Heinemann hat darauf ganz nüchtern geantwortet: »Es war ja auch keinerlei Chance, im Dritten Reich über Parteipolitik außerhalb der NSDAP nachzudenken; es hatte doch nicht die geringste Verheißung.«

Das ist zwar richtig, aber gewiß nicht die ganze Erklärung. Gustav Heinemann hatte zwar als Student politisches Engagement gezeigt – ein Engagement, das den Erlebnissen seiner Jugend, der Erinnerung an seinen Großvater Walter und der Erziehung durch seinen Vater entsprach. Dieses Engagement hatte aber niemals zu einer politischen Existenz geführt. Vielmehr war Heinemann gegen Ende seiner juristischen Ausbildung zunächst einmal ein Mitglied der bürgerlichen Gesellschaft geworden, ein vorzüglicher Anwalt, ein tüchtiger Prokurist der Rheinischen Stahlwerke auf dem Weg in deren Vorstand. Er interessierte sich für das politische Geschehen wie andere intelligente Bürger auch. Er war sogar, was andere Bürger nicht taten, 1930 dem Christlich-Sozialen Volksdienst beigetreten, einer kleinen evangelischen Partei, die keine nennenswerte Bedeutung hatte. Das freilich war auch schon eine Folge seiner von Pfarrer Graeber bewirkten Hinwendung zum Christentum. Aber im März 1933, so erzählte er viel später, »als es noch mal eine sogenannte freie Reichstagswahl gab, habe ich sozialdemokratisch gewählt. Nicht weil ich sonderliche Nähe zu denen schon empfunden hätte, sondern aus dem ganz einfachen Gefühl heraus: wenn es überhaupt noch möglich ist, gegen Hitler ein Gegengewicht darzustellen, kann es nur die SPD sein.« Beinahe also ein Akt der Verzweiflung. Aber gewiß kein Schritt in die eigentliche Politik und auch kein Schritt heraus aus der bürgerlichen Welt, in der Heinemann den sozialen Aufstieg seiner Familie auch in den dreißiger Jahren noch fortsetzte.

Motiv und Charakter seines Widerstandes wie auch seines sonstigen Handelns wurden von seinem Glauben und seinem Engagement in der Kirche bestimmt. Dafür gibt es ein bemerkenswertes Beispiel aus seinem Berufsleben. Im Februar 1936 erhielt er eine Anfrage von Dr. Janus, Generaldirektor des Rheinisch-Westfälischen Kohlensyndikats, ob er dessen Nachfolger werden wolle. In seinem nur stichwortartig geführten Tagebuch aus jenen Jahren heißt es am 10. Februar: »Die Frage geht mir unablässig durch den Sinn. Hasslacher sagt: eine Chance!« Hasslacher war Aufsichtsratsvorsitzender der Rheinischen Stahlwerke, deren Justitiar Heinemann seit 1928 war. Tatsächlich hätte der Übertritt zum Kohlensyndikat einen weiteren Aufstieg bedeutet. Heinemann hat in einem Gespräch 1974 den weiteren Verlauf der Angelegenheit klargestellt: »Ich war zu jener Zeit in der Auseinandersetzung der Bekennenden Kirche mit den nationalsozialistischen Deutschen Christen engagiert und wollte beim Kohlensyndikat die Freiheit haben, Mitglied der Evangelischen Bekenntnissynode im Rheinland und deren Bruderrates zu bleiben, was gelegentliche Abwesenheiten von Essen bedingte. Das mußte Dr. Janus dem Aufsichtsrat unterbreiten, dessen Vorsitzender Tengelmann ein Freund von Göring war. Der Aufsichtsrat verweigerte die Zustimmung, obwohl ich angeboten hatte, im Konfliktfall mit einer dreimonatigen Kündigung zufrieden zu sein.« Heinemann erhielt von Dr. Janus unter dem 21. März 1936 einen handschriftlichen Brief, demzufolge »der Personalausschuß unseres Aufsichtsrates mit Rücksicht auf Ihre Stellungnahme im Kirchenstreit zu der Entschließung gekommen ist, auf Ihren Eintritt in unseren Vorstand verzichten zu müssen.« Wenige Monate später wurde er zum stellvertretenden Vorstandsmitglied der Rheinischen Stahlwerke berufen. Heinemann viel später: »Das war zwar weniger als das Kohlensyndikat geboten hätte, aber doch auch recht viel.« Berufliches Fortkommen und weiterer Aufstieg in der bürgerlichen Welt waren Heinemann also keineswegs gleichgültig, was bei einem Vater von vier Kindern schließlich nicht verwunderlich war. Er war jedoch nicht bereit, dafür jeden Preis zu zahlen.

3 Der Christ als Demokrat

Wir erleben heute die Gnade des Nullpunktes, und es ist die Frage: Was machen wir aus dieser Gnade, was machen wir aus dieser Aufgabe? 29. Juli 1949

Wer den Zustand Deutschlands im Jahr 1945 nicht selbst erlebt hat, kann sich heute schwerlich ein zutreffendes Bild davon machen.
Die auf Verlangen der Siegermächte von der militärischen Führung des Reiches – Hitler hatte Ende April Selbstmord begangen – am 8. Mai 1945 unterschriebene bedingungslose Kapitulation bedeutete die Auflösung aller politischen Macht und Organisation in Deutschland. Die Aufteilung in vier Besatzungszonen führte dazu, daß der Wiederaufbau des öffentlichen Lebens und der Verwaltung sich nach unterschiedlichen Richtlinien vollzog. Den Anfang machten überall die politischen Gemeinden, von denen aus die Reorganisation von unten nach oben vorangetrieben wurde.
Bei aller methodischen Verschiedenheit der drei westlichen Militärregierungen wiesen deren Besatzungszonen untereinander doch ein erhebliches Maß von Ähnlichkeit auf und unterschieden sich insgesamt von der sowjetischen Besatzungszone, deren Organisation von Anfang an nach kommunistischen Vorbildern betrieben wurde. Die Einheit Deutschlands zu erhalten war zwar auf der Potsdamer Konferenz der Alliierten im Sommer 1945 beschlossen worden, doch wirkte der kalte Krieg, also die zunehmende Spannung zwischen den Westmächten und der Sowjetunion, schon bald dahin, daß die Unterschiede zunahmen und die Einheit immer unwahrscheinlicher wurde.
In Großbritannien war infolge der ersten Nachkriegswahl die Labourpartei ans Ruder gekommen; daher begünstigte die britische Regierung in ihrer Zone die Sozialdemokraten. In Frankreich war Charles de Gaulle, während des Krieges der Führer des französischen Widerstandes, nach einem kurzen Zwischenspiel schon im Januar 1946 als Regierungschef zurückgetreten, so daß für mehr als

zehn Jahre die Vierte Republik mit wenig stabilen Mehrheiten und Regierungen die französische Politik bestimmte. In den Vereinigten Staaten war Roosevelt wenige Wochen vor der deutschen Kapitulation gestorben. Vizepräsident Harry Truman wurde sein Nachfolger und erwies sich, obwohl er bis dahin kaum hervorgetreten war, schließlich als tüchtiger Präsident, der fast acht Jahre lang tatkräftig, aber maßvoll regierte.

Truman ist es mindestens teilweise zu verdanken, daß die Vorstellung, die Sieger könnten Deutschland auf lange Zeit nach den von Rachsucht diktierten Richtlinien des Morgenthau-Planes als agrarisches Kolonialvolk unterdrücken, frühzeitig aufgegeben wurde. Auch erkannte Washington bald, daß das Nachkriegschaos in Europa ohne amerikanische Hilfe nicht überwunden werden könnte. Die Frucht solcher Einsicht war der nach dem früheren Generalstabschef und damaligen Außenminister George Marshall benannte Marshall-Plan (1947).

Nachdem die sowjetische Blockade Berlins (1948), auch wenn sie schließlich dank der amerikanisch-britischen Luftbrücke nicht zum Erfolg führte, die Gefahr eines Schießkrieges zwischen den ehemaligen Verbündeten in greifbare Nähe gerückt hatte, wurde auf amerikanisches Betreiben 1949 der Nordatlantikpakt geschlossen. Dieser war ein Verteidigungsbündnis des Westens, das vor allem eine Expansion der Sowjetunion nach Westeuropa verhindern sollte. Zu dieser Entwicklung hatte neben der Blockade Berlins und dem von den Russen geförderten, von den Kommunisten aber schließlich verlorenen Bürgerkrieg in Griechenland vor allem auch der von Moskau inszenierte Staatsstreich in der Tschechoslowakei (Februar 1948) beigetragen, durch den dieses nach 1945 zunächst als parlamentarische Demokratie wiedererstandene Land dem Ostblock einverleibt wurde. Zu einem weiteren Problem für Moskau wurde Jugoslawien, das unter der Führung seines Kriegshelden Tito 1948 mit Moskau brach und aus dem Ostblock ausschied.

Das militärische Übergewicht lag in jenen Jahren eindeutig bei den USA, die sich zunächst im Alleinbesitz der erstmals im August 1945 gegen Japan angewendeten Atombombe befanden. Die Regierung Truman war jedoch nicht bereit, ihre militärische Überlegenheit als Druckmittel in der Deutschlandpolitik zu verwenden.

Die Deutschen selber waren in den ersten Nachkriegsjahren vor allem damit beschäftigt, ihren Lebensunterhalt zu beschaffen. Die Inflation führte zum zweiten Mal innerhalb einer Generation zur Vernichtung privaten Wohlstandes. Erst die Währungsreform vom Juni 1948, die freilich keine sozial gerechte Lösung darstellte, ermöglichte die Stabilisierung der wirtschaftlichen Verhältnisse und den Wiederaufbau. Zugleich vertiefte sie allerdings die Kluft zwischen Westdeutschland und der Sowjetzone, weil es nunmehr zwei deutsche Währungen gab.

In Westdeutschland hatten schon im September 1946 die britische und die amerikanische Zone ihre Verwaltung teilweise zusammengelegt. Diese Bizone wurde später durch Beitritt der französischen Zone zur Trizone erweitert, und aus dieser entstand dann bis 1949 die Bundesrepublik. Der Parlamentarische Rat, von den Landtagen der einzelnen Länder gewählt, arbeitete im Winter 1948/49 das Grundgesetz aus, wobei er erhebliche politische Auflagen der Besatzungsmächte berücksichtigen mußte. Schon lange vorher war 1947 der einzige Versuch, die Regierungen aller deutschen Länder, also auch der Länder in der sowjetischen Besatzungszone, an einen Tisch zu bringen, an der Unentschlossenheit der Deutschen ebenso wie an Bedenken der Besatzungsmächte gescheitert.

Im August 1949 wurde der erste Bundestag gewählt, in dem es keine eindeutigen Mehrheitsverhältnisse gab. Das Parlament wählte Anfang September Theodor Heuss, den Vorsitzenden der Freien Demokratischen Partei, zum Bundespräsident; erster Bundeskanzler wurde mit der knappen Mehrheit von einer – seiner eigenen – Stimme Konrad Adenauer, der Vorsitzende der Christlich-Demokratischen Union. Christdemokraten und Liberale bildeten die erste Bundesregierung, in der Gustav Heinemann auf ausdrücklichen Wunsch Adenauers das Bundesinnenministerium übernahm, obwohl er nicht dem Bundestag angehörte.

Schon vor der Entstehung der Bundesrepublik begann in Amerika die Diskussion darüber, ob es möglich sei, Westeuropa ohne deutsche Soldaten zu verteidigen. Bald nach Bildung der ersten Bundesregierung stellte sich heraus, daß Adenauer bereit war, dem inzwischen ziemlich unverhüllten amerikanischen Drängen nachzugeben und dem Westen deutsche Soldaten zur Verfügung zu stellen. Gleichzeitig wurde mit jeder neuen Konferenz der Außen-

minister der vier Besatzungsmächte offenkundiger, daß eine Einigung der Siegermächte über Deutschlands Einheit und gemeinsame Zukunft in weite Ferne rückte. Der kalte Krieg regierte die internationalen Beziehungen, und Zug um Zug mit der Konsolidierung des westdeutschen Staates schuf sich auch die sowjetische Besatzungszone eigene staatliche Organe und nannte sich von nun an Deutsche Demokratische Republik. Die Teilung Deutschlands, die wichtigste Folge des Zweiten Weltkrieges in Europa, war praktisch vollendet.

In der »Stunde Null«, also in dem Augenblick, da der Nationalsozialismus zusammenbrach, war Gustav Heinemann in Essen allein. Seine Familie war nach Winterberg im Sauerland evakuiert worden. Essen wurde am 10. April 1945 von amerikanischen Truppen besetzt. Aus den letzten Kriegstagen gibt es tagebuchartige Aufzeichnungen Heinemanns, die nur ausnahmsweise persönliche Aufschlüsse vermitteln. So schrieb er am 12. April, zwei Tage nach der Besetzung der Stadt: »Zuhause fange ich an, die jahrelang versteckten und verstreuten Akten, Zeitschriften, Broschüren und Korrespondenzen des Kirchenkampfes zusammenzusuchen und mein Wohnzimmer als Büro der BK zu etablieren. Welche Erinnerungen werden da wieder wach! Der unselige Krieg hat das alles zum Stillstand gebracht, aber jetzt wird ein neuer Anfang werden! Und zwar ohne die ewige Behelligung durch Gestapo und ohne alle die Tarnungen, die hierfür so vielfältig nötig waren. Wie hat doch Gottes Gericht mit allem aufgeräumt, was seiner Gemeinde so hohnlachend in den Weg treten wollte!«

Heinemann war damals knapp 46 Jahre alt, seit neunzehn Jahren verheiratet, Vater von vier Kindern und ein angesehener Bürger seiner Heimatstadt Essen. Über das, was er fühlte und dachte, hat er sich auch gegenüber seinen Nächsten nur selten geäußert. Um so größere Bedeutung kommt diesen wenigen Selbstzeugnissen zu. So gibt es noch aus der letzten Kriegsphase einen Brief, den er im Januar 1945 an seine Kinder schrieb. Essen war damals schon großenteils zerstört und von vielen seiner Bürger verlassen worden. In dem Brief heißt es unter anderem:

Diese Zeilen schreibe ich Euch aus dem Bewußtsein, daß mich der Krieg gar leicht von Eurer Seite reißen kann. Fast jeder Tag fordert hier Todesopfer, und wenn sich einmal das eigentliche Kriegsgebiet hierher verlagern oder eine feindliche Besatzung sich für uns ergeben sollte, so ist vollends unabsehbar, was aus allen, die wir hier leben, werden wird. Hinsichtlich meiner selbst mache ich mir über solche Möglichkeiten keine Gedanken. Ich kann dazu nur in zuversichtlicher Gewißheit sagen, daß Gott es mit mir halten möge, wie Er will. Auch Euch weiß ich in derselben Hand Gottes geborgen. Da kann ich weder etwas zutun noch abnehmen, wenngleich ich nicht aufhöre, Euch mit meinen Gedanken zu umgeben und für Euch nach besten Kräften und bestem Verstehen zu sorgen, wie es sich für einen Vater gehört...
Gern hätte ich Euch noch mehr von unserem deutschen Vaterland gezeigt. Aber der Krieg hat es verhindert. Noch nicht einmal eine Rheinreise haben wir zusammen machen können, und mancher Ort selbst in der nahen Umgebung blieb unbesucht und Euch bisher unbekannt...
Auch meine Jugendzeit fiel zum Teil in eine schwere Kriegszeit. Aber ich kann mir nicht verhehlen, daß Euch ein wesentlich härterer Lebensweg bevorsteht, als er mir trotz des damaligen Krieges samt Revolution, Inflation und Besatzungszeit bisher beschieden war oder als er gar Euren Großeltern zuteil geworden ist. Das erfüllt mich mit viel Sorge. Es können Ereignisse über uns kommen, denen keine menschliche Macht mehr gewachsen ist. Gar schnell kann es sein, daß wir uns im Strudel dieses furchtbaren Krieges verlieren. Nur *ein* Vermächtnis an Euch, eine Mahnung und Bitte zugleich, kann dann noch Bestand haben: Haltet fest an der Hand des Vaters im Himmel, von dessen Liebe Euch keine Gewalt noch List jemals scheiden kann, sofern Ihr selbst Euch nicht von ihm abwendet... Seid wie rechte Geschwister friedlich und hilfreich zu einander. Das wäre der größte Kummer für mich, wenn jemals eine Entzweiung unter Euch sein sollte. Helft Eurer Mutter, wo und wie Ihr nur vermögt. Sie hat alle Liebe und Kraft an Euch gewendet und wird Euch weiterhin betreuen, solange sie kann... Gott schenke Euch zu allem Gesundheit und fröhliche Zuversicht! In Liebe Euer Vater.

Heinemann hat zeitlebens sehr viele Briefe geschrieben und erhalten, und manche von ihnen geben Aufschlüsse über die Grundlage seines Lebens und Handelns. Das gilt zumal für den Briefwechsel mit seinem Studienfreund Wilhelm Röpke. Dieser hatte Deutschland aus politischen Gründen schon bald nach Hitlers Machtergreifung verlassen. Nicht nur aus dem Unterschied zwischen äußerer und innerer Emigration hatten sich die

Wege der beiden voneinander entfernt. Zu einem Briefwechsel kam es im Jahr 1935 infolge einer Begegnung der Freunde, von der Röpke am 13. Oktober an Heinemann schreibt, »daß unsere Entrevue mich doch in einer Weise enttäuscht hat, die durch die Wärme des menschlichen Kontaktes als solchen nur unzureichend verdeckt worden ist. Es ist wohl zwecklos, darüber hinwegzugehen, da Du es ebenso wie ich gespürt haben wirst, daß wir nicht mehr ganz dieselbe Sprache sprechen ... Daß unser metaphysischer Ausgangspunkt verschieden ist, brauchte die Verständigung noch nicht ohne weiteres auszuschließen. In diesem Punkte haben wir ja niemals recht zu einer Übereinstimmung kommen können. Ich habe Dir in Deiner atheistisch-mechanistischen Phase ebensowenig folgen können, wie es mir später möglich gewesen ist, an Deinem religiös-protestantischen Erleben inneren Anteil zu nehmen ... Wenn ich mich gegenüber diesen Schwankungen auf Deiner Seite an ein durchaus undogmatisches Christentum gehalten habe, so brauchte das die Verständigung so lange nicht auszuschließen, als das sittlich-politisch-kulturelle Koordinatensystem davon unberührt blieb.« Im weiteren spricht Röpke von einer verhängnisvollen Rolle des Protestantismus in der deutschen Geschichte: »An der Erbsünde des Lutheranismus, seiner Staatshörigkeit und seinem mit dem Dogma von der Glaubensrechtfertigung zusammenhängenden moralisch-politischen Indifferentismus krankt nicht nur heute noch der ganze deutsche Protestantismus, sondern die gesamte preußisch-protestantische und heute offiziell-deutsche Staats-, Sozial- und Moralphilosophie ... Ich weiß nicht, inwieweit der von Euch vertretene Protestantismus ernstlich vom Lutheranismus fortstrebt, aber ich habe in B.(erlin) genügend Eindrücke gesammelt, um sicher zu sein, daß Dein dogmatischer Eifer in einem nur zu protestantischen Mißverhältnis zu Deiner mangelnden Entschiedenheit in Fragen politischer Sittlichkeit steht ... Eure dogmatischen Dinge sind Euch so wichtig, daß Ihr diejenigen, die mit Euch das wertvollste moralische Erbgut unserer Zivilisation verwalten, zu Feinden erklärt, bloß weil sie keine Bekenntnischristen sind ...«

Es war klar, daß Heinemann solche Angriffe eines Freundes nicht schweigend hinnehmen würde. Er ließ einige Monate ins Land gehen und antwortete Röpke am Weihnachtsabend 1935 in einem sehr ausführlichen Brief. Zunächst stellte er fest, »daß ›undogmatisches‹ Christentum eine Selbsttäuschung ist. Entweder wird Christus geglaubt als der für uns Menschen gestorbene und auferstandene Sohn Gottes, oder er wird es nicht. Entweder wird die Heilige Schrift angesehen als Bericht über die von Gott den Menschen gegebene Offenbarung seines Willens, oder sie wird es nicht. Wer und wo immer an diesen Kernstücken etwas abstreift, um sich die Dinge ›undogmatischer‹ = menschlicher, d. h. weniger ärgerlich und unverbindlicher zu machen, sollte sich nicht Christ nennen.« Im weiteren sagt Heinemann, die Bekennende Kirche könne ihren Kampf gegen die Deutschen Christen »nicht mit ›undogmatischem‹ Christentum führen, sondern nur mit biblischem Christentum. Denn es ist ja *grundsätzlich dasselbe,* ob ich das Christentum durch einen politischen Anbau vermenschliche oder durch eine liberale Aufweichung seines Offenbarungscharakters entkleide.« Im zweiten Teil seines Briefes gesteht Heinemann seinem Freund eine Kritik am Protestantismus durchaus zu, zumal an der »Fügsamkeit des Luthertums«, nur kommt er zu ganz anderen Ergebnissen: »Es ist für den Außenstehenden unvorstellbar, wie riesig das Gewicht dieser protestantischen ›Tradition‹ ist. Das alles gilt es jetzt zu überwinden aus der Tatsache, daß das Christentum entweder eine *alles* bestimmende Macht ist oder gar nichts ist... Von hier aus gesehen, gibt es überhaupt kein besonderes Problem der politischen Ethik.« Es sei billig zu sagen, daß die protestantische Kirche nicht zum Gewissen des neuen Staates geworden sei. »Ob aber gerade alle diejenigen liberalen Zeitgenossen berufen sind, dies zu monieren, die sonst nur Kirche und Christentum abfällig ansehen, kann füglich zweifelhaft sein.« Dieser Gegensatz vertiefte sich, als im Sommer 1939 das Ehepaar Heinemann, von Röpke nach Genf eingeladen, zusammen mit dem gemeinsamen Studienfreund Ernst Lemmer kommen wollte, was Röpke jedoch ablehnte, weil ihm nicht »ein Fraternisieren mit jemandem länger möglich ist, der sich selbst zum willigen Werkzeug der satanischen Maschinerie hat machen lassen« – ein in der Sache unbegründeter Vorwurf gegen Lemmer. Heinemann ließ wieder Monate ins Land gehen, bis er am Vorabend einer Ferienreise nach Dänemark an Röpke schrieb und, nachdem der Besuch in Genf nicht zustande gekommen war, auf dessen Brief Bezug nahm: »Ich habe bisher nicht darauf geantwortet, weil mir die Lust dazu angesichts Deiner unübertrefflichen Selbstsicherheit in der Beurteilung oder gar Verurteilung von Menschen und Situationen gründlich vergangen war. Wir können natürlich brieflich die Sache nicht austragen. Ich kann Dir nur das eine versichern, daß Du offenbar ein ahnungsloser Tor bist, wenn Du es fertigbringst, so zu schreiben ...«

Die Sache ließ Heinemann aber keine Ruhe, und auf einen einlenkenden Brief Röpkes schrieb er zehn Tage später aus Kopenhagen, unter Umgehung der deutschen Zensur: »Da mir wahrlich nichts daran gelegen ist, den leck geschlagenen Kahn unserer immerhin fast 20jährigen Freundschaft absacken zu lassen, will ich versuchen, zur Reparatur beizutragen.« Er bestreitet Röpke das Recht, über Lemmer oder andere zu urteilen. »Das kann überhaupt nur von jemandem geschehen, der voll und ganz unter denjenigen Bedingungen lebt, arbeitet und riskiert, die für den anderen Teil bestehen ... Das liegt nicht daran, daß Du und Ihr überhaupt kritisiert oder verneint, sondern daran, daß wir Eure Art zu reden nicht als Hilfe empfinden, vielmehr als eine so große Übertreibung einerseits und Verkennung von Gegebenheiten andererseits, daß wir in einer ohnehin die Kräfte beanspruchenden Lage ein solches Seiten- oder *Rücken*feuer einfach nicht ertragen.«

Nach dieser Erläuterung geht Heinemann nochmals zum Angriff über: »Du kannst Dir doch unmöglich vorstellen, daß Du immer richtig gelegen hast. Wie kommt es denn, daß viel kläglicher als jede nur nennbare andere Gruppe sich in D.(Deutschland) notorisch diejenigen benommen haben, die sich *liberales Bürgertum* nannten? Ich meine, daß solch eine Tatsache Dir doch einmal Anlaß geben müßte, einige Dinge von Grund auf neu zu durchdenken. Ich kann leider nicht anders sagen, als daß sehr vieles von dem, was Du Nazismus zu nennen geneigt bist, ohne eine Pleite des Liberalismus nicht wohl zu denken wäre ... Nur in leere Gefäße konnte ›Nazismus‹ sich ergießen, und nur dort, wo man nicht mehr aus dem lebt, was wahr ist und verpflichtet, sondern was nützlich ist, konnte so ›gleichgeschaltet‹ werden wie in D. Da diese Umstände aber auch anderwärts gegeben sind, möge jedes Volk an seinen Teil denken ...« Trotz oder dank dieser

Deutlichkeit gelang es den beiden Freunden, den leck geschlagenen Kahn wieder flottzumachen, und sie haben ihn bis zu Wilhelm Röpkes Tod 1966 noch oft zwischen sich hin und her fahren lassen. Der Brief aus Kopenhagen aber, mit dem Heinemann entscheidend zu dieser Reparatur beigetragen hat, läßt das feste Fundament erkennen, auf dem der Essener Presbyter nun, da die Zeit des Widerstandes vorüber war, mit beiden Beinen stand und von dem aus er nach der trotz allem schmerzlich empfundenen Niederlage seines Volkes als Christ und Patriot seinen Weg in die Politik antreten konnte.

Von dem politischen Klima wie überhaupt von dem gesamten Zustand des öffentlichen Lebens in den ersten Monaten nach dem Zusammenbruch der Hitlerherrschaft kann sich heute kaum jemand mehr eine richtige Vorstellung machen. Jegliche deutsche Regierungsgewalt war erloschen. Die deutschen Behörden funktionierten, soweit das überhaupt noch der Fall war, lediglich auf lokaler Ebene, wo sie jedoch alsbald der Besatzungsmacht unterstellt wurden. Essen lag in der britischen Besatzungszone. Für die Militärregierung hatten zwei Probleme Vorrang: es galt, wenigstens eine notdürftige Versorgung der Zivilbevölkerung sicherzustellen und zugleich alle nationalsozialistischen Funktionäre auszuschalten. Beides war ohne Mitwirkung von deutscher Seite nicht möglich. Wie falsch oder wie richtig in jenen ersten Wochen und Monaten gehandelt wurde, hing vor allem von der Intelligenz und dem guten Willen des jeweils verantwortlichen Kommandeurs oder Gouverneurs ab, in späterer Zeit dann auch von der Einsicht und dem Stehvermögen der zu neuer Verantwortung berufenen Deutschen. Die Auswahl dieser Deutschen erfolgte fast ausschließlich unter dem Gesichtspunkt ihrer – nach Auffassung der Besatzungsbehörden – politischen Zuverlässigkeit. Dabei spielten Informationen aus deutschen Emigrantenkreisen und Beobachtungen der eigenen Nachrichtendienste die Hauptrolle.

Über die Vorgänge in Essen hat Gustav Heinemann dreißig Jahre später im Gespräch mit Freunden einen nüchternen Bericht gegeben: »Die Militärregierung berief mich in einen kleinen beratenden Stadtrat und in eine Entnazifizierungskommission für die außertariflichen (d. h. die leitenden H. L.) Angestellten des gesamten Ruhrbergbaus. Den Vorsitz führte der Oberlandesgerichtspräsident Wiefels aus Hamm. Zur Kommission gehörten zwei Werksvertreter und vier Belegschaftsvertreter. Sie tagte im Rheinstahl-Verwaltungsgebäude in Essen.« Die britische Regierung hatte schon lange vor der Kapitulation beschlossen, mindestens in ihrer Besatzungszone die gleiche Kommunalverfassung einzuführen wie im eigenen Lande. Demnach wird der Oberbürgermeister oder Bürgermeister vom Stadtparlament gewählt. Er ist der politische Repräsentant seiner Stadt, während an der Spitze der Verwaltung ein beamteter Oberstadtdirektor oder Stadtdirektor steht. Ebenso ist der Landrat ein politischer Wahlbeamter, während die Verwaltung von einem Oberkreisdirektor geleitet wird. Diese Form hat sich bewährt und ist in den Ländern, die früher zur britischen Zone gehörten, erhalten geblieben. Über die Entwicklung in Essen berichtet wiederum Heinemann selbst: »Zum Oberbürgermeister von Essen bestellte die Militärregierung 1945 Heinz Renner (KPD) und mich als Bürgermeister zu seinem Stellvertreter.« Solche auf den ersten Blick seltsame Gespanne wurden in den ersten Nachkriegsmonaten häufig zusammengeschirrt, doch brauchte das nicht immer zum Schaden zu sein. Heinemann hat für Renner, der einige Jahre lang auch der Landesregierung von Nordrhein-Westfalen angehörte, stets persönlichen Respekt empfunden und ihm noch im März 1948, als er ihm eine Gruppenaufnahme von einem Zusammensein in Duisburg schickte, dazu geschrieben: »Ich würde mich sehr freuen, wenn wir uns einmal an einem Abend zusammensetzen könnten. Wann wäre das möglich?« Eine ähnliche persönliche Beziehung bestand übrigens im ersten Bundestag zwischen Adenauer und dem KPD-Vorsitzenden Max Reimann.

Schon in dieser ersten Phase fielen Heinemann politische Aufgaben zu, die über Essen hinausreichten. So schuf die Militärregierung einen Provinzialrat, in den auch Heinemann berufen wurde. Mit dem Herzen war er jedoch vor allem bei der Arbeit für seine Heimatstadt.

In der zweiten Hälfte des Jahres 1945 kam es zu Neu- oder Wiedergründungen von Parteien. Heinemann war, was angesichts seiner kirchlichen Arbeit im Dritten Reich natürlich erschien, an der Gründung der Christlich-Demokratischen Union in Essen beteiligt. Für sie wurde er im Oktober 1946 in den Stadtrat gewählt, wo die CDU die Mehrheit errang. Der Stadtrat wählte daraufhin Heinemann zum Oberbürgermeister; er hat das Amt bis 1949 ausgeübt. Ein halbes Jahr später fanden Landtagswahlen statt, bei denen Heinemann in einem Essener Wahlkreis ins Parlament gewählt wurde. Das hatte für ihn unerwartete Folgen. »Die Bildung der Landesregierung ergab für den Ministerpräsidenten Arnold eine Schwierigkeit. Er wollte Artur Sträter zum Justizminister berufen, der dieses Amt schon in der ernannten Landesregierung versehen hatte, stieß aber auf Widerspruch bei den Engländern. Sträter hatte nämlich kein Landtagsmandat errungen, was für die Engländer die Voraussetzung für ein Ministeramt war. Nach etlichem Hin und Her tat ich Karl Arnold den Gefallen, das Justizministerium unter der Bedingung zu übernehmen, daß er bemüht bleibe, eine andere Lösung entweder aus dem Landtag oder bei den Engländern zu finden.« Daß Heinemann das Ministeramt nicht verlockend fand, bestätigt ein Brief, den er am 30. Juni aus dem Justizministerium an seine Mutter schrieb: »Sicherlich ist die Arbeit hier *sehr* interessant, aber ich möchte doch lieber ausschließlich in den Essener Bereich zurückkehren und nicht in der Politik untergehen.«

An der Aufgabe des Oberbürgermeisters hatte Heinemann bereits soviel Geschmack gefunden, daß er mehrere Ämter in der Wirtschaft aufgab, um mehr Zeit für die Stadtpolitik zu gewinnen. Das war freilich auch deshalb nötig, weil er bereits im Juli 1945 ordentliches Vorstandsmitglied bei Rheinstahl geworden war. Seine Arbeitskraft muß in jenen Jahren außerordentlich gewesen sein. Wenngleich er Justizminister nur auf Zeit sein wollte, so füllte er das Amt, solange er es innehatte, voll aus, und das hieß ja nicht nur die Arbeit des Ressorts erledigen, sondern auch die Gesamtverantwortung der Landesregierung mittragen. Außerdem gehörte er von 1947 bis 1950 als Abgeordneter dem Landtag an.

Dabei darf man nie vergessen, daß er gleichzeitig Ämter in der Kirche ausfüllte, die in den ersten Nachkriegsjahren kaum weniger Zeit und Kraft verschlangen als die politischen Aufgaben und zudem häufige Reisen erforderlich machten. So nahm Heinemann 1948 an der ersten Weltkirchenkonferenz in Amsterdam teil; danach gehörte er bis 1961 der Kommission für internationale Angelegenheiten des Weltkirchenrates an. Außerdem übte Heinemann eine umfangreiche Vortragstätigkeit aus. Er erhielt eine nicht abreißende Kette von Einladungen zu Vorträgen über kirchliche und juristische Themen, so daß man sich kaum vorstellen kann, wie er allen diesen Verpflichtungen nachkommen konnte und gleichwohl in Beruf und Politik und mancherlei Ehrenämtern seinen Mann stand.

Wie bei andern Politikern wurde auch für Heinemann die Kommunalpolitik zum Übungsfeld. Der Unterschied zu andern lag jedoch im Standort und in den Zeitumständen begründet. Heinemann begann sein politisches Leben auf dem absoluten Tiefpunkt der neueren deutschen Geschichte, und er begann es in Essen, dem Mittelpunkt des Ruhrgebietes, dem in und nach dem Kriege die besondere Aufmerksamkeit der Siegermächte galt. Die Lebenskraft Essens, vom Luftkrieg bereits schwer getroffen, wurde nach 1945 durch die Demontage vieler Industriewerke weiter gemindert. Das Ruhrstatut von 1948 und die von ihm geschaffene Internationale Ruhrbehörde mußte den unmittelbar betroffenen Deutschen im Kohlenpott als ein weiterer Anschlag auf die politische Einheit Deutschlands erscheinen. Heinemann gab damals als Oberbürgermeister von Essen eine Erklärung ab, in der er schrieb: »Bei der Vereinbarung des Ruhrstatuts haben die Signatarmächte in einer Doppelrolle gehandelt. Sie haben es für sich selbst und gleichzeitig anstelle einer deutschen Regierung festgelegt. Das hat zur Folge, daß in den Einzelheiten wesentliche deutsche Interessen vernachlässigt werden.«

In einer Doppelrolle redeten und handelten in jenen ersten Nachkriegsjahren auch Heinemann selber und viele andere deutsche Politiker, zumal soweit sie aktiv am Widerstand gegen den Nationalsozialismus beteiligt gewesen waren. Einerseits mußten sie ihren Landsleuten immer wieder erklären, daß die Entbehrungen und sonstigen Schwierigkeiten, unter denen sie zu leiden hatten, eine Folge der von Hitler – häufig mit Zustimmung vieler Deutscher – getriebenen Politik und des von ihm entfesselten Krieges waren. Andererseits mußten sie als deutsche Patrioten trotzdem gegenüber den Besatzungsmächten berechtigte deutsche Interessen und Rechtsansprüche vertreten. Typisch

dafür war ein im November 1947 von Heinemann geschriebener Zeitungsaufsatz, den er ausdrücklich in seiner Eigenschaft als Justizminister von Nordrhein-Westfalen veröffentlichte. Der Aufsatz begann: »Das deutsche Volk hat eine Rechtsfrage an die Siegermächte zu stellen: Wo liegen die Grenzen der Befugnisse des Kontrollrats?« Der Aufsatz war ebenso maßvoll wie deutlich geschrieben und gipfelte in der Feststellung: »Die entscheidende Rechtsfrage ist die, ob eine Zwangsregierung nur an diejenigen Grenzen gebunden ist, die sie sich selber setzt. Vom Standpunkt des Rechts bleibt der Einwand bestehen, daß die Befugnisse einer Zwangsregierung ihre Begrenzung in sich tragen müssen, wenn anders nicht ein neuer Abschnitt der Rechtlosigkeit in der Geschichte des Völkerlebens eröffnet und das Vökerrecht sich angesichts neuer Situationen als lebensunkräftig erweisen soll.«
Nicht nur bei dieser Gelegenheit erwies sich die von den Zeitumständen diktierte Ämterhäufung Heinemanns als nützlich. Als Vorstandsmitglied der Rheinischen Stahlwerke besaß er seit einem Jahrzehnt tiefen Einblick in die Struktur der Montanindustrie des Ruhrgebietes. Als Justizminister des Landes konnte er seinem Wirken als Oberbürgermeister vermehrten Nachdruck gerade gegenüber der Militärregierung verleihen. Sein Programm als Oberbürgermeister umriß er in seiner Antrittsrede am 30. Oktober 1946 mit einem Satz: »Für die kommunale Arbeit, um die es hier in erster Linie geht, sehe ich diese Gemeinsamkeit des Wollens vor allem darin gegeben, daß wir eine demokratische Ordnung der Stadt und eine Heilung der tausendfachen Wunden erstreben.« Zwei Jahre später konnte er am Schluß eines Rechenschaftsberichts mit guten Gründen feststellen: »Wir haben die Erbschaft, die wir vor zwei Jahren angetreten haben, verbessert und wünschen, daß der nachfolgende Gemeinderat, wenn er seine Amtsperiode einmal beendet, ein Gleiches wird sagen können.«

Zu diesem Zeitpunkt war Westdeutschland auf dem Wege zu einer Normalisierung schon erheblich vorangekommen. Die Währungsreform hatte die Voraussetzung für einen wirtschaftlichen Wiederaufbau geschaffen. Die Demontagen, die Heinemann besonders nachdrücklich bekämpfte, dauerten zwar noch an, wurden aber allmählich eingeschränkt. Der Oberbürgermeister von Essen sah auch für die eigene Stadt eine sich langsam aufhellende Zukunft vor sich. Wäre es allein nach Heinemanns Willen gegangen, so hätte er dieses Amt vermutlich noch so lange weitergeführt, bis der Wiederaufbau der Stadt zu einem gewissen Abschluß gelangt wäre. Wiederum waren es die Zeitumstände und zumal der Mangel an qualifizierten politischen Führungskräften, die seinen Lebensweg bestimmten. Ein wesentlicher Faktor war der Umstand, daß Heinemann inzwischen in der von ihm in Essen mitgegründeten Christlich-Demokratischen Union eine wichtige Rolle zu spielen begann.

Ein Parteipolitiker ist Gustav Heinemann zeit seines Lebens niemals gewesen, aber er hat Parteien in einer parlamentarischen Demokratie immer für unentbehrlich gehalten. Als er bereits Bundesinnenminister war, schrieb er im Juni 1950 in einem Zeitungsartikel: »Es gibt nicht wenige Deutsche, die ihr geringes Interesse an der Politik damit bemänteln, daß sie wenigstens ein Ideal proklamieren, auf welche Art Politik ihrer Meinung nach getrieben werden sollte. Dieses Ideal heißt: Politik ohne Parteien. ... Politik ohne Parteien haben wir gerade gehabt. Sie hieß Hitler. Ihre Ergebnisse liegen noch allenthalben vor unsern Füßen.« Mehr als notwendige und nützliche Einrichtungen waren die Parteien für ihn freilich niemals, und mit Weltanschauung hatten sie für ihn schon gar nichts zu tun. Ein Beispiel dafür ist ein Brief, den Heinemann im November 1946 an seinen früheren Sozius, den Justizrat Niemeyer, schrieb, dem er sich politisch entfremdet und von dem er sich beruflich getrennt hatte. Niemeyer hatte ihm vorgeschlagen, darüber möge doch die persönliche Freundschaft nicht zerbrechen. Heinemann stimmte dem zu und schrieb: »Ich bin noch mit keinem Menschen um einer anderen politischen Überzeugung willen innerlich auseinandergekommen. Ich empfinde im Politischen gar keine metaphysische Leidenschaft, vielmehr rein sachlich. Denn nichts ist vordergründiger als alles menschliche Politisieren inmitten der Weltpolitik Gottes.«

Sein Glaube und sein kirchlicher Widerstand im Dritten Reich führten ganz zwanglos dazu, daß Heinemann sich 1945 an der Gründung der CDU beteiligte. Im April 1947 veröffentlichte er als Oberbürgermeister einen persönlichen Aufruf zur ersten Landtagswahl: »Die Union vereinigt in sich Menschen aller christlichen Bekenntnisse und aller sozialen Stände. Sie ist der große Zusammenschluß des Ausgleichs.« Allerdings gehörte für ihn von Anfang an dazu, was er in demselben Aufruf so formulierte: »Im Bergbau und der Großindustrie wollen wir eine gemeinwirtschaftliche Ordnung herbeiführen, die dem Arbeitnehmer Mitwirkung und Beteiligung als gleichwertige Persönlichkeit gewährleistet und eine Wiederkehr kapitalistischer Macht ausschließt.« Mit diesen Worten, die aus dem Munde eines angesehenen Industrieführers vielen gewiß überraschend klangen, bekannte Heinemann sich zum Ahlener Programm der CDU – und nur mit *diesem* Programm der Union hat Heinemann sich jemals identifiziert. So in seiner ersten großen Wahlrede für die CDU kurz vor der Landtagswahl 1947: »Dieses neue Programm will wirklich der Person auch inmitten der Großstadt und inmitten der Großbetriebe wieder Spielraum verschaffen und die private Wirtschaftsmacht durch Auflockerung und Machtverteilung brechen.« Wenn Heinemann sich später von der Union getrennt hat, so war die Ursache nicht zuletzt deren Abkehr von den Grundsätzen des Ahlener Programms.

Gustav Heinemann war Mitglied der Christlich-Demokratischen Union geworden, weil er dort am ehesten die Möglichkeit zu finden hoffte, als Christ und als Demokrat dem öffentlichen Wohl zu dienen. Sein politischer Weg insgesamt und zumal in den ersten Jahren nach 1945 ist nur zu verstehen, wenn man diese beiden Komponenten seines Wesens synoptisch berücksichtigt, ihn also immer zugleich als Christen und Demokraten sieht. So lag auch das Gewicht seines öffentlichen Wirkens ziemlich gleichmäßig verteilt auf politische und kirchliche Aufgaben. Das zeigte sich auch äußerlich. Die mit dem Augenblick der Besetzung oder der Kapitulation von der Verfolgung befreite Kirche rief Heinemann alsbald in ihren Dienst. 1945 trat er in die Leitung der Evangelischen Kirche im Rheinland ein, der er bis 1962 angehört hat. Wenig später konstituierte sich im hessischen Treysa der Rat der Evangelischen Kirche in Deutschland (EKD), dem als einzige Laien der Göttinger Rechtslehrer Rudolf Smend und Gustav Heinemann angehörten. Mitglied des Rates ist Heinemann geblieben, bis er 1967 nach seiner Ernennung zum Bundesjustizminister auf eigenen Wunsch ausschied. Das Ansehen und das

Vertrauen, die er in der evangelischen Kirche genoß, fanden auch darin Ausdruck, daß die verfassunggebende Kirchenversammlung, die 1948 in Eisenach zusammentrat, um der bisher nur vorläufigen Gründung der EKD eine endgültige Form zu geben, Heinemann zu ihrem Präsidenten wählte, wie er auch ein Jahr später Präses der Synode der EKD wurde.

Wichtiger als alle diese Ämter und Aufgaben wurde für Heinemann jedoch die »Stuttgarter Erklärung« des Rates der EKD vom Oktober 1945, die schon bald simplifizierend als »Schuldbekenntnis« hingestellt und bekämpft wurde. Für Heinemann ist es dabei nicht um ein Schuldbekenntnis im politischen Sinne gegangen; für ihn handelte es sich bei dieser Erklärung um einen von jenen Vorgängen, »die ein neues Verständnis von Kirche verrieten«. Er hat diese Formulierung noch 1970 in einer Rede in Bad Segeberg verwendet und damit bestätigt, was er schon 1949 in einem Vortrag vor dem CVJM in Wuppertal-Barmen über die Stuttgarter Erklärung gesagt hatte: »Liebe Freunde, nach meiner Überzeugung wird Gott uns keinen Weg in eine neue Freiheit schenken, wenn wir nicht in voller Bereitschaft durch die Tür dieser Erklärung hindurchgehen, ein jeder auf seine Weise.«

Angesichts der Bedeutung, welche die Stuttgarter Erklärung für Heinemanns weiteren Weg gehabt hat, wie auch der Feindseligkeit, mit der sie damals viele Jahre lang bekämpft wurde, müssen Zusammenhang und Inhalt der Erklärung hier nochmals dargestellt werden. Der erst kurz zuvor konstituierte Rat der EKD hielt am 18./19. Oktober 1945 in Stuttgart eine Sitzung ab, in deren Verlauf er – für die meisten Ratsmitglieder überraschend – von Vertretern des Weltkirchenrates besucht wurde, die der deutschen Kirche ihre Hilfe anboten. Darauf antworteten die Ratsmitglieder mit einer Erklärung, deren nachher umstrittene erste Sätze folgendermaßen lauteten: »Wir sind für diesen Besuch um so dankbarer, als wir uns mit unserem Volke nicht nur in einer großen Gemeinschaft der Leiden wissen, sondern auch in einer Solidarität der Schuld. Mit großem Schmerz sagen wir: Durch uns ist unendliches Leid über viele Länder und Völker gebracht worden. Was wir unseren Gemeinden oft bezeugt haben, das sprechen wir jetzt im Namen der ganzen Kirche aus: Wohl haben wir lange Jahre hindurch im Namen Jesu Christi gegen den Geist gekämpft, der im nationalsozialistischen Gewaltregiment seinen furchtbaren Ausdruck gefunden hat; aber wir klagen uns an, daß wir nicht mutiger bekannt, nicht treuer gebetet, nicht fröhlicher geglaubt und nicht brennender geliebt haben ...« Der Sturm der Entrüstung und des Widerspruchs, der daraufhin in der deutschen Öffentlichkeit losbrach, kam auch aus kirchlichen Kreisen, darunter Heinemanns »geistlicher Vater« Friedrich Graeber. Die maßvolleren Kritiker beanstandeten weniger den Inhalt der Erklärung als ihre Veröffentlichung. Gewiß waren die meisten Deutschen damals zur Einsicht in ihre jüngste Vergangenheit kaum bereit, gewiß befand sich auch die Mehrheit der evangelischen Christen in Deutschland insoweit im Zustand der Unbußfertigkeit. Heinemann hat daraus in aller Nüchternheit nur eine Schlußfolgerung gezogen, die er fünf Jahre später in einem Vortrag in Bern folgendermaßen formuliert hat (II): »Diese Erklärung sollte die Grundlage sowohl für die Neuordnung unserer Kirchen nach der nationalsozialistischen Zerstörung und eine neue ökumenische Gemeinschaft als auch eine Hilfe für die Besinnung unseres Volkes über seinen Weg in den vorausgegangenen zwölf Jahren und damit eine Grundlage für eine neue nationale Gemeinschaft sein. Unser Volk hat uns diese Erklärung nicht abgenommen ... Unsere Kirchen zeigten neben viel Aufgeschlossenheit ebenfalls manche Ablehnung oder Verständnislosigkeit. So wurde uns das in Hybris und Katastrophe, in Gericht und Gnade Erlebte aufs Ganze gesehen nicht ein Anlaß zur Umkehr und neuer Besinnung. Deshalb stehen wir im Grunde genommen auch heute noch zentral vor der Aufgabe, unseren Weg durch die vergangenen Jahre und unsere Lage heute erst einmal im Lichte des Wortes Gottes zu sehen und zu begreifen, ehe wir weitergehen können.«

Diese aus zeitlichem Abstand gegebene Interpretation der Stuttgarter Erklärung erleichtert das Verständnis alles dessen, was Gustav Heinemann in den letzten fünfundzwanzig Jahren seines Lebens als Christ und Demokrat gesagt und getan hat. Für ihn war und blieb jene Erklärung die unverzichtbare Voraussetzung einer wirklich neuen Politik.

Politik blieb allerdings vorläufig für Heinemann fast ausschließlich Kommunalpolitik, wobei ihm seine Tätigkeit als Justizminister immer lästiger wurde. Daher schrieb er am 18. Mai 1948 an den nordrhein-westfälischen Ministerpräsidenten Arnold: »Das Höchstmaß meiner Zeit der Mitwirkung in der Landesregierung ist nachgerade erreicht. Eine längere Mitwirkung ist im Hinblick auf andere Aufgaben nicht möglich. Ich bitte Sie deshalb, meinen Ihnen schon wiederholt erklärten Wunsch auf Entlassung aus dem Amt des Justizministers nunmehr wirklich ernst zu nehmen.« Das hatte die gewünschte Wirkung: Heinemann schied am 1. Juni 1948 aus der Landesregierung aus. Er erregte damit übrigens erstmals die staunende Aufmerksamkeit Konrad Adenauers, der es für schlechterdings unmöglich erklärt hatte, daß ein einmal Minister gewordener Politiker seinen Sessel jemals freiwillig räumen würde. Er soll Heinemanns wegen sogar eine Wette verloren haben.

Danach beschränkte Heinemann sich politisch ganz bewußt auf Essen. Obwohl den Juristen die Mitarbeit an der künftigen Verfassung Westdeutschlands eigentlich hätte reizen müssen, lehnte er die Berufung in den Parlamentarischen Rat doch ab, der am 1. September 1948, gewählt von den Landtagen in den drei westlichen Besatzungszonen, in Bonn seine Arbeit aufnahm. Nachdem am 23. Mai 1949 das Grundgesetz verkündet worden war, begannen die Vorbereitungen für die endgültige Konstituierung der Bundesrepublik und insbesondere für die erste Bundestagswahl. Evangelische Kreise in der CDU hatten von Anfang an eine Kandidatur Heinemanns befürwortet, der sich jedoch ablehnend verhielt. Daraufhin bat Adenauer ihn am 29. Juni noch einmal brieflich und versuchte dessen Einwände zu widerlegen: »Wenn Sie das Oberbürgermeisteramt in Essen aus den von Ihnen mir entwickelten Gründen weiter behalten müssen und infolgedessen nicht in der Lage seien, immer im Bundestag anwesend zu sein, so sei doch der Gewinn, den ihr Name als Bundestagsabgeordneter für die Gesamtpartei bedeute, so groß, daß man deswegen nicht auf Ihre Kandidatur und Mitgliedschaft im Bundestag verzichten dürfe. Ich bitte Sie dringendst, diese Wünsche unserer Freunde zu berücksichtigen und die Kandidatur anzunehmen. Es sind im evangelischen Lager neuerdings verschiedene Bestrebungen aufgetreten, die entweder Abstinenz von der CDU anraten oder aber sogar die SPD empfehlen, daß ich Sie herzlichst bitte, unter Würdigung aller dieser Umstände zu kandidieren.« Eine Woche später konkretisierte Adenauer seine Besorgnisse in einem weiteren kurzen Brief: »Die Haltung einiger Vertreter der evangelischen Kirche, und zwar des Herrn Niemöller und des Herrn Held, erregen bei mir ernste Besorgnis hinsichtlich der Wahlen. Ich nehme an, daß Ihnen die Schreiben der Herren bekannt sind. Darf ich Sie bitten zu überlegen, ob und was man in der Angelegenheit tun kann.«

Auch wenn Heinemann sich selbst eindeutig für die CDU entschieden hatte, lag es ihm doch gewiß nicht, einen christlichen Monopolanspruch dieser Partei anzuerkennen. Noch weniger war zu erwarten, daß er sich gegen seine alten Kampfgefährten Held und Niemöller aussprechen würde. So erteilte er Adenauer am 7. Juli eine klare Absage: »Das Essener Rathaus war der Sinn meines Ausscheidens in Düsseldorf im vergangenen Jahr. Es ist nach allen im Ruhrgebiet bereits eingetretenen Veränderungen* heute erst recht wichtig. Unsere hiesigen Freunde sind mit mir darin einig, daß ich es im Vergleich zu einem Bundestagsmandat als vordringliche Aufgabe anzusehen habe ... Den CDU-Freunden der anderen Länder und Zonen bleibt nur zu sagen übrig, daß ich nicht alles machen kann ... Von den Herren Kirchenpräsident D. Niemöller und Präses Held sind mir keine Schreiben bekannt, welche eine Besorgnis für die Wahl auslösen könnten. Wahrscheinlich denken Sie an den Vortrag von D. Niemöller in Braunschweig, über den insbesondere die SPD-Presse berichtete ... Bezüglich des Schreibens von Herrn Präses D. Held würde ich für nähere Angaben dankbar sein. Darüber hinaus ist auch mir bekannt, daß in evangelischen Kreisen erhebliche Einwände gegen die CDU bestehen. Es dürfte an der Zeit sein, darüber einmal in einem geeigneten Kreis in eine ausführliche Aussprache einzutreten.«

Adenauer scheint daraufhin resigniert zu haben, vor allem was eine Kandidatur Heinemanns angeht. Wie stark dessen Bindung an Essen war, zeigt übrigens ein von Helene Wessel, damals Zentrumsvorsitzende und einige Jahre später Heinemanns Mit-

---

* Im Essener Gemeinderat hatte die CDU ihre Mehrheit verloren; es herrschte eine Pattsituation.

streiterin gegen Adenauer und in der Gesamtdeutschen Volkspartei, unterzeichnetes Gedicht der Frauen Essens, das diese Heinemann am 23. Juli 1949 zu seinem 50. Geburtstag überreichten.

Du hast regiert,
Du hast geführt,
Und jeder hat dabei gespürt,
Daß Du dem Wohl der Stadt ergeben,
Daß Dir des Volkes ganzes Leben
Ein Auftrag ist aus Gottes Hand.
Kein Zagen hast Du je gekannt:
Die Kruppschen Werke auferstehn,
Viel' Tausend' an die Arbeit gehn.
Die Werke, die Du angefangen,
Die führe fort – stets ohne Bangen!

Der Verzicht auf die Bundestagskandidatur bedeutete allerdings keinerlei Verzicht auf Teilnahme am Wahlkampf. Weder vorher noch nachher hat Heinemann sich so entschieden mit der CDU identifiziert wie in dem hochsommerlichen Wahlkampf 1949. Man hat später meistens vergessen, daß Heinemann damals einer der führenden Politiker der Union war, dem man es aufgrund seines kirchlichen Widerstandes im Dritten Reich abnahm, wenn er den politischen Zweck der Union erläuterte: »Wer heute in Regierungen und Parlamenten Männer und Frauen am Werke sehen will, die aus christlicher Verantwortung handeln, kann es nicht in Absonderung der evangelischen von den katholischen oder der katholischen von den evangelischen Mitbürgern verwirklichen, sondern nur in politischer Gemeinschaft beider. Das ist ganz schlicht und einfach der Sinn der Union.« In seiner großen Wahlrede, die er erstmals in Heidelberg hielt, fand sich auch folgender Absatz: »Die Vorgänge im Parlamentarischen Rat in Bonn haben deutlich gemacht, daß Sozialdemokratie und Liberale keine politische Heimat für den evangelischen Wähler zu sein vermögen. Von den Liberalen war nichts anderes zu erwarten als das, was sie in Bonn getan haben, aber es gehört für mein Empfinden zu den betrüblichsten Erscheinungen unserer Zeit, daß die Sozialdemokratie in ihrer entscheidenden Führung immer noch im Banne sogenannter Aufklärung und materialistischer Geschichtsauffassung verharrt.

Dieser Passus trug Heinemann eine Kontroverse mit Theodor Heuss, dem Vorsitzenden der Freien Demokraten, ein. Heuss schrieb umgehend an ihn, er sei »keineswegs gesonnen, diese Darstellung hinzunehmen«. In Bonn sei es ihm wohl gelungen, »gegenüber katholischen Kreisen der CDU deren Versuch, zwischen ›christlichen‹ und ›nichtchristlichen‹ Parteien zu unterscheiden, abzulehnen. Ich würde sehr betroffen sein, wenn nun von Ihrer Seite, der Sie doch als Exponent der Evangelischen Kirche angesprochen werden, dieses völlig unchristliche Verfahren aufgenommen würde.« – Heinemann verteidigte sich wenige Tage später in einem im Ton freundlichen Antwortbrief ganz entschieden unter Hinweis auf den Wortlaut seiner Rede: »Diese Wahlempfehlung ist, wie Sie bitte bemerken wollen, weder an dieser Stelle noch an irgend einer andern Stelle meiner Heidelberger Rede auf der von mir abgelehnten Unterscheidung zwischen christlichen und nichtchristlichen Parteien aufgebaut, sondern aus konkreten Vorgängen, nämlich den bekannten Bonner Differenzen, hergeleitet, die allerdings auch hinsichtlich Ihrer Partei für mich enttäuschend waren.« Es scheint dies der einzige politische Meinungsaustausch zwischen dem ersten und dem dritten Bundespräsidenten geblieben zu sein, die freilich damals beide von ihrer Zukunft in der Villa Hammerschmidt noch nichts wußten.

So entschieden aber Heinemann dafür eintrat, daß evangelische Christen sich politisch in der Union betätigten, so sorgfältig unterschied er zwischen seinen Wahlreden und seinem Auftreten bei kirchlichen Veranstaltungen. So sprach er wenige Tage nach seiner Heidelberger Wahlversammlung bei der Deutschen Evangelischen Woche in Hannover, die eigentlich der erste Evangelische Kirchentag war, über »Die öffentliche Verantwortung der Christen«. Dabei suchte er das politische Gewissen seiner Mitchristen zu schärfen: »Die These, daß die Obrigkeit von Gottes Gnaden da sei, und die Zeit, da alles verwaltet wurde von Thron und Altar, ist heute nicht mehr unsere Situation.« Dabei vermied er es jedoch, auch nur mit einem Wort Parteipolitik hineinzuziehen. In diesem Punkt war Heinemann überaus korrekt und zu keinen Kompromissen bereit. Wahlreden sagte er der

CDU ausdrücklich nur unter der Bedingung zu, daß er in der Propaganda nicht als Inhaber kirchlicher Ämter bezeichnet würde; wo das doch einmal geschah, wurde es sofort von ihm gerügt. Als er von Übereifrigen in Wuppertal auch noch als Mann der Kirche in einen schwarz-weiß-roten Bürgerblock eingespannt werden sollte, machte er vor dem Versammlungslokal kehrt und fuhr gegen alles Zureden der Veranstalter nach Hause.

Der bereits zitierte Satz aus der Heidelberger Wahlrede zeigt deutlich, daß seine Vorbehalte gegen die Liberalen noch größer waren als gegen die Sozialdemokratie. Dieser warf er vor allem ihre »diktatorische Struktur« vor. In einem Brief, den er einige Wochen nach der Bundestagswahl an den gleichaltrigen Pädagogen Oskar Hammelsbeck schrieb, der ebenfalls in der evangelischen Kirche stark engagiert, aber Sozialdemokrat war, begründete Heinemann seine These, »daß evangelische Wähler, soweit sie in Parlamenten und Regierungen Männer und Frauen aus christlicher Gewissensentscheidung am Werke sehen wollen, diese Partei in ihrer derzeitigen Struktur nicht wählen können. Das für jede gute Politik wesentliche Anliegen der Entscheidung konkreter Fragen aus persönlicher Verantwortung der Mandatsträger kann hier nicht zum Zuge kommen. Hier – und *nur* hier – liegt der Schwerpunkt meiner Ausführungen.« Heinemann respektierte gleichwohl die persönliche Entscheidung evangelischer Christen für die Sozialdemokratie. Ihnen »kann ich nur von Herzen wünschen, daß es ihnen gelingt, eine Änderung der Parteistruktur im Sinne personalistischer Demokratie herbeizuführen. Das kann m. E. letzten Endes nur in der Weise geschehen, daß an die Stelle der Gehorsamsbindung gegenüber einer Parteiführung die Gewissensbindung an den Gott der Bibel tritt.« In dieser Stellungnahme des CDU-Mitgliedes Heinemann klingt einiges von dem an, was es dem im Grunde seines Wesens stets Unabhängigen acht Jahre später ermöglicht hat, sich der nun auf dem Wege zum Godesberger Programm befindlichen Sozialdemokratie anzuschließen.

Wichtiger als alle parteipolitische Sonderung und Gegensätzlichkeit war Heinemann in jenen Jahren, daß die Deutschen nach der fürchterlichen Erfahrung des Nationalsozialismus nun endlich zu republikanischem Bewußtsein und demokratischem Verhalten finden würden. Es gibt einen Vortrag, den er in den beiden ersten

Nachkriegsjahren in mehreren Städten des Ruhrgebietes über das Thema »Demokratie und christliche Kirche« gehalten hat und den er als Beitrag zu einer »deutschen Demokratie« verstanden wissen wollte. Nach einem historischen Überblick über die Entwicklung in England und den USA sowie in Rußland und nicht zuletzt in Deutschland selber sagte er: »Deutschland wird nunmehr den Weg der Demokratie gehen. Zwei Ansätze stehen hier zur Verfügung. Es sind dies die sozialistische und die christliche demokratische Bewegung.« Natürlich gab Heinemann einer christlich bestimmten Demokratie den Vorzug, doch bestritt er der Sozialdemokratie die demokratische Legitimation keineswegs. Er sah die Spannung der innenpolitischen Lage nach 1945 darin, »daß die christliche und die sozialistische Demokratie sich auf dem deutschen Boden zur Entscheidung begegnen. Diese Entscheidung braucht kein Entweder-Oder einer neuen geistigen Konformität des deutschen Volkes zu bedeuten, wenn allerdings ein Wille zu echter Demokratie bestehenbleibt... Nachdem das deutsche Volk seine geistige Konformität einmal verloren hat, wird es nun zu lernen haben, daß auch in seinem Bereich eine politische Einheit bei religiöser und weltanschaulicher Mannigfaltigkeit möglich ist.« Kein anderer deutscher Politiker nach 1945 hat die hier angesprochene Spannung der deutschen Politik zwischen christlicher und sozialistischer Demokratie in seiner Person und in seiner Entwicklung so glaubhaft dargestellt wie Gustav Heinemann.

Aus der Bundestagswahl am 14. August 1949 gingen die Unionsparteien als stärkste Fraktion hervor; zwar war der Abstand zu den Sozialdemokraten nur gering, doch war klar, daß die Union jedenfalls die führende Regierungspartei sein würde. Die von einem Teil der CDU befürwortete große Koalition mit den Sozialdemokraten scheiterte an Adenauers hartnäckigem Widerstand. Der Vorsitzende der CDU strebte eine kleine Koalition der bürgerlichen Parteien an, zu der er die Unterstützung nicht nur der Freien Demokraten, sondern auch der konservativen Deutschen Partei benötigte. Sobald diese Entwicklung feststand, schrieb Heinemann am 3. September einen Brief an Adenauer, um sich nach der Regierungsbildung zu erkundigen. Er habe den Auftrag, »daß ich Ihnen den dringenden Wunsch evangelischer Parteifreunde auf eine gute konfessionelle Ausgewogenheit nahebringen möchte. Ich tue das hiermit aus der Verbundenheit, die zwischen uns besteht, und bitte um rechte Respektierung des Anliegens.« Ein sehr förmlicher Brief, der auf keinerlei engere persönliche Beziehungen zwischen den beiden Männern schließen läßt. Zudem erreichte Heinemann zunächst gar nicht den Zweck seines Schreibens. Als nämlich Adenauer einige Tage später der CDU-Fraktion mitteilte, wie er sich die erste Bundesregierung vorstellte, bemängelte ein Teil der Abgeordneten die konfessionelle Unausgewogenheit: es wären zu wenige evangelische Politiker im Kabinett gewesen. Das hatte eine Folge, die Heinemann, als er seinen Brief vom 3. September an Adenauer schrieb, gewiß nicht vorausgesehen hatte. Der am 15. September mit der denkbar geringsten Mehrheit von 202 Stimmen – bei 402 Abgeordneten – zum Bundeskanzler gewählte Adenauer trat nun an Heinemann selbst heran und bat ihn, er möge das Bundesinnenministerium übernehmen. Als Altbundespräsident hat Heinemann sich jener Situation im Gespräch erinnert: »Damit geriet ich unter einen ungewöhnlichen Druck, mich aus Essen zu lösen. Ich sagte schließlich ja, nachdem Rheinstahl durch seinen Vorstand und durch Dr. Kost von der Niederrheinischen Bergwerksgesellschaft, der anstelle aller Aufsichtsräte der Bergbaugesellschaften amtierte, zugesagt hatte, daß ich später wieder in den Vorstand von Rheinstahl würde zurückkehren können. Dr. Adenauer machte seinerseits zur Bedingung, daß ich Präses der Synode der Evangelischen Kirche in Deutschland bliebe, was ich mit dem seinerzeitigen Ratsvorsitzenden Bischof Dibelius zu klären hatte. Im Endergebnis war ich nun also Bundesminister des Innern.« Über beide von Heinemann erwähnte Bedingungen wird später noch zu sprechen sein.

Die erste Regierung der Bundesrepublik Deutschland wurde am 20. September 1949 ernannt und vereidigt. Was immer die übrigen Mitglieder des Kabinetts empfinden mochten, Gustav Heinemann war zweifellos ein Bundesminister wider Willen. Er wurde überschüttet mit Glückwünschen seiner politischen, kirchlichen und persönlichen Freunde, an der Spitze der Studienfreund aus längstvergangenen Marburger Tagen Ernst Lemmer. In Heinemanns Dankesbriefen sind die Motive nachzulesen, die ihn

schließlich doch zur Übernahme des Amtes bestimmt haben, zugleich aber auch die Schwierigkeiten, die sich allgemein aus dem neuen Anfang in Bonn und zumal für ihn persönlich ergaben.
So schrieb er am 27. September 1949 an den britischen Gouverneur Generalmajor Bishop: »Es war nicht meine Absicht, nach Bonn zu gehen; ich wollte vielmehr meinen Essener Aufgaben verbunden bleiben. Deshalb hatte ich mich auch nicht als Kandidat für den Bundestag aufstellen lassen. Nun habe ich mich nachträglich schweren Herzens doch entschließen müssen, den Weg nach Bonn zu gehen. Ich bin mir bewußt, daß ich damit eine schwere Aufgabe antrete.« An den evangelischen Landesbischof von Braunschweig Erdmann schrieb er einen Tag später: »Ich habe das Amt in Bonn auf das nachdrückliche Verlangen vieler evangelischer Freunde aus den verschiedensten Landesteilen übernommen... Das Bundesministerium des Inneren startet in einem leeren Gebäude ohne Menschen und Möbel, so daß es an Arbeit nicht fehlt.« Offenherziger war er gegenüber dem ihm freundschaftlich verbundenen Präses Wilm von der Evangelischen Kirche in Westfalen: »Es war für mich ein schwerer Entschluß, nach Bonn zu gehen. Er beinhaltet das völlige Abbrechen aller bisherigen beruflichen Arbeit auf die Ungewißheit politischer Entwicklungen hin. Aus den wenigen Tagen meines hiesigen Aufenthaltes bitte ich Sie und alle Brüder in der evangelischen Kirche um den Dienst der Fürbitte und allzeit brüderlicher Mahnung... Ich werde den Rat der EKD bitten, mir zu gestatten, daß ich meine Mitgliedschaft im Rat der EKD aufrechthalte und auch das Amt als Präses der Synode weiterführe.« Und an einen Bekannten schrieb er: »Meine Familie wird erst nach Bonn übersiedeln, wenn feststeht, daß der Sitz der Bundesregierung dort verbleibt.«
Der Sitz der Bundesregierung verblieb in Bonn, aber Gustav Heinemanns Bleiben sollte dort zunächst nicht länger währen als ein Jahr.

4 Wieder im Widerstand

Wenn der Mensch dort zu handeln beginnt, wo eine seinen Gaben entsprechende Aufgabe vor seinen Füßen liegt, so folgt er damit einer Platzanweisung Gottes.
23. Juli 1951

Die erste Hälfte der fünfziger Jahre, in der Gustav Heinemann seinen erbitterten Kampf gegen die Deutschland- und Außenpolitik Konrad Adenauers führte, stand weltpolitisch im Zeichen des kalten Krieges. Die Vereinigten Staaten hatten 1949 mit Kanada und zehn westeuropäischen Staaten den Nordatlantikpakt geschlossen. Vorher war mit dem Europarat in Straßburg der erste Versuch einer europäischen Einigung unternommen worden. Die internationale Spannung erreichte ihren Höhepunkt im Sommer 1950, als nordkoreanische Truppen die Demarkationslinie am 38. Breitengrad nach Süden überschritten. Der Krieg in Korea, der formell von den Vereinten Nationen, tatsächlich aber fast allein von den Vereinigten Staaten geführt wurde, vertiefte in Westeuropa die Furcht vor einem – vermutlich niemals beabsichtigt gewesenen – Angriff der Sowjetunion. Überall im Westen und vor allem in den Vereinigten Staaten erreichten Kommunistenangst und weltanschauliche Hexenjagd ihren Höhepunkt, der mit dem Namen des amerikanischen Senators Joseph McCarthy verbunden bleiben wird. Der Krieg in Korea endete 1953 mit dem Abschluß eines Waffenstillstandes, über den zwei Jahre lang verhandelt worden war. Einen Friedensschluß hat es bis heute dort so wenig wie in Deutschland gegeben.

Die deutsche Politik wurde in jenen Jahren beherrscht von dem Streit um die Frage, ob die vollständige Eingliederung Westdeutschlands in das politische und militärische Bündnissystem des Westens der richtige Weg sei. Die Amerikaner drängten auf einen militärischen Beitrag der Bundesrepublik, gegen den in England und mehr noch in Frankreich erhebliche psychologische und politische Vorbehalte bestanden. In der Bundesrepublik selbst war Adenauer entschlossen, sich den amerikanischen Wünschen zu fügen, wäh-

rend die Sozialdemokraten jahrelang der Wiedervereinigung Deutschlands Vorrang einräumen wollten. Die Sozialdemokratie war aber in sich gespalten, da Ernst Reuter, der Regierende Bürgermeister von Westberlin, die außenpolitische Linie Adenauers bejahte, während der Parteivorsitzende Kurt Schumacher im Bundestag sogar einmal vom »Bundeskanzler der Alliierten« sprach. Der Versuch, Frankreichs Bedenken durch eine integrierte europäische Streitmacht zu überwinden, scheiterte 1954, als der Vertrag über die Europäische Verteidigungsgemeinschaft in der französischen Nationalversammlung keine Mehrheit fand. Die Folge war freilich nicht der Verzicht auf einen deutschen Wehrbeitrag, sondern die Aufnahme der Bundesrepublik in den Nordatlantikpakt. Gleichzeitig sicherten sich die Besatzungsmächte im sogenannten Deutschlandvertrag gewisse Vorbehaltsrechte und gewährten schließlich im Mai 1955 der Bundesrepublik formell die Souveränität. Damit war die Besatzungszeit offiziell beendet. Die auf deutschem Boden stationierten Streitkräfte der Westmächte waren künftig nicht mehr Besatzung, sondern Verbündete.

Die Sowjetunion hatte zahlreiche Versuche unternommen, diese Entwicklung zu stören und möglichst zu verhindern. Der wichtigste dieser Versuche war die Note vom 10. März 1952, in der Moskau nach Abhaltung freier Wahlen in ganz Deutschland die Wiedervereinigung um den Preis einer Neutralisierung und Bündnislosigkeit eines in begrenztem Umfang wiedervereinigten Deutschlands anbot; mit einem solchen Deutschland sollte dann ein Friedensvertrag geschlossen werden. Auf Betreiben Adenauers wurde von den Westmächten niemals der Versuch unternommen herauszufinden, ob Moskau das in dieser Note unterbreitete Angebot ernst gemeint hatte. Die Debatte um diese Frage hat die westdeutsche Innenpolitik bis in die sechziger Jahre hinein beschäftigt.

Die zunehmenden Gegensätze zwischen den beiden deutschen Staaten wurden erheblich verschärft im Gefolge der Rebellion Ostberliner Arbeiter am 17. Juni 1953. Obwohl dieser Aufstand in erster Linie eine Verbesserung der Arbeitsbedingungen zum Ziel hatte, wurde er in Westdeutschland – teilweise wohl nicht zu Unrecht – als Auflehnung gegen das kommunistische Regime überhaupt und darüber hinaus als Bekenntnis zur deutschen Einheit interpretiert. Die Sowjetregierung, die durch Stalins Tod im

März 1953 bereits stark verunsichert war, setzte in Ostberlin Panzer ein, um den Aufstand zu unterdrücken. Danach waren die Möglichkeiten eines innerdeutschen Gesprächs noch mehr verschüttet als vorher.
In der Innenpolitik der Bundesrepublik brachte die Bundestagswahl von 1953 den Unionsparteien einen großen Erfolg, den Konrad Adenauer mit Recht als Bestätigung seiner Politik interpretierte. Gustav Heinemanns Gesamtdeutsche Volkspartei blieb weit unter der Fünfprozentgrenze und konnte daher nicht in den Bundestag einziehen. Nachdem Kurt Schumacher schon 1952 gestorben war, verlor die Sozialdemokratie kurz nach der Bundestagswahl von 1953 mit Ernst Reuter ihren zweiten großen Führer. Von den zahlreichen kleinen Parteien, die 1949 in den Bundestag gelangt waren, blieben die meisten 1953 auf der Strecke. Die Ära Adenauer näherte sich ihrem Höhepunkt.

Ende Dezember 1949 verschickte Gustav Heinemann an Freunde und Bekannte folgenden gedruckten Neujahrsgruß: »Wenn ein jeder von uns im neuen Jahr alle Tage irgend etwas ein klein wenig besser machen würde als am Tage zuvor – sollte es dann nicht besser werden? Wir haben ja soviel Gelegenheit zu solchem Bessermachen! Es fängt im eigenen Hause mit Familie und Nachbarn an und endet bei den Dingen, die uns für die Gemeinschaft aufgetragen sind. Gott wartet darauf, ob wir es wohl endlich tun möchten. Wie lange noch wird er warten?«
Es war bezeichnend, daß er auf dieser Karte unter seinen Namen seine derzeit wichtigsten Ämter in dieser Reihenfolge setzte: »Präses der Synode der EKD, Bundesminister des Innern.« Das kirchliche Amt bedeutete ihm mehr, doch wußte er die beiden Bereiche sehr genau auseinanderzuhalten. Das bezeugt ein Brief, den er bald nach seiner Ernennung zum Innenminister an einen Marburger Universitätsprofessor Kürschner schrieb. Dieser hatte sich wegen der Neugründung einer rein reformierten Gemeinde an Heinemann in dessen doppelter Eigenschaft gewendet und bekam nun eine doppelte Antwort: »Das Bundesministerium des Innern kann gegenwärtig, zumal da noch kein Kirchenreferent bestellt ist, nicht in die Sache eingreifen, weil sie sicherlich zunächst mit dem Land Hessen ausgetragen werden muß, soweit

sie überhaupt staatlich interessiert.« Danach berät der Präses der Synode den Fragesteller über fast zwei Seiten hinweg, wie dessen Absichten theologisch und kirchlich zu beurteilen seien.

War Heinemann ein guter Bundesminister des Innern? Die Frage ist schon deshalb nicht einfach mit einem Ja zu beantworten, weil er nur gerade zwölf Monate in diesem Amt gewesen ist. Ein erheblicher Teil seiner Zeit und Kraft wurde – wie bei allen seinen Kollegen im Kabinett – von organisatorischen Aufgaben in Anspruch genommen. Wie wir bereits hörten, begann er »in einem leeren Gebäude ohne Menschen und Möbel«. Beides mußte unter oft schwierigen Bedingungen und bei einem nach heutigen Begriffen sehr bescheidenen Etat herangeschafft werden. Das Grundgesetz, von Heinemann von Anfang an lebhaft begrüßt und später den Deutschen immer wieder als »großes Angebot« empfohlen, mußte erst erprobt, die von ihm geschaffene politische Apparatur mußte eingeübt werden. Das war politische Knochenarbeit, bei der es kaum Gelegenheit zu brillieren gab. Daher läßt sich über dieses Jahr in Heinemanns politischem Leben insoweit nicht viel mehr sagen, als daß er das Fundament für den weiteren Aufbau des Innenministeriums gelegt hat, für den dann seine Nachfolger verantwortlich waren.

Die eigentliche Bedeutung dieses Jahres liegt nicht in der Arbeit des Ressortministers Heinemann, sondern in der Tatsache, daß er als prominenter protestantischer Politiker im Kabinett saß und eines der wichtigsten Ministerien leitete. Es ist in Vergessenheit geraten, welche Rolle damals in den Unionsparteien und damit in der deutschen Politik der Konfessionalismus gespielt hat. Die Evangelischen fühlten sich als benachteiligte Minderheit und blickten daher auf Heinemann als ihre damals größte Hoffnung. Die Dinge wurden nicht einfacher dadurch, daß ein Teil der evangelischen Christen politisch der Sozialdemokratie zuneigte und daher Heinemanns Mitwirkung in der von Adenauer geführten Bundesregierung mißtrauisch oder ablehnend beobachtete. Anschaulich wird diese Situation in einem Brief, den Heinemann am 20. Januar 1950 an seine Schwägerin Gertrud Staeven schrieb. Hilda Heinemanns ältere Schwester war zunächst in der von jungen Christen in den zwanziger Jahren geschaffenen »Neuwerk«-Bewegung und später in Berlin in der Gefängnisfürsorge tätig gewesen. Heinemann hatte im Herbst 1949 von einem Freund seiner Schwägerin einen sehr kritischen Brief erhalten, auf den er ihr jetzt antwortete.

»Meine Mitwirkung in Bonn mag seitens mancher Katholiken als eine Alibi-Versicherung begrüßt sein. Sicherlich wird sie seitens anderer Katholiken ebenso sehr loyal im Sinne wirklicher Zusammenarbeit gewünscht. Auch der sogenannte Katholizismus ist hierin keine einheitliche Größe. Ich selbst bejahe die *politische* Zusammenarbeit bei unerschütterlicher Bewußtheit des kirchlich-theologischen Gegensatzes.« Er halte die politische Zusammenarbeit »für geboten, und zwar im Rahmen einer CDU, weil keine andere Partei in ihrer Führung für Politik aus christlicher Verantwortung aufgeschlossen genug ist und weil ferner eine lediglich evangelische Partei (etwa nach dem Beispiel des christlichen Volksdienstes) bei der Rückständigkeit des evangelischen Volksteiles gegenüber den öffentlichen Dingen gegenwärtig nicht kräftig genug sein könnte* ... Der eigentliche Gefahrenherd gegenüber aller Katholisierung liegt nicht auf der katholischen Seite, die ja nur das tut, was ihr wesensgemäß war und bleibt, sondern bei uns selbst. Wann machen endlich die berufenen evangelischen Theologen Front gegen die ... katholisierenden Tendenzen? Wann realisieren wir endlich unsere evangelische Missionspflicht gegenüber den Katholiken? Das allein wären die entscheidenden Taten gegenüber dem schwarzen Mann und zugleich auch das gebotene Gegengewicht innerhalb der politischen Zusammenarbeit.« Hier wird ein – später kaum mehr in Erscheinung tretender – militanter Protestant Heinemann sichtbar.

»Den Hinweis darauf, daß meine Mitwirkung im Rat der EKD von gewissen Seiten in ähnlicher Weise als ein Alibi empfunden wird, kann ich nicht akzeptieren. Die EKD beruht erklärtermaßen auf der Spannung, die nun einmal in der ›bestehenden Gemeinschaft der deutschen evangelischen Christenheit‹ (Artikel I Eisenacher Grundordnung) obwaltet. Wer trotz dieser Spannung den

---

* Erst im Laufe der weiteren Entwicklung stellte sich heraus, daß es für die höhere Ministerialbürokratie und andere öffentliche Aufgaben viel mehr qualifizierte evangelische als katholische Bewerber gab.

Zusammenhalt der EKD bejaht, muß folgerichtigerweise auch in ihren Organen das Sichtbarwerden dieser Spannung akzeptieren bzw. persönlich mit durchmachen. Darin bin ich u. a. mit Niemöller einig, der ja sicherlich nicht die Neigung hat, sich da aufzuhalten, wo er nicht hingehört. Auch in diesem Punkt kommt es auf uns selbst an, wobei ich hier unter ›uns‹ sonderlich die Bekennende Kirche meine. Auch hier kommt es darauf an, daß von unten, d. h. von den Gemeinden herauf, die Kräfte aktiviert werden, die die kirchliche Restauration brechen wollen. In solchem Sinne betrachte ich beispielsweise den Evangelischen Kirchentag, von dem ja Meiser* genügend Unheil wittert.« Es gibt wenige Äußerungen Heinemanns, die über seinen kirchlichen und politischen Standort so eindeutig Auskunft geben.

»Meine derzeitige Doppelfunktion im Rat der EKD und der Bundesregierung ist keine Vermengung verschiedener Interessen. Meine kirchlichen Ämter sind um Jahre älter als meine politischen. Wir haben jahrelang aufgerufen, daß evangelische Menschen sich für politische Verantwortungen zur Verfügung stellen sollen. Wenn es dann dazu kommt, darf den Betroffenenen nicht der kirchliche Ast abgesägt werden ... Sicherlich ist es richtig, daß ich in mein derzeitiges politisches Amt nicht zuletzt gerade auch wegen meiner kirchlichen ›Hausmacht‹ geholt worden bin, so wie ja jeder Politiker in einer Regierung etwas mitbringen muß. Wer aber solches grundsätzlich verwerfen will, kennt nicht die Spielregeln des politischen Lebens und sollte von vornherein nicht zu politischer Verantwortung der Gemeindeglieder aufrufen ... Ich bin dankbar dafür, daß der Brief vom 25. Oktober alle Einwendungen vorbringt, die ich mir selber auch mache, und daß er dennoch in den Zuspruch ausklingt, den Pflug nicht loszulassen, den ich nun einmal angefaßt habe. Meine Gedanken gehen aus vielen persönlichen und beruflichen Gründen ohnehin genug rückwärts; aber nun hilft es nichts, jetzt müssen sie vorwärts gehen. Die Brüder aber bitte ich, allen Fortgang kritisch zu beobachten und mir nach ihrer Verantwortung je und dann zu

---

* Hans Meiser (1881–1956) war 1933–55 Landesbischof der Evangelisch-Lutherischen Kirche in Bayern und ein sehr konservativer Theologe, mit dem Heinemann schon während des Kirchenkampfes Kontroversen gehabt hatte.

sagen, wo der Kurs zweifelhaft oder gar falsch wird. Ich sitze locker genug im Sattel, um heruntersteigen zu können; denn der Ehrgeiz packt mich nicht.«

Treffenderes läßt sich über den Politiker und Innenminister Heinemann im Jahr 1950 kaum sagen, wohl aber bedarf die politische Situation zu jenem Zeitpunkt noch einiger Aufhellung. Dazu kann ein Brief dienen, den Pastor Heinrich Albertz, damals Flüchtlingsminister in der von SPD, CDU und Zentrum getragenen niedersächsischen Landesregierung, am 28. September an Heinemann schrieb. Er berichtet darin über Absichten, die große Koalition in Hannover zu sprengen. »Nach unseren Informationen will der Herr Bundeskanzler persönlich nach Hannover kommen und die hiesige CDU bewegen, die CDU-Minister aus der Regierung zurückzuziehen ... Die niedersächsische CDU ist unter Herrn Dr. Gereke eine der wenigen Inseln innerhalb dieser Partei, die noch protestantisch bestimmt werden. Würde hier die Stellungnahme von Herrn Dr. Adenauer durchdringen, wäre es ein neuer Erfolg der katholischen Kräfte innerhalb der CDU, deren Gewicht schon stark genug ist.« Tatsächlich wurde auf Betreiben Adenauers im Laufe des Jahres 1950 erst Gereke zum Rücktritt und einige Monate später die CDU zum Ausscheiden aus der Landesregierung gezwungen. »Besonders bedauerlich aber ist, daß dann womöglich auch in Hannover mit der These gearbeitet wird, man könne mit den kirchen- und christenfeindlichen Kräften der SPD nicht zusammenarbeiten, während die Wirklichkeit einen überzeugten, wenn auch sozialdemokratischen Christen als Ministerpräsidenten und einen Pfarrer der Bekennenden Kirche, der allerdings auch das Unglück hat, Sozialdemokrat zu sein, auf der sozialistischen Seite der Regierung aufweist.« Albertz schließt mit der Bitte an Heinemann, seinen »Einfluß nach der Richtung hin geltend zu machen, daß nicht durch Störversuche hier bei uns ein politisches und kirchliches Unglück angerichtet wird, das sich sicher auch auf die Lage in Bonn verschärfend auswirken würde«.

Das alles zeigt deutlich, daß die CDU damals von einer wirklichen Union ihrer katholischen und evangelischen Mitglieder noch weit entfernt war. Vor diesem Hintergrund wird auch verständlich, daß echtes Einvernehmen zwischen Adenauer und Heinemann von vornherein unwahrscheinlich gewesen war. Es genügt nicht, auf den Generationsunterschied hinzuweisen, denn dieser bestand ja zwischen Adenauer und fast allen seinen Mitarbeitern in der Bundesregierung. Die beiden Männer kamen aus zwei Welten, die nur wenig Berührung miteinander und kaum Verständnis füreinander hatten: der liberale Katholizismus des Rheinlandes und der kalvinistisch gefärbte Protestantismus an Ruhr und Wupper. Zudem waren beide Männer starke Persönlichkeiten. Heinemann hat viel später über einen frühen Zusammenstoß mit Adenauer berichtet: »Es gab auch schon zu der Zeit, als ich die elf Monate Justizminister in Düsseldorf war, einige kleine Kontrahagen mit Adenauer. Ich hatte z. B. im Bereich der Justiz eine Personalentscheidung getroffen, die Adenauer nicht gefiel. Daraufhin hat er mich vor der versammelten Fraktion angeredet. Die Fraktion tagte damals in einem Kinosaal der Henkel-Werke, d. h. mit leicht ansteigenden Sitzreihen. Die Mitglieder der Regierung saßen in der vordersten Reihe. Adenauer attackierte mich also und kritisierte, daß ich das und das gemacht hätte. Daraufhin stand ich auf und rechtfertigte das. Adenauer haute um so kräftiger wieder drauf, und ich stand wiederum auf und sagte meine Verteidigung, und Adenauer setzte zum dritten Mal an. Da habe ich mich umgedreht und die Fraktion angeredet und habe gesagt, sie möchte sich doch mal dazu äußern, statt sich nur stillschweigend dieses Duett zwischen Adenauer und mir anzuhören. Daraufhin wurden etliche in der Fraktion munter. Die gaben das irgendwie zu erkennen. Das war dann für Adenauer der Anlaß abzudrehen.« Wenn Adenauer später Heinemann trotzdem gebeten hat, in sein Kabinett einzutreten, so hat dieser sich über die Motive niemals Illusionen gemacht. »Ich war ihm als Person oder als Fachmann für das Innenministerium längst nicht so wichtig wie als Stimmenfänger für den evangelischen Teil.« Diese Darstellung aus den siebziger Jahren beruht nicht etwa auf späteren Einsichten; der bereits zitierte Brief an Frau Staeven enthält ja eine ähnliche Aussage. Schwierigkeiten mit Heinemann mußte es schon deshalb geben, weil Adenauer als Autokrat damit rechnete – und durch das Verhalten vieler Mitarbeiter dazu ermutigt wurde –, sich mit seinem Willen durchzusetzen. Das gelang ihm bei Heinemann mindestens dann nicht, wenn dieser die besseren Gründe auf seiner Seite zu haben glaubte. Die Konfrontation der beiden Männer war im Grunde vorprogrammiert und hat auch lange vor dem endgültigen Bruch häufig stattgefunden. So war Adenauer der evangelische Pfarrer Niemöller schon lange ein Dorn im Auge. Niemöllers häufig maßlose und weit übers Ziel hinausschießende Angriffe gegen den politischen Katholizismus machten es selbst seinen evangelischen Freunden nicht immer leicht, mit ihm umzugehen oder ihn zu verteidigen. Internationales Aufsehen erregte Niemöller im Dezember 1949 mit einem in den USA gegebenen Interview, in dem er die Bundesrepublik als einen im Grunde katholischen Staat bezeichnete: »Er wurde im Vatikan gezeugt und in Washington geboren.« Obwohl sich der Rat der EKD von solchen Äußerungen distanzierte, griff Adenauer in einer Fraktionssitzung der CDU/CSU im Beisein Heinemanns Niemöller wegen einer unlängst gehaltenen Rede scharf an. In einem Bericht darüber heißt es: »Er wandte sich dann an Innenminister Dr. Heinemann, der im übrigen Kabinett als ein Mann mit starkem Rückgrat gilt, und bat ihn um seine Äußerung... Heinemann benutzte diese Gelegenheit zu einer sehr eingehenden Erklärung, in deren Verlauf er die Rede Dr. Niemöllers bedauerte, aber verständlich zu machen suchte aus der Verfolgung heraus, die nach seiner Ansicht die evangelische Weltkirche in Südamerika erfahre. Auch in Spanien und Portugal habe sich langsam, aber unaufhörlich eine Intoleranz gegen den Protestantismus breit gemacht und aus diesem Gefühl heraus sei Niemöller wohl zu seiner Behauptung gekommen. Die Ansichten Heinemanns und Adenauers prallten jedoch zusammen.«*

Die Ansichten beider Männer sollten noch mehrmals aufeinanderprallen, ehe es zum endgültigen Bruch kam. Der nächste Konflikt ergab sich aus Heinemanns Tätigkeit als Präses der Synode der EKD, die er ja auf ausdrücklichen Wunsch Adenauers auch nach seiner Ernnnung zum Minister fortsetzte. »Er wollte damit den evangelischen Wählerteil richtig einkaufen«, hat Heinemann dazu in seinen letzten Lebensjahren angemerkt. So

---

* Bericht in »Bonner Privat-Informationen, Dr. Hans Fuchs, Bad Godesberg. Ausgabe Nr. III/85 vom 4. 2. 1950.

wichtig also Adenauer einerseits Heinemann als Amtsträger der evangelischen Kirche fand, so störend empfand er die damit verbundene Tatsache, daß sein Innenminister durch Ausübung seiner kirchlichen Ämter gesamtdeutsche Kontakte pflegte und pflegen mußte. Dienstlichen Ausdruck gab Adenauer diesem Unbehagen mit einem amtlichen Brief vom 14. April 1950, worin er dem »sehr geehrten Herrn Bundesminister« folgendes mitteilte: »Wie ich höre, haben Sie in Ihrer Eigenschaft als Präses der Synode der Evangelischen Kirche in Deutschland zu einer Veranstaltung im Ostsektor von Berlin die vier Kommandanten Berlins, den Oberbürgermeister Reuter, die Regierung der Bundesrepublik Deutschland und die Regierung der Ostzone eingeladen. – Sie vereinen in Ihrer Person zwei Funktionen. Sie sind Bundesminister und gleichzeitig Präses der Synode der Evangelischen Kirche in Deutschland. Naturgemäß sind diese beiden Funktionen an sich völlig getrennt. Es ist jedoch immer mit der Möglichkeit zu rechnen, daß diese beiden Eigenschaften von der Öffentlichkeit nicht völlig auseinandergehalten werden. Es liegt die Gefahr nahe, daß im vorliegenden Falle die von Ihnen ergangene Einladung mit Ihrem Amt als Bundesminister irgendwie in Verbindung gebracht wird und daß dadurch Schwierigkeiten entstehen, die hätten vermieden werden können. – Ich lege Wert darauf festzustellen, daß die Bundesregierung sich von dieser Einladung völlig distanziert.«
Eine schriftliche Antwort Heinemanns auf diesen Brief befindet sich nicht unter seinen Papieren. Ob er darüber mit Adenauer gesprochen oder es vorgezogen hat, die Angelegenheit mit Stillschweigen zu übergehen, ist nicht bekannt. An dem Vorfall wird jedoch deutlich, daß die unterschiedliche Sicht der beiden Männer in Fragen der Deutschlandpolitik dadurch noch gefördert wurde, daß Heinemann durch seine kirchlichen Aufgaben immer wieder Gelegenheit bekam, ja sogar genötigt wurde, sich mit der Wirklichkeit erst der sowjetischen Besatzungszone und später der DDR auseinanderzusetzen. Adenauer ist zwar manchmal – und auch das nur ungern – in Westberlin gewesen, hat aber niemals den Boden der DDR betreten. Gewiß kann man sagen, daß er dazu kaum Gelegenheit hatte, doch bleibt in jedem Fall die Tatsache bestehen, daß ihm insoweit eine politische Erfahrung fehlte, die

Heinemann wieder und wieder gemacht hat. Die Evangelische Kirche in Deutschland war ja damals die einzige gesamtdeutsche Institution, die in beiden Teilen Deutschlands lange Zeit auch dann noch legal auftreten konnte, als diese sich zu immer souveräner werdenden Staaten verfestigt hatten.

Heinemanns Doppelrolle in Kirche und Staat trug ihm übrigens gelegentlich auch von kirchlicher Seite Kritik ein. Im Sommer 1950 hatte er in Königswinter bei einer Journalistentagung über eines seiner Lieblingsthemen, das Verhältnis von Christentum und Demokratie, gesprochen und dabei gesagt: »Ich sehe nach der politischen und geistigen Geschichte einen tiefen und echten Zusammenhang zwischen Demokratie und christlicher Kirche.« Das rief die Kritik von Hans Dombois hervor, der als Jurist dem Stiftungsrat des Christophorus-Stifts in Hemer angehörte, aus dem sich später die Evangelische Studiengemeinschaft in Heidelberg entwickelt hat. Dombois befürchtete eine theologisch unzulässige Identifizierung der Kirche mit der Demokratie und gab der Sorge Ausdruck, »daß die Kirche sich durch ungesicherte, mißverständliche oder gar halbwahre Erklärungen ihrer Führer zu politischen Fragen in immer schwierigere Lagen verstricke und das große Ansehen preisgäbe, welches sie buchstäblich mit dem Blute der Märtyrer in den vergangenen Jahren erworben hat«. Es werde »eine anlagemäßige Schwäche sichtbar..., welche die Kirche offenbar hindert, sich im rechten Verhältnis zur Welt zu sehen«. Heinemann antwortete in der Hoffnung auf ein späteres Gespräch nur kurz, aber in einer für ihn charakteristischen Weise: »Ich möchte Ihnen lediglich sagen, daß die von mir behauptete Verwandtschaft zwischen Demokratie und christlicher Kirche eine *geschichtliche* und keineswegs eine neutestamentlich-dogmatische ist. Die geschichtliche Verwandtschaft habe ich ... in einem Aufsatz ausführlich dargelegt... Ich denke nicht daran, jemals zu behaupten, daß eine bestimmte Staatsform vom Neuen Testament her gefordert sei. Daß die presbyterial-synodale Kirchenordnung bahnbrechend und beispielgebend für demokratische Staatsformen gewesen ist, läßt sich nicht leugnen, und daß die Grundrechte unserer Verfassungen aus der Verteidigung der Glaubens- und Gewissensfreiheit erwachsen sind, läßt sich auch nicht leugnen. Mehr behaupte ich nicht. Allerdings würde ich es sehr wünschen, daß die Evangelischen Kirchen von jedem politisch-reaktionären Kurs alter staatskirchlicher Überlieferung abkommen würden.«

Heinemann pflegte Briefe immer dann selber zu beantworten, wenn er sich persönlich angesprochen oder sich verpflichtet fühlte, eine Sache zu vertreten, die ihm wichtig erschien. Im Frühjahr 1950 war es im Zusammenhang mit einem Prozeß gegen den Filmregisseur Veit Harlan zu judenfeindlichen Demonstrationen gekommen, die neben anderen auch Heinemann scharf verurteilt hatte. Daraufhin erhielt er einen langen Brief eines Oberst a. D., der sich über das »Riesenelend« ehemaliger Berufssoldaten und das Ausbleiben der in Artikel 131 des Grundgesetzes vorgesehenen Versorgung beklagte, gleichzeitig aber »die Aufregung um die lächerlichen Symptome der Judendemonstrationen« mißbilligte. Es war ein ressentimentgeladener Brief, der typisch war für die damalige Haltung ehemaliger Nationalsozialisten und unverbesserlicher Nationalisten; dieser Umstand war es wohl, der Heinemann, »obwohl es an Briefen aller Art hier nicht fehlt«, dazu bestimmte, dem Briefschreiber, der nach eigener Aussage »Soldat seit 1907« war, »in Ruhe zu antworten«. Er schilderte zunächst die Schwierigkeiten der noch im Aufbau befindlichen Bundesverwaltung: »Dazu gehörten die Einrichtung einer Abteilung zur Behandlung dieser Materie in meinem Ministerium, die Ermittlung zahlenmäßiger Unterlagen über den Personenkreis des Art. 131 GG und seiner Ansprüche, die Klärung der finanziellen Möglichkeiten im Rahmen des gesamten neuen Bundesetats und die Ausarbeitung einer Gesetzesvorlage. Alle diese Dinge sind unverzüglich in Angriff genommen und vorangetrieben worden... Alle Beteiligten haben bis in die späten Nachtstunden das Äußerste darangesetzt, die Arbeit zu bewältigen. Jeglichen Vorwurf, der in dieser Richtung erhoben werden möchte, weise ich nachdrücklich zurück.« Soweit die Auskunft des Ressortministers, dem nun die politische Stellungnahme des Demokraten folgte: »Ihre Frage nach der Verantwortung für das Elend der früheren Soldaten, ihre Witwen und Kinder kann ich nur an Sie zurückgeben, indem ich Sie frage, was Sie beizeiten persönlich gegen die Verwüstung des deutschen Volksvermögens und gegen die Auflösung aller öffentlichen Ordnung in Deutschland bis in die bedingungslose Kapitulation hinein getan haben. Wenn wir so mit

Vorwürfen hin und her anfangen, kommen wir allesamt nicht weiter.« Zum Schluß aber meldet sich der Christ zu Wort, der 1945 die Stuttgarter Erklärung unterschrieben hat: »Ich bedauere sehr, daß Sie die antijüdischen Demonstrationen als ›lächerliche Symptome‹ bezeichnen. Im Namen des deutschen Volkes, zu dem auch Sie gehören, sind 6 Millionen Juden ermordet worden. Deshalb habe ich im Rundfunk gesagt, daß wir allesamt wahrlich nur *einen* Anlaß hätten, nämlich uns der ganzen Tragweite dessen, was in unserem Namen geschah, vor Gott und den Menschen zutiefst bewußt zu werden und uns alle zur Umkehr rufen zu lassen.« In diesem Brief zeigt sich besonders deutlich der moralische Impetus, der Heinemann schon in jungen Jahren und zumal seit Beginn des Kirchenkampfes bis in die letzten Monate seines Lebens immer wieder dazu bestimmt hat, auf das politische und sittliche Bewußtsein seiner Mitbürger einzuwirken.

In diesem moralischen Impetus auch eine der Ursachen von Gustav Heinemanns Rücktritt vom Amt des Bundesinnenministers zu sehen ist allenfalls insoweit möglich, als diese politische Verhaltens- und Betrachtungsweise einem Mann wie Konrad Adenauer fremd und unverständlich war und deshalb zu der fortschreitenden Entfremdung der beiden Männer beitragen mußte. Die beiden wichtigsten Ursachen des Rücktritts waren jedoch völlig anderer Art. Die eine Ursache war Adenauers Regierungsstil. Der erste Kanzler der Bundesrepublik Deutschland war in seiner Persönlichkeitsstruktur und politischen Grundhaltung nicht Demokrat, sondern typischer Vertreter einer patriarchalischen Ordnung; dabei nahm das Verhalten des Patriarchen Adenauer häufig autokratische Züge an. Die Mitglieder seines Kabinetts betrachtete er als Erfüllungsgehilfen und aus dem Satz des Grundgesetzes, daß der Bundeskanzler die Richtlinien der Politik bestimmt, leitete er das Recht auf jene berüchtigten »einsamen Entschlüsse« ab, mit denen er, häufig ohne Anhörung des Kabinetts, politische Grundfragen entschied. Es war ein damals verbreiteter Irrtum, daß diese Art zu regieren, die man Kanzlerdemokratie nannte, vom Grundgesetz gewollt sei. Dabei entspricht die in Art. 65 GG getroffene Regelung* beinahe

* »Der Bundeskanzler bestimmt die Richtlinien der Politik und trägt dafür die

wörtlich dem Art. 56 der Weimarer Verfassung; unterschiedlich geregelt ist lediglich die parlamentarische Verantwortung. Ein Bundesminister kann, anders als früher die Reichsminister, nicht vom Parlament gestürzt werden; dadurch soll eine größere Stabilität der Bundesregierung erreicht werden. Adenauers Kanzlerdemokratie konnte sich in dieser Weise nur entwickeln oder ins Kraut schießen, weil fast alle seine Minister sich ihm fügten und nicht oder zu wenig auf der Gesamtverantwortung des Bundeskabinetts bestanden. Die Nichtachtung dieser Kabinettsverantwortung im Falle der deutschen Wiederbewaffnung war der formelle Grund für Heinemanns Ausscheiden aus der Bundesregierung. Schwerer wogen freilich die sachlichen Meinungsverschiedenheiten. Vielleicht hätte Heinemann für einen andern Regierungsstil des Kanzlers zu kämpfen versucht, wenn ihm nicht die Unvereinbarkeit ihrer außen- und deutschlandpolitischen Zielvorstellungen schon sehr bald bewußt geworden wäre. Während der Berliner Blockade – also lange vor der Bildung der ersten Bundesregierung – hat Heinemann am 11. August 1948 vor dem Schöneberger Rathaus in Berlin eine Rede gehalten, in der einige Sätze seine politische Grundhaltung umschreiben: »... auch an uns selbst ist die Frage gestellt, was Deutschland sei. Wissen wir selbst eine Antwort darauf? Vieles spricht dafür, daß wir es nicht wissen. Unser deutsches Volk weiß heute kein nationales Lied zu singen, so wie andere Völker ihre nationalen Hymnen haben und auch wir sie hatten. Unser deutsches Volk kann heute unter den Völkern der Erde keine Fahne zeigen, unter der es sich repräsentiert sehen würde. Unser deutsches Volk bleibt stumm im Gespräch der Völker und im letzten Grunde auch gegen sich selbst, weil es keine nationale Regierung hat. Unser Volk ist zerteilt in Zonen, die sich in einer schier unerträglichen Weise auseinanderzuleben drohen. Ich sehe nur eines noch, in dem wir als deutsches Volk uns als Einheit empfinden und symbolhaft ausgedrückt wissen, und das ist diese so bitter umkämpfte Stadt Berlin.« Für den nüchternen Gustav Heinemann war das ein geradezu pathetisches Bekenntnis zum ganzen Deutschland – eine

Verantwortung. Innerhalb dieser Richtlinien leitet jeder Bundesminister seinen Geschäftsbereich selbständig und unter eigener Verantwortung.«

Rede, wie sie Adenauer niemals über die Lippen gekommen wäre. An dieser Stelle liegt es nahe zu fragen, ob Heinemann sich in den Jahren, ehe er Bundesminister wurde, über Adenauers politische Haltung Gedanken gemacht und sich überlegt hat, wohin der Weg der CDU unter einem Vorsitzenden Adenauer führen würde. Es gibt darüber keine zuverlässigen Berichte, doch hat Heinemann gegen Adenauer als Vorsitzenden der CDU zunächst nichts einzuwenden gehabt. Eine wichtige Rolle bei dem Bemühen, den ersten Vorsitzenden der CDU im Rheinland Leo Schwering – ehemals Zentrumsabgeordneter im Preußischen Landtag – durch Adenauer zu ersetzen, spielte der Bankier Robert Pferdmenges, ein in Industrie und Hochfinanz sehr einflußreicher Mann und bis zu seinem Tode 1962 einer der engsten Vertrauten und Berater Adenauers. Er schrieb aus Köln am 27. Januar 1946 an Heinemann als einen der angesehensten evangelischen Männer in der CDU. Dieser Brief ist eines der aufschlußreichsten Dokumente aus der Vorgeschichte der Bundesrepublik:

Sehr geehrter Herr Dr. Heinemann,

da bei den Verkehrsverbindungen eine Reise von hier nach Essen oder umgekehrt mit erheblichen Schwierigkeiten verknüpft ist, will ich Ihnen mein Anliegen schriftlich mitteilen:
Ein Kreis namhafter Politiker und auch angesehener Wirtschaftlicher *(sic!)* aus unserer Nordrheinprovinz ist mit dem Vorsitz der Christlich-Demokratischen Union nicht einverstanden. Dieser Kreis sieht in dem Vorsitzenden Herrn Dr. Leo Schwering zwar eine untadelige Persönlichkeit, aber doch nicht eine, die die Qualitäten besitzt, in einer so gewichtigen Stellung die Partei nach innen und nach außen so zu vertreten, wie es diesem Kreis unbedingt erforderlich erscheint. Bei der seinerzeitigen, vielleicht etwas sehr schnellen Gründung (dies war geschehen mit Rücksicht auf die schon in Gang befindliche Tätigkeit der SPD) war man auf die Wahl des Herrn Dr. Leo Schwering verfallen, weil im Augenblick keine geeignetere Persönlichkeit zur Verfügung stand und weil man in den Kreisen – wozu ich auch gehöre –, die ihn nicht kannten, seine Qualitäten für diesen führenden Posten höher einschätzte, als man das jetzt tut.
Nachdem nun in der Person des Herrn Oberbürgermeister Dr. Adenauer ein Mann wieder dem politischen Leben zurückgegeben ist, der unzweifelhaft außerordentliche Qualitäten für diesen Posten mitbringt, so ist

eine Reihe von Leuten – zu denen ich auch gehöre – bestrebt, den führenden Posten dieser großen Partei hier im Westen Herrn Dr. Adenauer zu übertragen.
Ich weiß, daß auch gegen die Person des Herrn Dr. Adenauer gewisse Bedenken bestehen. Wer hat keine Fehler? Man wirft ihm vor, er sei zu autokratisch – andere werfen ihm gewisse separatistische Bestrebungen vor – andere, auch evangelische Kreise, meinen, er sei für viele kein Zugpferd, sondern das Gegenteil. Ich vermag dies im einzelnen auch nicht zu beurteilen. Jedenfalls glaube ich, daß, alles in allem gesehen, keine zugkräftigere Persönlichkeit an die Spitze der Partei gestellt werden kann und sicherlich auch keine geeignetere Figur, die die Interessen, die uns so sehr am Herzen liegen, mit der vollen Wirkung seiner Persönlichkeit vertreten kann.
Auch in religiöser Beziehung ist Herr Dr. Adenauer, obschon er ein sehr guter Katholik ist, durchaus nicht engherzig. In dieser Hinsicht habe ich etwas größere Bedenken bei der Person des Herrn Dr. Schwering, obschon ich immer wiederholen muß, daß ich ihn persönlich für einen hochachtbaren und untadeligen Menschen halte.
Die Idee meiner Freunde und von mir, die sich auch sehr stark auf Düsseldorfer Kreise stützt, geht dahin, Herrn Dr. Adenauer, der bereits 70 Jahre alt ist und von dem man auf dem Posten mehr Weisheit als Geschäftigkeit erwarten kann, einen tatkräftigen evangelischen Stellvertreter in der Person des Herrn Rechtsanwalt Elz aus Duisburg zur Seite zu stellen, der – soviel ich gehört habe – auch bereit wäre, diesen Posten zu übernehmen.
Über diese Dinge, die mir sehr wichtig erscheinen, hätte ich gerne einmal ausgiebig gesprochen, und ich wäre Ihnen dankbar, wenn Sie es ermöglichen könnten, zu der Ausschuß-Sitzung am Dienstag, den 5. Februar, nach Krefeld zu kommen, weil Sie, wie ich Ihnen am Telefon schon sagte, als überall bekannter Protestant in den Ausschuß, der Wahlvorschläge unterbreiten soll, auf allgemeinen Wunsch und namentlich auch auf Wunsch der protestantischen Freunde des Kreises gewählt worden sind.
Mir liegt auch am Herzen, mit den Wuppertalern in dieser Beziehung nochmals eine Besprechung zu haben, da ich das Empfinden habe, daß die Wupptertaler sich zurückgesetzt fühlen, und ich Wert darauf lege, daß sie erkennen, daß dies keinesfalls so ist. Ich habe die Absicht, diese Herren, wenn eben möglich, mit Herrn Dr. Adenauer zusammenzubringen, um auch aus seinem Munde seine Idee über die jetzige Gesamtlage zu hören.
Bei meinen Überlegungen, den I. Vorsitzenden zu wechseln, treibt mich

auch der Gedanke, daß Herr Dr. Leo Schwering meines Erachtens allzu stark der gewerkschaftlichen Richtung unserer Union nachgibt. Ich bin persönlich durchaus und sehr aufrichtig dafür, mit diesen Arbeiterkreisen in weitgehendem Maße und recht freundschaftlich zusammenzugehen, aber ich habe das Empfinden, daß zu unserer Partei auch weite Kreise stoßen werden, besonders auf der protestantischen Seite, die dem Mittelstand angehören, die es nicht verstehen würden, wenn die Note der Gewerkschaften in der Partei zu dominierend sein würde. Ich habe das den Herren von der Gewerkschaft, von denen ich namentlich auch Herrn Dr. Arnold–Düsseldorf hoch schätze, unzweideutig gesagt, und ich hatte das Empfinden, daß er dafür auch besonderes Verständnis hat. Herr Dr. Adenauer würde aber die Figur sein, die kraft ihrer Wucht und ihres Ansehens alle diktatorischen Gelüste in der Partei zum Scheitern verurteilen würde. Er würde nach meinem Dafürhalten – und ich kenne ihn jetzt über 25 Jahre – eine feste Mittellinie steuern auf christlicher Weltanschauungsbasis. Und das muß unsere Partei tun, wenn sie sich auf die Dauer halten und an der Neugestaltung unseres Vaterlandes entscheidend mitwirken will.
Ich verbleibe mit freundschaftlichen Grüßen

Ihr sehr ergebener
Rob. Pferdmenges

Handschriftlicher Zusatz

H. A. separatistische Neigungen – d. h. Abtrennung des Rheinlands und Förderung gewisser französischer Wünsche – nachzusagen ist unsinnig; er hat *keinerlei* derartige Ideen u. Wünsche – im Gegenteil, er will *nur* die großdeutsche Lösung.

Aus dem Abstand von mehr als dreißig Jahren fällt es schwer, über diesen Brief keine Satire zu schreiben, etwa mit der Überschrift »Doch Brutus ist ein ehrenwerter Mann«. Heinemann antwortete postwendend: »Ich habe bisher nichts Offizielles über meine Wahl in den auf den 5. Februar nach Krefeld einberufenen Ausschuß gehört. Gleichwohl bemühe ich mich, mich über alle Zusammenhänge schon zu orientieren, und kann Ihnen heute nur sagen, daß ich grundsätzlich Ihre Beurteilung der Situation teile, mir aber natürlich endgültige Information vorbehalten muß. Insbesondere werde ich mich noch über Herrn Dr. Elz erkundigen müssen; er ist mir bisher völlig unbekannt. Gegen Herrn Dr. A. habe ich meinerseits keine Bedenken, insbesondere teile ich nicht die Vorwürfe, die gegen ihn laut geworden sind.« Vergleicht man die beiden Briefe miteinander, so hat man allerdings den Eindruck, daß damals ein im politischen Geschäft – zumal hinter den Kulissen – seit Jahrzehnten erfahrener Profi einem Amateur gegenüberstand. Tatsächlich war Heinemann ja kaum ein Jahr in der Politik aktiv. Man muß sich immer wieder vergegenwärtigen, daß er überhaupt erst mit 45 Jahren in die Politik ging – und auch das mehr unter dem Gebot der Stunde als aus persönlicher Neigung –, daß ihm Parteipolitik wesensfremd war und daß seine Aufmerksamkeit damals fast gänzlich von den kommunalpolitischen Aufgaben in Essen beansprucht wurde. Nicht nur der im übrigen politisch niemals hervorgetretene Elz, sondern auch Adenauer selber waren Heinemann damals ziemlich unbekannt. Vier Jahre später würde er den Satz, daß er gegen Adenauer keine Bedenken habe, schwerlich wiederholt haben.

Nun reichen aber die Wesensverschiedenheit der beiden Männer und Adenauers autokratischer Regierungsstil als Erklärung für Heinemanns frühzeitiges Ausscheiden aus dem Bundeskabinett nicht aus. Viel zu sehr war Heinemann sich seiner besonderen Verantwortung bewußt, gleichsam als Vertrauensmann eines großen Teiles der evangelischen Wähler der CDU im Kabinett zu sitzen, als daß er wegen bloßer persönlicher Unzuträglichkeiten aufgegeben hätte. Soweit Adenauers Regierungsstil mit dem Grundgesetz und der Geschäftsordnung der Bundesregierung nicht in Einklang stand, hätte der erfahrene Jurist Heinemann dagegen wohl Mittel und Wege zu finden gewußt. Ausschlaggebend wurde schließlich der sachliche, der politische Gegensatz zu Adenauers Vorstellungen von der Rolle, die der westdeutsche Teilstaat künftig in Europa und darüber hinaus im atlantischen Bündnis spielen sollte. Der Demokrat Heinemann wehrte sich gegen den autokratischen Patriarchen. Der Christ Heinemann, der die Stuttgarter Erklärung unterschrieben hatte, wollte nicht zulassen, daß die Lehren der Jahre 1933 bis 1945 so rasch in den Wind geschlagen würden. Der Patriot Heinemann war damals noch davon überzeugt, daß die Wiederherstellung der deutschen Einheit möglich sei und deshalb oberstes Gebot der Bonner Politik sein müsse. Aus dem Zusammenwirken dieser Gründe wurde sein Rücktritt am 10. Oktober 1950 unvermeidlich.

Zu diesem Zeitpunkt kam der Rücktritt nicht mehr als ein Blitz aus heiterm Himmel. Der Blitz hatte bereits in der Kabinettssitzung vom 31. August eingeschlagen. Am Tage vorher hatte Adenauer den Hohen Kommissaren der Westmächte zwei Denkschriften zur inneren und äußeren Sicherheit und zur Änderung des Besatzungsstatuts übermittelt. Die Mitglieder seiner Regierung erfuhren davon am nächsten Morgen aus den Zeitungen, ehe sie sich im Palais Schaumburg zur Kabinettssitzung versammelten. In dieser Sitzung erklärte Heinemann, er könne sich in so wichtigen Angelegenheiten nicht vor vollendete Tatsachen stellen lassen, zumal wenn er, wie im vorliegenden Falle, als Polizeiminister für die innere Sicherheit auch ressortmäßig zuständig sei. Solcher Widerspruch war für Adenauer eine neue Erfahrung, so daß er erregt zurückfragte, was das bedeuten solle. Heinemann erwiderte trocken, er scheide aus der Bundesregierung aus. Danach hat es dann wochenlange Bemühungen um eine Beilegung des Konfliktes gegeben*, in deren Verlauf Heinemann zum ersten Mal seine politischen Vorstellungen im Zusammenhang darlegte. Dabei zeigte sich deutlich, daß er nicht nur Adenauers Methode mißbilligte, sondern daß beide Männer in der Sache weit voneinander entfernt waren. Hinzu kam der Umstand, daß Heinemanns Tätigkeit in der evangelischen Kirche von Adenauer insoweit mißbilligt wurde, als diese Tätigkeit die politischen Kreise des Bundeskanzlers tatsächlich oder vermeintlich störte. Darauf beruhte damals eine Meldung des Evangelischen Pressedienstes, daß die Meinungsverschiedenheiten zwischen Adenauer und Heinemann auch konfessionelle Gründe hätten. Das wurde vom Deutschland-Union-Dienst der CDU/CSU entschieden bestritten, doch scheinen die dem Dementi folgenden Sätze dieses eher zu widerlegen: »In Wahrheit ist der Bundesinnenminister, wie wir informiert sind, der Auffassung, jede Stellungnahme gegen den Osten bedeute eine Erschwerung der Lage der Deutschen in der sowjetisch besetzten Zone. Es mag sein, daß Dr. Heinemann sich hier in einem Konflikt zu befinden glaubt, der möglicherweise aus seinem kirchlichen Amt genährt wird. Tatsächlich besteht aber doch dieser Konflikt nicht. Auch der Evangelische Pressedienst wird nicht leugnen können, daß jede

* Einzelheiten bei Diether Koch (3) S. 169ff.

Weichheit gegen den Osten die Gefahr sowohl für die Menschen der Bundesrepublik wie jene in der sowjetisch besetzten Zone vergrößert. Auch die Kirchen können nur verteidigt werden, wo eine Verteidigungsmöglichkeit noch besteht.« Das war unverkennbar die Sprache des von bedingungslosem Antikommunismus beflügelten kalten Krieges. Die Stellungnahme des parteiamtlichen Pressedienstes schloß mit den Sätzen: »Bei dem Format der beiden Politiker sollte es möglich sein, in offener Aussprache Klarheit zu schaffen. Die Lösung aber muß so sein, daß sie den wohlverstandenen Interessen unseres Volkes und unseres jungen Staates entspricht.« Das wurde einen Monat vor dem formellen Rücktritt Heinemanns geschrieben, bestätigte aber praktisch schon damals, daß ein Brückenschlag nicht mehr möglich war. Das ergab auch ein letztes Gespräch der beiden Männer am 9. Oktober, an dessen Ende Adenauer seinem Innenminister sagte, er werde dem Bundespräsidenten seine Entlassung vorschlagen.

Die Nachricht von Heinemanns Ausscheiden aus der Bundesregierung erregte zunächst kein übermäßiges Aufsehen. Das hatte mehrere Gründe. Einmal stand im Vordergrund des Interesses immer noch der im Juni 1950 ausgebrochene Krieg in Korea, von dem auch in der Bundesrepublik zunächst viele Menschen befürchtet hatten, er könne der Auftakt zu einem dritten Weltkrieg sein. Zum andern war Gustav Heinemann damals noch für viele Bürger der Bundesrepublik ein relativ unbekannter Mann. Seine Rolle im Kirchenkampf kannten auch unter evangelischen Christen nur diejenigen, die sich selbst in der Bekennenden Kirche engagiert hatten; Katholiken wußten davon so gut wie nichts. Als Bundesinnenminister hatte Heinemann in nur zwölf Monaten kaum Gelegenheit gehabt, die Augen der Öffentlichkeit auf sich zu lenken, was von sich aus zu tun ohnehin nicht seine Art war. Zudem war die Debatte über eine Wiederaufrüstung damals noch nicht sehr verbreitet, so daß die meisten Deutschen die Zusammenhänge gar nicht überblickten. Stilbildend hat Heinemanns Rücktritt leider nicht gewirkt, aber gerade dieser Umstand hat ihn nachträglich als etwas Besonderes erscheinen lassen. Er blieb auf lange Zeit das einzige Beispiel dafür, daß ein deutscher Minister aus Gewissensgründen den Abschied nimmt.

Vier Tage nach seinem Rücktritt übergab Heinemann der Deutschen Presseagentur die schriftliche Begründung seines Rücktritts. Wenn dieses auch als »Memorandum über die deutsche Sicherheit« bezeichnete Dokument damals mit Ausnahme einer Zeitung von der Tagespresse nur in Auszügen veröffentlicht wurde, so lag das auch an seiner ungewöhnlichen Länge, denn die Zeitungen litten damals unter Papierknappheit; teilweise fehlte aber auch das politische Interesse. Zudem hatte Adenauer seine Vorrangstellung in der Bonner Politik bereits stark ausgebaut, während die sozialdemokratische Opposition überhaupt nicht erkannte, welche Möglichkeit für ihre Politik in Heinemanns Rücktritt beschlossen lag. So blieb dieser Schritt zunächst der Protest eines Einzelgängers.

In seiner Begründung geht Heinemann von der Sicherheit der Bundesrepublik gegen Angriffe von außen aus und stellt fest, daß insoweit ein Verteidigungsversprechen der Westmächte vorlag. Die Frage, ob die Bundesrepublik sich an solcher Verteidigung beteiligen sollte, verneint er nicht schlechthin, besteht aber auf Zurückhaltung: »Es ist *nicht* unsere Sache, eine deutsche Beteiligung an militärischen Maßnahmen nachzusuchen oder anzubieten.« Ebendas aber hatte Bundeskanzler Adenauer getan, und zwar, wie Heinemann in seiner Begründung darstellt, hinter dem Rücken der Bundesregierung, die von Adenauer vor vollendete Tatsachen gestellt wurde und diesen dann zustimmte – mit Ausnahme des Bundesinnenministers.

Im weiteren zählt Heinemann die Bedenken auf, die nun auch grundsätzlich gegen einen deutschen Wehrbeitrag vorgebracht werden konnten und – wie er meinte – mußten. Manche dieser Bedenken mögen heute kaum stichhaltig erscheinen, weil sie teilweise vom Gang der Ereignisse widerlegt worden sind, so z. B. der Satz: »Die Aufstellung deutscher Truppen bedeutet eine schwere Belastung unserer sozialen Gestaltungsmöglichkeiten.« Es hat sich dann ja gezeigt, daß sowohl die Aufrüstung als auch die Eingliederung der Heimatvertriebenen wirtschaftlich bewältigt werden konnte; das war aber im Herbst 1950 keineswegs sicher. Auch die »Belastung ... unserer jungen Demokratie« ist im Ergebnis nicht so schlimm gewesen, wie Heinemann und viele andere damals befürchteten.

Viel gewichtiger und bis zu einem gewissen Grade noch heute gültig waren die außenpolitischen Bedenken: »Besonders bedeutungsvoll ist die Frage, ob eine westdeutsche militärische Beteiligung auf Rußland provozierend wirken würde. Der Marxist glaubt ohnehin an kapitalistische Einkreisung. Er glaubt andererseits an den Endsieg des Kommunismus, den er dadurch heraufziehen sieht, daß der Kapitalismus sich in seinen Krisen selbst zerstören wird. Der Marxist ist geneigt, diese Krisenentwicklung zu fördern, das heißt, er ist Revolutionär und nicht primär ein Krieger. Deshalb ist ihm gegenüber die innere Immunisierung durch beispielhafte Ordnung der Gerechtigkeit und Freiheit mindestens ebenso wichtig wie äußere Panzerung. Wenn das Wiedererstehen des deutschen Soldaten in Frankreich ein tiefes Mißbehagen auslöst, was wird es in Rußland auslösen, das den *furor teutonicus* in besonderem Maße erlebt und ebenfalls nicht vergessen hat?«
Diese Frage ist nur scheinbar von der Tagesordnung verschwunden. Sie würde erneut aktuell werden, wenn in Frankreich und möglicherweise noch andern westeuropäischen Ländern die Kommunisten an der Regierung beteiligt werden sollten. Nicht vom Tisch ist auch die damals und später nicht nur von Heinemann ausgesprochene Sorge: »Ein europäischer Krieg unter unserer Beteiligung wird für uns nicht nur ein nationaler Krieg sein wie für die anderen betroffenen Völker, sondern ein Krieg von Deutschen gegen Deutsche.«

Nicht zuletzt aber beunruhigte Heinemann die Methode, mit der Adenauer die von ihm für richtig gehaltene Politik durchzusetzen versuchte, auch deshalb, weil er darin einen Rückfall in die eben erst überwundenen autoritären Verhältnisse zu erkennen meinte. »Der Bundeskanzler denkt in den Formen autoritärer Willensbildung und des stellvertretenden Handelns. Streiten wir dabei nicht um Verfassungswortlaute. Wo ein Wille zur Mitbeteiligung des Volkes vorhanden ist, gibt es auch Wege, um diese Mitbeteiligung aufzuschließen. Wir werden unser Volk nur dann demokratisch machen, wenn wir Demokratie riskieren.« (Hier klingt erstmals Willy Brandts spätere Aussage an: »Wir wollen mehr Demokratie wagen.«) »Wenn in irgendeiner Frage der Wille des deutschen Volkes eine Rolle spielen soll, dann muß es in der Frage der Wiederaufrüstung sein. Angesichts dessen, was unser Volk durch

Krieg erlebt und durch fünfjährige Besatzungserziehung erfahren hat, wäre es eine Vermessenheit, jetzt so zu handeln, als ob nichts geschehen sei.« Das ist der Punkt, um den es Heinemann während seines ganzen politischen Lebens immer wieder gegangen ist: das Wagnis der Demokratie und die Einsicht in die Lehren der Vergangenheit. Und er hofft, er könne beides durch sein Beispiel fördern: »Zum Schluß möchte ich ein persönliches Wort anfügen. Mein Rücktritt aus der Bundesregierung ist erfolgt, weil ich die Verantwortung nicht tragen kann, die einem Bundesminister zugemutet wird. Wo die dem Kanzler obliegende Bestimmung der politischen Richtlinien so verstanden wird, daß eine gemeinsame echte Willensbildung nicht stattfindet, und wo jeder nur mit Vorwürfen zu rechnen hat, der sich den Richtlinien nicht willig fügt, möchte und kann ich keine Mitverantwortung tragen. Mein Ausscheiden aus der Bundesregierung möge das deutsche Volk vor die Frage führen, wie es sich Demokratie denkt und was es von seinen Ministern erwartet. Es möge die deutschen Männer und Frauen insbesondere in der vor uns stehenden sachlichen Frage der Wiederaufrüstung veranlassen, selber nachzudenken und ihren Willen deutlich zum Ausdruck zu bringen.«

Das letzte blieb ein frommer Wunsch. Weder wurde die Begründung, die Heinemann seinem Rücktritt gegeben hatte, in der breiten Öffentlichkeit bekannt, noch waren die meisten Bürger bereit, selber darüber nachzudenken, was sie von Adenauers Politik hielten. Gewiß gab es viel Unbehagen bei dem Gedanken, die eben erst wegen ihres Militarismus gescholtenen und teilweise bestraften Deutschen sollten nun wieder Uniform anziehen und bewaffnet werden. Bei nicht wenigen ging aber damit Hand in Hand auch die Überlegung, die Wiederbewaffnung werde notwendigerweise dazu führen, daß die Bundesrepublik ihre Souveränität und internationale Gleichberechtigung früher zurückerhalten werde, als sonst zu erwarten gewesen wäre. Diese Überlegung war nicht einmal falsch, und die Frage, ob der Preis, den man dafür mit dem tatsächlichen Verzicht auf die deutsche Einheit zahlte, nicht zu hoch sei, wurde nicht gestellt. Wenn also Heinemanns Rücktritt für die Bonner Politik und das demokratische Bewußtsein der Deutschen zunächst nur sehr geringe Folgen hatte, so waren diese für ihn um so fühlbarer. Als Heinemann im

Spätsommer 1949 das Bundesinnenministerium angeboten wurde, hatte er Grund zu der Annahme, daß er demnächst im Vorstand der Rheinischen Stahlwerke den Vorsitz übernehmen würde. Diese Möglichkeit gab er mit der Entscheidung für Bonn jedenfalls preis, doch traf er mit Rheinstahl die Abrede, daß ihm sein Platz als Vorstandsmitglied und Justitiar bis zum Ablauf von sechs Monaten nach der derzeitigen Wahlperiode des Bundestages freigehalten würde. Für Rheinstahl unterschrieben zwei Vorstandsmitglieder sowie Generaldirektor Kost von der Rheinpreußen AG, der damals von der Militärregierung als Sachwalter aller noch nicht wieder bestellten Aufsichtsräte in den deutschen Bergbaugesellschaften eingesetzt worden war. Als Heinemann nun aber nicht nach vier Jahren, sondern bereits nach dreizehn Monaten aus Bonn zurückkehrte, machte der Vorstand Schwierigkeiten, deren wichtigster – wenn auch nicht eingestandener – Grund Heinemanns Zerwürfnis mit Adenauer war. Formell berief man sich darauf, daß derartige Zusagen an Vorstandsmitglieder nur vom Aufsichtsrat gegeben werden durften, den es aber 1949 gar nicht gab; ebendeshalb hatte ja Dr. Kost mit unterschrieben. Es kam nun zu langwierigen Verhandlungen, als deren Ergebnis Heinemann anstelle einer Abfindung eine lebenslange Pension zugesagt wurde, die ihm ein Mindestmaß an materieller Sicherheit gewährte.

Aus heutiger Sicht könnte einer fragen, was eigentlich geschehen wäre, wenn Rheinstahl sich an die gegebene Zusage gehalten hätte. Vermutlich wäre Heinemann dann zeitlebens ein angesehener und erfolgreicher Bergwerksdirektor geblieben und hätte seine kirchlichen Ämter noch einige Zeit weitergeführt. Für die aktive Politik wäre er aber wahrscheinlich verloren gewesen und wäre infolgedessen niemals Bundesjustizminister und Bundespräsident geworden. Soweit seine Widersacher in der Ruhrindustrie Heinemann damals aus politischen Beweggründen Schwierigkeiten bereiten und einer führenden Stellung fernhalten wollten, dürften sie, sofern sie bis 1970 gelebt haben, nicht eben glücklich gewesen sein.

Für Heinemann, der ebensowenig wie seine Widersacher in die Zukunft blicken konnte, stellte sich die Frage: Was nun? Seine Karriere im Bergbau war beendet; aber er war ja immer noch, was

er schon als Junge hatte werden wollen, nämlich Rechtsanwalt. Während der Jahre bei Rheinstahl hatte er dafür zwar nur wenig Zeit gehabt, aber doch immer noch gerade soviel tun können, daß ihm die Zulassung erhalten blieb. So eröffnete er jetzt in Essen zusammen mit dem jungen Assessor Diether Posser eine Kanzlei. Darüber wird im nächsten Kapitel zu berichten sein.
Die Situation, in der Heinemann sich unmittelbar nach seinem Rücktritt befand, schildert er selber in einem Brief an einen Dr. Eberhard Barth, der ihm zu seinem Ausscheiden geschrieben hatte. In Heinemanns Antwort vom 20. Oktober 1950 heißt es: »Inzwischen habe ich Bonn verlassen. Ich bin nach Essen zurückgekehrt und stehe hier vor der Frage, welches mein weiterer Weg beruflich und politisch sein wird. Zunächst habe ich eine außerordentliche Fülle von Anfragen nach Vorträgen in schier allen Teilen des Vaterlandes, von kirchlichen Gemeinden, Akademien und Kreisen vorliegen, denen ich nach Möglichkeit zu entsprechen versuchen werde. Das Bedürfnis nach Klärung bewegt viele Menschen. Niemand darf aber seine Entscheidung von anderen Menschen abhängig machen. Jeder muß seines Weges gewiß sein, auch in einer politischen Frage. Das allein ist evangelisch. Deshalb liegt mir zunächst daran, daß die Frage, um die es geht, überhaupt an jeden herangetragen wird. Wir werden schon Mittel und Wege finden, die Antwort zum Ausdruck zu bringen.«
Die Mittel und Wege fand Heinemann wohl, aber der politische Erfolg blieb ihm lange versagt. Es war nur natürlich, daß er sich zunächst nach Gleichgesinnten umsah, die ebenfalls von der Sorge um die Einheit Deutschlands ebenso wie um die Erhaltung des Friedens getrieben wurden. Innerhalb der CDU, der er auch nach seinem Rücktritt als Minister noch zwei Jahre lang angehörte, fand er für seine politischen Ansichten keinerlei Gehör mehr. Auch für die politische Aufklärung, um die es ihm zunächst vor allem ging, konnte er dort nicht auf Verständnis und schon gar nicht auf Unterstützung rechnen. So ergab es sich ganz natürlich, daß er sehr bald nicht nur mit Martin Niemöller, dem er aus der Zeit des Kirchenkampfes verbunden war, sondern auch mit dem Historiker Ulrich Noack und dem früheren CDU-Politiker Gereke Verbindung aufnahm. Alle vier trafen sich im Dezember

1950 in Wiesbaden und verfaßten einen »Ruf zum Frieden«, der an die Besatzungsmächte und an die beiden deutschen Regierungen gerichtet und von möglichst vielen namhaften deutschen Persönlichkeiten unterzeichnet werden sollte. In dem Aufruf hieß es: »Setzt alles daran, daß durch eine Verständigung über die deutsche Frage und durch den beiderseitigen Verzicht auf jegliche Aufstellung bewaffneter Verbände in West- und Ostdeutschland dem deutschen Volk *Einheit und Friede* wiedergegeben und dadurch nach Möglichkeit auch die allgemeine Befriedung unter den Weltmächten gefördert wird.« Mit diesem Aufruf erlebte Heinemann die erste große Enttäuschung. Auch Männer, die ihm bis dahin Sympathie bekundet hatten, bekamen nun, da sie öffentlich Farbe bekennen sollten, kalte Füße. Als Beispiel kann der Brief dienen, den Ernst Hellmut Vits, einer der führenden Industriellen in der Bundesrepublik, am 30. Dezember 1950 an Heinemann schrieb: »Auf Ihr Schreiben vom 28. Dezember teile ich Ihnen mit, daß bei der gegenwärtigen Lage die Unterzeichnung des von Ihnen vorgelegten Aufrufes m. E. als eine politische Handlung aufzufassen wäre. Ich selbst habe mich aber von jeher auf rein wirtschaftspolitische Tätigkeit beschränkt. Ich bitte daher, dafür Verständnis zu haben, wenn ich meine Unterschrift nicht zur Verfügung stelle. – Im übrigen hoffe ich, daß sich bald einmal Gelegenheit zu einer Aussprache ergibt, weil ich überzeugt bin, daß manches, was Sie in der Öffentlichkeit sagen, anders wirkt, als es von Ihnen beabsichtigt ist... Ich kann mir nicht vorstellen, daß es in ihrem Sinne liegt, Propaganda gegen eine Regierung zu machen, die von einer Partei getragen wird, der Sie selbst meines Wissens bis heute noch angehören.«

Nicht viel anders reagierte ein Teil von Heinemanns kirchlichen Freunden, wie einige Sätze aus einem Brief von Hanns Lilje, Landesbischof in Hannover, vom 9. Januar 1951 zeigen: »Ihren Aufruf habe ich sorgfältig durchdacht. Ich brauche nicht zu sagen, daß ich in den Grundanliegen mit Ihnen völlig einig bin. Aber ich bin doch nicht in der Lage, den taktischen Weg, den Sie einschlagen, für richtig zu halten. Ich kann mir einfach nicht vorstellen, daß eine Volksabstimmung, die ja ein formalistisches Mittel der Demokratie ist, das Entscheidende, auf das es nach meiner Meinung ankommt, bewirken kann, nämlich eine echte eigene Urteilsbildung unseres Volkes. Da im gegenwärtigen Augenblick eine solche Abstimmung gar nicht ohne ausgeweitete Propagandaaktion durchführbar ist, erscheint es unvermeidlich, daß sich auch solche Kräfte dieser Agitation bemächtigen, die wir weder billigen noch hindern können.« Alle hatten Sorge, sie könnten bei den Antikommunisten ins Zwielicht geraten.

Allerdings scheiterte das Vorhaben keineswegs nur daran, daß die Mehrheit der Westdeutschen bereits stark von restaurativem Denken, vom Fieber des wirtschaftlichen Wiederaufbaus und vom Streben nach Sicherung des neuerworbenen Besitzes gepackt waren und daher in Adenauer, Erhard und der von beiden vertretenen Politik die beste Gewähr ihrer persönlichen und materiellen Sicherheit sahen. Vielmehr zeigte sich sehr bald, daß die Gegner Adenauers sich zwar in der Ablehnung von dessen Politik einig waren, im übrigen aber von sehr verschiedenen Motiven bestimmt wurden. Heinemann, dem es auch hier nur um die Durchsetzung der Sache, aber gar nicht um Ideologie oder gar um Parteipolitik und persönliche Geltung ging, erkannte das sehr bald. So schrieb er am 12. Februar 1951 an Martin Niemöller, mit dessen Methoden er sich keineswegs identifizierte: »Lieber Bruder Niemöller, es geht auch bei einer Feuersbrunst nicht, daß man jeden zum Löschen heranholt. Es gibt nun einmal eine Fülle von Gestalten, die mehr verderben als dienen. Das war es, was mir bei der Begegnung mit Gereke und Noack von Anfang an Sorge gemacht hat. Leider habe ich sowohl hinsichtlich dieser beiden Gestalten als auch der Art ihres politischen Hantierens nur zu sehr recht behalten. Wir müssen daraus für die Zukunft ernstlich lernen und keine zwecklosen Dinge mit unguten Zeitgenossen veranstalten.« Diese Erkenntnis hat Heinemann allerdings zwei Jahre später nicht daran gehindert, seine Gesamtdeutsche Volkspartei mit dem »Bund der Deutschen« ein Wahlbündnis eingehen zu lassen, obwohl er es dort mit »unguten Zeitgenossen« zu tun hatte.*

Heinemanns Beweggründe waren vor allem sein christlicher Glaube, aus dem er auch die Stuttgarter Erklärung vom Oktober

---

* Eine ausführliche Darstellung dieser Entwicklung und Konflikte gibt Diether Koch (3) S. 234ff.

1945 unterschrieben hatte, und sein Verständnis von Demokratie. Zu einem eindrucksvollen Zeugnis für beides wurde ein Vortrag, den er am 1. Dezember 1950 in der Johanneskirche in Bern über das Thema »Evangelische Kirche in Deutschland heute und die Wiederaufrüstung« hielt. Der Vortrag erregte damals in der Schweizer Presse beträchtliches Aufsehen, wurde aber in Deutschland kaum beachtet; er förderte jedoch die Entfremdung Heinemanns von der CDU (II). Die damalige Einladung nach Bern beruhte übrigens auf persönlichen Beziehungen: Hilda Heinemanns Mutter war Bernerin.

In seinem Vortrag sagte Heinemann: »Jeder einzelne in Deutschland ist zur Entscheidung aufgerufen. Der Rat der EKD hat auf Grund der Konferenz mit den leitenden Amtsträgern der evangelischen Landeskirchen am 17. November 1950 in Berlin erklärt: ›Wir ermahnen alle, die im Osten oder im Westen Verantwortung tragen, in dieser Frage (der Wiederaufrüstung) mit letztem Gewissensernst zu handeln und sie nicht gegen den Willen des Volkes zu entscheiden.‹ Diese letztere Mahnung gilt auch der Bundesregierung und dem Bundestag. Sie kann nur den Sinn haben, daß der Wille des Volkes ermittelt werden muß und daß es falsch ist, sich mittels Paragraphen auf Mandate zu stützen, die eine Vollmacht, in dieser Sache zu entscheiden, offensichtlich nicht enthalten.« Dieser letzte Punkt war damals in der deutschen Öffentlichkeit allerdings heftig umstritten. Auf der einen Seite argumentierten Adenauer und seine Anhänger formalrechtlich unanfechtbar, daß das Grundgesetz eine Volksbefragung nicht vorsieht. Auf der andern Seite erklärten die Gegner einer Wiederaufrüstung moralisch unanfechtbar, daß auch nur die Möglichkeit einer so frühzeitigen Wiederbewaffnung vom Parlamentarischen Rat und damit auch vom Grundgesetz niemals ins Auge gefaßt worden sei, weshalb jetzt ein Weg gefunden werden müsse, um dazu die Meinung der Bevölkerung einzuholen. Es war damals und ist heute erst recht sehr schwer zu beurteilen, wie Anfang 1951 eine Volksbefragung ausgegangen wäre. Vermutlich hätte eine starke Minderheit sich gegen die Wiederbewaffnung ausgesprochen und damit Adenauer die Fortsetzung seiner Politik mindestens erschwert.

Übrigens bot sich Heinemann im Frühjahr 1951 noch einmal die

Möglichkeit, sich beruflich so zu entscheiden, daß eine umfassende politische Tätigkeit für ihn nicht mehr in Betracht gekommen wäre. Thomas Dehler, Bundesjustizminister und ein führender Politiker der Freien Demokraten, fragte bei Heinemann an, ob dieser bereit sei, Richter am Bundesverfassungsgericht zu werden. Das war für den Juristen Heinemann fraglos eine verlockende Möglichkeit, die er nicht ohne weiteres zurückwies. »Das kommt mir recht überraschend«, schrieb er in seinem Antwortbrief an Dehler. »Wenngleich mein früheres Verhältnis zu den RSW sich nicht hat wiederherstellen lassen und ich nun eine Anwaltspraxis anfange, also für neue Dinge grundsätzlich frei bin, so möchte ich doch die Bereitwilligkeitserklärung für das Verfassungsgericht nicht ohne weiteres aussprechen. Dazu bedürften einige Dinge vorheriger Klärung. Wieweit würden z. B. meine kirchlichen Funktionen berührt werden?« Dehler bot ein Gespräch darüber an und meinte: »Mit der richterlichen Tätigkeit ist eine andere berufliche Tätigkeit als die eines Lehrers des Rechts an einer deutschen Hochschule unvereinbar. Ich möchte annehmen, daß sich Ihre kirchlichen Ämter nicht als *berufliche* Tätigkeit im Sinne des Gesetzes darstellen, daß Sie sie also wie bisher weiterführen können.« Trotzdem wartete Heinemann die angebotene mündliche Unterhaltung darüber nicht ab, sondern lehnte das Angebot ab, ohne seine Entscheidung zu begründen.

Man darf annehmen, daß Heinemann sich zu diesem Zeitpunkt – Mitte Juni 1951 – bereits ganz für die Politik entschieden hatte, auch wenn das als bewußter Willensakt nicht nachzuweisen ist. Zwei Umstände haben dazu beigetragen. Einmal wurde Heinemann in den Monaten nach seinem Ausscheiden aus der Bundesregierung mit Einladungen zu Vorträgen förmlich überschüttet, wobei er sowohl als Politiker wie als Mann der Kirche eingeladen wurde. Das führte dazu, daß er längere Zeit hindurch gleichsam die Politik im Umherziehen ausübte. Zum andern wurde er durch seine Arbeit in der Kirche immer wieder auf die Probleme der deutschen Einheit und auf seine besondere Verantwortung dafür hingewiesen. Diese Erfahrungen sowie der Umstand, daß Presse und Rundfunk ihm und seinen politischen Mitstreitern nur in sehr geringem Umfang zur Verfügung standen, verstärkten in ihm das Gefühl, sich abermals in einer dem Widerstand der dreißiger Jahre ähnlichen Situation zu befinden. So schrieb er am 22. August 1951 in einem Dankesbrief an den Dichter Reinhold Schneider, der ihm sein Drama *Der große Verzicht* geschickt hatte: »In dieser verworrenen und sonst so unpersönlichen Zeit geschieht es wieder wie während des Kirchenkampfes, daß Menschen sich kennen, ohne sich je gesehen zu haben. Sie wissen gemeinsam um eine Not und eine Aufgabe, und sie begegnen sich im Zeugnis. So ist es offensichtlich zwischen uns. Vieles habe ich von Ihnen gelesen, sonderlich in den letzten Monaten. Ihr freimütiges Eintreten für die Bewahrung des Friedens. Und Sie haben einiges von mir gehört. Ihre nur zu wahre Voraussage aus dem vergangenen Herbst, daß die Stunde eines einigermaßen freien Wortes nicht mehr lange währen kann, habe ich in vielen Reden zitiert.« Bei jedem andern als Gustav Heinemann wäre man heute, da es kaum mehr möglich ist, sich in die Konflikte jener Jahre zurückzuversetzen, wohl geneigt, von einer exaltierten Beurteilung der Wirklichkeit zu sprechen. Es war aber die Zeit, in der in Amerika der antikommunistische Großinquisitor Joseph McCarthy seine größten Triumphe feierte und in der es nicht ausgeschlossen erschien, daß ähnliche Verhältnisse in der Bundesrepublik entstünden, die unmittelbar an den sowjetischen Machtbereich grenzte. Mit solchen Befürchtungen stand Heinemann damals nicht allein.

Wie nüchtern er auch damals die Dinge sah, beweisen die Reden und Vorträge, mit denen er seiner politischen Verantwortung als Christ zu genügen suchte. Beispielhaft dafür ist ein Vortrag, den er im Juli 1951 bei einer Laientagung des Weltkirchenrates in Bad Boll hielt. Er verurteilte darin zunächst die Neigung zu politischer Abstinenz: »Wer da sagt, das heutige Geschehen sei sinnlos geworden, dem ist zu antworten, daß keine Epoche der Geschichte ferner von Gott ist als irgendeine andere ... Wer da sagt, daß er sich gegenüber den bestimmenden Kräften des Zeitgeschehens ohnmächtig fühle, dem ist zu antworten, daß Einer mit Gott immer noch Majorität ist. Was wir ausrichten werden, hängt nicht davon ab, welche Kräfte gegen uns stehen, sondern davon, wie viel oder wie wenig wir gehorsam sind ... Wer da sagt, daß ihm die Last persönlicher Entscheidungen und Verantwortungen zu schwer sei, dem ist zu antworten, daß Gott uns niemals mehr auferlegt, als wir tragen können ... Weil das so ist, dürfen die Christen sich von der so weitverbreiteten Abneigung gegen öffentliche Verantwortung nicht anstecken lassen.« Danach bekennt er sich ausdrücklich zur Demokratie: »Wenn der Christ an der Ausübung der Macht des weltlichen Regimentes beteiligt sein darf, so kann ihm auch der Weg zur Macht nicht verschlossen werden. In demokratischen Staaten führt dieser Weg über die Parteien und das Parlament. Ich halte die Beteiligung von Christen an politischen Parteien und ihrem Kampf um die politische Macht deshalb nicht nur für erlaubt, sondern sogar für geboten, um gerade auch in der politischen Führung der Völker und ihren Regierungen verantwortungsfähige Menschen zur Geltung zu bringen. Eine andere Frage ist dagegen, ob sogenannte ›christliche‹ Parteien sinnvoll sind. Obwohl ich selber einer solchen angehöre, habe ich gegen die Existenz solcher Parteien erhebliche Bedenken.« Diese Bedenken verdichteten sich bei Heinemann immer mehr, allerdings nicht nur im Grundsätzlichen, sondern auch deshalb, weil er in der CDU mehr und mehr die Kraft sah, die es Adenauer ermöglichte, seine von Heinemann für verderblich gehaltene Außen- und Deutschlandpolitik fortzusetzen. Als er ein Jahr später aus der Partei ausschied, schrieb er als Begründung: »Als die Christlich-Demokratische Union 1945 nach dem Zusammenbruch des Hitler-Wahns entstand, war ihr Anliegen, auch und gerade im politischen Felde eine Umkehr zu Gott und eine Hinkehr zum Nächsten zu bereiten... Man lese nach, was damals auf Gründungsversammlungen und in programmatischen Erklärungen gesagt wurde! Nichts lag dieser CDU zu Beginn ihrer Arbeit ferner, als wieder eine ›christliche Front‹ entstehen zu lassen oder nur eine Einheitsmeinung als die allein christliche gelten zu lassen. Nun ist aber solches wieder in vollem Gange. An die Stelle der Freiheit zum politischen Handeln aus christlicher Gewissensentscheidung des einzelnen tritt in steigendem Maße der Zwang unter eine Einheitsmeinung, in der die Unterstützung der Politik des Bundeskanzlers zum entscheidenden Maßstab der Christlichkeit erhoben wird.«

Zum Bruch mit der CDU kam es aber nicht nur deshalb, weil diese Partei sich von ihrer Ausgangsposition immer weiter entfernte, sondern vor allem wegen der Unüberbrückbarkeit der außenpolitischen Überzeugungen. Je näher Heinemann diesem Bruch kam, um so mehr bemühte er sich darum, eine andere Grundlage für sein politisches Handeln zu finden. Obwohl gerade in seiner Person kirchliches und politisches Handeln so vielfältig verflochten waren, hat er eine Verquickung beider immer abgelehnt. In einem Vortrag in der Schweiz sagte er im November 1951: »Es ist nicht gut, wenn eine Kirche so sehr in das politische Blickfeld kommt. Sie muß dann immer wieder Bedacht darauf nehmen, daß sie nicht von ihrem eigenen Auftrag abgedrängt wird.« Die Folge dieser Einsicht war, daß Heinemann das Schwergewicht seines Redens und Handelns auf das Politische legte, ohne deshalb die eigentlichen Pflichten seiner kirchlichen Ämter zu vernachlässigen. In der Öffentlichkeit aber trat jetzt immer stärker der Politiker Heinemann in Erscheinung, der die Unterstützung von politisch Gleichgesinnten suchte und fand. Dazu gehörten vor allem die Zentrumspolitikerin Helene Wessel, der sozialdemokratische Ministerialdirektor Otto Koch, der Industrieberater Adolf Scheu in Wuppertal, der ehemalige Admiral Ludwig Stummel, der Fabrikant Friedrich Karrenberg in Essen und manche andere, unter denen vor allem Heinemanns junger Sozius Diether Posser genannt werden muß. Aus ihren gemeinsamen Bestrebungen entstand die »Notgemeinschaft für den Frieden Europas«, die am 21. November 1951 im Landtagsgebäude in Düsseldorf aus der Taufe gehoben wurde.* Heinemann hielt dort eine Rede, in der er sagte: »Wenn ich nach Dresden oder Rostock oder Berlin will, steige ich nicht in einen Zug nach Paris oder Rom ein. Wenn gegenwärtig kein Zug nach Berlin fährt, so muß ich halt warten. Es ist gar nichts gewonnen, wenn ich in entgegengesetzter Richtung abfahre, nur um zu fahren ... Ich fasse zusammen, daß ich also in der Außenpolitik so, wie die Bundesregierung sie betreibt, eine Gefährdung des Friedens und keinen Weg zur Wiederherstellung der deutschen Einheit sehen kann ... Wir wollen die Wiedervereinigung Deutschlands zu einem einheitlichen Staatswesen der Freiheit und der Menschenrechte. Wir wollen diese Wiedervereinigung ohne Krieg. Infolgedessen wollen wir sie auf dem Wege der Verhandlung.«

---

* Auch die Entstehung der Notgemeinschaft ist ausführlich dargestellt bei Diether Koch (3) S. 267–291.

Daß die Notgemeinschaft ausdrücklich »für den Frieden« gegründet wurde und daß Heinemann und andere damals immer wieder vor der Gefahr eines neuen Krieges in Europa warnten, ist heute nur noch verständlich, wenn man sich den geschichtlichen Hintergrund vergegenwärtigt. In Amerika meldeten sich bereits die Urheber einer »Politik der Stärke« zu Wort. Ein Jahr später, nach der Wahl des Generals Eisenhower zum Präsidenten der USA, erklärte sein Außenminister John Foster Dulles den *roll back,* also das Zurückdrängen der Sowjetunion auf ihre Vorkriegsgrenzen, zum Ziel atlantisch-westeuropäischer Politik. Daher sagte Heinemann bei der Notgemeinschaft, sie müsse »mit Leidenschaft, aber auch mit aller Redlichkeit versuchen, zwischen dem Westen und dem Osten ein Abkommen herbeizuführen, das uns diesen Weg (der Nichtaufrüstung) zu gehen erlaubt... Nur wenn wir bereit sind, selber zu vergeben, wird uns vergeben werden. Nur wenn wir bereit sind, Vertrauen zu wagen, können wir Vertrauen fordern. Nicht Frieden um jeden Preis! Aber auch: Krieg um keinen Preis, sondern Bereitschaft zur Verständigung bis zuletzt!«

Das Echo auf die Gründung der Notgemeinschaft war ermutigend und schien zu beweisen, daß die Gegner der Regierungspolitik zahlreicher waren als äußerlich in Erscheinung trat. Heinemann legte auch größten Wert darauf, daß die Notgemeinschaft keine Partei, sondern gerade eine überparteiliche Bewegung sein sollte, in der Protestanten und Katholiken und Angehörige aller demokratischen Parteien sich zu dem einen Ziel zusammenfänden, den Frieden zu bewahren und die staatliche Einheit der Deutschen wiederherzustellen. Er vermied peinlich jeden Kontakt zu radikalen Gruppen auf der Rechten wie auf der Linken und wollte auch nicht, daß die Notgemeinschaft als pazifistische Bewegung mißverstanden würde. Er war, wie er im Januar 1952 an seinen Schwager Ordemann in Bremen schrieb, davon überzeugt, »daß ein Vorstoß in die Regierungsparteien nur dann gelingen kann, wenn nicht von der viel zu schmalen Grundlage der pazifistischen Organisationen aus gestartet wird. Alle diese Friedensengel werden bei dieser Gelegenheit etwas von realistischer Politik lernen müssen.«

Heinemann war sehr darum bemüht, namhafte Politiker für die

Notgemeinschaft zu gewinnen. Er war sehr enttäuscht, daß ihm das bei dem früheren preußischen Innenminister Carl Severing, einem der angesehensten sozialdemokratischen Politiker der Weimarer Zeit, nicht gelang. Der damals schon sechsundsiebzigjährige Severing schrieb ihm: »Man würde es in weitern Kreisen meiner Parteifreunde und in den Arbeiterkreisen überhaupt nicht verstehen, wenn ich durch den Beitritt zu Ihrer Vereinigung den Eindruck erwecke, als ob ich den Kampfplatz gewechselt habe. Die Verstimmungen, die aus einem derartigen Schritt entständen, könnten nur zu einer Schwächung der Position derjenigen Volksgenossen führen, die eine Wiederaufrüstung unter den gegenwärtigen Verhältnissen für ein nationales und internationales Unglück halten und darum den gegenwärtigen Kurs in der Außenpolitik ablehnen.« Heinemann machte einen zweiten Versuch und antwortete Severing am 29. September 1951: »Machen wir uns aber unsere Parteigebundenheit nicht selber zu schwer, wenn es auch für besondere Situationen nicht möglich sein soll, einmal im Querverbund zu handeln? Nach meinen Beobachtungen gehört gerade die Starrheit der Parteigehäuse mit zu den Dingen, welche gutwilligen Menschen in unserem Volke die Politik so sehr verleiden. Ein Beispiel der an einem gemeinsamen sachlichen Ziel orientierten Gemeinschaft über Parteilager hinweg würde viele dieser Menschen aufhorchen lassen und aufschließen. Das wäre obendrein ein guter Dienst für die Demokratie insgemein.« Aber Severing, der übrigens schon zehn Monate nach diesem Briefwechsel gestorben ist, blieb bei seiner Ablehnung, die er allerdings in einem zweiten Brief nicht allein mit seiner Bindung an die SPD begründete, sondern auch damit, »daß diese Methode der Querverbindungen in den letzten Jahren arg an Ansehen eingebüßt hat ... Die politische Herkunft darf selbstverständlich kein Hinderungsgrund für eine Mitgliedschaft sein; aber die politische Vergangenheit kann es werden und muß es werden, wenn die Querverbindungen nicht von vornherein als ein Sammelbecken der Ewiggestrigen bezeichnet werden sollen.« Auf die gleiche Ablehnung stieß Heinemann bei der damaligen Führung der SPD, die schließlich sogar öffentlich ihre Ablehnung der Notgemeinschaft kundtat und damit, wenn auch ungewollt, Adenauer und seinen Anhängern in die Hände arbeitete. Die

Angst davor, mit kommunistischen Zielsetzungen identifiziert zu werden, war damals so verbreitet, daß man sich für eine politische Bewegung auch dann nicht einsetzen wollte, wenn man deren Ziele grundsätzlich bejahte. Im politischen Raum war daher die Notgemeinschaft zum Scheitern verurteilt.
Innerhalb der Kirche konnte es nicht viel anders sein, obwohl die evangelische Kirche damals als – wie sie selber immer wieder betonte – einzige gesamtdeutsche Institution besondere Verantwortung trug. Da aber die maßgeblichen Männer in der Kirche auch nur Deutsche in ihrer Zeit und Umwelt waren, wäre es seltsam zugegangen, wenn nicht auch dort allmählich der Antikommunismus und die Zustimmung zu Adenauers Politik die Oberhand gewonnen hätten. Man darf auch nicht übersehen, daß die Art und Weise, wie Niemöller, der Darmstädter Studentenpfarrer Mochalski und einige andere Theologen gegen Adenauers Politik opponierten, Wasser auf die Mühle der konservativen Kirchenführer war, die vor allem bei den Lutheranern zu finden waren. Diese veröffentlichten im Februar 1952 eine Erklärung »Wehrbeitrag und christliches Gewissen«, die eine klare Absage an Heinemanns politische Haltung bedeutete und natürlich weit über die Kirche hinaus in die Öffentlichkeit hineinwirkte.
So stellt sich die Frage, ob die Notgemeinschaft von Anfang an ein untauglicher Versuch gewesen sei und deshalb besser unterblieben wäre. Diese Frage ist nicht einmal aus der Sicht der späten siebziger Jahre zu bejahen; unter den unausgegorenen Bedingungen des Jahres 1951 erschien die Notgemeinschaft allen denen, die in der Politik Adenauers eine Gefahr für den Frieden sahen, als unausweichliche Notwendigkeit. Im Rückblick ist Diether Koch (3) zuzustimmen: »Hatte der Versuch, die Regierung zu beeinflussen, keinen Erfolg, so blieb immerhin ein Doppeltes: Die Notgemeinschaft trug dazu bei, daß die politischen Hauptkräfte in der Bundesrepublik in entscheidenden Fragen Farbe bekannten; und sie verhalf vielen einzelnen Menschen in einer Zeit freiwilliger Uniformität des Denkens zur Klärung ihres politischen Horizontes, bewahrte sie vor Resignation und ermutigte sie zu weiterer politischer Betätigung.«

Weitere politische Betätigung erschien vor allem Gustav Heinemann selbst geboten. In seiner bisherigen Partei fand er dafür keinen Raum. Zur SPD hatte er damals noch keinen Zugang: bis zum Godesberger Programm, auf dessen Gestaltung Heinemann selber später Einfluß nehmen sollte, war der Weg noch weit. Zudem war Heinemann ein entschiedener Anhänger liberaler Wirtschaftspolitik. Im Mai 1950 noch hatte er an seinen Freund Wilhelm Röpke geschrieben: »Ich lese Deine Artikel immer wieder in verschiedenen Blättern oder Zeitschriften mit großem Interesse und hoffe, daß der hier eingeschlagene wirtschaftspolitische Kurs wirklich eingehalten wird.« Da er überhaupt kein eigentlicher Parteipolitiker war, hätte er vermutlich noch längere Zeit als passives Mitglied in der CDU ausgeharrt, wenn nicht in der Union immer stärker die Tendenz hervorgetreten wäre, christliche Überzeugung mit der Bejahung der Regierungspolitik gleichzusetzen. Typisch dafür war eine Äußerung der CSU-Korrespondenz vom 23. September 1952: »Die Frage der westlichen Verteidigung ist über alle taktischen Alltagserwägungen hinaus zu einer echten Grundsatzfrage christlicher Gesinnung geworden. Diese Grundsatzfrage duldet auf keinen Fall ein privates Lavieren, sondern erfordert für einen christlichen Politiker ein eindeutiges Bekenntnis. Das Verlassen des gemeinsamen Kurses in einem entscheidungsvollen Augenblick kommt einem Verrat an der gemeinsamen Sache gleich.« Es mochte Heinemann gleichgültig sein, daß er von dieser Seite des Verrats geziehen wurde, aber er war nicht mehr bereit, unter diesen Umständen von einer gemeinsamen Sache zu sprechen. Das wurde ihm noch erleichtert, als sein eigener Kreisverband der CDU in Essen vor den Kommunalwahlen im November 1952 seine Wiederaufstellung als Kandidat davon abhängig machte, daß er vor der Wahl nicht mehr auf Kundgebungen der Notgemeinschaft spreche. »Das mußte ich ablehnen«, schrieb er dem württembergischen CDU-Politiker Simpfendörfer, der ihm auch kirchlich verbunden war, »weil es sich ja gerade um besonders kritische Wochen in der Auseinandersetzung um den Generalvertrag und EVG-Vertrag handelt. Ich habe ja schließlich mein Amt in Bonn nicht aufgegeben, um nunmehr wegen des Essener Stadtverordnetenmandats gerade in diesen Wochen zu schweigen ... So ist denn also mein Verhältnis zur CDU durch diesen Vorgang ein überaus lockeres geworden, was mich als Mitbegründer der CDU und Vorstandsmitglied von 1945 an sehr betrübt... Es wird für mich in der CDU schwerlich noch eine politische Heimat bleiben.« Wenige Wochen später kündigte Heinemann seine Mitgliedschaft in der CDU auf.

Bald darauf lud Adolf Scheu etwa sechzig Personen zu einer Tagung nach Mülheim/Ruhr ein, wo man zwei Tage lang über die Gründung einer Partei beriet, die Gesamtdeutsche Volkspartei (GVP) heißen sollte. Heinemann war zwar unter den Teilnehmern die beherrschende Persönlichkeit, lehnte es jedoch ab, sich zum Vorsitzenden wählen zu lassen. Er war nur zur Mitarbeit in einem Präsidium bereit, dessen andere Mitglieder Helene Wessel, Adolf Scheu und Robert Scholl waren, der frühere Oberbürgermeister von Ulm und Vater der 1943 von den Nationalsozialisten ermordeten Geschwister Scholl. In einem »Manifest«, das noch durch eine Rede Heinemanns ergänzt wurde, waren die Ziele der GVP enthalten. Am Schluß der Rede hieß es: »Wenn jemals eine Partei nicht aus Übermut gegründet wird, so ist es gewiß bei der Gesamtdeutschen Volkspartei der Fall. Das sieht jeder allein schon an Frau Wessel, die seit 1917 dem Zentrum angehörte und jahrelang seinen Vorsitz führte. Eine Verantwortung bricht hier durch, die wir mit Tausenden im Lande in voller Freiheit der persönlichen Gewissensentscheidung wahrnehmen wollen.«

Hier ist nicht der Ort, eine Geschichte der GVP zu schreiben. Das ist teilweise bereits geschehen (3), und dieses Kapitel deutscher Geschichte nach dem Zweiten Weltkrieg mag auch noch andere Historiker zur Darstellung reizen. Die GVP hat vier Jahre lang in Gustav Heinemanns politischem und persönlichem Leben eine zentrale Rolle gespielt. Diese Jahre waren aber trotz ihrer Bedeutung für Heinemanns weitere Entwicklung nur eine Episode – freilich nicht in dem heute üblichen Wortsinn einer Nebenhandlung, sondern eher im Sinne eines Vorspiels auf dem Theater. Das war damals freilich weder Heinemann selbst noch seinen politischen Freunden oder Widersachern erkennbar. Für ihn und seine Freunde stand der Kampf gegen Adenauers Politik im Mittelpunkt, während Gegner und auch manche Zuschauer diese Bemühungen eben doch nur als Episode im landläufigen

Sinne bewerteten. So schrieb der Bonner Journalist Walter Henkels, der als einer der besten Kenner des dortigen politischen Geschehens galt, 1953 in seinem Buch *Zeitgenossen* als Fazit des Ganzen, die Geschichte werde »wahrscheinlich einmal über Heinemanns politisches Bemühen zur Tagesordnung übergehen, sein Wirken als Episode registrieren und ihn selber nur als tragische Figur sehen. Echte Chancen, in der Politik noch einmal entscheidend mitzureden, geben ihm die Horcher am Puls der Gegenwartsgeschichte nicht mehr.« So falsch konnte man auch damals horchen.

Natürlich darf die GVP, auch wenn sie nur ein Vorspiel war, in einer Biographie Gustav Heinemanns nicht fehlen. Geschaffen wurde sie nicht zuletzt im Hinblick auf die Neuwahl des Bundestages im Herbst 1953. Heinemann wußte sehr wohl, daß er und seine Freunde als außerparlamentarische Opposition nicht viel ausrichten konnten, zumal da sich ihnen die parlamentarische Opposition in Gestalt der sozialdemokratischen Partei immer noch versagte. Mit der Gründung der GVP war freilich noch nicht viel getan. Es fehlte der Partei an allem, vornehmlich an Geld und an einer eigenen Organisation. Sie bestand praktisch überhaupt nur in den Ländern Nordrhein-Westfalen, Hessen und Baden-Württemberg; nur dort gab es Kreisverbände, während sie sich in andern Bundesländern hauptsächlich auf einzelne Sympathisanten stützte, die untereinander nur wenig Verbindung hatten. Am nützlichsten erwies sich noch die im Juni 1953 geschaffene Wochenzeitung *Gesamtdeutsche Rundschau* (GR), wenngleich auch sie von Anfang an unter Geldknappheit zu leiden hatte. Weder die Partei noch die Zeitung konnten jemals einen einzigen hauptberuflichen Mitarbeiter beschäftigen; alles mußte ehrenamtlich getan werden, denn größere Spenden gab es beinahe gar nicht. Fast alle Mitglieder der GVP übernahmen, um die Parteiarbeit überhaupt zu ermöglichen, Bürgschaften, die sich zwischen zehn und tausend Mark bewegten. Fast noch enttäuschender war für Heinemann, daß es nicht gelang, namhafte Persönlichkeiten des öffentlichen Lebens für die GVP zu gewinnen. Auch solche Kritiker Adenauers, die sich wie der Diplomat Karl-Georg Pfleiderer oder der Publizist Paul Sethe einen Namen gemacht hatten, zogen es vor, in ihren bisherigen Organisationen oder unabhängig zu bleiben. Selbst der Freund und Theologe Helmut Gollwitzer, Heinemann seit dem Kirchenkampf und bis in die letzten Wochen seines Lebens eng verbunden, erteilte ihm eine Absage. Diese ist nicht zuletzt deshalb bemerkenswert, weil sie frühzeitig auf Schwächen der GVP hinweist, die ihren Mißerfolg weitgehend verursacht haben.

In einem langen Brief schreibt Gollwitzer, nachdem er Heinemanns Bitte um Mitarbeit schon einige Wochen vorher abgelehnt hatte, am 17. Juli 1953 zur Begründung seiner Absage, in seinem Alter müsse er sich endgültig zwischen theologischem und politischem Dienst entscheiden, halte sich aber für die Theologie für besser geeignet. Weiter heißt es in dem Brief: »Wenn es sich bei Euch um eine festgefügte Partei handelte, eine ›historische Partei‹ sozusagen, bei der schon feststeht, wofür man seinen Namen zur Verfügung stellt, dann läge die Sache anders. Davon kann aber, wie Du zugeben wirst, vorerst keine Rede sein. Entweder Ihr seid ein Wahlblock von Unabhängigen..., dann muß jeder einzelne Kandidat für sich eine Figur sein, – oder Ihr werdet, wie es ja zu sein scheint, eine Partei neben den anderen, dann ist es zwar keineswegs ein von vornherein abzulehnender Weg, aber dann seid Ihr unbestreitbar erst auf dem Wege, die Linie dieser Partei auszuarbeiten. Du weißt selbst, wie verschieden das Volk ist, das sich vorerst unter Eurer Fahne zusammenfindet, geeinigt vorerst durch nichts anderes als durch die Ablehnung der Adenauerschen Außenpolitik, der zweigeteilten Aufrüstung und durch den ungefähren Wunsch, eine ›linke Mitte‹ zu bilden.«

Damit war allerdings die ganze Problematik der GVP auf eine knappe Formel gebracht. Es war eine Gruppe von Menschen, die – insofern dem *politischen* Widerstand im Dritten Reich vergleichbar – sich lediglich *gegen* etwas zusammengefunden hatten, größtenteils aber ganz unterschiedliche Vorstellungen von dem hegten, was an die Stelle von Adenauers Politik treten sollte. Schlimmer noch war, daß die GVP vom Ursprung her rein außenpolitisch orientiert war; einige wirtschafts- und gesellschaftspolitische Programmpunkte wurden verspätet nachgeliefert, als sie für den Wahlkampf unentbehrlich erschienen. Zu dieser Unzulänglichkeit der politischen Substanz kamen zwei weitere Faktoren hinzu, die mehr die Organisation betrafen.

Einmal versagten sich nahezu alle Leute, die in jenen Jahren in Politik, Wirtschaft oder Geistesleben einen Namen hatten. Insoweit standen Helene Wessel und Heinemann in der GVP praktisch allein. Außerdem war die Partei – nur zehn Monate vor der Bundestagswahl 1953 – viel zu spät gegründet worden, als daß sie hoffen durfte, auch nur eine Handvoll Abgeordnete ins Parlament zu bringen. Davon hing aber ihre ganze Zukunft ab. Gewiß versuchten die Regierungsparteien durch kleinliche Maßnahmen schon die Zulassung der GVP zu erschweren, wogegen Heinemann mit Erfolg Verfassungsbeschwerde einlegte, und im Rundfunk wurde die Partei ungebührlich benachteiligt. Das alles kann aber nicht darüber hinwegtäuschen, daß zehn Monate auch für eine attraktivere Partei eine zu kurze Vorbereitungszeit gewesen wären.

Alle diese Schwierigkeiten wurden noch vermehrt, als die GVP sich anschickte, ein Wahlbündnis mit dem »Bund der Deutschen« (BdD) einzugehen. Diese vom früheren Reichskanzler Joseph Wirth und Wilhelm Elfes geführte Gruppe unterhielt offenkundig politische Beziehungen zur DDR und wurde von dort finanziell unterstützt. Darauf bezieht sich eine weitere Bemerkung Gollwitzers in seinem bereits zitierten Brief: »Ich hoffe immer noch sehr, daß das eine Zeitungsente sein möge oder daß diese Versuche wenigstens nicht von Dir, sondern von Elfes ausgehen und jedenfalls zu nichts führen. Denn wenn sie positiv ausgingen, könnte ich Euch ja nicht einmal wählen. Ein Zusammengehen mit Gruppen, die von Stalinisten durchsetzt sind und sich ihnen gegenüber nicht so klar abgrenzen, wie es die ›Notgemeinschaft‹ getan hat, kommt für mich so wenig in Frage wie mit einer Gruppe, die den Neofaschisten gegenüber nicht astrein ist.« Wenn das schon ein Gegner Adenauers schrieb, wie konnte sich Heinemann dann vom Bündnis mit dem BdD politische Stärkung erhoffen? Selbst bei einem so nüchternen Mann wie ihm muß man darin einen Akt der Verzweiflung vermuten: er sah in dem Bündnis die einzige, ja die letzte Chance, politisch-parlamentarisch doch noch zum Zuge zu kommen. Es steht heute unzweifelhaft fest, daß Heinemann und die GVP zu keinem Zeitpunkt Gelder oder sonstige Unterstützung seitens der Kommunisten gesucht oder erhalten haben. Schon während des Wahlkampfes tat er alles, um solchen Verleumdungen entgegenzutreten. Aber noch so viele Abgrenzungserklärungen, Dementis und ausnahmslos erfolgreiche Verleumdungsklagen konnten nicht die Folgen eines Entschlusses verhindern, welcher der einzige ernste politische Fehler in Heinemanns Laufbahn gewesen ist und die ohnehin minimalen Aussichten auf eine Überwindung der Fünfprozent-Hürde des Wahlgesetzes vollends zunichte machte. 318 323 Wähler oder 1,2 Prozent gaben der GVP am 6. September 1953 ihre Stimme. Gleichzeitig feierte Adenauer einen gewaltigen Triumph: die Unionsparteien steigerten ihren Stimmenanteil von 31 auf 45,2 Prozent. Die Wahl glich einem Plebiszit für Adenauer und seine Politik.

Das Schicksal der GVP war damit praktisch besiegelt. Die weitere Geschichte der Partei, die erst im Mai 1957 ihre Auflösung beschloß, ist der Bericht über eine nicht enden wollende Agonie. Soweit Heinemann selbst daran beteiligt war, werden wir im nächsten Kapitel noch darauf zurückkommen. Hier ist zunächst festzustellen, daß Heinemann mit dem Versuch, die einseitige Westintegration der Bundesrepublik zu verhindern und an ihre Stelle eine neutrale oder mindestens nach beiden Seiten offene Deutschland- und Außenpolitik zu setzen, gescheitert war. Am Abend des 6. September 1953 war klar, daß Adenauer nun wenigstens vier Jahre Zeit haben würde, um seine Politik zu vollenden. Für Heinemann und jedenfalls für den, der sein Leben rückblickend betrachtet, stellt sich daher die Frage, wie das halbe Jahrzehnt, das er bis dahin in der großen Politik zugebracht hatte, für ihn zu bewerten ist.

Die erste Hälfte der fünfziger Jahre, in denen auf vielen Gebieten die Weichen für die politische Entwicklung der Bundesrepublik gestellt wurden, war für Heinemann gleichsam eine zweite Kampfzeit, in der er seinen Reifeprozeß als Politiker fortgesetzt hat und ein entscheidendes Stück vorangekommen ist. Die Erfahrung des Scheiterns kann einen Menschen weiter voranbringen als noch so große Erfolge. Heinemanns erste Kampfzeit – der kirchliche Widerstand gegen den Nationalsozialismus – bereitete ihn darauf vor, daß er nach dem Zusammenbruch politische Verantwortung übernehmen konnte. Seine zweite Kampfzeit – der politische Widerstand gegen Adenauers Politik der einseitigen Westintegration – hat ihn schließlich dazu befähigt, ein bedeutender Parlamentarier und einer der führenden deutschen Politiker im dritten Viertel des 20. Jahrhunderts zu werden.

Eines ist noch hinzuzusetzen. In der praktischen Politik war Heinemann mit dem Fehlschlag der GVP zwar zunächst gescheitert. Dagegen war seine moralische Position unerschüttert. Heinemann hat damals wie auch noch viel später politische Gegner gehabt. Keiner unter ihnen, soweit sie ernst zu nehmen waren, hat jemals Heinemanns persönliche Integrität in Zweifel gezogen. Auch diejenigen, die seinen politischen Weg mißbilligten, haben nicht bestritten, daß er ihn aus dem Gewissen verpflichteter Verantwortung gegangen ist. Diese moralische Integrität und Autorität hat Gustav Heinemann in den ihm noch verbleibenden zwei Jahrzehnten seines politischen Wirkens gestützt und getragen. Er war keineswegs am Ende, er stand vielmehr erst jetzt am eigentlichen Anfang seines politischen Weges. Das sah damals kaum jemand, schon gar nicht sahen es diejenigen, die im politischen Tagesgeschäft befangen waren. Dagegen schrieb im März 1955 ein schlichtes Mitglied der anderthalb Jahre vorher gescheiterten GVP an Heinemann: »Lassen Sie sich jedoch nicht von der unbeirrbaren Verfolgung Ihres Weges abhalten; denn ich bin fest überzeugt, daß einmal – vielleicht nach einer noch gefährlicheren Verschärfung der Lage – Ihre Stunde gekommen sein wird.«

5 Für Frieden und Gerechtigkeit

Es ist lebenswichtig, daß das Recht ernst genommen wird. 9. Juli 1954

Die zweite Häfte der fünfziger Jahre brachte überall in der Welt eine gewisse Konsolidierung der Positionen im kalten Krieg. In den Vereinigten Staaten war 1953 Dwight D. Eisenhower Präsident geworden. In der amerikanischen Öffentlichkeit spielte der vormalige Oberkommandierende der alliierten Truppen im Zweiten Weltkrieg eine ähnliche Rolle wie Hindenburg im Deutschland der zwanziger Jahre. Unter ihm war John Foster Dulles als Außenminister die stärkste Persönlichkeit im Kabinett. Von Dulles, einem zu Selbstgerechtigkeit neigenden gläubigen Calvinisten, stammte das weltpolitische Konzept des roll back. *Während unter Truman das sogenannte* containment, *die Eindämmung des Sowjetkommunismus in seinen 1945 erreichten Grenzen, die amerikanische Politik bestimmt hatte, sollte jetzt der Versuch gemacht werden, den Kommunismus möglichst auf seinen Machtbereich, wie er vor dem Zweiten Weltkrieg gewesen war, zurückzudrängen. Das Mittel dazu sollte die »Politik der Stärke« sein, gestützt auf eine eindrucksvolle militärische Übermacht.*

Diese Konzeption sollte verhängnisvolle Folgen haben, weil sie das antikommunistische Prinzip, das in Europa immerhin auf historisch erklärbare und verständliche Vorgänge zurückzuführen war, auf die völlig andersartigen Verhältnisse in der Dritten Welt und zumal in Südostasien übertrug. Dort bedienten sich die bisher von europäischen Kolonialmächten beherrschten Völker und Staaten des Kommunismus als der einzigen ihnen verfügbaren Möglichkeit, zu nationaler Unabhängigkeit zu gelangen. Frankreich hatte jahrelang seine Stellung als Kolonialmacht in Indochina mit Gewalt zu behaupten versucht. Als seine Kräfte 1954 erschöpft waren, faßte Washington den verhängnisvollen Entschluß, an Frankreichs Stelle den Kampf gegen die nationalkommunistischen Streitkräfte des vietnamesischen Führers Ho Tshi-minh fortzusetzen. Daraus entwickelte sich das fast zwanzig Jahre dauernde militärische Engagment der Vereinigten Staaten in Südostasien, das schließlich mit einer Niederlage und dem militärischen Rückzug endete.

Große Schwierigkeiten gab es in diesen Jahren für die Sowjetunion, die zunächst einmal die Diadochenkämpfe nach Stalins Tod überstehen mußte. Ihren Trabanten in Osteuropa hatte sie mit dem 1955 als Gegenstück zum Nordatlantikpakt geschaffenen Warschauer Pakt scheinbar eine weniger abhängige Stellung gegeben. Als aber Chruschtschow im Februar 1956 auf dem 22. Parteitag der sowjetischen Kommunisten schwere Anklagen gegen den drei Jahre vorher gestorbenen Stalin erhob und damit die Entstalinisierung einleitete, erschütterte er zugleich die kommunistischen Regimes in mehreren osteuropäischen Ländern. Zunächst kam es in Polen zu inneren Unruhen, die mit der Rehabilitierung des von den Stalinisten gestürzten Gomulka und einer Milderung der sowjetischen Vorherrschaft endeten. Viel gefährlicher noch wurde im Herbst 1956 der Volksaufstand in Ungarn, der nur durch den massiven Einsatz sowjetischer Truppen niedergeschlagen werden konnte. Allerdings wurde Moskau in seiner Bedrängnis entlastet durch das fast gleichzeitige Vorgehen Englands und Frankreichs gegen Ägypten, wo Nasser kurz zuvor den Suezkanal verstaatlicht hatte; dabei verbündeten sich die beiden Westmächte mit Israel. Die Vereinigten Staaten konnten sich schon deshalb nicht um Ungarn kümmern, weil sie ihre europäischen Verbündeten zur Ordnung rufen und zur Einstellung ihrer Operationen im Nahen Osten zwingen mußten. So hatten gegen Ende des Jahres 1956 der Westen wie der Osten schwere Rückschläge zu verzeichnen.

Innerhalb des Warschauer Paktes kam der Deutschen Demokratischen Republik als dem wirtschaftlich stärksten unter den kleineren Staaten eine besonders wichtige Rolle zu. Dieser Umstand trug zu einer weiteren Entfremdung zwischen den beiden deutschen Staaten bei; allerdings sollte sich die Bundesrepublik noch lange weigern, die Eigenstaatlichkeit der DDR anzuerkennen. Um die Mitte der fünfziger Jahre sprach man in Westdeutschland offiziell von der DDR immer noch als sowjetischer Besatzungszone oder äußerstenfalls als »DDR«. Andererseits hatte der Besuch, den Adenauer 1955 Moskau abstattete, zur Aufnahme diplomatischer Beziehungen und zur Entlassung der restlichen deutschen Kriegsgefangenen

geführt und damit eine gewisse Entspannung und Normalisierung der Beziehungen zwischen Bonn und Moskau eingeleitet.
In der Innenpolitik brachte das Jahr 1957 Konrad Adenauer seinen größten Triumph, als die Unionsparteien bei der Bundestagswahl die absolute Mehrheit errangen. Dieses Ergebnis war teilweise aus der immer noch übermächtigen Psychose des kalten Krieges, teilweise aber auch aus der Führerlosigkeit und taktischen Ungeschicklichkeit der Sozialdemokratie zu erklären.
In dem Wahlkampf 1957 hatte eine große Rolle die Frage der atomaren Bewaffnung der jungen Bundeswehr gespielt. Im April 1957 hatten achtzehn führende deutsche Atomwissenschaftler mit einer öffentlichen Warnung vor einer solchen Bewaffnung beträchtliches Aufsehen erregt. Obwohl sich dieses Ereignis auf das Wahlergebnis vom September 1957 nicht auswirkte, trug es auf lange Sicht doch dazu bei, daß die Bundesregierung von ihren Plänen Abstand nahm.
Ausdruck des verbreiteten Antikommunismus war auch der Antrag der Bundesregierung beim Bundesverfassungsgericht, die Kommunistische Partei Deutschlands für verfassungswidrig zu erklären und zu verbieten. Diesem Antrag, der bereits 1951 während des Krieges in Korea gestellt worden war, entsprach das Bundesverfassungsgericht im März 1956. Dabei hatte die KPD, die 1949 noch mit 15 Abgeordneten in den Bundestag gelangt war, schon 1953 mit nur 2,2 Prozent der Stimmen die Fünfprozent-Hürde weit verfehlt. Während man über die politische Zweckmäßigkeit eines Verbotes der KPD mindestens 1956 verschiedener Meinung sein konnte, führte die von diesem Verbot noch genährte antikommunistische Grundströmung in der Öffentlichkeit unsinnigerweise dazu, daß die Sozialdemokraten als die nunmehr am weitesten links stehende Partei bei manchen Leuten abermals in den Geruch kamen, eine Partei der »vaterlandslosen Gesellen« zu sein.

Um die Mitte der fünfziger Jahre erlebte Gustav Heinemann den Tiefpunkt seiner politischen Laufbahn. Die Welt, in der er bisher gelebt hatte und erfolgreich gewesen war, veranstaltete ein Scherbengericht über ihn, wie es keinem andern deutschen Politiker in der Nachkriegszeit widerfahren ist. Wie es ihm damals erging und wie ihm zumute war, zeigt am deutlichsten ein Brief,

mit dem er am 18. Mai 1954 Helmut Gollwitzer dafür dankte, daß dieser ihm sein neues Buch mit Widmung übersandt hatte:
»Dein Buch kam in einem Augenblick an, in dem die schäbige Behandlung durch ehemalige und jetzige Freunde einen nun nicht mehr erträglichen Höhepunkt erreicht hat. Die lange Kette ist jetzt so komplett, daß nichts mehr fehlt. Schon im Augenblick meines Ausscheidens aus Bonn setzte prompt die Abkehr derer ein, die nur mit einer Ministerbekanntschaft sich selber hatten wichtig tun wollen. Das war nicht weiter verwunderlich. Dann erlebte ich, daß die Bergbaugesellschaft, bei der ich 21 Jahre arbeitete, zuletzt als ordentliches Vorstandsmitglied und Leiter der Essener Hauptverwaltung, ihre Zusage auf Rückkehr in die mit dem Eintritt in die Bundesregierung aufgegebene Position brach ... Die Stadt Essen, für die ich mich von 1946 bis 1949 als Oberbürgermeister in elendester Zeit der Hungersnot, der Demontagen, der Trümmerbeseitigung usw. geplagt habe, denkt nicht daran, mich noch zu irgendwelchen kommunalen Veranstaltungen einzuladen. Die CDU-Herren kennen mich nur noch par distance ... Dr. Adenauer erklärte hier in Essen in einer Wahlversammlung vor dem 6. September v. J.: ›Wenn ich von Dr. Heinemann als Ihrem Mitbürger spreche, hoffe ich Ihnen nicht zu nahe zu treten.‹ Hermann Ehlers (führender evangelischer CDU-Politiker, damals Präsident des Bundestages, H. L.) bezichtigte mich in einer anderen Wahlversammlung in Heidelberg der ›Brunnenvergiftung‹, was durch alle Zeitungen getragen wurde ... Aber solche und viele ähnliche Vorkommnisse erregen mich nicht. Sie gehören zur Politik, so wie man sie in Deutschland versteht, und wer sie nicht mit Anstand und Humor ertragen kann, soll besser herausbleiben.« Unerträglich fand Heinemann jedoch, daß er zu der in Essen veranstalteten Verabschiedung des Generalsekretärs des Evangelischen Kirchentages nicht eingeladen wurde. »Mich einzuladen, der ich ... zum engeren Präsidium des Kirchentages gehöre, ihn 1949 in Hannover als permanente Veranstaltung proklamierte ... usw., hielt man für inopportun, weil man mich den übrigen Gästen nicht vorzeigen mag ... Lieber Helmut, hier ist es mir zum ersten Mal ekelhaft geworden, ekelhaft um deswillen, weil dieses Erlebnis tief in den Kreis derer hineingreift, die die Bruderschaft in Christo proklamieren und

Kirchentag machen. Das stecke ich nicht so in die Tasche wie das Benehmen von Bergbau, Stadtverwaltung und christlichen Demokraten.«

Das Scheitern der GVP und die Behandlung, die ihm von politischen Gegnern in diesem Zusammenhang zuteil wurde, kränkten Heinemann weniger als das Verhalten von Menschen, mit denen er in der Kirche zusammengearbeitet hatte. Das Unbrüderliche dieses Verhaltens traf ihn um so verletzender, als er selbst ein im besten Sinne existentieller Christ war, dem Brüderlichkeit vielleicht nicht selbstverständlich, aber jedenfalls unentbehrlich war. Es gibt dafür in seinem Leben immer wieder Zeugnisse, welche die bei vielen Zeitgenossen verbreitete Vorstellung von einem gefühlsarmen, humorlosen, ja starren Menschen Lügen strafen. Eines dieser Zeugnisse ist der im 2. Kapitel abgedruckte Brief an seine Kinder aus dem Jahr 1945. Ein anderes liegt noch weiter zurück. So las Heinemann im Mai 1936 in der Zeitung von einem bis dahin unbescholtenen Essener Bürger, der wegen Devisenschiebung zu viereinhalb Jahren Zuchthaus verurteilt worden war. Heinemann kannte diesen Mann nicht, setzte sich aber hin und schrieb ihm einen Brief, in dem es hieß: »Als ich von Ihrer Tat hörte, habe ich sehr hart über Sie gedacht. Aber das darf bei aller Ablehnung Ihrer Tat nicht der letzte Gedanke sein, wenn wir dessen ganz inne sind, daß wir Menschen allesamt des Ruhms ermangeln, den wir so gern in dieser Welt suchen. Was Ihr Leben bisher erfüllt hat, ist nun zerbrochen. Ein gleiches Schicksal kann jeden von uns auf mancherlei Weise ereilen. Nur eines besteht. Das ist die Liebe Gottes des Vaters zu uns allen ... Mögen Sie in die kommende Zeit die Gewißheit mitnehmen, daß es in Essen Leute gibt, deren Fürbitten für Sie und Ihr kommendes Leben eine Erinnerung an den Gott ist, der allein unsere Hoffnung ist und der uns erlaubt hat, ihn anzurufen, so wie wir sind.« Daß der Brief nicht vergebens geschrieben wurde, zeigt die wenige Tage später eintreffende Antwort des Strafgefangenen: »In dem Augenblick, in dem ich das Gefühl hatte, daß alle Welt und sogar Gott mich verlassen hatten, bekam ich von Ihnen diesen Brief menschlicher Liebe. Ihr Brief war das erste Licht in meiner Finsternis ...«

Mitgefühl mit denen, die in Not geraten sind, nicht nur zu

empfinden, sondern zu betätigen war für Heinemann notwendiger Ausdruck seines Glaubens. Die Sorgfalt, mit der er fast alle an ihn gerichteten Briefe beantwortete, war Zeugnis solcher Brüderlichkeit. Im August 1950, als der Innenminister Heinemann alle Hände voll zu tun hatte und bereits in der Krise stand, die mit seinem Rücktritt endete, fand er Zeit, an einen jungen Mann, der aus Essen stammte und nach Israel ausgewandert war, einen langen Brief zu schreiben, worin er dem Empfänger das Schicksal seiner Eltern bis zum Abtransport ins Vernichtungslager schilderte. »Wenn Ihnen diese Mitteilungen wahrlich keinerlei Tröstliches bedeuten können, so werden sie Ihnen vielleicht doch als eine Mitteilung über eine letzte Begegnung mit Ihren Eltern nicht ohne Interesse sein. Ich wollte nicht verfehlen, Ihnen das, was ich weiß, einmal zu sagen, und darf hinzufügen, daß das schreckliche Schicksal der jüdischen Mitbürger viele im deutschen Volke mit einer tiefen Beschämung erfüllt.«

Das Mitdenken und Mitfühlen mit anderen konnte gelegentlich auch sehr heiteren Ausdruck finden. So etwa in einem Brief, den Heinemann als Mitglied des Kuratoriums des Männergesangvereins *Concordia* in Essen im Oktober 1951 schrieb: »Sie sind, wie ich erfahre, ungehalten über mich, lassen Sie uns das freimütig ausräumen. Ich kann Ihnen als Protektor offensichtlich nicht den Dienst tun, den Sie von mir erwarten. Auf verschiedentliche Einladungen zu Ihren Veranstaltungen mußte ich wegen anderweitiger Verpflichtungen ablehnen, und das kann sich, wie die Dinge nun einmal bei mir liegen, leicht wiederholen. Ich muß zudem eingestehen, daß ich zu den Sie erfüllenden Dingen nicht den rechten Zugang habe, der hier geboten wäre. Mein musikalisches Vermögen ist sozusagen gleich Null. Das macht sogar in der eigenen Familie Kummer.« Darum empfahl er den Sangesbrüdern, sich nach einem andern Protektor umzusehen.

Wer so mit seinen Nächsten umzugehen gewohnt war, mußte sich durch die Unbrüderlichkeit, die ihm nur deshalb widerfuhr, weil er einen eigenen politischen Weg ging, tief getroffen fühlen. Es nimmt daher kaum wunder, daß die Monate, in denen das Scherbengericht über ihn hereinbrach, im Leben des Politikers Heinemann der einzige Zeitpunkt waren, in denen er einen Anflug von Resignation erkennen ließ – eine Haltung, die ihm durchaus wesensfremd war. Daß er allerdings nicht ernstlich zu resignieren gedachte, verriet schon die kämpferisch klingende Schlußbemerkung in seinem Brief an Gollwitzer vom Mai 1954: »Das stecke ich nicht so in die Tasche ...« In der Tat fand er sich schon ein halbes Jahr später mit anderen Männern des öffentlichen Lebens zu dem nach dem Ort ihrer ersten Kundgebung benannten Paulskirchen-Kreis zusammen, dessen Parole lautete »Rettet Einheit, Freiheit, Frieden! Gegen Kommunismus und Nationalismus!« In einer etwas pathetisch »Deutsches Manifest« benannten Entschließung appellierte der Kreis an Bundestag und Bundesregierung, die Verständigung über eine Viermächtevereinbarung zur Wiedervereinigung müsse vor der militärischen Blockbildung Vorrang haben. Die Bedeutung dieses Kreises für Heinemanns weiteren Weg lag vor allem darin, daß hier erstmals der enge Bezirk der Gesamtdeutschen Volkspartei gesprengt wurde. Zur führenden Gruppe des Paulskirchen-Kreises gehörten auch Erich Ollenhauer, der inzwischen Vorsitzender der SPD geworden war, und der bekannte Soziologe Alfred Weber. Sie und andere identifizierten sich nicht mit der GVP, wohl aber mit den von Heinemann vertretenen politischen Zielen. Ihm selber bedeutete diese Tatsache Ermutigung, auch wenn sich konkrete Möglichkeiten einer breiteren politischen Wirksamkeit vorläufig noch nicht erkennen ließen. Immerhin schien der Tiefpunkt überwunden zu sein.

Allerdings stand ihm in dem eben begonnenen Jahr 1955 noch eine bittere Enttäuschung bevor. Heinemanns Gegner in der evangelischen Kirche wollten sein neues Hervortreten im Paulskirchen-Kreis dazu benutzen, um ihn aus seinen kirchlichen Ämtern, mindestens aber als Präses der Synode der EKD zu entfernen. Die Gelegenheit dazu bot sich, weil Heinemanns Wahlperiode als Präses auslief. Die nach dem westfälischen Espelkamp einberufene Synode mußte im März 1955 das Amt abermals mit Heinemann oder mit einem anderen Synodalen besetzen.

Er selbst schwankte zunächst, ob er sich angesichts der ihm nicht verborgen gebliebenen Gegnerschaft zur Wiederwahl stellen sollte. Seine Freunde drängten ihn jedoch, er möge nicht aufgeben. Daß dabei keineswegs nur politische Gründe mitsprachen, beweist eine Äußerung des Theologen Helmut Thielicke, der politisch nicht gerade zu den Weggenossen Heinemanns zählte, in seiner 1953 erschienenen Schrift *Die evangelische Kirche und die Politik:* »Es gibt Exempel genug (auch ›prominente‹ Exempel!), die bezeugen, wie die augenblickliche Schicksalsfrage unseres Volkes unter evangelischen Christen so durchgekämpft wird, daß man bei aller extremen Verschiedenheit der eigenen politischen Entscheidung die Bruderschaft nicht antastet und den *einen* Leib Christi respektiert. Und da ich oben Heinemann angreifen mußte, kann ich nunmehr nicht umhin, auch das andere zu bezeugen: daß gerade *er* die Ebenen zu scheiden weiß, auf denen er redet und kämpft. Es bedeutet in einer so verwirrten und von falschen Frontstellungen belasteten Zeit immerhin etwas, wenn der Führer einer politischen Partei, deren Programm man ablehnen mag, in geistlicher Weise der Präses der gesamtdeutschen Synode ist und wenn er dieses Amt so führt, daß der Gedanke an eine geistliche Verketzerung politischer Gegner offenbar nicht einmal als Verdachtsmoment auftaucht.«

Ebendiese geistliche Verketzerung ihres politischen Gegners Heinemann betrieben nun aber etliche Männer der Kirche. So richtete kurz vor der Synode der Hamburger Oberkirchenrat Herntrich, ein Mitglied es Rates der EKD, in dem von Hanns Lilje, Bischof in Hannover und gleichfalls Ratsmitglied, herausgegebenen *Sonntagsblatt* einen scharfen Angriff gegen Heinemann und forderte dessen Ablösung: »Es wäre nicht nur Versäumnis, sondern Schuld, wenn die Synode dieses Gesamtdeutschland dienende Amt dadurch vakant ließe, daß sie es mit einem Parteipolitiker besetzte.« Ernst Wilm, Präses der Evangelischen Kirche von Westfalen und früher ein führendes Mitglied der Bekennenden Kirche, schrieb darauf in einem Brief an das Präsidium der Synode: »Es ist eine sehr harte Zumutung an die Gemeinschaft der Synode, wenn in dieser Weise, bevor die Synode zu einer Aussprache über diese Frage kommt, schon in einer öffentlichen Zeitschrift Stellung genommen und eine Entscheidung vorweggenommen wird.« Und an Heinemann, der Wilm um dessen Meinung gefragt hatte, schrieb er: »Bitte, verzichte nicht auf die Kandidatur zum Präses. In der Evangelischen Konferenz*,

* Die Kirchenkonferenz ist das eigentliche Organ der EKD, in der alle

in der wir einmütig der Meinung waren, daß Du wiedergewählt werden müßtest, meinten wir weiter, an diesem Punkt müsse die Synode eine Entscheidung vollziehen ..., wobei ich es für durchaus möglich halte, daß Du u. U. nicht wiedergewählt wirst. Aber das sollte dann auch herauskommen.« Heinemann wies daraufhin Herntrichs Angriff zurück und deckte die Unredlichkeit des Arguments vom »Parteipolitiker« auf: »Die erste Synode besetzte dieses Amt 1949 wissentlich mit einem Mann, der zugleich in der Parteipolitik stand, und sie ließ es unbeanstandet, ja sie begrüßte es in der Fülle ihrer Mitglieder, daß sich mit diesem kirchlichen Amt alsbald darauf ein regierendes Amt im politischen Feld verband.« So wurde für jedermann deutlich, daß den konservativen Kreisen in der Kirche nicht etwa parteipolitische Betätigung an sich, sondern ausschließlich Heinemanns politische Richtung mißfiel.

Schon vor Herntrichs öffentlicher Attacke hatte als erster Synodaler Constantin von Dietze, Professor der Volkswirtschaft in Freiburg, Heinemann gegenüber Bedenken geäußert. Er stieß sich vor allem an der Überschrift »Deutsches Manifest« über der Entschließung des Paulskirchen-Kreises, die jedoch weder von Heinemann stammte noch von ihm für gut befunden wurde. Von Dietze meinte: »... sie ist verletzend und unberechtigt ... Wer mehr als Sie Mißtrauen in die Politik Sowjetrußlands und Furcht davor hat, daß wir uns zwischen alle Stühle setzen, darf deshalb doch nicht als schlechterer Deutscher hingestellt werden.« Heinemann antwortete: »... ich meine, daß die permanente Bezeichnung ›Deutsche Partei‹ und ›Christlich-Demokratische Union‹ noch viel mehr zu beanstanden sei als dieser einmalige Akt.« Mehr noch mißbilligte Professor von Dietze folgenden von Heinemann in seiner Rede in der Paulskirche formulierten Satz »Sieht man wirklich nicht, daß die dominierende Weltanschauung unter uns nur aus den drei Sätzen besteht: ›Viel verdienen – Soldaten, die das verteidigen – und Kirchen, die beides segnen‹?« Heinemann begründete seine Aussage als Abwehr »gegen die Überhöhung der Adenauerschen Politik zu der ›Christlichen Einheitsfront‹«

Gliedkirchen mit je einem Delegierten vertreten sind und die Interessen ihrer Kirchen gegenüber dem Rat wahrnehmen.

und verwies im übrigen auf den Zusammenhang seiner Rede: »Vor lauter Sicherheitsbedürfnis hier wird zu wenig unternommen, um unseren Menschen drüben aus der Misere herauszuhelfen.«
Der Streit um Heinemanns Rolle und Äußerungen in der Paulskirche konnte nicht verschleiern, daß seine Gegner beides nur als Anlaß nahmen, um diesen unbequemen Mann möglichst auch in der Kirche auszuschalten. Heinemann wäre, nachdem ihm seine Freunde den Rücken gestärkt hatten, zum Verzicht auf seine Kandidatur nur bereit gewesen, wenn die Kirchen in der DDR einen Kandidaten aus ihrem Bereich präsentiert hätten. Obwohl Heinemanns Gegner sich darum bemühten, ihn wenigstens auf diesem Wege loszuwerden, gaben sich die ostdeutschen Kirchen zu einem solchen Spiel nicht her und verzichteten auf einen eigenen Kandidaten. Daher zog Heinemann seine Kandidatur nicht zurück, unterlag jedoch mit 40 gegen 77 Stimmen dem Professor von Dietze, der eher unpolitisch war, aber jedenfalls den Konservativen nahestand. Immerhin wurde Heinemann, der bis dahin als Präses der Synode dem Rat angehört hatte, nunmehr als ordentliches Mitglied in den Rat der EKD gewählt. Er behielt dadurch die Möglichkeit, in der Gesamtkirche maßgeblich mitzuarbeiten und Einfluß auszuüben. Trotzdem war seine Enttäuschung groß.
Es sah so aus, als sei Heinemann nun nicht nur politisch gescheitert, sondern auch aus einer kirchlichen Schlüsselstellung entfernt worden. Daher war es nur natürlich, daß er sich in jenen Jahren besonders seiner beruflichen Arbeit widmete. Es ist ein Kuriosum, daß Heinemann erst im sechsten Jahrzehnt seines Lebens dazu gekommen ist, ernstlich den Beruf auszuüben, den er sich schon als Schüler gewünscht hatte: den Beruf des Rechtsanwalts. Er war zwar schon 1926 in Essen als Anwalt zugelassen worden und in die Kanzlei des Justizrats Niemeyer eingetreten. Da er aber schon zwei Jahre später von den Rheinischen Stahlwerken als Justitiar eingestellt wurde, hat er eine freie Anwaltspraxis zwanzig Jahre lang bestenfalls mit der linken Hand ausgeübt. Die Sozietät mit Niemeyer blieb fast bis zu dessen Tod Ende der vierziger Jahre bestehen, aber Heinemanns eigentliche berufliche Tätigkeit bestand, bis er Bundesinnenminister wurde,

in der Wahrnehmung seiner Ämter als Justitiar und Vorstandsmitglied der Rheinischen Stahlwerke. Seine Tätigkeit als Anwalt beschränkte sich damals neben ein paar kleinen Prozeßsachen auf die Erstellung von Gutachten, insbesondere auf dem Gebiet des Kassenarztrechts, für das er sich neben dem Bergrecht besonders interessiert hatte.

Übrigens hat Heinemann sich neben seinen vielfältigen beruflichen und kirchlichen Verpflichtungen immer auch ein wenig für den Beruf des Hochschullehrers interessiert und diesen in begrenztem Umfang auch ausgeübt. Auf den Geschmack gekommen war er bereits als junger Mann, als er 1922, kurz vor seiner ersten juristischen Staatsprüfung, in Vertretung seines Freundes Wilhelm Röpke in Marburg als Assistent am Staatswissenschaftlichen Seminar tätig war. Fünf Jahre später kam er in Essen mit dem nur wenig älteren Hans-Carl Nipperdey in Verbindung, der seit 1925 einen Lehrstuhl für Arbeitsrecht in Köln innehatte. Heinemann war damals bereits mit wissenschaftlichen Arbeiten aus dem Tarif- und Kassenarztrecht hervorgetreten und hatte angefangen, sich mit Fragen des Bergrechts zu beschäftigen. Allein aus den Jahren 1925 bis 1933 weist der Katalog seiner Veröffentlichungen 39 juristische Titel auf. Erstmals 1929 erschien sein Buch *Kassenarztrecht,* das schon 1932 eine 2. Auflage erlebte. Aus diesen Arbeiten und aus der persönlichen Bekanntschaft mit Nipperdey und anderen Rechtslehrern erwuchs die Anregung, Heinemann solle in Köln einen Lehrauftrag übernehmen. Seine Habilitation erfolgte 1933, wurde jedoch zunächst nur für Bergrecht zugelassen. Ein Jahr später wurde sein Lehrauftrag auf Wirtschaftsrecht ausgedehnt und mehrmals verlängert. Als er 1936 in den Vorstand der Rheinischen Stahlwerke berufen wurde, erschien seine Lehrtätigkeit dadurch gefährdet. Heinemann begründete jedoch in einem Brief an den Aufsichtsrat seinen Wunsch, auch weiterhin als Dozent tätig zu sein: »Ich bemühe mich vor allem in der Vorlesung über Wirtschaftsrecht jederzeit darum, den Studenten ein Verständnis für wirtschaftsrechtliche Fragen und Zusammenhänge in einer Weise beizubringen, die auf die Bedürfnisse der gewerblichen Wirtschaft und der Industrie besondere Rücksicht nimmt. Das ist sonderlich heute bei der starken Einwirkung auf die Studenten im Sinne gebundener Wirtschaftsformen auch in solchen Bereichen, wo es unangebracht ist, nicht ohne Bedeutung.« Heinemann durfte daraufhin weiter Vorlesungen halten, die er erst bei Kriegsausbruch eingestellt hat. Anfang 1942 interessierte er sich wiederum sogar für eine Honorarprofessur in Köln, wurde aber von Nipperdey gebeten, diesen Wunsch mit Rücksicht auf die schwierigen Verhältnisse bis nach dem Krieg zurückzustellen. 1945 wurde er jedoch von anderen Dingen vollauf in Anspruch genommen.

Die Neigung zu lehrender und erzieherischer Tätigkeit trat in Heinemann immer wieder hervor und fand nach 1945 besonders in unzähligen Vorträgen ein Ventil. Er war dabei ungewöhnlich erfolgreich. Als er 1946 in Mülheim/Ruhr in kirchlichem Rahmen einen Vortrag über »Demokratie und christliche Kirche« gehalten hatte, schrieb ihm einige Tage später der Veranstalter: »Wie mir von allen Seiten versichert wurde, ist man restlos begeistert über Ihren Vortrag. Soviel an Zustimmung ist bei keinem der bisherigen Vorträge in unserm Hause ausgesprochen worden.« So war es nur zu verständlich, daß Heinemann, nachdem er als Innenminister zurückgetreten war, eine Zeitlang mit dem Gedanken an eine hauptberufliche Lehrtätigkeit spielte. Allerdings wollte er nicht als Rechtslehrer wirken, sondern er interessierte sich für den 1951 an der Heidelberger Universität neu errichteten Lehrstuhl für Politik – ein Beweis dafür, wie stark inzwischen sein politisches Engagement geworden war. Er erkundigte sich dieserhalb bei dem ihm aus der Zeit des Kirchenkampfes befreundeten Theologen Edmund Schlink, der seit 1946 in Heidelberg lehrte. Von ihm erfuhr er jedoch, daß für ihn dort keinerlei Chancen bestanden, da der Lehrstuhl ausschließlich für den aus Amerika heimkehrenden Politologen Carl J. Friedrich errichtet worden war. Heinemanns Dozententätigkeit endete daher mit einigen Vorlesungen über Staatsbürgerkunde an der Kirchlichen Hochschule in Wuppertal.

Rechtsanwalt war Heinemann 1926 geworden. Ein Vierteljahrhundert später wurde er es sozusagen zum zweiten Mal. An der Reichsbank 14 in Essen wurde eine neue Kanzlei eröffnet. Es gab dort drei Räume. »In je einem saßen er und ich«, hat Heinemann viel später diesen Neuanfang geschildert. »Er« war Diether Posser, ein eben Assessor gewordener junger Jurist von knapp neunundzwanzig Jahren, ohne dessen Dasein und Mitarbeit

Heinemanns Leben in den fünfziger Jahren, so wie er es geführt hat, gar nicht möglich gewesen wäre.
Posser hatte sich, tief beeindruckt von Heinemanns Rücktritt als Bundesinnenminister, bald darauf zu ihm begeben und gefragt, ob er ihm irgendwie behilflich sein könne. Heinemann erzählte später: »Da habe ich ihn gefragt: Wie steht es denn nun mit Ihnen? Er sagte: Ich stehe unmittelbar vor dem zweiten Examen. Ja, sagte ich, da wird es sich ja wohl gehören, daß Sie noch ein bißchen pauken. Nein, sagte er, pauken ist nicht nötig. Ich bestehe das.« Zu diesem Zweck begab sich Posser, nachdem er Heinemann in Essen geholfen hatte, an das Oberlandesgericht nach Hamm. Von dort schrieb er einen Brief, der aufschlußreich für beide Männer ist. Posser dankte Heinemann dafür, daß dieser ihm, »einem fast Unbekannten«, soviel Vertrauen geschenkt habe. »Sie werden sich vielleicht gefragt haben, warum ich die ungewohnte und sicher nicht immer glücklich gelöste Aufgabe, Ihnen zu helfen, mit solcher Freudigkeit zu erfüllen suchte: Es geschah aus Dank für das, was Sie in Bonn – vor allem in der Negation – für uns getan haben, und ich habe sicherlich stellvertretend für viele junge Deutsche gehandelt. In einer Zeit, in der die robusten Gewissen das Feld beherrschen, war Ihr aus Gewissensgründen erfolgter Rücktritt für viele Mahnung und Trost. Es ist in der neueren Geschichte unseres Volkes ein ganz ungewöhnlicher und beglückender Vorgang, daß ein Politiker bewußt alle Entscheidungen coram Deo trifft: unmittelbar vor Gott ... Daß die Begegnung mit Ihnen für mich das Erlebnis des vergangenen Jahres war, werden Sie selbst empfunden haben. Ich habe sehr viel von Ihnen zu lernen versucht: Sachlichkeit und die Absage an Phrase und Pose, vor allem die geistige Zucht. Bitte halten Sie das nicht für Persönlichkeitskult. Davor sollte uns schon 1. Kor. 4,7 behüten.* Wenn ich also auch weiß, daß Ihre reichen Gaben Gegebenes sind, so blicke ich dennoch in dankbarer Verehrung zu Ihnen auf, weil Sie sich dem Anspruch des Herrn Christus auf Ihr ganzes Leben gestellt haben und sich in seinen Dienst rufen ließen.«

* »Denn wer hat dich vorgezogen? Was hast du aber, das du nicht empfangen hast? So du es aber empfangen hast, was rühmst du dich denn, als ob du es nicht empfangen hättest?«

Angesichts dieses Briefes darf man sagen, daß die nach dem bald darauf bestandenen Assessorexamen Diether Possers begründete Sozietät auf einem ebenso ungewöhnlichen wie tragfähigen Fundament ruhte. Die Lebenswege der beiden Männer hatten sich übrigens früher schon einmal gekreuzt. Posser war in den dreißiger Jahren von Pfarrer Graeber konfirmiert worden, und einer der beiden Presbyter, die nach dem Brauch der rheinischen Kirche bei der Konfirmation assistiert hatten, war Heinemann gewesen. Gleichsam als Referenz hatte Posser, als er seinen ersten Besuch in Essen machte, seinen Konfirmandenschein mit Heinemanns Unterschrift vorgelegt. Trotz des großen Altersunterschiedes entwickelte sich bald eine enge Freundschaft zwischen den beiden Anwaltskollegen. In der Kanzlei gab es freilich zunächst nicht viel zu tun. In je einem der drei Räume saßen also Posser und Heinemann. Wie es da sonst zuging, erzählt dieser weiter: »... und in dem Zwischenraum amtierte unsere einzige weibliche Hilfe, das war die jetzige Frau Haumann. Das Telefon stand bei der Frau Haumann, und wer von uns jeweils gefordert wurde, mußte aus seinem Zimmer herausgerufen werden. Wir fingen ja ganz bescheiden an mit einer alten Remington-Schreibmaschine, auf der Posser mit zwei Fingern tippte. Der erste Brief, der von mir geschrieben wurde, ist an Herrn Ollenhauer gegangen, der hatte mit der Praxis wenig zu tun.«
Mit der Praxis hatte das, was in den frühen fünfziger Jahren in den drei Räumen An der Reichsbank 14 geschah, überhaupt wenig zu tun. Die Kanzlei diente damals vornehmlich als Hauptquartier erst der »Notgemeinschaft für den Frieden Europas« und später der Gesamtdeutschen Volkspartei. Hätte Heinemann nicht die Pension der Rheinischen Stahlwerke gehabt, so wäre es seiner Familie übel ergangen. Diether Posser erinnert sich, daß die monatlichen Einnahmen der Kanzlei zunächst etwa bei 300 Mark lagen, was auch damals nicht viel Geld war. Die anwaltliche Tätigkeit beschränkte sich fast ganz auf die Verteidigung politischer Angeklagter, und das waren häufig arme Teufel. Heinemann interessierte sich sehr für politische Prozesse, übernahm jedoch nur selten selber die Verteidigung, sondern überließ diese meistens seinem jungen Sozius. Posser hat sich zwanzig Jahre später, als Heinemann bereits Bundespräsident war, über dessen

Wirken als Rechtsanwalt in einem Aufsatz (1) geäußert: »Die Schwerpunkte der Tätigkeit des Rechtsanwalts Heinemann waren vor und nach dem Zweiten Weltkrieg verschieden. Standen vor 1945 die im weitesten Sinne zivilrechtlichen Prozesse, Gutachten und Aufsätze im Vordergrund, so gewannen später verfassungs- und strafrechtliche Verfahren und Veröffentlichungen immer mehr an Bedeutung... Wenn man das Wirken Gustav Heinemanns seit dieser Zeit unter einem Leitgedanken werten will, wird man es als ein Plädoyer für den demokratischen Rechtsstaat würdigen müssen. Dabei ging es ihm um das Ernstnehmen der Grundrechte, vor allem beim Schutz politischer und religiöser Minderheiten, um das nach jahrhundertelangem Gegenüber von Obrigkeit und Untertan sich nur mühsam entwickelnde entmythologisierte Verhältnis der Bürger zu den staatlichen Institutionen, um die Rechtsordnung des politischen Kampfes und die verfassungsgerechte Abgrenzung von Meinungsfreiheit und Ehrenschutz im Kampf um politische Macht.«

Heinemann, der sich später als Justizminister um eine durchgreifende Reform des politischen Strafrechts verdient gemacht hat, leistete als Rechtsanwalt dafür bereits wertvolle Vorarbeit. So erreichte er 1961 etwas, was es bis dahin noch nicht gegeben hatte: das Bundesverfassungsgericht erklärte einen Paragraphen des Strafgesetzbuches für grundgesetzwidrig und deshalb für nichtig. Es handelte sich um § 90a StGB, aufgrund dessen Funktionäre der 1956 verbotenen KPD auch noch für ihre Tätigkeit vor dem Verbot bestraft werden konnten. Heinemann hatte schon 1959 in einem Aufsatz die These vertreten, daß dieser Tatbestand verfassungswidrig sei. Zwei Jahre später brachte er die Beschwerde eines aufgrund des § 90a verurteilten Mannes vor das Bundesverfassungsgericht, das am 21. März 1961 den Paragraphen für nichtig erklärte. Das Gericht sagte, die Freiheit, eine Partei zu gründen, und ihr Recht, an der politischen Willensbildung des Volkes mitzuwirken, seien vom Grundgesetz garantiert. Dann handelten aber die für diese Partei Tätigen auch dann legal, wenn die Partei später für verfassungswidrig erklärt würde. Das Grundgesetz schließe die Möglichkeit aus, daß eine Partei dem Zugriff der Exekutive oder des Gesetzgebers ausgesetzt werde. Das Strafgesetz könne nicht verbieten, was das Grundgesetz zuläßt. Werde die zunächst eingeräumte Freiheit, für eine Partei tätig zu sein, nachträglich als rechtswidrig behandelt, so stehe das im Widerspruch zur Einheit der Rechtsordnung. – Ein zweifellos auch heute noch bedenkenswertes Urteil. Heinemann hatte mit Erfolg den Grundsatz vertreten, daß die Erhaltung und Durchsetzung der Rechtsordnung Vorrang haben müsse vor politischer Opportunität. Es war nicht das einzige Mal, daß seine Rechtsauffassung schließlich von den höchsten Gerichten bestätigt wurde.

Wenngleich Heinemann in politischen Prozessen nur selten selber die Verteidigung übernahm, so gab es doch Ausnahmen. Die bekannteste und bedeutendste dieser Ausnahmen war der Prozeß gegen Viktor Agartz. Wenn dieses Verfahren mit seinen Begleitumständen hier in einiger Ausführlichkeit dargestellt wird, so geschieht das in erster Linie deshalb, weil es den Rechtsanwalt Heinemann und seine Art zu plädieren anschaulicher macht als irgendein anderes Ereignis aus jener Phase seines Lebens. Es geschieht aber auch deshalb, weil dieser Prozeß, der damals so etwas wie eine *cause célèbre* der deutschen Politik und an symptomatischer Bedeutung der Frankreich um die Jahrhundertwende aufwühlenden Affäre Dreyfus nicht unähnlich war, das politische Klima in der Bundesrepublik um die Mitte der fünfziger Jahre erkennen läßt. Es war das Klima, in dem Gustav Heinemann die letzte Phase seines politischen Lern- und Reifeprozesses durchmachte. Es geschieht nicht zuletzt deshalb, weil die Affäre Agartz, nachdem sie für deren Urheber enttäuschend verlaufen war, mit erkennbarer Absicht einer Vergessenheit anheimgegeben wurde, die dem politischen Bewußtsein und Selbstverständnis der Deutschen nicht gut bekommen ist.
Wer war Viktor Agartz? Die Antwort könnte lauten: unter den deutschen Sozialisten im zweiten Drittel dieses Jahrhunderts der überragende Geist. Er war 1897 in Remscheid geboren, also zwei Jahre älter als Heinemann, zu dessen Freundeskreis er in Marburg zusammen mit Wilhelm Röpke und Ernst Lemmer gehörte. Er beendete sein wirtschaftswissenschaftliches Studium 1924 in Köln mit der Doktorpromotion. Danach arbeitete er bei der Konsumgenossenschaft, wo er bald zum Vorstandsmitglied aufrückte. Zu seinen Freunden gehörte der spätere Gewerkschaftsführer Hans

Böckler. Als Hitler an die Macht kam, hielt Agartz sich an das Wort des Carl von Ossietzki: »Wenn man den verseuchten Geist eines Landes wirkungsvoll bekämpfen will, dann muß man dessen allgemeines Schicksal auch teilen.« Agartz ging in die innere Emigration. 1945 begann er im Einvernehmen mit Kurt Schumacher und Böckler ein geistiges Konzept für den Neubau der deutschen Nachkriegsgesellschaft zu entwickeln. Mit seinem Vorschlag, eine Einheitsgewerkschaft für Arbeiter, Angestellte und Beamte zu schaffen, stieß er auf den Widerstand der Militärregierung, die auch auf diesem Gebiet keine zentralen Instanzen haben wollte. Als Adenauer im Herbst 1945 von den Briten aus dem Amt des Kölner Oberbürgermeisters entlassen wurde, bot die Militärregierung Agartz den Posten an, den er jedoch ablehnte. Statt dessen wurde er im März 1946 zum Generalsekretär des Wirtschaftsrates für die britische Zone bestellt und einen Monat später zum Leiter des Zentralamtes für Wirtschaft in Minden ernannt. Im Mai 1946 trug Agartz dem Parteitag der Sozialdemokraten in Hannover sein sozialistisches Aufbauprogramm vor. Von Minden aus bekämpfte Agartz – ähnlich wie Heinemann als Oberbürgermeister von Essen aus – die Demontage der deutschen Industrie, wobei ihm mancher Erfolg beschieden war. Als im Dezember 1946 das Wirtschaftsamt der – aus der britischen und der amerikanischen Zone gebildeten – Bizone geschaffen wird, lehnt Agartz die ihm angetragene Leitung zunächst ab, ändert aber auf Schumachers Drängen seine Haltung. Von dort aus führt er auch mit Adenauers Freund und Ratgeber, dem Kölner Bankier Pferdmenges, Gespräche über die Gestaltung der Wirtschaftspolitik. Agartz befürwortete leidenschaftlich die Demokratisierung auch der Wirtschaft. So sagte er 1947 auf dem ersten Konsumgenossenschaftstag in Hamburg: »Wohl haben die Mächte, die als Sieger nach Deutschland kamen, die Demokratie zum Ziele erhoben, aber das Militär ist an sich kein demokratisches Element. Die wirtschaftlichen Ideen werden in den Hintergrund gedrängt. Die Demokratie der Zukunft kann aber nicht allein auf der politischen Ebene geformt werden. Siebzehn Ministerpräsidenten sind noch keine Demokratie!«

Der Sozialist Agartz stieß bei den Besatzungsmächten und besonders bei den Amerikanern auf wachsendes Mißtrauen,

zumal da er stets über die Zonengrenzen hinaus dachte und das ganze Deutschland im Auge behielt. Seine Politik scheiterte nicht zuletzt daran, daß er seine Körperkräfte völlig erschöpft hatte und viele Monate teils im Krankenhaus, teils als Genesender in der Schweiz verbringen mußte. So konnte er an der Entstehung der Bundesrepublik nur als Zuschauer teilnehmen. Sein wissenschaftlicher Ruf wuchs indessen ständig. Als einziger Deutscher wurde er Mitglied der angesehenen *Royal Economic Society* in London. Die Kölner Universität gab ihm einen Lehrauftrag. Da er staatliche Ämter nicht mehr innehatte, widmete er sich ganz der theoretischen Arbeit. Im Mai 1949 wurde er zum Leiter des Wirtschaftswissenschaftlichen Instituts des Deutschen Gewerkschaftsbundes berufen. Von dort aus bekämpfte er – wiederum ähnlich wie Heinemann – das Ruhrstatut und wehrte sich insbesondere dagegen, daß nur das Ruhrgebiet internationaler Kontrolle unterworfen sein sollte. Zweifellos teilte er die Sorge Hans Böcklers, der im Herbst 1949 an Adenauer schrieb: »Mit wachsendem Erstaunen haben die Gewerkschaften zur Kenntnis genommen, daß die in den Konzernen noch tätigen Kräfte der Vergangenheit Unterstützung im In- und Ausland bei ihrem Bestreben finden, die Konzerne und ihre aus dem Kriege wohlbekannte Führung wieder aufzurichten.«
Von diesem Zeitpunkt an geriet Agartz mehr und mehr in die Schußlinie aller derer, die eine wie immer geartete sozialistische Entwicklung der Bundesrepublik mit nahezu allen Mitteln zu verhindern suchten. Diese an sich unvermeidliche Auseinandersetzung wurde geführt vor dem Hintergrund des kalten Krieges und der zumal in den USA von Senator Joseph McCarthy betriebenen Hexenjagd auf alles, was nicht eindeutig antikommunistisch war. In der Bundesrepublik wurde Viktor Agartz, der niemals dem Kommunismus gehuldigt oder mit ihm sympathisiert hatte, für die Repräsentanten der Restauration mehr und mehr zur negativen Symbolfigur. Adenauer, der sich in seinem politischen Leben nur sehr selten von Emotionen bestimmen ließ, betrachtete Agartz beinahe als persönlichen Feind. Das hätte diesem wohl kaum geschadet, wenn nicht inzwischen auch in der Sozialdemokratie und vor allem in den Gewerkschaften ein Wandel eingetreten wäre. Hans Böckler starb 1951, Kurt Schu-

macher ein Jahr später. Walter Freitag, der nach Böckler Vorsitzender des DGB wurde, war ein schwacher Mann und war zudem außerstande, Agartz' Gedanken überhaupt zu verstehen. Als überzeugter Marxist geriet Agartz auch innerhalb der deutschen Linken in eine fortschreitende Isolierung. Damit wuchs bei den Gewerkschaften die Bereitschaft, sich von diesem unbequemen Weggenossen zu trennen. 1955 nahm man ihm die Leitung des Wirtschaftswissenschaftlichen Instituts. Bald darauf forderte Freitag ihn auf, er möge auf seinen Sitz im Verwaltungsrat der Kreditanstalt für Wiederaufbau verzichten. Agartz fügte sich, jedoch nicht ohne die Zusammenhänge in seinem Antwortbrief klarzustellen: »Ich hänge nicht an Mandaten und bin immer bereit, mich den Erfordernissen der gewerkschaftlichen Bewegung zu unterstellen. Da man mir weder sachliche noch gewerkschaftliche Gründe oder Vorwürfe machen kann, müssen es vermutlich politische Gründe sein, die es ratsam erscheinen lassen, eine Solidarität mit der Bundesregierung so offensichtlich manifestieren zu wollen.«

Das geschah 1956. Die politischen Gegner, nun vor allem in den Regierungsparteien, ließen keine Ruhe. Am 28. März 1957 wurde Viktor Agartz verhaftet. Eine Woche später wurde auf Antrag des Oberbundesanwalts die Voruntersuchung wegen staatsgefährdender Agententätigkeit (§ 100d Abs. 2) und staatsgefährdenden Nachrichtendienstes (§ 92 StGB) eingeleitet. In der Hauptsache ging es darum, ob Agartz, der vom kommunistischen Freien Deutschen Gewerkschaftsbund (FDGB) Geld für den Bezug der von ihm herausgegebenen Wirtschaftskorrespondenz (WISO) erhalten hatte, »sich zum Werkzeug der Geldgeber habe machen lassen«. Heinemann, der zur Zeit der Verhaftung von Agartz in der Schweiz war, wurde von seinem Sozius Posser telegrafisch davon benachrichtigt und telegrafierte sofort zurück: »Übernehme Verteidigung.« Der Prozeß mußte in erster und letzter Instanz vor dem Bundesgerichtshof stattfinden. Posser sorgte zuerst dafür, daß Agartz gegen eine Kaution, die von einer Bank zur Verfügung gestellt wurde, aus der Haft entlassen wurde. Agartz selbst wollte die Entlassung nicht, aber Posser wünschte dafür zu sorgen, daß die Verteidiger sich unbehindert mit ihrem Mandanten besprechen konnten – ein Problem, das also schon damals bestand.

Der Prozeß wurde noch im Jahre 1957 abgewickelt. Für Heinemann ging es dabei keineswegs nur um die Verteidigung seines Studienfreundes, dem nach seiner Überzeugung Unrecht widerfuhr. Für ihn ging es auch in diesem Prozeß nicht zuletzt um Deutschlandpolitik und insbesondere um die Frage, ob sich ein Deutscher schon allein dadurch strafbar machen konnte, daß er Kontakte zu Landsleuten jenseits der innerdeutschen Grenze unterhielt. Was Heinemann vor Gericht, also in der Öffentlichkeit, nicht aussprechen konnte, was er aber den staatlichen Stellen während des Prozesses mehr als einmal zu verstehen gab, war dieses: Auch die Evangelische Kirche, damals immer noch die einzige gesamtdeutsche Institution, unterhielt laufend Kontakte persönlicher und finanzieller Art mit Personen und Einrichtungen in der DDR und tat das im wohlverstandenen deutschen Interesse. Nichts anderes hatte Agartz auf gewerkschaftlichem Gebiet getan. Schon aus diesem Grunde hätte seine Verurteilung höchst bedenkliche Folgen haben können. Wenn die Richter außerdem zu der Einsicht kamen, daß bei Agartz überhaupt keine kriminellen oder staatsgefährdenden Absichten vorhanden waren, und ihm in der Urteilsbegründung ausdrücklich bescheinigten, er erscheine als ein Mann, der nicht käuflich sei, so war das in der damals immer noch vorherrschenden Atmosphäre des kalten Krieges ein höchst bemerkenswertes Ereignis und zweifellos die Frucht der beiden Plädoyers, die Heinemann und Posser im Dezember 1957 gehalten haben. Die beiden Anwälte hatten sich die Aufgabe geteilt: Heinemann behandelte die politische, Posser die im engeren Sinne juristische Seite des Falles.

In seinem sehr langen, brillant aufgebauten Plädoyer kam Heinemann auf die von Agartz herausgegebene WISO zu sprechen. »Der Inhalt der WISO hinsichtlich seiner Strafbarkeit oder nicht wurde gestern von dem Herrn Bundesanwalt mit einem Fragezeichen versehen. Er sagte, es bleibe offen, könne offenbleiben, solle offenbleiben, ob der Inhalt der WISO strafbar sei. Sehr verehrte Herren Richter, dieses geht auf gar keinen Fall, daß hier etwas offenbleibt. Wenn es offenbleibt, ob der Inhalt der WISO strafbar ist, dann bleibt offen, ob alle Kongreßbeschlüsse des DGB strafbar sind. Dann bleibt offen, ob die Fülle der Erklärungen einer sozialdemokratischen Partei strafbar ist. Dann bleibt offen, ob Vorträge, Broschüren usw., etwa von Dr. Schumacher, strafbar sind; denn der Inhalt der WISO deckt sich restlos mit dem, was der DGB auf seinen Kongressen gesagt hat und in der Fülle seiner Beschlüsse niedergelegt ist, was in dem großen Grundsatzreferat von Dr. Agartz 1954 vor dem DGB mit einstimmiger Billigung, vorausgehend im Vorstand, nachfolgend im Plenum, gesagt ist. Hier kann nichts offenbleiben! Es sei denn, daß hinter dieser Bemerkung sich ein Horizont von Absichten auftut, den wir dann aber sehr schnell deutlich ausgesprochen wissen wollen! Ich erwarte von Ihnen, sehr verehrte Herren Richter, daß Sie in dem Urteil, das sie nun zu sprechen haben, ganz klar sagen, ohne Einschränkung sagen, daß an dem Inhalt der WISO nichts strafbar ist – gar nichts!« In diesem Plädoyer trat erstmals ganz deutlich die später von dem Parlamentarier Heinemann immer wieder bewiesene Fähigkeit hervor, ein klar durchdachtes Argument überzeugend vorzutragen. Tatsächlich heißt es dann im Urteil, es lasse sich nicht feststellen, daß die WISO einen deutlich erkennbaren verfassungsfeindlichen Inhalt habe.

Das war die rechtliche Beurteilung der WISO, doch kam Heinemann später in seinem Plädoyer auf den politischen Aspekt von Agartz' Arbeit zurück. »Ich muß noch näher auf den Inhalt der WISO zu sprechen kommen. Wir haben es hier mehrfach miteinander dahin ausgedrückt, daß die WISO einen wissenschaftlichen Sozialismus marxistischer Prägung repräsentiere. Erinnern wir uns bitte einen Augenblick daran, daß dieser wissenschaftliche Sozialismus marxistischer Prägung vornehmlich ein deutsches Gewächs ist. Seine Theoretiker sind Marx und Engels, und die deutsche Arbeiterbewegung machte diesen wissenschaftlichen Sozialismus marxistischer Prägung stark. Es gehört zu den tragischen Kapiteln deutscher Geschichte, daß unsere Arbeiterbewegung im vergangenen Jahrhundert keine christlichen Führungskräfte hatte, daß vielmehr im Gegenteil die Kirchen damals gegen alles das standen, was heute selbstverständlich ist, gegen das Verbot der Kinderarbeit usw. – ich brauche das nicht alles aufzuzählen. Daraus ist entstanden, daß sich bei uns der politische Dissent mit einem religiösen Dissent überlagerte, daß aus dem Marxismus eine Ersatzreligion wurde. Solches ist aber nicht naturnotwendig. Ich brauche nur auf England hinzuweisen oder auf die derzeitigen, schon seit etlichen Jahren umgehenden Bemühungen unter der deutschen und der österreichischen sozialdemokratischen Partei, dahin zielend, den Marxismus als Weltanschauung, als Ersatzreligion zu überwinden und christlichen Staatsbürgern volle Mitwirkung zu ermöglichen. Ich brauche nur daran zu erinnern, daß die CDU nach 1945 mit der Parole vom religiösen Sozialismus zu Felde zog. Dies alles sage ich, weil Dr. Agartz sich hier als Christ bekannte, und ich will hier lediglich unterstreichen, daß dieses sein Bekenntnis keinen Widerspruch zu dem von ihm vertretenen Sozialismus bedeutet. Ob der von ihm vertretene Sozialismus gut oder erstrebenswert ist, steht ja hier gar nicht zur Entscheidung. Ich persönlich teile keineswegs alles, was Dr. Agartz vertritt; insbesondere möchte ich die SPD anders entwickelt sehen als Dr. Agartz. Aber das ist unser persönlicher Kummer untereinander, und es ist sein gutes Recht, sich eine politische Arbeiterbewegung hier in der Bundesrepublik so vorzustellen, so zu wünschen, wie er das tut. Das ist sein gutes Recht.«

Dieser lange Auszug aus Heinemanns Plädoyer ist hier wichtig nicht so sehr deshalb, weil auch diese Sätze zum Freispruch beigetragen haben, sondern weil sie die politische Entwicklung spiegeln, die Heinemann in diesen Jahren durchmachte. Sein wachsendes Verständnis für die Sozialdemokratie findet hier im Gerichtssaal zunächst noch beredteren Ausdruck als im Bundestag, in den er wenige Monate vor diesem Plädoyer hineingewählt worden war. In mehr als einer Beziehung liest sich dieses Plädoyer als eine Vorübung zu den großen Reden, die Heinemann im folgenden Jahr im Bundestag halten sollte. Immer wieder leitet er aus der besonderen Situation des Angeklagten Agartz Einsichten ab, die Perspektiven auf die gesamtpolitische Situation eröffnen.

»Herrn Dr. Agartz wurde gestern entgegengehalten, ob denn Hoffnungen gleich Wirklichkeiten seien ... Wenn es moniert wird, daß ein Mann wie Dr. Agartz Hoffnungen etwa an den 20. Parteitag der sowjetischen kommunistischen Partei geknüpft hat, dann muß ich fragen, welche politische Vorstellung waltet denn hier eigentlich ob? Die Vorstellung von einer Politik der Stärke? Die Vorstellung – ja, ich brauche nur rhetorisch zu fragen –, die Dinge mit Krieg zu meistern? Nein, wahrlich nicht. Hoffnung ist die letzte Position des Westens in der Auseinandersetzung mit dem Osten! Die letzte Position, denn der Westen will keinen Krieg. Darum beobachtet der Westen mit gespanntester Aufmerksamkeit alles, was sich drüben in den Führungsgremien oder auf einem 20. Parteitag usw. tut ... Präsident Eisenhower hat im Juni dieses Jahres ... gesagt, seine Hoffnung gründe sich darauf, daß in der Sowjetunion Entwicklungen Platz griffen und sich durchsetzen, die es zu einer anderen Begegnung mit der Sowjetunion kommen lassen würden.« Amerikas früherer Botschafter in Moskau, George Kennan, habe soeben Vorträge gehalten, die von deutschen Zeitungen als Forderung einer »Revolution unseres Denkens im Verhältnis zur Sowjetunion« verstanden würden. »Mir scheint, daß diese Revolution des Denkens sonderlich für gewisse Stücke der Anklage am Platze ist... Hier ist gesagt worden, in diesem Prozeß ginge es darum, eine Warnung auszusprechen... Wovor soll gewarnt werden? Ich setze das Warnungszeichen völlig anders, als es der Herr Bundesanwalt getan hat. Es muß anders gesetzt werden, weil unser deutsches Schicksal anders ist, als es die Anklage sieht. Wir sind in einem geteilten Vaterland, und sosehr ein Staatsschutz hier und drüben grundsätzlich natürlich nicht abgelehnt werden kann, so muß es doch in ganz anderer Gelockertheit möglich bleiben, Beziehungen und Begegnungen von hier nach drüben zu haben. Wo kommen wir hin, wenn Beziehungen zum FDGB hier, Beziehungen zu evangelischen Akademien von drüben nach hier herüber unter die Strafbestimmungen von Landesverrat und Boykotthetze geraten...«

Zum Schluß wies Heinemann darauf hin, wie wichtig gerade der Marxist Agartz sei, wenn es darum gehe, »mit denen, die drüben in den Regierungen, in den Organisationen in der Macht sitzen, auf eine Weise sprechen (zu) können, die ihrer Denkweise entspricht, daß man überhaupt in gleichen Kategorien denkt und nicht aneinander vorbeiredet. Das ist es, was einen Mann wie Dr. Agartz zutiefst bewegt. Er ist ein Experte auf diesem Gebiet. Soll man ihn nun ins Gefängnis setzen? Ich meine, wir sind tödlich arm an Ostkennern... Es gehört zur Ostkenntnis ja nicht nur die russische oder chinesische Sprache, es gehört nicht nur Geographie, es gehört nicht nur Geschichte, es gehört nicht nur

Wirtschaftskenntnis dazu, sondern es gehört der Umgang mit marxistischem Denken dazu, wenn man wirklich etwas ausrichten will.« Und dann steigert sich Heinemann in politischer Leidenschaft zum Schlußappell: »Erschweren Sie bitte, meine Herren Richter, nicht das gesamtdeutsche Schicksal dadurch, daß Begegnungen noch enger in die Klemme getrieben werden, daß immer mehr eine Pönalisierung gegenüber Menschen Platz greift, die mit dem Kommunismus nichts zu tun haben. Wo soll das enden? Ich warne davor, Menschen aus dem Rennen zu werfen, die eine Mangelware sind in bezug auf das, was sie unserer Gemeinschaft leisten können, wenn man sie richtig einsetzt. Dieses alles kann ich in bezug auf die Person von Dr. Agartz sagen, der – was auch immer man an ihm kritisieren mag, was auch immer man ihm vorwerfen mag – keinesfalls käuflich ist. Und dieses Kapital soll verwirtschaftet werden?
Nein! Freispruch!«

Es folgte das im engeren Sinne juristische Plädoyer Diether Possers, das in der eindeutigen Erklärung gipfelte: »Was hier festgestellt wurde, erlaubt uns noch nicht einmal, im Felde des Zweifels zu verweilen.«

Und es folgte das Schlußwort des Angeklagten, der seine politische Position noch einmal umriß: »Ich möchte demokratische Grundsätze in ihrer Ehrlichkeit, in ihrer Sauberkeit und in ihrer inneren Wahrhaftigkeit gesichert sehen und möchte sie dann in ganz Deutschland angewandt wissen. Dazu bedarf es der steten Diskussion mit den Organen der Deutschen Demokratischen Republik. Von einer kommunistischen Unterwanderung oder einer aus einer solchen Unterwanderung etwa zu erwachsenden Gefahr, die nicht zu bewältigen wäre, kann doch nur derjenige reden, dem das theoretische Rüstzeug, die eigene sozialistische Einsicht fehlt, sich mit den Argumenten des Kommunismus auseinanderzusetzen. Es mutet mich wahrhaft seltsam an, daß jemand wie ich, der in seiner ganzen Arbeit nur ein Mühen um die Demokratisierung des politischen, gesellschaftlichen und wirtschaftlichen Lebens gekannt hat, der Gefährdung seiner eigenen jahrzehntelangen Aufgabe geziehen wird.«

Das Gericht kam zu einem Freispruch wegen Mangels an Beweisen. Mehr war angesichts der fragwürdigen Bestimmungen des politischen Strafrechts nicht zu erwarten – Bestimmungen, die praktisch die Beweislast umkehrten und vom Angeklagten verlangten, daß er, der sich häufig überhaupt keines schuldhaften Verhaltens bewußt war, seine Unschuld bewies. Dieses Ergebnis war ein Triumph für die Verteidigung und eine Niederlage derjenigen Kräfte, die in Agartz eine politische Haltung und Denkweise hatten treffen wollen. Agartz selbst hat nach diesem Prozeß eine politische Rolle nicht mehr gespielt. Er ist 1964 gestorben und hat daher den politischen Aufstieg seines Freundes Heinemann nur noch in den Anfängen erlebt. Der Prozeß gegen Agartz mit allen politischen Untertönen und Begleiterscheinungen ist von der deutschen Öffentlichkeit viel zu schnell vergessen worden. Er stellt nicht nur ein wichtiges Stück Rechtsgeschichte dar, das im folgenden Jahrzehnt zur Reform des politischen Strafrechts durch Gustav Heinemann wesentlich beigetragen hat. Der Fall Agartz war außerdem ein politisches Lehrstück und zugleich ein abschreckendes Beispiel dafür, welche geistige Verwirrung der kalte Krieg auch und gerade in der Bundesrepublik Deutschland angerichtet hatte. Nicht zuletzt aber gibt dieser zehn Tage dauernde Prozeß Aufschluß über die politische Denkweise und Entwicklung Heinemanns, der damit ja nicht nur seinem alten Freund einen Dienst erwiesen, sondern bewußt in die deutsche Öffentlichkeit hineingewirkt hat.

Als Heinemann sein Plädoyer für Viktor Agartz hielt, gehörte er bereits als Abgeordneter der sozialdemokratischen Bundestagsfraktion an. Es war ein langer Weg, der ihn dorthin geführt hatte. Heinemann war sich spätestens nach der Wahlniederlage von 1953 darüber im klaren gewesen, daß die Gesamtdeutsche Volkspartei keine Zukunft hatte. Das lag nicht nur an organisatorischen und programmatischen Mängeln der Partei; diese hätten sich mit der Zeit vielleicht beheben lassen. Nur fehlte es eben an der Zeit. Gestützt auf seinen imposanten Wahlsieg, konnte Adenauer die Eingliederung der Bundesrepublik in das westliche Paktsystem zu Ende führen, ohne daß ihn im Laufe von vier Jahren irgendein politischer Gegner daran hindern konnte. Damit war das deutschlandpolitische Ziel, um dessentwillen Heinemann 1950 zurückgetreten war und für das er seither leidenschaftlich

gekämpft hatte, unter dem Horizont praktischer Politik verschwunden. Es kam hinzu, daß jüngere Politiker, die sich Heinemann angeschlossen hatten, nach dem Mißerfolg der GVP bei der Bundestagswahl eher früher als später Ausschau nach andern Wegen hielten, auf denen sie ihre politische Laufbahn aussichtsreicher fortsetzen könnten als in der durch ihre Niederlage diskreditierten Partei. Ein Beispiel dafür war Erhard Eppler, damals mit 27 Jahren ein angehender Studienrat, der sich früher als andere GVP-Mitglieder den Sozialdemokraten zu nähern und deshalb schon 1955 auf die Auflösung der GVP zu drängen begann. Er konnte sich jedoch zunächst nicht durchsetzen. Als dann die GVP in Baden-Württemberg – einer der stärksten Landesverbände – sogar noch beschloß, sich an der Landtagswahl im Frühjahr 1956 zu beteiligen, trat Eppler nach einem Gespräch mit Heinemann aus der GVP aus, ohne daß ihre persönlichen Beziehungen darunter gelitten hätten. Wenige Monate später trat Eppler in die SPD ein, hielt die Bekanntgabe dieses Schrittes jedoch aus Loyalität gegenüber seiner alten Partei bis nach der Landtagswahl zurück. Diese brachte freilich der GVP wiederum nur 1,5 Prozent der Stimmen und damit eine neue Niederlage; daß sie im Kreis Freudenstadt fast 20 Prozent der Stimmen erhielt, konnte daran nichts ändern, war jedoch für die späteren Verhandlungen mit der SPD nicht ohne taktische Bedeutung. Heinemann selbst konnte begreiflicherweise die GVP so lange nicht aufgeben, wie innerhalb der Partei noch eine Mehrheit für das Weitermachen war. Er mußte abwarten, bis die Zeit reif wäre.
Die politische Geistesverfassung der Deutschen in der Bundesrepublik nach der Bundestagswahl von 1953 schildert Diether Koch in seiner umfassenden Studie über Heinemanns Deutschlandpolitik (3) sehr treffend. Er stellt fest, daß die Unionsparteien zusammen mit den drei kleinen Regierungsparteien – den damals noch überwiegend national-liberalen Freien Demokraten, der stockkonservativen Deutschen Partei und der Flüchtlingspartei BHE – über eine Zweidrittelmehrheit im Bundestag verfügten, und fährt unter Berufung auf Meinungsumfragen nach der Wahl fort: »Die Mehrheit der Wähler erhoffte sich von Adenauer und Erhard eine weitere Aufwärtsentwicklung und Sicherung der wirtschaftlichen Verhältnisse. Außenpolitische Aspekte spielten

eine geringere Rolle; Überlegungen zur Wiedervereinigung wurden nur von wenigen der befragten Wähler als entscheidend angesehen. Die einseitige Ansprechbarkeit der westdeutschen Bevölkerung auf wirtschaftliche Überlegungen machte das eigentliche Problem der Wahl 1953 aus. Denn gleichgültig, ob Adenauers Zweidrittelmehrheit nun mehr auf militärisches oder auf wirtschaftliches Anlehnungsbedürfnis der Wähler an den Westen zurückging: fest stand, daß von je drei Wählern mindestens zwei die Unmöglichkeit, auf Adenauers Weg einen Ausgleich der Spannungen zwischen Ost und West zu bewirken und zu einer Wiedervereinigung Deutschlands zu kommen, entweder nicht erkannt oder bei ihrer Wahlentscheidung nicht für wesentlich gehalten hatten. Wieweit es die SPD-Wähler getan hatten, blieb fraglich.«

Unter diesen Umständen war Heinemann gegen Ende des Jahres 1953 politisch objektiv hilflos. Die psychologische Situation, in der sich die von den Zielen der GVP Überzeugten damals befanden, gab einer der Engagiertesten unter ihnen wenige Monate später richtig wieder. Der ursprünglich von der CSU zur GVP gestoßene ehemalige Landrat Hans Bodensteiner schrieb im April 1954 an Adolf Scheu: »Wie im Leben des einzelnen, so ist im Leben der Völker das Bewußtsein, etwas falsch gemacht zu haben, die unabdingbare Voraussetzung einer Reform. Dieses Bewußtsein fehlt der westlichen Welt. Im Gegenteil! Sie fühlen sich als die Vertreter des Guten. Gegen eine solche Verhärtung sind wir im Augenblick machtlos. Da muß und wird ein Stärkerer erst einmal die Kruste brechen.« Bodensteiner zog daraus die Konsequenz, mit der politischen Arbeit aufzuhören. Obwohl Heinemann, der während der dreißig Jahre seines politischen Lebens unerschütterlich auf dem Boden der Stuttgarter Erklärung vom Oktober 1945 stand, Bodensteiners Ausgangsthese sicherlich zustimmte, kam er zu anderen Konsequenzen. Resignation war ihm eben wesensfremd. Er wußte sehr wohl und sprach es im November 1953 in einem Vortrag auch aus, das Stuttgarter Schuldbekenntnis sei selbst innerhalb der evangelischen Kirche »von unseren Gemeinden und unserem Volke nicht aufgenommen worden. Man begann alsbald, die eigene Schuld gegen die Schuld der anderen ... aufzurechnen. Aus einer Schnelltechnik des

Vergessens erwuchs neue Selbstrechtfertigung, die an der Wahlentscheidung des deutschen Volksteiles vom 6. September 1953 ihren wesentlichen Anteil hat.« Nur war das für Heinemann kein Grund aufzugeben.

Allerdings verlagerten sich zunächst seine Interessen oder vielmehr seine Tätigkeiten. Er begann mehr über die deutschen Grenzen hinauszublicken. Im Juni 1954 folgte er mit einigen anderen evangelischen Bürgern der Bundesrepublik einer Einladung der russischen Kirche zu einem Besuch in der Sowjetunion. Dieserhalb war er bereits vorher heftig kritisiert worden, wobei die Absicht seiner Reise in der Bundesrepublik wie in der DDR mißdeutet wurde. Heinemann schrieb darüber am 15. Juni 1954 an Bischof Müller in Magdeburg, der ihm seine Bedenken mitgeteilt hatte, und bezog sich dabei auf ähnliche Bedenken des damaligen Ratsvorsitzenden der EKD und Berliner Bischofs Dibelius: »Ohne Rücksicht auf das Votum von Herrn Bischof Dibelius habe ich meine Teilnahme selbstverständlich selber zu verantworten, und ich meine, daß ich es kann. Diese Reise liegt in der Linie meiner gesamten seit Jahren vertretenen Auffassung von unserer Lage. Es gibt keine militärischen Möglichkeiten ihrer Lösung, sondern nur die eines Ausgleichs derart, daß wir eine allseitige Räumung gegen die Absage an militärische Eingliederungen Deutschlands in den Ost- oder Westblock anstreben. Über die Chancen und die auch mit einer solchen Lösung verbundenen Risiken mache ich mir keine Illusionen. Nur ein ernstes Zugehen auf eine solche Lösung kann herausbringen, ob sie erreichbar ist und wie ihre für die abschließende Beurteilung wesentlichen Einzelheiten aussehen würden. Ob aber die Moskaureise zu solchen Erörterungen eine Gelegenheit geben wird, weiß ich überhaupt nicht. Die Einladung ist ja eine kirchliche, wobei ich mir durchaus darüber klar bin, was das in Wahrheit bedeutet. Auch bilde ich mir nicht ein, daß ich lediglich wegen meiner kirchlichen Funktion eingeladen sei, und schließlich bin ich mir auch darüber klar, daß die Reise in jedem Fall ein politicum darstellt. Aber kann das alles überhaupt anders sein?«

Eine kritische Beurteilung von Heinemanns politischen Bemühungen in der ersten Hälfte der fünfziger Jahre darf sich nicht die Ansicht seiner damaligen Gegner zu eigen machen, daß Heinemann im besten Falle ein Illusionist gewesen sei. Gerade das war er nicht. Wohl aber läßt sich sagen, daß er nicht selten das Nötige mit dem Möglichen gleichgesetzt und insoweit geirrt hat. Ihm daraus einen Vorwurf zu machen, könnte jedoch allenfalls dem späteren Betrachter einfallen. Wer damals die leidenschaftliche Debatte um die außenpolitische Rolle und Bestimmung der Bundesrepublik miterlebt oder gar mitgeführt hat, verfällt nicht in den Fehler, die Ansichten der damaligen Widersacher Adenauers an ihrem Mißerfolg zu messen. Daß manche Gegner Adenauers, darunter auch Heinemann, gelegentlich Fehler gemacht haben, spricht nicht gegen die Richtigkeit ihrer Überzeugung, daß der Ausgleich mit dem Osten am Verhandlungstisch und nicht mit militärischen Drohungen und Druckmitteln gesucht werden mußte. Heinemann ist mehr als einmal im Laufe seines politischen Lebens in die undankbare Lage derer gekommen, die früher als andere erkennen, was notwendig ist. Mochte er auch in den fünfziger Jahren an politischer Erfahrung hinter andern zurückstehen, so übertraf er die meisten seiner deutschen Zeitgenossen an politischem Gespür. Heinemann ist der bedeutendste Vorläufer der Bonner Ostpolitik, wie sie nach 1969 von Willy Brandt und Walter Scheel verwirklicht worden ist. Daß er viele Jahre lang ein Prediger in der Wüste war, hatte er mit andern Vorläufern gemeinsam.

Auch im kirchlichen Bereich blickte er über die Grenzen des eigenen Landes hinaus. Im Sommer 1954 fuhr er als Mitglied der deutschen Delegation zur Weltkirchenkonferenz nach Evanston. Es war bezeichnend für das damalige internationale Klima, daß die amerikanischen Behörden ihm zunächst das Visum verweigerten, weil er einige Monate vorher in Moskau gewesen war. Dann versuchten sie, das Visum ausschließlich auf den Besuch der Weltkirchenkonferenz zu beschränken, doch wurde, als Heinemann schon in den USA war, auch diese Beschränkung aufgehoben, so daß er anschließend die Möglichkeit hatte, nach Washington zu reisen und mit amerikanischen Politikern Gespräche zu führen. Wie andere Europäer vor ihm, stellte er bei aller ideologischen Konfrontation der Weltmächte doch gewisse Gemeinsamkeiten fest und schrieb nach seiner Rückkehr in der immer noch mühsam fortbestehenden *Gesamtdeutschen Rund-*

schau: »Die drei Glaubensstücke menschlicher Religion, Vernunft, Wissenschaft und Fortschritt, finden sich in merkwürdiger Nähe sowohl beim marxistischen Bolschewismus als auch im Bereich des westlichen Idealismus.« Seine persönlichen Erfahrungen und Eindrücke in der Sowjetunion wie in den Vereinigten Staaten bestärkten ihn jedoch in seiner Überzeugung, daß Deutschland nur *zwischen* beiden eine Zukunft finden könne. Um für diese Zukunft einen persönlichen Beitrag zu leisten, scheute Heinemann zusammen mit seinen Freunden keine Mühe. So fuhren sie während der Viermächtekonferenz, die im Juli 1955 in Genf stattfand, als offizielle Delegation der GVP nach Genf, um dort den vier Mächten eine Entschließung zur Lösung der deutschen Frage zu überreichen. Adolf Scheu hat über diese an Begegnungen und kleinen Zwischenfällen reiche Reise für einen Sammelband zu Heinemanns 70. Geburtstag (6) einen Bericht geschrieben, der sich fast wie eine Burleske liest: der Versuch von Amateuren, mit bescheidensten Mitteln Einfluß auf die von Profis betriebene Weltpolitik zu nehmen.
Die Auseinandersetzung um die Deutschlandpolitik hatte inzwischen in vollem Umfang auf die evangelische Kirche übergegriffen. Die konservativen Kreise, die im März 1955 Heinemanns Wiederwahl zum Präses der Synode verhindert hatten, identifizierten sich nunmehr ganz mit der Rüstungspolitik Adenauers. Im Zusammenhang mit einer außerordentlichen Synode, die im Juni 1956 in Berlin stattfand, entbrannte ein heftiger Streit wegen einer Sammlung von Unterschriften unter dieser von Heinemann formulierten Erklärung: »Die Unterzeichneten schließen sich den Bedenken gegen die Einführung der allgemeinen Wehrpflicht bzw. gegen Zwangsmethoden bei der Werbung für den Wehrdienst an, die durch die von der Synode beauftragte Delegation in Bonn und Ostberlin vorgetragen werden.« Der Streit wurde insbesondere zwischen Heinemann und dem hannoverschen Bischof Lilje ausgetragen, der von einer »Theologie der Abrüstung« sprach, für sich und seine Freunde aber unter Berufung auf Luther erklärte, es müsse auch eine Macht geben, um dem Bösen zu wehren, und Macht könne auch eine ethische Funktion haben. Heinemann gab eine deutliche Antwort: »Wenn christlichen Kritikern der Adenauer-Politik ›Theologie der Abrüstung‹ vorge-

halten wird, so antworten wir, daß wir sie für besser halten als eine Theologie, welche durch ihre Unterstützung einer ebenso wertlosen wie verhängnisvollen Aufrüstung im gespaltenen Deutschland den Weg zur Lösung unserer Aufgabe verbaut und durch ihr Gewährenlassen einer leichtfertigen Befreiungspropaganda ihren Beitrag zu dem schrecklichen Geschehen in Ungarn geliefert hat.« (In Ungarn hatte soeben der blutig unterdrückte Volksaufstand stattgefunden.) Wie hätte auch die tiefe Meinungsverschiedenheit, die durch die ganze deutsche Öffentlichkeit ging, vor der Kirche haltmachen können!

Im Laufe des Jahres 1956 war jedoch immer noch deutlicher geworden, daß der politische Konflikt schließlich nur politisch ausgetragen werden könnte und daß dazu allein die im Bundestag vertretenen Parteien imstande waren. Alle Anregungen, abermals überparteiliche Bewegungen nach Art der Notgemeinschaft und des Paulskirchen-Kreises ins Leben zu rufen, lehnte Heinemann darum entschieden ab: »Aus jahrelanger Erfahrung halte ich nichts von übergreifenden Bemühungen und schon gar nichts von Vorträgen und Diskussionen in Gremien ohne bündigen Standort«, schrieb er schon im Oktober 1955 an den Oberst von Bonin, einen der schärfsten Gegner von Adenauers Politik, und diese Überzeugung war in der folgenden Zeit noch gewachsen. Zunächst hatte Heinemann noch in der GVP einen solchen »bündigen Standort« gesehen und gehofft, seine Partei durch ein Bündnis mit der SPD erhalten zu können. Das von den Unionsparteien im Hinblick auf die Bundestagswahl 1957 beschlossene neue Wahlgesetz ließ allerdings kleinen Parteien kaum noch eine Chance, wodurch die Verhandlungen der GVP mit der SPD weiter erschwert wurden. An der Jahreswende 1956/57 war Heinemanns politischer Standort so deutlich wie eh und je, wenn auch das Schwergewicht jetzt nicht mehr auf der in immer weitere Ferne rückenden Wiedervereinigung lag, sondern auf der Bewahrung des Friedens und auf der Ablehnung einer Atombewaffnung für die Bundeswehr. Unklar war allerdings immer noch, wie und wo er diese Politik mit mehr Nachhall als bisher würde vertreten können.

6 Radikal-sozialer Demokrat

Die Politik ist in nicht größerem Maße ein Bereich der Dämonen, als es etwa Geschäft oder Ehe sind. In allen Bereichen dürfen wir uns der Vergebung in Jesus Christus getrösten. *Juli 1957*

Obwohl der kalte Krieg 1958 mit Moskaus Drohung, daß es den Viermächte-Status Berlins aufkündigen werde, nochmals zu einer schweren Krise führte, endeten die fünfziger Jahre dennoch mit ersten Anzeichen einer leichten Entspannung. Symbolisch dafür war der durch tödliche Krankheit verursachte Rücktritt von John Foster Dulles als amerikanischer Außenminister im Frühjahr 1959; auch neigte sich damals Eisenhowers zweite Amtszeit als Präsident ihrem Ende zu. Im Herbst 1960 wurde der junge demokratische Senator John F. Kennedy zu seinem Nachfolger gewählt. Obwohl Kennedy bald nach seinem Amtsantritt mit der ersten Kubakrise, einem vom Geheimdienst vorbereiteten Handstreich gegen die von dem Kommunisten Fidel Castro regierte Insel, scheiterte, einen Rückschlag erlitt und später in der zweiten Kubakrise (1962), als die Sowjetunion Raketenstützpunkte auf der Insel errichtete, bis hart an einen Schießkrieg herankam, gelang ihm schließlich doch der erste Schritt zu einer weltpolitischen Entspannung. Zwar wurde Kennedy selbst im November 1963 aus immer noch ungeklärten Gründen ermordet, aber sein Vizepräsident und Nachfolger Lyndon B. Johnson (1963–68) hat, obwohl er für die zunehmende Verschärfung des Krieges in Vietnam mitverantwortlich war und dadurch neue Probleme schuf, den von Kennedy gegenüber Moskau eingeschlagenen Kurs fortzusetzen versucht. Auch Moskau blieb, obwohl Chruschtschow 1964 vom Politbüro gestürzt wurde, gegenüber Washington bei einer vorsichtigen Entspannungspolitik.

In Europa war 1957 mit der Errichtung der Europäischen Wirtschaftsgemeinschaft durch die Römischen Verträge ein neuer Anlauf zur Vereinigung von zunächst sechs westeuropäischen

Staaten – Frankreich, Bundesrepublik, Italien sowie die Beneluxstaaten Belgien, Holland und Luxemburg – unternommen worden. Obwohl die EWG Bestand hatte, geriet der Anlauf doch schon nach einem Jahr ins Stocken, als in Frankreich General Charles de Gaulle die Fünfte Republik errichtete und erneut den Vorrang nationaler Politik proklamierte. Zwar gelang es dem General in den folgenden Jahren, den mörderischen Kolonialkrieg Frankreichs gegen die ihre nationale Unabhängigkeit erstrebenden Algerier zu liquidieren; aber sein hartnäckiges Bemühen, Frankreich eine Sonderstellung in Europa zu verschaffen, schwächte die NATO, aus deren militärischer Organisation Frankreich ausschied, und vereitelte alle Versuche, über die EWG hinaus zu einer politischen Union wenigstens Westeuropas zu gelangen.

Die innerdeutschen Beziehungen verschlechterten sich weiter und erreichten einen kritischen Punkt, als die Regierung der DDR im August 1961 in Berlin die Mauer zu bauen begann. Das Motiv dieses Unternehmens war die Notwendigkeit, eine weitere Abwanderung für die eigene Wirtschaft unentbehrlicher Teile der Bevölkerung nach Westen zu verhindern.

In der Bundesrepublik Deutschland vollzog sich in dem Jahrzehnt, das auf Adenauers triumphalen Wahlerfolg vom Herbst 1957 folgte, ein weitgehender politischer Szenenwechsel. Zunächst neigte sich die Ära Adenauer ihrem Ende zu. Das wurde sichtbar, als der Bundeskanzler 1959 den Entschluß faßte, als Nachfolger des nach zwei Amtsperioden ausscheidenden Theodor Heuss Bundespräsident zu werden. Diese Absicht gründete auf dem Irrtum, er könne als Bundespräsident, vom Kleinkram der Regierungsarbeit entlastet, dennoch weiterhin die Richtlinien der Bonner Politik bestimmen. Als er diesen Irrtum erkannte, machte er eine Kehrtwendung, bestimmte den eher farblosen Landwirtschaftsminister Heinrich Lübke zum Präsidentschaftskandidaten der CDU und blieb selber Kanzler. Dieses Hin und Her trug erheblich dazu bei, daß die Union 1961 die absolute Mehrheit verlor. Adenauer konnte nach dieser Schlappe nur noch Kanzler bleiben, weil er zusagte, er werde sich nach der Hälfte der Legislaturperiode endgültig zurückziehen.

Parallel zur Schwächung von Adenauers Stellung vollzog sich eine politische Schwenkung der deutschen Sozialdemokratie, die nicht zuletzt auch von Gustav Heinemann gefördert wurde; er war nach der Auflösung der Gesamtdeutschen Volkspartei 1957 mit einigen Freunden der SPD beigetreten und für diese in den Bundestag eingezogen. Erster sichtbarer Ausdruck dieses Wandels der Sozialdemokratie war 1959 die Verabschiedung des Godesberger Programms, das einer Absage an den Marxismus gleichkam. Die geistige Führung dieser Entwicklung lag bei Herbert Wehner, der während der sechziger und frühen siebziger Jahre die maßgebliche Kraft in der Führungsspitze der SPD war. Wehner vollzog auch 1960 den grundsätzlichen Kurswechsel in der Außen- und Deutschlandpolitik, der ein Einschwenken auf Adenauers Linie bedeutete, und verfolgte unermüdlich das Ziel, seine Partei auch im Bund regierungsfähig zu machen.

Diese Absicht wurde ihm dadurch erleichtert, daß Adenauers Nachfolger im Kanzleramt schon bald deutliche Führungsschwächen zeigte. Der »Vater des deutschen Wirtschaftswunders« erwies sich an der Spitze der Bundesregierung als so wenig geeignet, wie Adenauer es immer vorhergesagt hatte. Zwar konnte die »Wahllokomotive« Ludwig Erhard im Herbst 1965 die Union noch einmal zum Siege führen, aber trotzdem blieb er nicht einmal vier Jahre lang Bundeskanzler. Als die Freien Demokraten im Herbst 1966 aus der Regierungskoalition ausschieden, wurden die Unionsparteien nur deshalb nicht auf die Oppositionsbänke verwiesen, weil die Sozialdemokraten zusammen mit der FDP im Bundestag eine so geringe Mehrheit gehabt hätten, daß eine stabile Regierung nicht möglich gewesen wäre. So kam es zum Bündnis der beiden großen Parteien, zur Bundesregierung der großen Koalition und damit zur stillschweigenden Anerkennung der Regierungsfähigkeit der Sozialdemokratie durch die Unionsparteien. Herbert Wehner war am Ziel. In der neuen Bundesregierung übernahm Gustav Heinemann das Amt des Bundesjustizministers.

Nachzutragen ist noch, daß die Bundesrepublik im Herbst 1962, auf dem Höhepunkt der zweiten Kubakrise, ihren bisher größten politischen Skandal erlebte: die SPIEGEL-Affäre. Der damalige Bundesverteidigungsminister Franz Josef Strauß hatte unter Mißbrauch der ihm zur Verfügung stehenden Machtmittel und aufgrund der nicht stichhaltigen Behauptung des Landesverrates einen Schlag gegen das Hamburger Nachrichtenmagazin geführt, als dessen Opfer er selbst sein Amt verlor. Erst durch die Bildung der großen Koalition wurde ihm die Rückkehr in ein Ministeramt – er übernahm das Finanzministerium – ermöglicht.

Es ist heute schwierig, sich ein zutreffendes Bild von den politischen Stimmungen und Strömungen in der Bundesrepublik zu Beginn der zweiten Hälfte der fünfziger Jahre zu machen. Der wirtschaftliche Aufschwung war noch ungebrochen. Das galt auch von dem kalten Krieg und dem kritiklosen Antikommunismus. Die Gegner der von Adenauer betriebenen Politik waren sich ihrer Niederlage bewußt und suchten nach neuen Ansätzen. Einiges von alledem und zudem eine politische Selbstdarstellung enthält ein Brief, den Heinemann damals an Hermann Rauschning schrieb. Dieser eigenwillige, von starkem Nationalismus geprägte Westpreuße kam aus der Volkstumsarbeit im deutsch-polnischen Grenzgebiet, war 1933 nach dem Sieg der Nationalsozialisten im selbständigen Danzig Senatspräsident geworden, aber schon 1934 im Streit mit dem Gauleiter der NSDAP aus dem Amt geschieden und 1936 in die Schweiz geflohen. Dort schrieb er aufsehenerregende Bücher gegen den Nationalsozialismus, vor allem seine *Gespräche mit Hitler,* und setzte sich nach 1945 für die deutsche Einheit ein. Er ging 1948 nach Amerika, kehrte jedoch häufig in die Bundesrepublik zurück und traf dabei auch mit Heinemann zusammen. Als der nachstehende Brief am 7. Januar 1956 geschrieben wurde, hatte Rauschning, der zwölf Jahre älter als Heinemann war, diesen aber überlebt hat, bereits resigniert und seine endgültige Rückkehr nach Amerika beschlossen.
»Ihr gestriger Brief bewegt mich sehr. Sie sprechen vom Abschied – und das darf nicht sein. Darf einer von uns, die wir uns in dem Bemühen um die Wiederherstellung einer Gemeinschaft unseres Volkes *und* einer Wiedergewinnung seiner moralischen Substanz begegnet sind, ganz beiseite treten? Auch mich umschleichen viele trübe Gedanken im Angesicht der gesamten Situation. Gerade vorgestern habe ich mit den engsten Freunden, darunter Frau Wessel, sozusagen noch auf der Schwelle dieses neuen Jahres und im Hinblick auf die Bemühungen unserer Freunde in Baden-Württemberg um die dortige Landtagswahl im März noch einmal erörtert, ob wir unsern Weg fortsetzen sollen. Wir

gedenken es zu tun, wohl wissend, daß keiner von uns aus andern Gründen als denen der Verantwortung die Fortsetzung des obendrein so mühseligen und mit soviel Enttäuschungen beladenen Weges bejaht. Es geht wahrlich nicht um eine *mise en scène*. Gerade das hatte mir auch unsere Begegnung so wertvoll, und ich darf hinzufügen: auch so trostvoll gemacht, der Sie aus soviel weitergreifender Erfahrung mit in die Reihe traten.« Aus diesen Sätzen klingt Heinemanns fast schon wieder enttäuschte Hoffnung, einen Kampfgenossen von Format gefunden zu haben. Allerdings räumt er gleich selber ein, daß diese Wesensverwandtschaft Grenzen hatte. »Was zwischen Ihnen und mir differierte, war das Bild von der moralischen Erneuerung. Ich kann es für meinen Teil nicht mit dem Begriff eines irgendwie Nationalen umschreiben und hatte es darum bei aller Bereitwilligkeit immer wieder schwer, ganz und gar die Brücke zu den Männern zu finden, mit denen wir im letzten Jahr zusammen gewesen sind. Meine Grundlage für die Bemühung auch und nicht zuletzt um die moralische Substanz unseres Volkes ist die Stuttgarter Erklärung des Rates der Evangel. Kirche in Deutschland vom Oktober 1945 oder allgemeiner gesagt die Bekennende Kirche. Daß diese, wenn Sie so wollen, evangelische Grundlage gerade auch in der Kirche nicht fruchtbarer geworden ist, sondern ebenfalls durch den allgemeinen Zug zur Restauration so arg an Tragfähigkeit verloren hat, ist mein besonderer Kummer. Ich kann aber keine andere Grundlage erkennen ...«

Dieser Brief trägt, was immer Heinemann bei seiner Niederschrift gedacht haben mag, Züge eines Epilogs. Längst waren bei ihm selbst Gedanken und bei einigen seiner politischen Freunde auch Taten eingeleitet worden, die ihn auf neue politische Wege führen sollten. Was die Taten anging, so hatte Adolf Scheu das Heft in die Hand genommen. Er, der vor Jahren mehr als andere die Gründung der GVP betrieben hatte, hielt jetzt Ausschau nach neuen Möglichkeiten. In Düsseldorf war am 20. Februar 1956 die Regierung Arnold (CDU) gestürzt und durch eine Koalition aus SPD und FDP ersetzt worden. An demselben Tag noch schrieb Scheu an Walter Scheel, damals einer der sogenannten liberalen »Jungtürken« in Düsseldorf, erinnerte an Heinemanns Ausscheiden aus der Bundesregierung 1950 »als den ersten deutlichen

Protest gegen die Diktatur des alten Herrn aus Rhöndorf« und fragte: »Sollten sich jetzt nicht alle Kräfte zusammenfinden, die die Gefahren eines weiteren CDU-Regiments erkannt haben und die wenigstens jetzt – nachdem es nach 1945 versäumt wurde – die restaurativen Wege verlassen und neue Wege gehen wollen?« Scheu regte weiter an, »Heinemann wieder einzuschalten und damit eine starke Linie zu den freiesten Kräften innerhalb der Evangelischen Kirche zu bauen«. Scheu hat sogar einen konkreten Vorschlag: »Heinemann wird auch von der SPD akzeptiert werden, wenn man von einigen wenigen absieht, die ihn nicht verstehen. Wäre er nicht der geeignete Minister für die NRW-Angelegenheiten in Bonn? ... Ich bin zu jeder Vermittlung in dieser Richtung bereit.«

Eine Antwort Scheels oder eines andern Politikers der neuen Koalition in Düsseldorf ist nicht bekannt, aber vermutlich haben sie abgewinkt. Dafür gab es mancherlei Gründe; aus der Sicht nach zwanzig Jahren kann man einfach feststellen, daß die Zeit dafür noch nicht reif war. Einerseits mußte die GVP liquidiert werden, andererseits mußte Heinemann selbst zu einem neuen Engagement bereit sein. So verständlich und schließlich auch erfolgreich das Drängen der Freunde war – Heinemann war viel zu eigenwillig, als daß irgend jemand ihn hätte manipulieren können. Das Drängen und das – vielfach ohne Heinemanns Wissen betriebene – Handeln seiner Freunde mußte sich irgendwann mit den Ergebnissen von Heinemanns Überlegungen treffen, damit ein neuer Anfang gemacht werden konnte.

Heinemanns Überlegungen aber galten in zunehmendem Maße der Sozialdemokratie. Es gibt auch heute noch Leute, die Heinemann vorwerfen, daß er zweimal innerhalb von zehn Jahren die politische Partei gewechselt hat. Die einen, die das tun, gehören seit Jahrzehnten oder gar bereits in der zweiten oder dritten Generation derselben Partei an und sehen darin ein besonderes Verdienst; die anderen sehen in politischen Parteien irrtümlich Weltanschauungsgemeinschaften und bewerten daher einen Parteiwechsel ähnlich wie den Übertritt aus einer Religionsgemeinschaft zu einer anderen (was ja auch kein Zeichen von Charakterschwäche zu sein braucht!). Heinemann hat in politischen Parteien immer nur Instrumente gesehen, deren der Bürger sich bedienen kann, um seine politischen Absichten zu verwirklichen. Die Partei als Selbstzweck, als Glaubensgemeinschaft oder gar als Orden, dem man unverbrüchliche Treue schwört, war ihm wesensfremd. Das heißt nicht, daß er sich einer Partei gegenüber nicht zu Loyalität verpflichtet fühlte. Die von ihm mitgegründete Christlich-Demokratische Union hat er erst mehr als zwei Jahre nach seinem Ausscheiden aus der Bundesregierung verlassen, weil sie ihm in ihrer bedingungslosen Adenauer-Treue und in ihrer zunehmend restaurativen Grundhaltung keine politische Heimat mehr sein konnte und mit ihren Anfängen, vor allem mit dem stark sozial bestimmten Ahlener Programm immer weniger gemein hatte. Die Gesamtdeutsche Volkspartei gründete Heinemann schließlich deshalb, weil er eine Organisation benötigte, mit deren Hilfe er den Kampf gegen Adenauers Politik fortsetzen könnte.

Ein Vierteljahrhundert später mag mancher das für eine politische Fehlentscheidung halten. Aussichtslos war die GVP allerdings von Anfang an; aber man darf nicht übersehen, daß die Sozialdemokratie für einen Politiker, der wie Heinemann aus dem Bürgertum kam und kirchlich so stark gebunden war, in den frühen fünfziger Jahren vielleicht eine interessante, aber noch kaum eine erstrebenswerte Partei war. Als die Aussichtslosigkeit der GVP im Herbst 1953 offenkundig geworden war, hat Heinemann auch ihr wiederum mehr als drei Jahre lang Loyalität bewiesen. Nach diesem mißglückten Versuch blieb ihm, sofern er weiterhin Politik treiben wollte, keine andere Möglichkeit, als sich der SPD anzuschließen. Dabei ist zu berücksichtigen, daß die SPD des Jahres 1957 bereits erkennbar auf dem Wege zu einer nichtmarxistischen Volkspartei war – ein Weg, an dessen vorläufigem Ende 1959 das Godesberger Programm stand. Diese nicht mehr sozialistische, sondern eben sozialdemokratische Partei verfolgte nicht nur in der Außen- und Deutschlandpolitik Ziele, mit denen Heinemann sich identifizieren konnte. Warum also hätte er, der nach dem Scheitern der GVP wieder politisch heimatlos geworden war, vor dem Weg in die SPD zurückscheuen sollen? Es hatte sich außerdem schon damals längst herausgestellt, daß mindestens in der Bundesrepublik politische Einzelgänger keine Chance haben, jemals zum Zuge zu kommen. Ein Politiker aber, der auf

Verwirklichung seiner Absichten verzichtet, ist ein Widerspruch in sich selbst. Um die Mitte der fünfziger Jahre war Heinemann unwiderruflich zum Politiker geworden; ihm fehlte nur noch ausreichende parlamentarische Erfahrung, die ihm die ersten Jahre nach 1945 im Landtag von Nordrhein-Westfalen nicht hatten vermitteln können. Die Lehr- und Wanderjahre des Politikers Heinemann näherten sich ihrem Ende. Die Meisterprüfung stand vor der Tür.

Hier ist eine Zwischenbemerkung über den Publizisten Gustav Heinemann am Platze. Seit seinen Studentenjahren hat Heinemann Freude daran gehabt oder es geradezu als Bedürfnis empfunden, seine Ansichten öffentlich kundzutun. Die Zahl der von ihm veröffentlichten Aufsätze ist Legion. Wenn während des Dritten Reiches die meisten davon juristischen Inhalts waren und in Fachzeitschriften erschienen, so entsprach das den Verhältnissen. Nach 1945 dominierten jedoch in zunehmendem Maße die politischen Meinungsäußerungen in Wort und Schrift, an denen wir heute ablesen können, wie sich Heinemanns politisches Denken und Wollen, zumal im Laufe der fünfziger Jahre, entwickelt hat. Für den Altbundespräsidenten war es eine besondere Genugtuung, daß ihm der Lessingpreis 1974 der Freien und Hansestadt Hamburg ausdrücklich »wegen seiner Arbeit und Wirkung als politischer Publizist« verliehen wurde. Das Preisrichterkollegium, so heißt es in dessen Entscheidung, »bezieht sich hierbei vor allem auf seine Artikel und Reden zur deutschen Ostpolitik und Wiederaufrüstung sowie auf seine Interpretation deutscher Geschichte in seinen juristisch-theoretischen Aufsätzen und vielen Ansprachen als Bundespräsident«.

Ein Beispiel für Heinemanns publizistisches Wirken in den fünfziger Jahren und zugleich ein Beweis dafür, daß er nicht überraschend, nicht aus spontaner Eingebung in die SPD hineingegangen ist, sondern nach jahrelanger Überlegung, ist sein Aufsatz »Der Weg der SPD«; er erschien im September 1954 in der von Sozialdemokraten herausgegebenen Zeitschrift *Die neue Gesellschaft,* deren Ziel die geistige Erneuerung der deutschen Sozialdemokratie war. Liest man den Aufsatz heute, so gewinnt man den Eindruck, daß Heinemann ihn sowohl an die Adresse der SPD gerichtet als auch zu dem Zweck geschrieben hat, die eigenen

Gedanken zu klären. Er geht darin zunächst den Ursachen nach, warum die Sozialdemokraten bis dahin so selten Einfluß auf deutsche Regierungen gehabt hatten: »Ich sehe sie in dem jahrelangen unrealistischen Verhältnis zwischen den Zielen, die von der SPD verfolgt worden sind, und dem Weg, den sie zu diesen Zielen eingeschlagen hat.« Am Ende einer kurzen historischen Rückschau auf die deutsche Arbeiterbewegung heißt es dann: »Nachdem vollends die Aufsplitterung im eigenen Lager in demokratische und kommunistische Sozialisten hinzukam, mußte es erst recht als verfehlt erscheinen, noch wie ehedem auf die Verwirklichung der sozialistischen Gesellschaft zu spekulieren. Wo sollten die Wählermehrheiten herkommen? ... Mußte nun nicht eine zielklare Umgruppierung vorgenommen werden, um in alle die Bevölkerungsschichten vorzustoßen, die nach ihrer allgemeinen Interessenlage für eine Volkspartei in Betracht kamen?« Die bohrenden Fragen zeigen nur zu deutlich, daß der Fragesteller sich eine sozialdemokratische Partei wünschte, die es auch ihm ermöglichen würde, in ihr mitzuarbeiten. Dabei mochte dieser Wunsch damals noch unbewußt sein. Er wird gleich noch deutlicher: »Eine Umkehr der SPD in den ›Revolutionarismus‹ steht heute weniger denn je in Betracht. Das hieße, sich in einer Zeit in eine KPD oder SED zu verwandeln, in der die Ziele dieses Zweiges am marxistischen Baum sehr diskreditiert dastehen. Die SPD kann nur den Weg des Revisionismus weitergehen. – Dies vorausgesetzt, wird die SPD endgültig ihren Frieden mit der westlichen Wirtschaftsordnung – wie immer man sie bezeichnen mag – machen müssen, so wie sie 1918 ihren Frieden mit westlicher Staatsordnung gemacht hat.« Hier spricht Heinemann den Punkt an, der für ihn bis dahin das größte Hindernis auf dem Weg zur SPD gewesen war. Dabei stützte er sich nicht nur auf sein Herkommen aus einer Familie, deren Aufstieg so, wie er sich abgespielt hatte, nur in der liberalen Wirtschaftsordnung möglich gewesen war, sondern ebensosehr auf seine jahrzehntelangen Erfahrungen in der Wirtschaft. Allerdings hatte Heinemann gar nichts dagegen, daß die SPD auch noch 1953, als sie bereits ein Lippenbekenntnis zur Marktwirtschaft ausgesprochen hatte, »eine Überführung der Grundstoffindustrien in Gemeineigentum gefordert (hatte) – genau so, wie es die CDU und FDP nach 1945

getan haben«. Das war ja auch Inhalt des Ahlener Programms der CDU gewesen, dessen Preisgabe zu den Gründen gehörte, aus denen Heinemann sich von dieser Partei abgewendet hatte. Er schöpft daher Hoffnung: »Man kann also sagen, daß sich das ursprüngliche Feldgeschrei vom Tode des Kapitalismus durch Vergesellschaftung aller Produktionsmittel über ein langes und tiefes Mißtrauen gegenüber der Marktwirtschaft allmählich in eine Anerkennung der Marktwirtschaft mit ›linken‹ Vorbehalten zu verwandeln beginnt.« Schließlich stellt Heinemann fest: »Im Bereich der Bundesrepublik stehen wir heute vor dem Ende des Marxismus als Religionsersatz.« Das genügt ihm jedoch für die SPD noch nicht, sondern er verlangt außerdem eine »Entscheidung für eine positive geistige Haltung«. Wenn er darunter auch keine Hinwendung zum Christentum, aber wenigstens das Ende der negativen Einstellung zu den Kirchen versteht, so spricht er gleichzeitig offen aus, daß die Schuld insoweit in erheblichem Umfang bei den Kirchen liegt: »Es wird nicht nur der SPD zugeschoben werden können, ob sie gegenüber den Kirchen eine aufgeschlossene Haltung findet, sondern es wird nicht weniger entscheidungsvoll sein, ob die Kirchen selber mit aller Folgerichtigkeit jenen dritten Ort außerhalb aller sozialen und politischen Einseitigkeit beziehen, der ihrem Auftrag allein gemäß ist.«
Dieser Aufsatz ist eines der wichtigsten Dokumente zum Verständnis von Heinemanns politischem Weg in der zweiten Hälfte der fünfziger Jahre. Er ist wichtig nicht nur wegen seiner Ausgewogenheit, sondern auch deshalb, weil darin erkennbar wird, daß Heinemann aus der Einsicht, daß die Kirchen in der Vergangenheit die Arbeiterschaft vernachlässigt hatten, eine Forderung mindestens an sich selbst ableitete: die Forderung, wenigstens in der Bundesrepublik zur Versöhnung der deutschen Arbeiterbewegung mit dem Christentum aktiv beizutragen.
Wie wenig Heinemann daran dachte, einseitig Forderungen an die Sozialdemokratie zu richten, geht auch daraus hervor, daß er eine erste Fassung dieses Aufsatzes schon ein halbes Jahr früher in der *Stimme der Gemeinde,* der Zeitschrift der Bekennenden Kirche, veröffentlicht hatte; damals wendete er sich eindeutig an evangelische Leser. Heinemann hatte diesen früheren Aufsatz an Fritz Erler, den nachmaligen Fraktionsvorsitzenden und einen der

führenden Reformer in der SPD, geschickt und bei ihm ein sofortiges Echo ausgelöst. Am 26. Februar 1954 schrieb Erler an Heinemann: »... sage ich Ihnen meinen allerherzlichsten Dank. Es ist wirklich selten, daß ein außerhalb unserer Reihen stehender Mann mit soviel Sachkunde, Duldsamkeit, ja fast Freundschaft an die Probleme unserer Partei herangeht... Warum hilft ein solcher Mann nicht von innen her dabei, die Partei auf jenen Weg zu bringen, den er ihr offensichtlich um des deutschen Volkes willen wünscht? Man kann die Sozialdemokratie nicht von außen her verändern... Ich weiß, daß ich nicht befugt bin, Ihnen einen Werbebrief für die SPD zu schreiben. Sie sind der Vorsitzende einer anderen politischen Partei. Aber nach der Lektüre Ihres Artikels drang sich mir die Schlußfolgerung auf, warum Sie abseits stehen.« Zwischen Erler und Heinemann bestand eine gewisse Wesensverwandtschaft, die auch in ihrer spröden Natur Ausdruck fand. Über die Deutschlandpolitik dachten sie seit langem ähnlich. Zudem war Erler nach eigener Aussage ein gläubiger Christ, wenn auch ein »vielleicht etwas schweigsamer Protestant«. Er hatte schon seit einiger Zeit Ausschau nach Möglichkeiten gehalten, die Schranken zwischen den Kirchen und der SPD zu überwinden. Für Erler war, wie sein Biograph Hartmut Soell (12) richtig bemerkt, »Heinemann ein Repräsentant des in Deutschland so wenig verbreiteten fortschrittlichen Bürgertums, der von den das politische Verhalten der Mehrheit des deutschen Bürgertums prägenden Extremen des Unpolitischen und der Machtanbetung bzw. des zynischen Machtgebrauches frei war.«
Mit Erlers Brief wurde Heinemann erstmals offen die Frage nach seiner politischen Zukunft gestellt. Er war noch nicht zu einer endgültigen Antwort bereit. 1954 war er noch ganz auf die Arbeit in der Kirche eingestellt. Seine Tätigkeit in der GVP hatte ihm dabei bereits genügend Ärger eingebracht, was im folgenden Jahr dann ja dazu führte, daß er als Präses der Synode nicht wiedergewählt wurde. Erst nach jener für ihn so enttäuschenden Erfahrung wurde Heinemann frei zu neuem politischem Engagement. Wilhelm Mellies, stellvertretender Vorsitzender der SPD und deren Bundestagsfraktion, schrieb ihm, als ob er das geahnt hätte, wenige Tage nach der Synode am 8. März 1955: »Gestatten Sie mir, daß ich Ihnen zunächst ein Wort des Bedauerns darüber

sage, daß man Sie nicht wieder zum Präses der Synode ... gewählt hat. Aber nach der alten Volksweisheit ist ja kein Schaden so groß, daß nicht auch ein Nutzen dabei zu verzeichnen wäre. Vielleicht ist mit dieser Ablehnung für Sie selbst eine stärkere Wirkungsmöglichkeit verbunden.« Heinemann dankte brieflich, bestätigte Mellies' letzten Satz ausdrücklich, ging dann aber zu der Frage über, ob in einigen Bundesländern Vereinbarungen der GVP mit der SPD möglich wären. Noch hielt er fest an der GVP, von der er damals seinen schon zur Liquidierung dieses Unternehmens neigenden Freunden zu sagen pflegte: »Auflösen kann man immer noch.«

Hier lag aber für die Führung der SPD eine, wenn nicht die entscheidende Schwierigkeit. Sie war nicht bereit, mit andern politischen Gruppen eine, wie Heinemann es formulierte, »gesamtdeutsche Aktion oberhalb von allen Parteien, Konfessionen und wirtschafts- und sozialpolitischen Differenzen auf breitester Grundlage, jedoch unter Ausschluß von KPD und BdD zusammen« in die Wege zu leiten. In diesem Zusammenhang hatte Heinemann sich vergeblich darum bemüht, den ehemaligen Reichskanzler Heinrich Brüning für den Vorsitz in einer solchen Bewegung zu gewinnen. Der Parteivorstand der SPD versprach sich davon jedoch wenig und fand auch keinen Gefallen an einem Wahlbündnis mit den kleinen Parteien – Freien Demokraten, Vertriebenenpartei BHE, Bayernpartei, Zentrum und GVP – für die noch in der Ferne liegende Bundestagswahl 1957. Auch Erler sah, wenngleich er über die starre Haltung seines Parteivorstandes nicht immer glücklich war, eine wirkliche Lösung nur in dem Weg, den er schließlich am 2. März 1957 in einem Brief an Hermann Kuntz (12), Mitglied der GVP, vorschlug: »Ich möchte Herrn Dr. Heinemann, den ich persönlich schätze und verehre, im Dritten Bundestag sehen. Dafür gibt es eine relativ einfache Möglichkeit: Herr Dr. Heinemann entschließt sich, in diesen Bundestag als Angehöriger der SPD zu gehen«.

Auch Heinemanns Freunde waren in der Zwischenzeit zu dieser Überzeugung gelangt und übten vermehrten Druck auf ihn aus. So schrieb ihm Helmut Gollwitzer am 22. November 1956 in einem langen Brief, nachdem er seine Bedenken hinsichtlich der GVP geäußert hatte: »Theorien helfen in der Politik nichts, wenn sie sich nicht praktisch bewähren. Eine noch so schön ausgedachte theoretische Wünschbarkeit der GVP wird sie nicht zu der Kraft machen, als die wir sie wünschen. Das hat zur Folge, daß ich keinen andern Weg sehe, als die bestehenden größeren Parteien der Opposition zu stärken, auch durch Hineingehen in sie. Da die FDP ein äußerst labiles Gebilde ist, neige ich jedenfalls mehr dafür der SPD zu und meine, wir sollten sie als den Spatzen in der Hand ansehen, der besser ist als die Taube auf dem Dach. D. h., wenn die SPD nicht bereit ist, mit der GVP ein Wahlbündnis zu machen, wohl aber bereit ist, GVP-Leute in ihre SPD-Wahlvorschläge hereinzunehmen, dann sollte man darauf eingehen ... Wenn Du fürchtest, daß bei der 2-Parteien-Alternative viele Wähler entweder ›in die CDU zurückgestaut werden oder nicht wählen oder FDP wählen‹, so meine ich, daß dies leider für die Entscheidungen der GVP ohne Belang ist.« Damit erhielt Heinemann nur bestätigt, was ihm Adolf Scheu bereits seit längerem vorgestellt hatte. Scheu hatte, teilweise ohne Heinemanns Wissen, die Kontakte zur SPD gepflegt, weil er schon lange davon überzeugt war, daß die GVP keine Existenzberechtigung mehr habe. Er sah – wie übrigens von einem teilweise anderen Standort aus auch Erhard Eppler – die Gefahr einer sektiererischen Entartung der GVP als drohend oder gar als bereits eingetreten an. So schrieb Scheu am 5. April 1957 in einem für Heinemann bestimmten Brief an Diether Posser: »Wir haben uns gestern ... darauf geeinigt, mit Hochdruck und Nachdruck alles zu tun, um ein Weiterbestehen der GVP unter völlig veränderten Vorzeichen bei Ausscheiden der besten politischen Kräfte zu vermeiden. Das liegt nun inzwischen auch lebensnotwendig im politischen Interesse von Dr. Heinemann. Was übrigbleiben würde, wenn der Parteitag nicht zum Auflösungsbeschluß käme, sind gutwillige Schwärmer, politische Naivlinge, kleinkarierte Parteipostenjäger – und alle diese Leute angeführt von einigen Kräften, die bewußt aus der GVP etwas völlig anderes machen wollen als wir alle ... Wir sind also nun einfach durch die Verhältnisse gezwungen, alles zu tun, um die Auflösung und Überführung in die SPD beim Bundesparteitag zu erzwingen ... Es gibt für uns keinen anderen Weg mehr, wir müssen auflösen, und es wäre ein Jammer, wenn damit nicht verbunden würde ein

Versuch, in möglichst geschlossener Weise in die SPD hineinzugehen.«
Es ist denkbar, daß Heinemann ohne das Drängen seiner Freunde und zumal ohne die rastlosen Bemühungen Adolf Scheus niemals den Entschluß gefaßt hätte, in die SPD hineinzugehen. Es ist denkbar, daß er zwar die GVP aufgelöst oder sich von ihr getrennt hätte, um dann – abgesehen von publizistischen Ausflügen in die Politik – ganz in seinem Anwaltsberuf aufzugehen. Wahrscheinlich war das alles jedoch schon damals nicht, und im Lichte der späteren Entwicklung erscheint es schlicht unglaubwürdig. Das verringert jedoch nicht das Verdienst Adolf Scheus daran, daß es zum Übertritt Heinemanns und der wichtigsten andern GVP-Politiker zur SPD noch im Mai 1957 und damit noch rechtzeitig vor der Bundestagswahl jenes Jahres gekommen ist. Ohne sein unablässiges Bohren wäre kaum schon am 17. Mai 1957, am Vorabend des Bundesparteitages der GVP, jener Brief von Wilhelm Mellies an Scheu geschrieben worden, der den Erfolg der monatelangen Verhandlungen bedeutete: »Wir haben uns in den verflossenen Monaten bemüht, für einige Ihrer Mitglieder die aktive politische Betätigung im Bundesparlament zu sichern ... Ich kann Ihnen heute dazu konkret mitteilen, daß unser Landesausschuß in Niedersachsen bereit ist, Herrn Dr. Heinemann auf die dritte Stelle der Landesliste zu setzen. Unsere Freunde in Nordrhein-Westfalen haben uns versichert, daß sie Frau Helene Wessel einen sicheren Platz auf der Landesliste einräumen würden.« Einzige Bedingung der SPD war, daß »Ihre Partei den Auflösungsbeschluß faßt und die genannten Persönlichkeiten Mitglieder der Sozialdemokratischen Partei Deutschlands werden«.
Zwei Tage später beschloß der Bundesparteitag die Auflösung der GVP. Am 27. Mai schickte Ollenhauer als Parteivorsitzender Gustav Heinemann das Mitgliedsbuch der SPD. Dieser erhielt daraufhin zahlreiche Briefe, die in der Mehrzahl seinen Entschluß guthießen, doch fehlte es auch nicht an kritischen Stimmen. Heinemann hat über die Gründe, die ihn dazu bewogen hatten, so lange abzuwarten, in einem Brief an Erhard Eppler vom 11. Juni 1957 Aufschluß gegeben. Eppler hatte ihm einige Tage vorher ausführlich dargelegt, warum er bereits zwei Jahre früher in die

SPD gegangen war; er nannte seinen Brief einen »Versuch, von meiner Seite aus einiges menschlich aufzuarbeiten«. Heinemann antwortete: »... Nun sind wir auf jeden Fall wieder beieinander, sowohl äußerlich als auch nach wie vor in der gleichen Grundhaltung. Es war mir in der Tat schmerzlich, daß Sie seinerzeit fortgingen, wenngleich durchaus in der Richtung, die ja auch mir seit langem vorschwebte. Für ein Urteil war der von Ihnen gewählte Zeitpunkt zu früh, weil weder bei uns noch bei der SPD das reif war, was eben reif sein muß. Außerdem mußte die GVP noch mehr aus eigener, wenn auch unzulänglich bleibender Kraft erweisen, nun ein Partner zu sein... Für meinen Teil kann ich nur bejahen, daß wir bis zu dieser heute erreichten Grenze gegangen sind. Es war ja auch jetzt noch schwer, den Übergang zu finden... Vor zwei Jahren wäre überall ein Trümmerfeld entstanden, und von einem bemerklichen Einstieg in eine neue Form der Wirksamkeit für unsere aktiven Freunde hätte damals noch keine Rede sein können.« Hier neigt Heinemann wohl dazu, die seit 1953 wenig planvoll verlaufene Entwicklung der GVP nachträglich zu rationalisieren, doch dürfte es richtig sein, daß die Sozialdemokraten 1955 noch nicht bereit gewesen wären, den führenden Politikern der GVP das zu gewähren, was Heinemann hier »einen bemerklichen Einstieg« nennt. Andererseits kann angesichts dieses Briefes kaum behauptet werden, daß Heinemann von sich aus den Weg in die SPD nicht gegangen wäre. Er hat ihn gewollt und nach längerem Zögern schließlich eine klare Entscheidung getroffen.

Diese Entscheidung dürfte durch ein Ereignis beschleunigt worden sein, das mit Parteipolitik nichts zu tun hatte. Am 12. April 1957 richteten achtzehn führende deutsche Atomwissenschaftler einen Appell an die deutsche Öffentlichkeit, in dem sie vor der Ausrüstung der Bundeswehr mit Atomwaffen warnten. Nach einer knappen Darstellung der mit dem Einsatz von Kernwaffen verbundenen Gefahren und einem Bekenntnis zur Freiheit, »wie sie heute die westliche Welt gegen den Kommunismus vertritt«, kamen die Wissenschaftler zu folgendem Schluß: »Wir fühlen keine Kompetenz, konkrete Vorschläge für die Politik der Großmächte zu machen. Für ein kleines Land wie die Bundesrepublik glauben wir, daß es sich heute noch am besten schützt und den Weltfrieden noch am ehesten fördert, wenn es ausdrücklich und freiwillig auf den Besitz von Atomwaffen jeder Art verzichtet. Jedenfalls wäre keiner der Unterzeichneten bereit, sich an der Herstellung, der Erprobung oder dem Einsatz von Atomwaffen in irgendeiner Weise zu beteiligen.«

Der Appell erregte großes Aufsehen. Er war hervorgerufen worden durch eine Reihe von Äußerungen Adenauers und anderer Unionspolitiker, die unverhüllt den Wunsch nach atomarer Bewaffnung der Bundeswehr enthielten. Den letzten Anstoß hatte wohl eine Pressekonferenz Adenauers am 4. April gegeben, bei der er gesagt hatte: »Unterscheiden Sie doch die taktischen und die großen atomaren Waffen. Die taktischen Waffen sind nichts weiter als die Weiterentwicklung der Artillerie. Selbstverständlich können wir nicht darauf verzichten, daß unsere Truppen auch in der normalen Bewaffnung die neueste Entwicklung mitmachen... Die ganze Entwicklung ist in vollem Fluß. Wir Deutschen können die Entwicklung nicht stoppen, wir können uns nur anpassen... Ich glaube nicht, daß der Besitz solcher Waffen uns der Gefahr einer atomaren Vergeltung aussetzen würde.«

Dagegen hatten sich sowohl die Sozialdemokraten als auch die Freien Demokraten gewendet; beide kritisierten insbesondere, daß der Bundestag und die Öffentlichkeit von der Bundesregierung über die Frage überhaupt nicht unterrichtet worden waren. Nach dem Appell der achtzehn Wissenschaftler war eine breite Debatte des Themas unvermeidlich geworden. Adenauer bemühte sich zwar, durch ein gemeinsames Kommuniqué von Bundesregierung und Wissenschaftlern den Eindruck einer Übereinstimmung zu erwecken, doch konnte er vor allem nicht mehr vermeiden, daß die atomare Bewaffnung der Bundeswehr – über die nach Darstellung der Bundesregierung erst in ein bis zwei Jahren entschieden werden konnte – zu einem der wichtigsten Themen des bevorstehenden Bundestagswahlkampfes wurde.

Der Pressedienst der SPD veröffentlichte am 18. April eine längere Erklärung zu der Unterredung Adenauers mit den Atomwissenschaftlern, in der es hieß: »Die deutsche Öffentlichkeit wird also zur Kenntnis zu nehmen haben, daß die jetzige Bundesregierung die deutschen Probleme auch weiterhin in erster Linie als militärische Probleme sieht. Mit keinem Wort ist in den letzten Tagen im Zusammenhang mit der Warnung der deutschen

Atomforscher von Regierungsseite die Frage angesprochen worden, ob es nicht eine politische Lösung des Deutschlandproblems gibt ... Wenn man bei der Abrüstung, von der die Regierung jetzt auch spricht, einen Erfolg erzielen will, dann muß man gleichzeitig eine Politik der allgemeinen Entspannung einleiten, und dazu gehört nach unserer Auffassung als erster deutscher Schritt der klare und deutliche Verzicht auf die Ausrüstung der Bundeswehr mit Atomwaffen.«

Das entsprach ganz der Auffassung Heinemanns und bestärkte ihn nicht nur in dem Entschluß, mit der SPD gemeinsame Sache zu machen, sondern gab ihm zugleich für die nächste Zeit das große Thema – erst im Wahlkampf und später im Parlament. Zehn Jahre nach Abschluß des Kernwaffensperrvertrages mag es manchem schwer verständlich sein, daß dieses Thema damals solches Aufsehen erregte. Es hat aber tatsächlich etwa zehn Jahre gedauert, bis die Frage der atomaren Bewaffnung der Bundeswehr für die Deutschen als erledigt gelten konnte. Äußerungen von Adenauer, Strauß und anderen Politikern der Unionsparteien aus den fünfziger und teilweise noch aus den frühen sechziger Jahren lassen keinen Zweifel daran, daß die Bundeswehr damals ernstlich die Absicht hegte, Atomwaffen zu erwerben. Noch 1964 wurde die deutsche Öffentlichkeit dadurch aufgeschreckt, daß der damalige Generalinspekteur der Bundeswehr Heinz Trettner von Plänen sprach, die Grenze zwischen Bundesrepublik und DDR durch Atom-Minen zu sichern. Erst im Zuge der fortschreitenden Entspannung, zu deren wichtigsten Ergebnissen der Kernwaffensperrvertrag gehört, wurde klar, daß solche Ideen nicht mehr aktuell waren. Es wäre aber falsch, nachträglich anzunehmen, Heinemann habe damals gegen Windmühlenflügel gekämpft.

Er führte diesen Kampf auf eine für ihn charakteristische Weise mit Argumenten, die von andern nicht verwendet wurden. Den Höhepunkt erreichte er mit einer großen Rede im Bundestag am 25. März 1958 im Verlauf einer langen Debatte. Es ging ihm dabei zugleich um die Sache selbst und um die Bloßstellung der Unionsparteien, die seit dem Herbst 1957 mit absoluter Mehrheit regierten. Nachdem er längere Zeit über allgemeine Fragen der Deutschland- und Außenpolitik gesprochen hatte, kam er schließlich auf das eigentliche Thema: »Sind Massenvernichtungsmittel

verantwortbar, christlich verantwortbar? Sie brauchen mir nicht zu sagen, daß nach der Lehre der beiden großen Kirchen eine Wehrdienstpflicht unter bestimmten Voraussetzungen gegeben sei. Die Frage ist die, ob alles das, was die beiden großen christlichen Kirchen in Jahrhunderten gesagt und entwickelt haben, Bestand hat gegenüber Massenvernichtungsmitteln von heute. Das ist die Frage!« Er erinnerte daran, daß Kiesinger – damals einer der führenden Redner der CDU im Bundestag – die Atomwaffen soeben im Rundfunk als »Teufelsdinger« bezeichnet hatte, und fuhr fort: »Ich nenne die Atomwaffen Ungeziefervertilgungsmittel, bei denen diesmal der Mensch das Ungeziefer sein soll. Ist die Anwendung solcher Mittel christlich verantwortbar? Diese Frage richte ich zumal an Sie, die Sie christliche Partei dem Namen und Anspruch nach sind... Sie werden mir auch nicht entgegenhalten können, daß hier ein Dilemma sei: die Sowjetunion habe ja die Atomwaffen, und wir hätten sie nicht, und wenn wir sie nicht auch in die Hand nähmen – so belieben Sie zu deduzieren –, dann drohe das bolschewistische System auch für uns. Es ist ja eben die Frage – und, bitte, stellen Sie sich ihr! –, ob irgendein Grund die Anwendung von Massenvernichtungsmitteln rechtfertigt.« Hier erwies sich Heinemann gleichzeitig als radikaler Christ und als radikaler Demokrat. »Sie fragen uns, ob wir verantworten wollen, daß die Sowjetunion uns überwinden könnte. Können Sie es verantworten, daß unser aller Selbstmord als die Alternative gegen ein politisches System ins Auge gefaßt wird? ... Natürlich haben Sie selbst zu entscheiden wie jeder von uns hier im Hause. Aber das bedeutet zugleich persönliche Verantwortung, und meine Frage ging eben dahin, nach welchem Maßstab Sie diese Verantwortung betätigen. Nach welchem Maßstab? Sie haben ihn sich selbst gesetzt mit dem Namen Ihrer Partei. Bitte, jetzt stellen Sie sich diesem Maßstab!«
Die Wirkung dieser Rede war im Bundestag insoweit gering, als die Unionsparteien bei ihrer Auffassung blieben. In der Öffentlichkeit aber war die Wirkung gewaltig: in den folgenden Wochen erhielt Heinemann weit über 3000 Briefe, deren Absender ihm fast ausnahmslos zustimmten und für seine Stellungnahme dankten. Hier hatte sich der Neuling in SPD und Bundestag innerhalb weniger Monate als hervorragender Parlamentarier und als

streitbarer Sprecher der Opposition erwiesen. Die Rede gegen die Atombewaffnung bestätigte, daß die von Heinemann bereits im Januar 1958 gehaltene Rede in einer außenpolitischen Debatte kein Zufallstreffer gewesen war. Damals ging es um die Weiterentwicklung der Bonner Außenpolitik, die in ihren Grundzügen, nämlich der Einfügung der Bundesrepublik in das westliche Bündnissystem, unwiderruflich festlag – unwiderruflich mindestens so lange, wie die Konfrontation der beiden Weltmächte bestehenblieb. Die Entspannung zwischen Moskau und Washington lag aber noch in weiter Ferne.
Heinemann hatte an jenem 23. Januar 1958 erstmals Gelegenheit, vor dem Bundestag und damit vor der gesamten Öffentlichkeit seine politische Haltung und den Weg, den er seit 1950 zurückgelegt hatte, im größeren Zusammenhang darzustellen. Er nutzte diese Rede zu einer Generalabrechnung mit Adenauers Politik. In derselben Debatte hielt auch Thomas Dehler, bis vor kurzem Bundesvorsitzender der FDP, eine leidenschaftliche Rede gegen Adenauer, die jedoch, was bei ihm nicht selten war, unter dem Überschwang der Emotionen litt. Heinemann hingegen war leidenschaftlich nur in der Sache; in der Form war er der kühle Jurist mit messerscharfem Intellekt. Die Rede hatte zwei Höhepunkte. Der eine wurde erreicht, nachdem Heinemann mit der sogenannten Politik der Stärke abgerechnet und deren christliche Verbrämung verurteilt hatte: »Es ist heute ja auch manchmal von allerlei Presseerzeugnissen ... die Rede gewesen. Es gibt ein Blatt *Evangelische Verantwortung,* herausgegeben vom Evangelischen Arbeitskreis der CDU. In der Nummer vor der Wahl, der Nummer vom August 1957, war eine Zuschrift zu lesen, wonach der Westen ja noch eine Waffe gegen das ›Untier im Osten‹ habe und diese Waffe die aufhaltende Macht gegen den Antichristen im Sinne des 2. Thessalonicherbriefes sei. Ich bitte Sie herzlich, verehrte Freunde von der CDU und dem evangelischen Teil darin: Sorgen Sie doch dafür, daß solche Klänge endlich verschwinden. Es geht nicht um Christentum gegen Marxismus (Zurufe von der CDU/CSU: Sondern?). Sondern? Es geht um die Erkenntnis, daß Christus nicht gegen Karl Marx gestorben ist, sondern für uns alle.« Das war ein frühes Beispiel für so manche Formulierungen Heinemanns, die den Nagel auf den Kopf trafen.

Den zweiten Höhepunkt erreichte die Rede während Heinemanns Abrechnung mit Adenauer persönlich: »Unsere politische Aufgabe nach dem Krieg war von Anfang an und ist bis zur Stunde eine doppelte..., nämlich das harte, das unerschütterliche Nein zum totalitären System zu verbinden mit dem Ja zur Nachbarschaft der totalitär regierten Ostvölker... Ich habe dem Herrn Bundeskanzler nie und keinen Augenblick vorgeworfen, daß er mit den westlichen Nachbarn einen Ausgleich betrieb. Das war unerläßlich. Aber ich habe ihm immer vorgeworfen und tue es auch in dieser Stunde, daß er mit diesem westlichen Ausgleich neue Ostfeindschaft verbunden hat in der Art, wie geredet wurde, von ihm und seinen Mitarbeitern... Diese doppelte Aufgabe endlich anzufassen, das ist das Gebot der Stunde, und dem gilt alle Bemühung um eine neue Überlegung, nachdem Sie ja selber sagen müssen: Es stand noch nie so schlecht um uns wie heute.... Wenn man diesen Weg (den die Bundesregierung bisher gegangen ist H. L.)... heute immer noch fortsetzen will, dann muß allerdings auch ich sagen: Wer Deutschland immer noch tiefer spalten will, kann es nicht besser machen als in Fortsetzung immer noch dieses Weges. Herr Bundeskanzler, für mich persönlich bedeutet dieses alles an Sie die Frage, ob Sie nicht nachgerade zurücktreten wollen... Ich verstehe zur Genüge, daß Sie sich in eine politische Sicht und einen politischen Weg begeben haben, von denen Ihnen persönlich der Rückweg schwerfällt... Aber ich meine, daß eine ruhige Überlegung und Prüfung der gesamten Gegebenheiten es nachgerade nahelegen sollten, den Weg freizumachen für andere Kräfte, die nun aus dieser Gegebenheit wirklich und glaubwürdig das entwickeln, was geboten ist.«

Diese Rede hatte ein erstaunliches Echo. Kennzeichnend war ein Kommentar in den der CDU nahestehenden *Ruhrnachrichten:* »Über Nacht hat sich unter den sozialdemokratischen Politikern ein Mann nach vorn geschoben, der bis zur Auflösung seiner eigenen gescheiterten Partei in der öffentlichen Meinung als der Exponent der Neutralisierung Deutschlands galt. Tatsächlich hat Dr. Gustav Heinemann, kaum ein knappes Jahr Mitglied der Sozialdemokratischen Partei Deutschlands, den Ruhm Erlers und Carlo Schmids verdunkelt... Wenn die SPD jetzt die jüngste Bundestagsrede Dr. Heinemanns in Massenauflagen verbreiten

will, dann verstärkt sie den Verdacht, daß Dr. Heinemann einer ihrer Kronprinzen geworden ist.« Der letzte Satz verkannte die Stellung, die Heinemann in der SPD einnahm; aber im übrigen gibt der Kommentar die Verblüffung richtig wieder, mit der die Öffentlichkeit auf diesen neuen Stern am parlamentarischen Himmel reagierte. Die parteipolitisch unabhängige *Frankfurter Rundschau* ging noch einen Schritt weiter: »Die Rede, die der ehemalige Adenauer-Minister und heutige SPD-Abgeordnete Dr. Gustav Heinemann in der Nacht des 23. Januar 1958 im Bundestag gehalten hat, wird für spätere Generationen eine wichtige Quelle zum Verständnis unserer politischen Entwicklung in der Mitte des 20. Jahrhunderts bilden. Sie kann auch in ihren unmittelbaren politischen Auswirkungen kaum überschätzt werden.« Den bemerkenswertesten Kommentar schrieb jedoch Bischof Hanns Lilje in dem von ihm herausgegebenen *Sonntagsblatt* (Nr. 5/1958) – bemerkenswert deshalb, weil Lilje politisch eindeutig zu Adenauers Anhängern zählte: »Das erste hervorragende Kennzeichnen der Rede Heinemanns, das in einer in unserer Parlamentsgeschichte ganz seltenen Reinheit hervortrat, war ihre Sachlichkeit. Der völlige Verzicht auf die üblichen Elemente parlamentarischer Rhetorik, die schmucklose Redeweise, die fast staatsanwaltliche Beschränkung auf Fakten und Dokumente haben die Wirkung dieser Rede ungewöhnlich vertieft... Das zweite Merkmal dieser Rede war ihre christliche Ausrichtung. Gerade ihretwegen ist Heinemann von einigen nachfolgenden Rednern gerügt worden. Sicherlich zu Unrecht. Das gegenwärtige deutsche Parlament hat eine so unmittelbare und substantielle christliche Redeweise wahrscheinlich noch nicht gehört... Dr. Heinemann wird man nicht bestreiten können, daß er nicht in einer vagen kulturprotestantischen Manier, sondern aus verbindlichem christlichem Denken heraus gesprochen hat. Darin liegt die ungewöhnliche Bedeutung seiner Rede, daß er ein Parlament, das sich als Teil des ›christlichen Abendlandes‹ versteht, durch seine Fragestellung gezwungen hat, angesichts einer großen, die Menschheit ängstigenden Entscheidung deutlich zu sagen, wie es seine Christlichkeit versteht.«
Heinemann erhielt unzählige Briefe, von denen er nicht wenige selber beantwortete. Aufschlußreich für die Art, wie er sich mit

seinen Kritikern auseinandersetzte, ist sein Brief vom 20. Februar 1958 an Dr. Roland Seffrin, einen katholischen Studienrat aus Hamburg, der sechs Jahre jünger als Heinemann war und seit 1953 für die CDU im Bundestag saß. Seffrin hatte Heinemann unter Hinweis auf Kommentare in der DDR kritisiert. In der Antwort schrieb Heinemann: »Ich bin niemals das, was diejenigen sind, welche sich auf mich berufen, sondern ich bleibe meiner selbst auch dann sicher und gewiß, wenn man mich von anderer Seite in Anspruch nimmt. Wie wollen Sie in einem geteilten und mit seinen Stücken in entgegengesetzte Machtblöcke eingespannten Vaterland überhaupt Politik machen, *ohne* daß Sie von der einen oder andern Seite in Anspruch genommen werden? Wenn immer nur das Gegenteil von dem richtig sein soll, was drüben gesagt wird, geben wir die Steuerung der hiesigen Politik auf eine sehr billige Weise nach drüben ab. Entscheidend muß doch bleiben, was *sachlich* richtig ist und nicht, was andere daraus machen.« Soweit die Zuschriften ablehnend waren, kamen sie wiederum nicht selten aus konservativ-kirchlichen Kreisen, denen es nach wie vor mißfiel, daß ein führender Mann der evangelischen Kirche sich mindestens geistig an die Spitze der Opposition gegen Adenauer gesetzt hatte. Diese Briefe entsprachen teilweise dem, was der Hamburger Theologe Helmut Thielicke, der politisch eher ein Gegner Heinemanns war, diesem am 2. März 1958 schrieb: »Ich kann mir denken, was Sie in puncto Post auszuhalten hatten. So viele Jauchefässer, wie sie in Pfarr- und andern Christenhäusern bereitgehalten und bei Bedarf aus dem Fenster geschüttet werden, gibt es kaum in weltlichen Häusern.« Politisch gefährlich konnten Heinemann Versuche christdemokratischer Politiker werden, ihn wegen seiner Stellungnahme zur Atombewaffnung unter die Sympathisanten oder mindestens Weggenossen der Kommunisten einzureihen. Ein Beispiel dafür war die Äußerung von Dr. Werner Marx, der 1965 in den Bundestag einzog und später außenpolitischer Sprecher seiner Fraktion wurde, in einem Gespräch mit dem Nachrichtenmagazin *Der Spiegel* im September 1958. Marx war damals wissenschaftlicher Mitarbeiter im Bundesverteidigungsministerium. Das Gespräch drehte sich um Maßnahmen der psychologischen Kriegführung und führte zu der Frage der *Spiegel*-Redakteure: »Würden Sie sagen, daß die sozialdemokratisch gesteuerte Aktion gegen den Atomtod den Wehrwillen der Bevölkerung, die Wehrbereitschaft der Soldaten beeinträchtigt?« Darauf antwortete Werner Marx: »Ich würde sagen: Die sozialdemokratische Propaganda, insgesamt gesehen, nicht. Aber ich würde wagen zu sagen, daß Teile dieser Propaganda es in der Tat tun. Ich brauche nur einige Äußerungen zu zitieren, die von Dr. Heinemann in dieser Richtung gemacht worden sind.« Heinemann scheint diese Äußerung erst später zur Kenntnis gekommen zu sein, jedenfalls schrieb er an Marx erst am 23. Februar 1959 einen längeren Brief, in dem er seine Auffassung darlegte und zum Schluß erklärte: »Rechthaberei? Ach, ich muß mit tiefer Unruhe wieder erleben, was meinen Vater und Großvater in der Ära Wilhelms II. und mich selbst gegenüber dem Hitlerspektakel von seinen ersten Anfängen an unruhig gemacht hat. Wir übernehmen uns ein um das andere Mal, und jedesmal werden diejenigen diffamiert, welche nicht erst nach dem Schlamassel, sondern vorher den Mund auftun. – Gebe Gott, daß es gut abläuft!«

Der radikal-soziale Demokrat und Parlamentarier begnügte sich aber nicht mehr mit außen- und deutschlandpolitischen Fragen, sondern nahm sich in zunehmendem Maße auch innen- und gesellschaftspolitischer Probleme an. Dabei galt sein besonderes Interesse den Minderheiten in der Gesellschaft. Auch hier bestätigte sich wieder, daß Heinemann, wenn er sich zu politischem Handeln entschloß, dies immer sowohl als Christ wie auch als Demokrat tat. Er wußte besser als viele seiner Landsleute, daß sich eine Demokratie vor allem darin bewährt, daß sie Minderheiten nicht nur gelten läßt, sondern ihnen besonderen Schutz gewährt. Als Christ aber ging es ihm vor allem um die Gewissensfreiheit. Ein Musterbeispiel für diese aus zwei Quellen gespeiste Haltung ist die Rede, die Heinemann am 12. Mai 1965 im Bundestag über die Zeugen Jehovas gehalten hat. Anlaß war eine Gesetzesvorlage zum zivilen Ersatzdienst für Wehrdienstverweigerer, wobei es insbesondere um die Frage ging, ob Männer, die auch den Ersatzdienst verweigern, bestraft werden sollten. Heinemann und Posser hatten seit Einführung der Wehrpflicht schon zahlreiche Zeugen Jehovas vor Gericht verteidigt, die immer bestraft werden sollten, weil sie nicht nur den Wehrdienst, sondern auch den Ersatzdienst verweigerten. Um die Erörterung des ihm wichtigsten Punktes nicht zu verschleppen, verzichtete Heinemann, wenn auch nicht ohne ausdrückliches Bedauern, im Bundestag darauf, die grundsätzliche Frage zu diskutieren, »ob wir es nicht von den Grundlagen der Verfassung her tragen müßten, daß derjenige, der einen Dienst, welcher Art auch immer, aus Gewissensgründen verweigert, überhaupt nicht bestraft werden kann«. Es ging ihm in dieser Debatte darum, einmal klarzustellen, was Gewissensgründe sind und wie man sie zu respektieren hat. Auch in dieser Frage argumentierte und debattierte Heinemann vornehmlich mit Abgeordneten der Unionsparteien. Er gab unumwunden zu, daß die Einstellung der Zeugen Jehovas auch ihm unverständlich war. Dies aber sei der kardinale Punkt: »Gewissensfragen werden dann erst ernst, wenn man sich über das Gewissen eines andern nicht mehr zum Richter machen soll. Wenn wir alle einig sind, gibt es keine Gewissensfragen. Nun wollten wir doch in dieser Bundesrepublik zu einem wesentlichen Orientierungspunkt unseres ganzen Verhaltens dieses machen, daß wir auch vor dem irrenden Gewissen Respekt haben wollten... Der kardinale Punkt ist, daß diese Zeugen Jehovas mit dem Staat als einer Zwangsordnung nichts zu tun haben wollen, daß sie aber freiwillig durch Vermittlung des Arbeitsamtes in solche Dienste hineinzugehen bereit sind. Ja, ringen Sie ruhig die Hände. Das kann ich auch; denn ich verstehe es genau so wenig wie Sie. Trotzdem geht es wiederum um die Frage, ob wir vor Menschen Respekt haben sollen, die eine Überzeugung hundertfältig bis in den Tod durchgestanden haben... Sie haben im Dritten Reich Gewissenhaftigkeit besser erwiesen als – ja, soll ich sagen: wir alle? Ich schließe mich jedenfalls mit ein.« Hier wird deutlich, daß Heinemann, wenn er einer Sache höchste Bedeutung beimaß, nicht davor zurückscheute, seine moralische Autorität ganz bewußt ins Spiel zu bringen. Und im letzten Teil jener Rede, die sich nach so vielen Jahren noch eindrucksvoller liest als die beiden großen außenpolitischen Reden von 1958, beweist Heinemann wieder, wie in sich zusammenhängend sein politisches Denken war, so daß er auch hier die deutsche Frage wieder ansprechen konnte.

Er wies nämlich darauf hin, daß der Rat der EKD die Bundesregierung gebeten hatte, »bei der gesetzlichen Regelung der Behandlung der Zeugen Jehovas oder der Kriegsdienstverweigerer und Ersatzdienstverweigerer aus Gewissensgründen in vollem Maße zu berücksichtigen, daß es um Gewissensentscheidungen geht, die nicht durch Gesetz überrollt werden sollten«. Ferner betonte er – was vielen Abgeordneten damals vermutlich neu war –, daß im Ostblock die DDR »der einzige Bereich (ist), in dem es anfängt, daß man Kriegsdienstverweigerung aus Gewissensgründen respektiert«. Die bisherige Regelung sei noch unzulänglich, doch liefen Bemühungen, sie zu verbessern. »Vorhin ist gesagt worden, daß in der Bundesrepublik mehr Gerechtigkeit für gewissensgebundene Menschen gelte als in irgendeinem andern Lande. Verehrte Freunde, das muß unser Stolz sein. Auf diesem Wege müssen wir bleiben. Diesen Weg gilt es konsequent fortzuentwickeln, auf daß wir nicht den Boden gegenüber dem verlieren, was wir den totalitären Staaten unausgesetzt zu sagen haben. Wenn ich also von der Evangelischen Kirche in Deutschland spreche, so mit der Bitte, uns die Arbeit drüben dadurch zu erleichtern, daß Sie uns hier wirklich beispielhaft das regeln lassen, was mit dem Respekt vor dem Gewissen anderer Menschen zu tun hat, selbst wenn wir dieses Gewissen nicht zu verstehen vermögen, selbst dann, wenn es uns fremd vorkommt. Ja, dann wird überhaupt die Sache erst wesentlich und wichtig.« Das war eine Sprache, wie sie im Deutschen Bundestag vorher und seither nur sehr selten zu hören gewesen ist.

Gerade wenn man Gustav Heinemann als radikal-sozialen Demokraten versteht, kann man der Frage nicht ausweichen, wie sozialdemokratisch er eigentlich gewesen ist. Damit stellt man nicht seine Loyalität gegenüber der SPD in Frage, an der Heinemann es, nachdem er ihr einmal beigetreten war, nie hat fehlen lassen. Es geht vielmehr darum, wieweit er sich mit der Sozialdemokratie identifiziert hat. Im Pressedienst der SPD hat Heinemann im Juli 1963 selbst einmal geschrieben: »Aus Elternhaus, Schule und Erziehung war mir die SPD fremd.« Fast gleichzeitig schrieb die gewiß nicht sozialdemokratische *Deutsche Zeitung:* »Ein direktes Bekenntnis zur SPD vermeidet der Essener Anwalt. Seine weitestgehende Formulierung lautet: ›Ich bin überzeugt, daß es neben der konservativen CDU einer solchen Partei bedarf.‹« Zu einem die Öffentlichkeit beschäftigenden Problem war Heinemanns Verhältnis zur SPD dadurch geworden, daß er schon wenige Monate nach seiner Wahl in den Bundestag dort als einer der führenden Köpfe seiner Fraktion in Erscheinung getreten war. Das schlug sich übrigens auch in der innerparteilichen Bewertung nieder. Wenn es schon ungewöhnlich war, daß ein erst vor Jahresfrist in die Partei aufgenommener Genosse in den Parteivorstand gewählt wurde, so erhielt Heinemann bei seiner Wahl 1958 sogar 20 Stimmen mehr als der damals zum »Kronprinz« aufsteigende Willy Brandt. Um so bemerkenswerter war, daß Heinemann sich dadurch niemals dazu verleiten ließ, in wichtigen Fällen eine abweichende persönliche Meinung der Parteilinie unterzuordnen.

Das zeigte sich erstmals 1960. Damals beschloß die SPD, dem Wähler für die 1961 anstehende Bundestagswahl eine Regierungsmannschaft zu präsentieren. In Teilen der Partei und zumal in der Öffentlichkeit rechnete man fest damit, daß Heinemann dieser Mannschaft angehören würde, sei es als Innen- oder als Justizminister. Als dann die Mannschaft bekanntgegeben wurde, fehlte Heinemanns Name. Er selbst hatte sich der Aufstellung versagt, weil er hinsichtlich der Atomwaffen und anderer Massenvernichtungsmittel inzwischen eine von der Linie des Parteivorstandes abweichende, jedoch mit seiner Rede vom März 1958 übereinstimmende Haltung vertrat. An Erhard Eppler, den sehr viel jüngeren Freund aus den Tagen der GVP, schrieb Heinemann am 28. November 1960 auf dessen Frage, wie man sich hinsichtlich der Atombewaffnung im Wahlkampf verhalten solle (Eppler kandidierte erfolgreich im Wahlkreis Calw), mit einem Hinweis auf den jüngsten Parteitag der SPD in Hannover, die dortige Entscheidung bedeute, »daß die Partei dem Kanzlerkandidaten (Willy Brandt H. L.) nicht die Hände auf ein absolutes Nein gebunden hat. Ein anderes aber ist die persönliche Haltung der sonstigen Beteiligten. Für meine Person halte ich an dem Nein wie früher fest. Das war ja auch ein Grund, weshalb ich das Meine dazu getan habe, nicht in die Mannschaft einbezogen zu werden.«

Wie wichtig ihm diese Sache war, zeigt ein Briefwechsel mit Erich Ollenhauer um die Jahreswende 1960/61. Heinemann wies darauf hin, daß es hinsichtlich der Atombewaffnung in der SPD zwei Auffassungen gebe. Als Beispiele zitierte er einerseits eine Rede Fritz Erlers vom November 1960: »Ich möchte warnen vor dem Anlegen moralischer Maßstäbe. Für eine politische Partei müssen bei der Beurteilung der atomaren Bewaffnung politische und auch, aber nicht nur, militärische Argumente im Vordergrund stehen.« Dem stellte er ein eigenes Zitat aus der Zeitschrift *Atomzeitalter* vom Juli 1960 gegenüber: »Nicht alles ist zu tun erlaubt, was der Mensch tun kann. Wenn Völkerrecht und sittliches Gebot, wenn Gottes Weltregiment noch etwas gelten sollen, so ist mit den Massenvernichtungsmitteln unserer Zeit eine Grenze erreicht, die der Mensch nicht überschreiten darf. Hieran hat sich das politische Handeln auszurichten.« Heinemann bemerkt weiter, in der SPD würden beide Auffassungen vertreten, und sagt, nebeneinander könnten sie nur bestehen, wenn sie sich gegenseitig gelten ließen. Das habe dann folgende Konsequenzen: »a) Die Gruppe derer, welche atomare Bewaffnung als unverantwortbar ablehnt, muß gelten lassen, daß bestehende Gesetze praktiziert und eingegangene völkerrechtliche Verpflichtungen erfüllt werden, was nicht ausschließt, daß sie auf eine Änderung von Gegebenheiten hinzuwirken versucht. – b) Die Gruppe derer, welche atomare Bewaffnung als Zweckmäßigkeitsfrage ansieht, muß die Kriegsdienstverweigerung aus Gewissensgründen gelten lassen und auch ihrerseits für den Schutz derer eintreten, die sich auf Artikel 4 im Grundgesetz berufen. – c) Vor der Öffentlichkeit darf keine Gruppe die SPD im ganzen auf ihren Standpunkt fixieren. Beide Gruppen sollten vielmehr gegebenenfalls erkennen lassen, daß es auch die jeweils andere Gruppe gibt und daß beide Gruppen in der SPD volle Geltung haben als Beweis dafür, daß diese Partei keine Weltanschauungspartei, sondern eine politische Mannschaft von freiheitlich-demokratischer Struktur ist. Beide Gruppen sind sich zudem in ernsthafter gemeinsamer Bemühung um Abrüstung und Ächtung der Atomwaffen einig.« Nach einer gründlichen Aussprache über diese Fragen im Parteivorstand bestätigte Ollenhauer in einem Brief an Heinemann vom 15. Februar 1961, »daß die von Ihnen eingenommene und dargelegte Haltung in der Sozialdemokratischen Partei Deutschlands vertreten werden kann«. Daß ein solches *agreement to differ,* eine solche Festschreibung grundsätzlicher politischer Meinungsverschiedenheiten innerhalb der SPD überhaupt möglich war, erklärt sich nicht nur aus dem Gewicht, das Heinemann inzwischen in der Partei gewonnen hatte, sondern auch aus der Tatsache, daß 1959 das Godesberger Programm verabschiedet worden war, das die Abkehr von der marxistischen Ideologie besiegelte. Eine andere Frage ist, ob diese Form von innerparteilichem Pluralismus durchzuhalten gewesen wäre, wenn nicht die Frage der atomaren Bewaffnung der Bundeswehr allmählich infolge der international einsetzenden Entspannung und des Atomwaffensperrvertrages gegenstandslos geworden wäre.

Es blieb freilich nicht das einzige Thema, bei dem Heinemann sich grundsätzlich von der Parteilinie unterschied. Zu einer beträchtlichen Verärgerung innerhalb der SPD führte eine Rede, die Heinemann im August 1963 auf einer kulturpolitischen Konferenz der SPD in Hamburg hielt. Er trat dort dafür ein, daß der Staat konfessionelle Schulen fördern sollte: »Um einen vom Standpunkt ganzheitlicher Erziehung erwünschten ganzheitlichen Unterricht zu ermöglichen, muß den Eltern grundsätzlich das Recht eingeräumt werden, ihre Kinder in Schulen mit einheitlich zusammengesetzter Schülerschaft zu konzentrieren. Solche schulische Sonderung des Elternwillens grundsätzlich zu ermöglichen, entspricht dem freiheitlichen Charakter unserer Demokratie.« Diese Forderung entsprach Heinemanns liberaler Grundhaltung und beweist, daß der radikale Demokrat nicht davor zurückschreckte, von der eigenen Partei ebensoviel zu verlangen wie vom politischen Gegner. Schon auf der Hamburger Konferenz wurde seine Rede von vielen Teilnehmern als Provokation empfunden. In der Debatte fielen Äußerungen wie »Wenn das der neue Kurs ist, muß ich wohl nach Amerika auswandern!« oder »Will die SPD nun auch in der Schulpolitik die CDU rechts überholen?«* In der Tagespresse und zumal in pädagogischen Zeitschriften fand die Rede größte Beachtung, aber Heinemanns Parteifreunde waren verschnupft, was auch darin Ausdruck fand, daß er bei der Neuwahl des Fraktionsvorstandes im März 1964 auf den achten Platz zurückfiel. Allerdings hielt die Verstimmung nicht lange an,

* Bericht der Tageszeitung *Die Welt* vom 30. 8. 1963.

und die SPD beschloß sogar noch im Jahr 1964, daß sie Konfessionsschulen künftig wenigstens tolerieren wolle. Als dann nach der Bundestagswahl 1965 der Fraktionsvorstand neu gewählt wurde, erhielt Heinemann mit 181 Stimmen (von 202 Abgeordneten) die höchste Stimmenzahl überhaupt und übertraf damit sogar die Vorstandsmitglieder Erler (165) und Wehner (167). Er stand damit an erster Stelle der Beisitzer.

Schwierigkeiten mit seiner Partei bekam Heinemann schließlich noch einmal, als er 1967 als Justizminister während der Debatten über die Notstandsgesetze eine sehr eigenwillige Haltung einnahm. Davon wird noch im nächsten Kapitel die Rede sein. Diese gelegentlichen Komplikationen dürfen aber nicht vergessen machen, daß Heinemann im übrigen die Verpflichtungen gegenüber seiner Partei sehr ernst nahm. Er war ein unermüdlicher Wahlredner und begnügte sich nicht nur mit diesen Auftritten, sondern erstattete genaue Berichte, so z. B. am 20. April 1959 über seine Beteiligung am Landtagswahlkampf in Niedersachsen. Er lieferte nicht nur eine Liste aller Veranstaltungen mit Besucherzahlen, sondern gab auch Anregungen und Erfahrungen wieder: »... Es erwies sich bis zuletzt, daß der Deutschlandplan der SPD vom 18. März in seinem wirklichen Inhalt weithin unbekannt blieb, und zwar einschließlich der eigenen Parteimitglieder. Diesbezügliche Drucksachen sind entweder nicht rechtzeitig zur Verfügung gestellt worden oder nicht durchgekommen... Obwohl die Geldmittel der örtlichen Parteigliederungen nirgendwo großartig zu sein schienen, wurden Geldsammlungen am Schluß der Veranstaltungen trotz meines diesbezüglichen Hinweises nicht oder nur etwas widerstrebend gemacht.«

Es wäre auch unzulässig, aus Heinemanns gelegentlichen Konflikten mit seiner Partei etwa zu schließen, daß er irgendwann seinen Entschluß, der SPD beizutreten, bereut habe. In einem Aufsatz über »Die politiche Entwicklung der Sozialdemokratischen Partei«* vom Herbst 1962 findet sich eine schlüssige Darstellung seiner Beweggründe und Überzeugungen. »Die SPD hat ihren Anlauf zur Erfüllung der Aufgabe unter anderem mit dem Godesberger Programm von 1959 genommen. Als ein Mitbetei-

* *Junge Kirche,* Oktober 1962

ligter sowohl an der Vorarbeit als auch an der Erörterung des Programms auf dem Godesberger Parteitag erkläre ich ..., daß dieses Programm alles andere als eine taktische Masche ist, vielmehr den Abschluß eines zur Reife gekommenen und aus vielerlei Ursachen gespeisten Entwicklungsprozesses darstellt ... Nur eine von marxistischer Weltanschauung befreite und zur allgemeinen Volkspartei fortgeschrittene SPD hat unter den gegebenen Umständen ... die Chance der linken Alternative zur CDU ... Befreiung von marxistischer Weltanschauung heißt weder Befreiung von jeglichem Leitbild noch Verachtung der politischen Theorie oder Wissenschaftlichkeit, wohl aber das Fallenlassen des Marxismus als einer den ganzen Menschen erfüllenden und bewegenden Gläubigkeit ... Von dieser Gesamtsicht der innen- und außenpolitischen Situation sowie im Hinblick auf die Notwendigkeit einer linken Volkspartei halte ich die Entwicklung der SPD im ganzen für richtig. Sie ist längst noch keine Lösung der uns aufliegenden Aufgaben, sondern zunächst nur ein neuer, zeitgemäßer Ansatz dazu. Er kann verdorben werden, wenn die gebotene Wachsamkeit gegenüber dem Bolschewismus und seinen subversiven Bemühungen in Angst und Unduldsamkeit ausartet. Dabei würden nur die ohnehin starken reaktionären Kräfte gewinnen können. Darum wird Entscheidendes davon abhängen, daß wir inmitten der Zwielichtigkeit aller irdischen Geschichte die eigene innere Sicherheit und Unbefangenheit bewahren und bewähren.«

Ganz verständlich wird Heinemanns Stellung zur inneren Entwicklung der SPD nur dann, wenn man immer berücksichtigt, daß er während dieser ganzen Zeit auch und zumal ein Mann der Kirche war. Wie sehr er das nicht nur war, sondern auch in der Kirche als solcher galt, geht daraus hervor, daß ihm, nachdem er aus politischen Gründen als Präses der Synode nicht wiedergewählt worden war, zweimal ein hohes kirchliches Amt angeboten wurde. Beide Angebote fielen in das Jahr 1958, als Heinemann im Bundestag als führendes Mitglied der sozialdemokratischen Fraktion hervorgetreten war. Zunächst fragte der Berliner Bischof Dibelius, der auch Vorsitzender des Rates der EKD war, bei Heinemann an, ob dieser Konsistorialpräsident von Berlin-Brandenburg werden wolle, also Leiter der obersten Verwaltungsbehörde dieser Landeskirche. Obwohl das wegen der Bedeutung gerade dieser Landeskirche für die innerdeutschen Beziehungen in mancher Hinsicht ein verlockendes Angebot war, lehnte Heinemann das Amt am 26. März ab. Er fühlte sich jetzt der Politik zu sehr verpflichtet. Acht Monate später wurde ihm der gleiche Posten in der Kirchenprovinz Sachsen in der DDR angeboten. Diesmal machte Heinemann sich die Antwort schwerer. Nachdem er vier Wochen hatte vergehen lassen, gab er dem Bischof Jänicke in Magdeburg einen Zwischenbescheid, der allerdings doch schon ziemlich endgültig war. Wenngleich er noch mehr Bedenkzeit erbat, schrieb er am 11. Dezember 1958 doch schon: »Meine Antwort wird sein, daß ich nein sage.« Warum Heinemann die Entscheidung schwerfiel, warum er sie dann aber doch in ablehnendem Sinne traf, geht aus dem Brief hervor, den Bischof Jänicke am 23. Januar 1959 an ihn schrieb: »Gestern berichtete Bruder Kreyssig (ebenfalls Bischof in der DDR H. L.) von seinem Gespräch mit Ihnen, und es ist nun längst an der Zeit, daß ich Ihnen auf Ihren Brief eine Antwort schreibe. Sie werden aus dem Gespräch mit Bruder Kreyssig gehört haben, daß es nicht eine abenteuerliche Idee oder ein ausgefallener Gedanke ist, was ich Ihnen schrieb, sondern daß hier eine wirkliche Not vorliegt. Von den 8 Kirchenleitungen der östlichen Gliedkirchen suchen z. Zt. 5 den führenden Juristen... Nun ist es mir aber ganz deutlich, daß zu solch einem Schritt, mit dem Sie alle Brücken hinter sich abbrechen und in die Ungewißheit völlig neuer und Ihnen unbekannter Verhältnisse und Aufgaben gehen würden, eine ganz einfältige und unmittelbare Gewißheit gehörte: Das ist Gottes Weg. Ohne eine solche Gewißheit dürfen Sie diesen Schritt gewiß nicht tun... Ich weiß wohl, daß zwei Brüder darüber noch ein Wort sagen sollen, ob Sie Ihre Aufgabe in Ihrem jetzigen Bereich recht sehen und beurteilen. Aber letztlich wird das Sie ja nicht bestimmen; schließlich hat in solchen Fällen doch jeder allein zu entscheiden.« Heinemann blieb bei seinem Nein. Er sah seinen Platz und seine Aufgabe auch nach reiflicher Überlegung dort, wo er damals stand: im politischen Leben der Bundesrepublik.

Bewußt oder unbewußt empfand Heinemann es mehr und mehr

als seine Aufgabe, einen Beitrag zu leisten, der das demokratische Bewußtsein der Deutschen stärken und zumal das Verhältnis der evangelischen Christen zur Demokratie verbessern würde. So schrieb er im Oktober 1959 an Helmut Thielicke als Anmerkungen zu dessen Ostasienbuch, das Thielicke ihm geschickt hatte: »Sodann ein Wort zur Demokratie. Ich verstehe Ihre kritischen Fragen gut und habe sie in Westafrika nur zu sehr selber empfunden. Und doch müssen wir uns alle klar und bündig zu ihr stellen, weil es für die in absoluter Form unlösbare Aufgabe guter Zuordnung von Regierenden und Regierten nur die Demokratie als relativ beste Lösung gibt. In dieser Hinsicht hat die evangelische Kirche in der deutschen Geschichte viel, zuletzt noch in der Weimarer Zeit und neuerdings in der Broschüre von Bischof Dibelius *(Obrigkeit)* verdorben und aufzuholen. Zugleich aber wünschte ich den Evangelischen, die in der Politik tätig sind, in anderer Richtung eine Dosis von dem von Ihnen erwähnten ›pessimistischen Menschenbild‹, als sie nicht gar so leicht immer wieder ein Opfer der Kreaturvergötterung gegenüber den ›gottgeschenkten‹ Großen werden dürften... Es ist sehr betrüblich, wie arg sich die Evangelischen dereinst von Bismarck, dann von Hindenburg und heute – ja, darf ich es sagen? – von Adenauer gefangennehmen ließen oder lassen.«
Dem eigenen Volk und dessen Weg in der Geschichte stand Heinemann aufgrund solcher Erfahrungen und der gründlichen Beschäftigung mit der deutschen Vergangenheit stets pessimistisch oder mindestens skeptisch gegenüber. Nicht weniger quälend empfand er aber gerade auch in jenen Jahren seines stärksten politischen Engagements den Zustand der christlichen Kirchen. Dafür gibt es Zeugnisse in vielen Reden und Aufsätzen, in denen Heinemann sich als Inhaber kirchlicher Ämter äußert. Nirgends aber wird seine Sorge so bewegend deutlich wie in einem Brief vom 5. August 1960, mit dem er dem Landesbischof Hanns Lilje von Hannover zum Geburtstag gratuliert. Der Brief ist nicht zuletzt deshalb bemerkenswert, weil Lilje den Konservativen in der Kirche zuzurechnen und häufig anderer Meinung als Heinemann war. Er schrieb, er hoffe, auch bei dieser Gelegenheit »mit einer Frage kommen (zu) dürfen, von der ich im voraus sagen will, daß ich sie in keiner anderen Form als nur in diesem persönlichen

Brief vorbringe. – Ich habe in diesen Tagen Berichte über die Ökumenische Jugendkonferenz in Lausanne sowie über die Konferenz des Christlichen Studentenweltbundes in Straßburg gelesen. In beiden Berichten ... kommt zum Ausdruck, mit welcher Leidenschaft das Verlangen nach Überwindung konfessioneller Grenzen vorgetragen wurde. Unter anderem ist dabei – sicher nicht zum ersten Mal – geltend gemacht worden, daß der Skandal der zersplitterten Kirchen insbesondere in Afrika und Asien schlechterdings unerträglich wird. Sie wissen, daß ich die Qual dieser Situation schon lange teile. Vor 24 Jahren habe ich auf der Bekenntnissynode in Oeynhausen namens unierter Synodaler dazu eine Erklärung vorgetragen*, und sowohl im Rat der EKD seit 1945 als auch im Kirchentag seit 1949 war es stets mein Anliegen, zunächst wenigstens endlich einmal unter uns, d. h. im Umkreis der evangelischen Kirchen Deutschlands, dazu beizutragen, daß wir aus dem jahrhundertealten Widerstreit herauskommen würden. Wie wollen wir es überhaupt und wie wollen wir es vollends heute in dieser sich so revolutionär verändernden Welt rechtfertigen, daß wir getrennte Kirchen sind? – Diese Frage kennen Sie längst. Sie läßt auch Sie keinen Tag los, weil es ja gar keine befriedigende Antwort darauf geben kann, da wir alle wissen, daß wir keine getrennten Kirchen sein *dürfen*. Meine Frage an Sie läuft deshalb darauf hinaus, was wir tun können, um weiterzukommen? – Mit unseren beiderseits 61 Jahren sind wir von den Grenzen der Wirkungsmöglichkeit nicht mehr fern. Wollen wir, wenn wir zu Ende kommen, die Situation unserer evangelischen Kirchen in Deutschland wirklich so hinterlassen, wie sie war, als wir anfingen, eine Mitwirkung darin zu übernehmen? Sagen Sie mir bitte, was Sie zu tun im Sinne haben, damit wir uns vom Fleck bewegen! Darüber möchte ich mit Ihnen für den Rest der uns vielleicht noch geschenkten Jahre und des Beieinander in der EKD zu einem Miteinander kommen!«

Kaum weniger intensiv als der innere Zustand der evangelischen Kirche beschäftigte Heinemann in den drei Jahrzehnten seines öffentlichen Wirkens immer wieder das Verhältnis von Kirche und Politik. Ihm war allerdings niemals zweifelhaft, daß er als Christ in

---

* Siehe Seite 46/47.

beiden Bereichen tätig werden müsse. Als ihn im Juli 1958 ein Anhänger der CDU brieflich aufforderte, sich, wie Heinemann es in seiner Antwort formulierte, »gegenüber den Gegebenheiten von Kirche, Staat und Politik« zu enthalten, lehnte er das mit folgender Begründung ab: »Sosehr es zutrifft, daß diese Welt vergeht, so haben wir doch, solange sie besteht, darin zu wirken, – freilich nicht in der Meinung, aus ihr das Paradies zu entwickeln, wohl aber, um sie in Ordnung zu halten und das Leben der Menschen mit den Mitteln der Natur und des menschlichen Verstandes zu verbessern. Insbesondere gehört dazu der Kampf gegen Hunger und Krieg, und das gerade aus der Verbundenheit mit dem einzigen Herrn der Welt, der einmal alle Herren ablösen wird!«

Dagegen nahm Heinemann den gelegentlich von theologischer Seite gegen ihn erhobenen Vorwurf sehr ernst, daß er durch sein politisches Verhalten und durch seine Doppelrolle eine unzulässige Politisierung der Kirche bewirke. Besonders nachdrücklich widersetzte er sich diesem Vorwurf dann, wenn – wie es fast immer der Fall war – nicht die politische Betätigung schlechthin, sondern die Betätigung in der SPD zum Anlaß von Vorhaltungen genommen wurde. Ausführlich setzte er sich mit dem streng konservativen lutherischen Theologen Walter Künneth auseinander. In seinem Brief vom 16. Juni 1958 heißt es: »Ich denke, daß auch Sie grundsätzlich ethische Vorfragen vor politischen Zweckmäßigkeitsfragen anerkennen. Würden Sie z. B. verneinen, daß vor der Frage, ob ein Präventivkrieg zweckmäßig sein könnte, die Vorfrage nach der Verantwortbarkeit steht? Oder daß vor Zweckmäßigkeitserwägungen über die Ausrottung unnützer Esser (unheilbarer Kranker) diese Frage für Christen gegeben ist? ... Für Gollwitzer, die Bruderschaften und auch für mich steht vor der Frage, ob Massenvernichtungsmittel zweckmäßig sind, die Frage, ob sie christlich verantwortet werden können. Das ist der Kernpunkt. Das dürfen Sie ... nicht einfach als Politisierung der Kirche wegwischen! Das dürfen Sie auf keinen Fall! Sie mögen die ethische Frage anders beantworten als ich, aber Sie dürfen sie nicht als kirchlich ungehörig bezeichnen ...« Heinemann bestätigt Künneth im weiteren, daß auch er wie die meisten Theologen es mißbillige, daß Parteien sich christlich nennen. »Wie lange wollen

Sie und alle andern Theologen es noch geschehen lassen, daß die CDU sich gleichwohl christlich nennt? ... Es gehört zu meinen erschütterndsten Erlebnissen in der SPD, erfahren zu müssen, welch einen Zorn, welch einen Widerwillen gegen jedes christliche Wort die CDU durch ihr Auftreten auslöst... Es gehört aber zugleich zu meinen schönsten Erlebnissen in derselben SPD, welche Türen zu letzten seelsorgerlichen Gesprächen sich mit den einzelnen der offiziell so Verworfenen und leider oft dem Evangelium fremd Gewordenen auftun, wenn einer in die Solidarität mit ihnen eintritt.« Er schließt, ähnlich wie einige Jahre später in dem Brief an Lilje, über die politischen Meinungsverschiedenheiten hinweg mit einem Appell: »Ich freue mich und bin dankbar, daß Sie mich im Vorstand einer SPD nicht abschreiben. Aber es ist ein Vorposten. Es muß manches geschehen, daß er sinnvoll bleiben kann. So wahr ich meines Weges gewiß bin, so sehr rufe ich nach Ihnen!« Solche Briefe schrieb Heinemann als Sechziger. Sie gehören zu den eindrucksvollsten Selbstzeugnissen dieses Mannes, der sich immer zugleich als radikalsozialer Demokrat und als Christ verstand.

Und dazu als Patriot. Niemals verlor Heinemann Deutschland aus den Augen, mochte er nun als Politiker oder als Mann der Kirche handeln. Ein Beispiel dafür war im Juni 1958 Heinemanns ganz persönlicher Entschluß, den Ministerpräsidenten der DDR Otto Grotewohl, der früher Sozialdemokrat gewesen war, aufzusuchen, um mit ihm über die bedrohte Einheit der Evangelischen Kirche in Deutschland zu sprechen. Heinemann hatte beruflich in Berlin zu tun gehabt und danach in einem Gespräch mit Präses Scharf und Propst Grüber den Stand der Dinge erfahren. Bischof Dibelius war zu der Zeit nicht in Berlin. Darauf verabredete Heinemann telefonisch einen Besuch bei Grotewohl, über dessen Verlauf er anschließend Dibelius brieflich berichtet hat. Das Ergebnis dieser Initiative war allenfalls eine atmosphärische Entspannung, doch entsprach sie durchaus Heinemanns von jeher vertretener Auffassung, daß man mit der andern deutschen Seite reden müsse. Ihm war der Zusammenhang nur zu deutlich: Zerbräche die Einheit der EKD, dieser letzten gesamtdeutschen Institution, so müßte das auch die Aussichten für ein politisches Miteinander der beiden deutschen Staaten weiter verschlechtern. Aus heutiger Sicht mag man Heinemanns damalige Initiative ein fruchtloses Unterfangen nennen. Sie erfolgte aber noch drei Jahre vor dem Bau der Mauer und auch noch fünf Monate vor Chruschtschows Berlin-Ultimatum. Damals gab es noch Hoffnung, mochte sie auch nicht mehr groß sein. Hier interessiert aber nicht, ob die Initiative erfolgreich war oder ob sie überhaupt Erfolg haben konnte. Bemerkenswert bleibt in jedem Fall die damals höchst ungewöhnliche Tatsache, daß ein westdeutscher Politiker aus eigenem Antrieb das Gespräch mit einem der höchsten Funktionäre der DDR gesucht hat; daß er dies als Mann der Kirche tat, ändert nichts an der Bedeutung des Schrittes.

7 Hausherr auf der Rosenburg

Wir dürfen die Kraft unserer menschlichen Bemühung um das Recht nicht überschätzen, aber wir dürfen zugleich nicht müde werden, unser Recht jeden Tag besser zu machen. *9. Juli 1954*

Die Bildung der großen Koalition im November 1966 war, was zunächst nicht vorauszusehen war, der Auftakt zu der bisher unruhigsten Periode in der Geschichte der Bundesrepublik Deutschland. An den Hochschulen hatte es schon seit Jahren Unruhe gegeben, weil alle Versuche der Studentenschaft, die längst überfällige Universitätsreform zu verwirklichen, auf Unverständnis und Widerstand der Bürokratie in Bund und Ländern stießen. Als sich nun in Bonn die beiden großen Parteien zur Regierungskoalition zusammenschlossen und die Rolle der Opposition den nur 49 Abgeordneten der Freien Demokraten zufiel, sahen die Studenten keine Möglichkeit mehr, im Bundestag nennenswerte Unterstützung für ihre Forderungen zu finden. Aber auch außerhalb der Hochschulen wuchs angesichts des Fehlens einer effektiven parlamentarischen Opposition die Besorgnis. Es war unvermeidlich, daß sich außerparlamentarische Gruppen bildeten. Diese Entwicklung wurde noch gefördert, als sich schon ziemlich bald herausstellte, daß zwischen Unionsparteien und Sozialdemokraten nur in wenigen Bereichen politische Übereinstimmung bestand. Die politische Führung wurde aus dem Bundestag heraus in eine Art Koalitionsausschuß, den sogenannten Kreßbronner Kreis, verlegt, dem führende Politiker beider Koalitionspartner angehörten. Dieser Kreis traf jedoch immer seltener Entscheidungen, sondern verständigte sich in zunehmendem Maße darüber, strittige Fragen »auszuklammern«. Der Unmut über diese Entwicklung breitete sich aus. 1967 kam es in Westberlin zu den ersten schweren Unruhen aus Anlaß des Staatsbesuches des persischen Schahs Reza Pahlewi. Gleichzeitig erhielt die rechtsradikale Nationaldemokratische Partei (NPD) Zulauf von Unzufriedenen und konnte in einige

Länderparlamente einziehen. Sie wurde zum Sammelbecken neofaschistischer Tendenzen.
Es ist jedoch zweifelhaft, ob die Studentenunruhen in der Bundesrepublik solches Ausmaß angenommen hätten, wenn nicht eine ähnliche Protestwelle auch in vielen andern Ländern zu beobachten gewesen wäre. Dabei spielte die immer deutlicher hervortretende Aussichts- und Ausweglosigkeit der amerikanischen Kriegsführung in Vietnam eine wichtige Rolle. Im Frühjahr 1968 resignierte der amerikanische Präsident Lyndon B. Johnson und verzichtete auf eine Wiederwahl. Sein Nachfolger wurde Richard Nixon, der zusammen mit seinem Sicherheitsberater und späteren Außenminister Henry Kissinger schon frühzeitig zu erkennen gab, daß Washington sich um eine Beilegung des Krieges in Vietnam bemühen werde. In Frankreich wurde die starke Stellung des Staatspräsidenten Charles de Gaulle durch die Pariser Studentenunruhen vom Mai 1968 ernstlich erschüttert. Ein Jahr später trat der General zurück.
Das alles waren Anzeichen einer tiefgehenden Wandlung der Verhältnisse. In der internationalen Politik sind aus jenen Jahren als beunruhigende Faktoren noch der sogenannte Siebentagekrieg Israels gegen seine arabischen Nachbarstaaten sowie die Spannungen zwischen China und der Sowjetunion zu verzeichnen. Im Westen löste die Sowjetunion eine schwere Krise aus, als sie im August 1968 mit Bundesgenossen des Warschauer Paktes in die Tschechoslowakei einmarschierte und dort das Experiment des Reformkommunismus unter Alexander Dubček gewaltsam beendete. Insgesamt wurde durch diese Ereignisse das Gefühl der Menschen, an einer Zeitenwende zu stehen, noch verstärkt.
Es bedeutete daher kaum eine Überraschung, daß die Unionsparteien die Bundestagswahl 1969 zwar immer noch als stärkste Fraktion überstanden, gegenüber SPD und FDP jedoch in die Minderheit gerieten und es hinnehmen mußten, daß sie in die Opposition verwiesen wurden. Diese Entwicklung hatte sich schon sechs Monate vorher angekündigt, als Gustav Heinemann von der Bundesversammlung mit der knappen Mehrheit von SPD und FDP gegen die Stimmen der Unionsparteien und der NPD zum Bundespräsidenten gewählt worden war.

Als Gustav Heinemann im Oktober 1950 als Bundesinnenminister zurücktrat, dürfte er es für nahezu ausgeschlossen gehalten haben, daß er noch einmal mit einem christ-demokratischen Bundeskanzler am Kabinettstisch sitzen würde. Ebendies aber geschah, nachdem er im Dezember 1966 Hausherr auf der Rosenburg, dem damaligen Sitz des Bundesjustizministeriums in Bonn, geworden war. Es war das Kabinett der großen Koalition, und der Bundeskanzler hieß Kurt-Georg Kiesinger. Über das Zustandekommen jener Regierung hat Heinemann zehn Jahre später in seiner nüchternen Art berichtet: »Als die Unterhändler sich einig geworden waren, rief Brandt mich an und sagte: ›Auf uns entfällt u. a. das Justizministerium. Bist du bereit, es zu übernehmen?‹ Ich sagte ja und wurde am 1. Dezember 1966 zum Bundesminister der Justiz ernannt. Der Amtswechsel mit dem Vorgänger Dr. Jaeger (CSU) ging alsbald vonstatten. Ich trat damit eine Arbeit der Justizreformen an, die mir sehr lag.«
Wir kennen nur wenige Äußerungen Heinemanns über die große Koalition, die vor und auch noch nach ihrem Zustandekommen von vielen Sozialdemokraten und einem großen Teil der deutschen Öffentlichkeit abgelehnt wurde. Die damals verbreitete Stimmung findet treffenden Ausdruck in einem Brief, den Heinemann Ende November 1966, kurz vor seiner förmlichen Ernennung von einem ihm unbekannten Sozialdemokraten erhielt: »Ihre Beteiligung an der neuen Bundesregierung und vor allem die Ablösung Ihres Vorgängers im Amt – sowohl hinsichtlich seiner Person als auch seines Geistes – haben mir die politische Entscheidung unserer Partei für die große Koalition etwas erleichtert. Vielleicht hilft die Freude über Ihr Amt mit, um die Bestürzung und Bedrückung zu überwinden.« Die Zustimmung zu Heinemanns Aufnahme in das neue Kabinett reichte jedoch weit über den Kreis der Sozialdemokraten hinaus. So schrieb ihm Thomas Dehler, in den fünfziger Jahren Partei- und Fraktionsvorsitzender der Freien Demokraten, im ersten Kabinett Adenauer selbst Justizminister und nunmehr Vizepräsident des Bundestages, am 2. Dezember in einem kurzen Brief: »Sie sind der einzige, dem ich Glück für das Ministeramt wünsche. Sie sind kein Liberaler – das ist schade. Sie wissen aber von der Rechtsstaatlichkeit, von dem Wert der großen Grund- und

Freiheitsrechte als den Elementen unseres geistigen, politischen und wirtschaftlichen Lebens. Bei Ihnen ist das Recht in guten Händen. Darum sehe ich Sie gern auf dem Stuhle der Rosenburg, den ich bereitet habe.« Fritz Erler, Fraktionsvorsitzender der SPD und damals schon ein todkranker Mann, schrieb ihm aus dem Krankenhaus in Freiburg: »Es hat mich sehr bewegt, daß Du Dich entschlossen hast, in der neuen Bundesregierung das Justizressort zu übernehmen. Damit ist ein unübersehbares Signal gegeben, was sich an Gesinnung durch den Eintritt der SPD als gleichwertiger Partner in die Bundesregierung verändert hat... Wir alle wissen, daß Du in der Bundesregierung nicht nur Dein Ressort vertreten, sondern auch Deine gewichtige Stimme bei der Entwicklung der allgemeinen Politik zur Geltung bringen wirst.« Erler war ja einer der ersten maßgeblichen Sozialdemokraten gewesen, die sich bald nach dem Scheitern der Gesamtdeutschen Volkspartei bei der Bundestagswahl 1953 darum bemüht hatten, Heinemann für die SPD zu gewinnen.

Für Heinemann besonders wichtig war ein Glückwunschbrief von Max Güde. Der damals Sechzigjährige war in den fünfziger Jahren Generalbundesanwalt gewesen und 1961 als Abgeordneter der CDU in den Bundestag gegangen. Dort saß er dem Sonderausschuß für die Strafrechtsreform vor und hatte schon lange mit Heinemann zusammengearbeitet, der in der SPD-Fraktion den rechtspolitischen Arbeitskreis geleitet hatte. Güde, der in seiner rechtspolitischen Grundhaltung liberal war, beglückwünschte Heinemann und fuhr fort: »Für mich ist das nicht nur eine Floskel der Höflichkeit, sondern der Ausdruck ehrlicher Freude und Genugtuung. Ich freue mich ganz unbefangen, daß gerade Sie in dieses Amt berufen worden sind, weil es Ihnen zusteht und wohl ansteht. Ich glaube, daß die deutsche Justiz in allen ihren Teilen so denkt wie ich und Hoffnung auf Ihre Sachkunde und Sachlichkeit und Ihren Ernst zur Sache setzt. Ich selbst setze die Hoffnung auf Sie, daß mit Ihrer Hilfe die Strafrechtsreform zu Ende geführt werden kann, damit dieser Block aus dem Wege einer umfassenden Reform weggeräumt ist.«

Aus allen diesen Briefen wird deutlich, daß eine breite Öffentlichkeit gerade Heinemanns Mitarbeit in der neuen Bundesregierung begrüßte und sich von ihm nicht nur Rechtsreformen im engeren

Sinne, sondern auch eine allgemeine Einwirkung auf die Politik der großen Koalition erhoffte. Daß dahinter auch weit überspannte Erwartungen stehen konnten, erkannte Heinemanns Freund Helmut Gollwitzer, der seinen Weg schon seit vielen Jahren mit kritischer Zuneigung verfolgte. Er übersandte Heinemann mit einem Brief vom 5. Januar 1967 Thesen des Soziologen Jürgen Habermas zur großen Koalition, »weil Dich die Erwähnung Deiner Person in diesen Thesen betrifft. Sie geschieht freilich in einer Weise, daß ich, wenn ich mich in Deine Lage versetze, eher fürchte, Du kannst diese großen Erwartungen, die sich auf Deine Person richten, nur als eine Last empfinden. Es muß ja jedem Vernünftigen klar sein, 1) daß Du von deinem Ressort aus nicht mit der Richtlinien-Kompetenz des Bundeskanzlers konkurrieren und dem ganzen Kabinett Deine Ideen aufzwingen kannst, 2) daß der Bundesjustizminister nicht entfernt die Macht hat, alle Verfahrenheiten des Rechtslebens in unserem Lande mit einem Schlage zu ändern, noch dazu während einer so kurzen Regierungsperiode, wie Du sie für Deine Amtszeit ins Auge gefaßt hast.« Mehr als ein Viertel der Legislaturperiode war ja bereits verstrichen, als die große Koalition gebildet wurde. Gollwitzer schrieb weiter, daß man zufrieden sein müsse, wenn Heinemann in seinem Ressort einige Weichen stellen könnte, und fuhr dann fort: »Ich muß aber doch gestehen, daß es mich zugleich tief erfreut, wenn Menschen, die sonst kaum ein Verhältnis zum christlichen Glauben haben, an Deiner Person erkennen, was es in Wahrheit mit einem christlichen Politiker auf sich hat, wie es in diesen Thesen von Habermas geschieht. Sollte es einmal während Deiner Amtszeit zu einer Konfliktsituation im Kabinett kommen, die für Dich eine prinzipielle Frage darstellt, dann wird es für Dich sicher nicht mehr eine Last, sondern eine Stärkung bedeuten, von solchen Erwartungen, die auf Dich gesetzt werden, zu wissen.«

Liest man alle diese Briefe nach zehn und mehr Jahren, dann kommt einem wohl der Gedanke, daß ein zweiter Georg von Frundsberg in jenen Dezembertagen 1966 zu Heinemann hätte sagen können: Mönchlein, Mönchlein, du gehst einen schweren Gang! Die *Frankfurter Allgemeine Zeitung* ließ sich am 2. Dezember von ihrem Korrespondenten in Karlsruhe melden:

»Die Ernennung Gustav Heinemanns zum Bundesjustizminister ist in Karlsruhe bei Bundesgerichten und Bundesanwaltschaft zwiespältig aufgenommen worden. Offizielle Äußerungen liegen naturgemäß nicht vor, aber gewöhnlich gut informierte Kreise wollen wissen, daß hauptsächlich Beamte der Bundesanwaltschaft mit gemischten Gefühlen die Ernennung aufnahmen. Heinemann ist in Karlsruhe kein Unbekannter.« Der Bericht erinnert an den Agartzprozeß und fährt fort: »Heinemann gilt ferner als Gegner der Staatsschutzgesetze der Bundesrepublik und strebt ihre Reform an. Im Gegensatz dazu akzeptiert die Bundesanwaltschaft die Staatsschutzbestimmungen in ihrer jetzigen Fassung ...« Die Opposition des bisherigen politischen und beamteten Establishments zeichnete sich deutlich ab. Würde es ein schwerer Gang werden?

Heinemann selber dürfte das nicht so empfunden haben. Für ihn, der damals immerhin schon siebenundsechzig Jahre zählte, mußte das Amt des Justizministers die Möglichkeit einer Erfüllung bedeuten. Im Laufe von zwanzig Jahren hatte Gustav Heinemann sich zu einem erfahrenen Politiker und hochangesehenen Parlamentarier entwickelt. Von Beruf – soweit ihm dazu Zeit blieb – war er immer noch Rechtsanwalt, aber von Berufung war er längst Politiker geworden. Fünfeinhalb Jahre vorher hatte er in einem Brief an Bischof Lilje bereits geschrieben, daß er angesichts seines Alters »von den Grenzen der Wirkungsmöglichkeit nicht mehr fern« sei. Jetzt erschloß sich ihm beinahe unversehens eine Wirkungsmöglichkeit gerade auf dem Gebiet, das ihm, abgesehen von der kirchlichen Arbeit, am allernächsten lag. Er dürfte die Schwierigkeiten des neuen Amtes nicht unterschätzt, sie aber im Vergleich zu der Aufgabe, die sich ihm bot, gering veranschlagt haben.

Wenn Heinemann später gesagt hat, er habe mit seiner Ernennung zum Justizminister eine »Arbeit der Justizreformen« angetreten, die ihm sehr gelegen habe, so ist das eine sehr zurückhaltende Formulierung. Er stand vor einer schwierigen Aufgabe. Die Menge der zu leistenden Arbeit, die unter den Begriff Justizreformen fiel, war beträchtlich; die zur Verfügung stehende Zeit war begrenzt, über das Ende der Legislaturperiode im Sommer 1969 hinaus konnte Heinemann keine konkreten Pläne machen. Hinzu kam die begrenzte Handlungsfähigkeit der großen Koalition, die zwar in den ersten Monaten noch nicht so deutlich sichtbar wurde wie im Laufe der nächsten beiden Jahre, vor allem unter dem Einfluß der 1967 beginnenden Studentenunruhen. Ein so nüchterner Mann wie der neue Justizminister konnte sich aber keine Illusionen darüber machen, daß mindestens ein Teil seiner Reformvorhaben bei dem größeren Koalitionspartner auf Widerstand stoßen würde. Schließlich mußte Heinemann auch mit der Möglichkeit rechnen, daß sein fortgeschrittenes Alter ihm nur noch eine begrenzte Zeit politischen Wirkens gestatten würde. Die Ironie der Geschichte hat dann dazu geführt, daß weder das Alter noch der Koalitionspartner ihn an der Weiterführung der Justizreform gehindert haben, sondern seine Wahl in das höchste Staatsamt. Von dieser Möglichkeit war freilich im Anfangsstadium der großen Koalition noch nicht die Rede. Gleichwohl richtete Heinemann sich darauf ein, daß er in der voraussichtlich verfügbaren Zeit nur eine begrenzte Zahl von Verbesserungen durchbringen und für ein umfassenderes Reformprogramm lediglich die Fundamente legen könnte. Er verstand sich daher vor allem als Motor der Rechtsreform, deren Einzelheiten dann vermutlich andere verwirklichen müßten.

Als vordringlich erschien ihm zunächst der Abschluß der Strafrechtsreform, die deutsche Parlamente und Politiker seit mehr als einem halben Jahrhundert beschäftigt hatte. Ein fertiger Entwurf lag seit 1962 auf dem Tisch, doch wurde er nicht nur von liberalen und sozialdemokratischen Politikern, sondern auch von namhaften Rechtslehrern als viel zu konservativ und teilweise antiquiert angesehen. Diese Rechtslehrer hatten deshalb 1966 einen sogenannten Alternativentwurf vorgelegt, der einerseits die wirksame Bekämpfung der wirklich schwerwiegenden Straftaten, gleichzeitig aber intensive Bemühungen um eine Resozialisierung oder Wiedereingliederung der Täter nach der Strafverbüßung vorsah. Es war zwar nicht möglich, den Entwurf von 1962 einfach durch den Alternativentwurf zu ersetzen, sondern es mußten Kompromisse geschlossen werden. Immerhin sind die beiden 1969, als Heinemann schon nicht mehr Justizminister war, verabschiedeten Strafrechtsreformgesetze dem Alternativentwurf sehr viel ähnlicher als der konservativen Vorlage von 1962. Zu den wichtigsten

Einzelheiten der Strafrechtsreform gehört die Zusammenfassung der bis dahin verschiedenen Formen der Freiheitsstrafe – Haft, Gefängnis, Zuchthaus – zu einer Einheitsstrafe; dadurch wurde vor allem die Zuchthausstrafe beseitigt, die eine Resozialisierung des Täters besonders erschwert hatte. Außerdem dürfen seither Freiheitsstrafen unter sechs Monaten nur noch ausnahmsweise verhängt werden, weil sich herausgestellt hat, daß diese kurzen Freiheitsstrafen die Rückfälligkeit der Täter besonders fördern. Wesentlich an der von Heinemann betriebenen und teilweise zu Ende geführten Strafrechtsreform sind jedoch nicht deren Einzelheiten, sondern eine grundsätzlich neue Einstellung zu Verbrechen und Strafe.

Die seit Jahrzehnten erstrebte Reform konnte jedoch nicht in einem Akt das gesamte Strafgesetzbuch erneuern, sondern nur dessen Allgemeinen Teil, während die Reform des Besonderen Teils, in dem die einzelnen Straftatbestände aufgeführt werden, wegen gesetzgeberischer Schwierigkeiten nur Stück für Stück erfolgen kann. Insoweit beschränkte Heinemann sich wieder auf Dinge, die ihm vordringlich erschienen. Dazu gehörte vor allem die Reform und zum Teil die Beseitigung des politischen Strafrechts, das zum großen Teil erst 1951 unter der Einwirkung von kaltem Krieg und Kommunistenangst geschaffen worden war. Auf diesem Gebiet besaß Heinemann große Erfahrung, weil er als Anwalt viele wegen politischer Straftaten angeklagte Personen verteidigt hatte. So bedeutete es für ihn einen großen Erfolg, daß schon im Juni 1968 durch das 8. Strafrechtsänderungsgesetz die Liberalisierung verwirklicht wurde. Gleichzeitig wurde eine Amnestie für politische Straftaten erlassen, soweit die Täter aufgrund von Bestimmungen verurteilt worden waren, die nunmehr aufgehoben wurden. Unter dem Gesichtspunkt, daß nur wirklich kriminelles Verhalten vom Strafgesetz geahndet werden sollte, wurden zumal im Straßenverkehrsrecht kleinere Verstöße nicht mehr als Straftaten, sondern als Ordnungswidrigkeiten verfolgt und mit Bußgeld belegt. Im Zusammenhang mit der Liberalisierung des politichen Strafrechts wurde ferner in Staatsschutzstrafsachen eine zweite Instanz eingeführt; während bis dahin der Bundesgerichtshof in solchen Fällen als erste und einzige Instanz geurteilt hatte, ist es seither möglich, ein Rechtsmittel einzulegen

und das Urteil der ersten Instanz überprüfen zu lassen. Der Rechtsstaat wurde dadurch ausgebaut.
Heinemanns besondere Aufmerksamkeit galt auch der Reform des Sexualstrafrechts, das noch ganz von den Auffassungen des 19. Jahrhunderts bestimmt wurde. Dabei zeigte sich wieder einmal, wie nüchtern und aufgeschlossen Heinemann der Wirklichkeit auch dann begegnete, wenn diese seinen eigenen Maßstäben gar nicht entsprach. So hat er die Strafbarkeit des Ehebruchs beseitigt. Gegenüber Befürwortern des bisherigen Zustandes verwies Heinemann darauf, daß nach der damals jüngsten Statistik im Jahr 1964 in der Bundesrepublik nur 123 Verurteilungen wegen Ehebruchs erfolgt waren, obwohl nach allgemeiner Ansicht die Zahl der Ehebrüche in jedem Jahr möglicherweise sechsstellig sei. Die Strafbarkeit bedeute, so argumentierte er, so gut wie nichts, halte vom Ehebruch nicht ab und habe auch keinerlei sittenbildende Kraft. Daß der Christ Heinemann die Ehe für eine wichtige und schutzwürdige Institution hielt, konnte ihn nicht hindern, rechtspolitisch der Wirklichkeit Rechnung zu tragen. Ebenso beseitigte Heinemann das Delikt der Gotteslästerung. Man müsse davon ausgehen, daß Gott nicht ein Gegenstand strafrechtlichen Schutzes sein könne. Zu schützen sei vielmehr der öffentliche Religionsfriede. Er sagte damals: »Es geht darum, den Tatbestand der Gotteslästerung in einen Tatbestand der Beschimpfung von Religions-, Glaubens- und weltanschaulichen Gemeinschaften und ihrer Überzeugungen aufgehen zu lassen.« Er wollte also den bisher allein den christlichen Kirchen gewährten Schutz auch auf Sekten, Gemeinschaften von Atheisten oder Dissidenten und sogar auf philosophische Schulen ausgedehnt wissen. »Es muß ein Mindestmaß an Anstand in religiöser und weltanschaulicher Auseinandersetzung gesichert werden.« Allerdings betonte Heinemann auch bei dieser Gelegenheit wieder, daß eine politische Partei nicht als Glaubensgemeinschaft in diesem Sinne betrachtet werden könne.
Was die Homosexualität unter Männern anging, so stützte Heinemann sich auf das schwer zu widerlegende Argument, daß Männer grundsätzlich nicht schlechter gestellt sein sollten als Frauen, bei denen die Homosexualität nicht strafbar ist. Allerdings bleibt die Homosexualität unter Männern strafbar als

Verführung von Jugendlichen und dort, wo sie unter Ausnutzung eines Abhängigkeitsverhältnisses oder gewerbsmäßig betrieben wird. Was die Strafbarkeit des Schwangerschaftsabbruchs angeht, so hatte deren Reform nicht mehr Heinemann als Justizminister zu verantworten. Er hatte jedoch erkennen lassen, daß er insoweit eine von der Mehrheit seiner Partei abweichende Haltung einnahm und sich lediglich für die ethische Indikation aussprach. In jedem Falle, so sagte er schon als Justizminister, sollten die ethischen Grunsätze der christlichen Kirchen durch eine Reform des § 218 StGB nicht berührt werden. Es sei jedoch die Aufgabe der Kirchen, einer vergewaltigten Frau bei der schweren Frage zu helfen, ob sie eine Schwangerschaft aus Notzucht als eine Fügung Gottes zu verstehen und zu tragen vermöge.
Die übrigen hier genannten Reformen wurden mit dem 9. Strafrechtsänderungsgesetz verwirklicht, das erst nach Heinemanns Wahl zum Bundespräsidenten, wenn auch noch kurz vor seinem Amtsantritt, verabschiedet wurde. Darin wurde übrigens auch die Strafbarkeit des Zweikampfes aufgehoben. Heinemann betrachtete alle Reformen, die während seiner reichlich zwei Jahre auf der Rosenburg verwirklicht wurden, nicht als endgültig, sondern als erste Schritte. Zunächst ging es ihm darum, nur diejenigen Bestimmungen zu ändern, die in besonders krassem Widerspruch zu den gewandelten Anschauungen standen. Eine umfassende Reform z. B. des Sexualstrafrechts sollte später folgen. Bei alledem ließ sich Heinemann überhaupt nicht von Ideologien bestimmen, sondern ausschließlich von Vernunft und dem unablässigen Streben, mehr Gerechtigkeit zu schaffen. Aufschlußreich ist insoweit ein Brief, den er wenige Wochen nach seinem Einzug auf der Rosenburg an den Berliner Bischof Kurt Scharf schrieb. Der Anlaß des Briefes war Heinemanns Absicht, demnächst aus dem Rat der EKD auszuscheiden. Davon wird noch weiter unten zu sprechen sein. In diesem Brief heißt es ferner: »Einen weiteren Grund sehe ich darin, daß die fällige Reform des Strafrechts u. a. die Frage stellte, ob und inwieweit die Normen der christlichen Ethik vom staatlichen Strafrecht unterstrichen werden sollen. In dieser Hinsicht stimme ich nicht mit allen überkommenen Auffassungen überein. Ich trete vielmehr dafür ein, daß das staatliche Strafrecht nach den Grundsätzen einer Gesellschaft

ausgerichtet wird, die heute nur noch begrenzt von christlichen Auffassungen bestimmt ist. Für diese Diskussion halte ich – auch was mich persönlich anbetrifft – ein klares Gegenüber von Kirche und Staat für erwünscht.«

Heinemann dachte also nicht daran, eine überwiegend nicht mehr christliche Gesellschaft in die Zwangsjacke eines an christlichen Vorstellungen orientierten Strafrechts zu pressen. In einem Fernseh-Interview am 21. April 1967 sagte er dazu, über die bloß christliche Begrenzung hinausgehend: »Ich bin der Meinung, daß das, was ethisch unerlaubt ist, oder das, was gegen gesellschaftlichen Anstand verstößt, nicht alles gleichzeitig vom Strafrecht strafbar gemacht sein soll. Das müssen wir etwas weiter von einander abgrenzen – im Interesse auch der Kirchen.«

Wenn Heinemann also meinte, daß in manchen Fällen bis dahin zuviel bestraft oder mit Strafe bedroht wurde, so trieb ihn sein Gerechtigkeitsgefühl andererseits an, solche Handlungen und Verhaltensweisen strafrechtlich zu erfassen, die damals entweder überhaupt nicht als anstößig empfunden oder allenfalls als Kavaliersdelikt angesehen wurden. Dazu sagte er im Mai 1968 auf einer Tagung der Friedrich-Ebert-Stiftung: »Unser geltendes Strafrecht ist im Grunde noch ein Strafrecht des kleinen Mannes. Wir sind in der Lage, Verbrechen und Vergehen zu bekämpfen, wie sie im Alltag vornehmlich von Angehörigen der unteren Bevölkerungsschicht begangen werden. Wir wissen, was Totschlag, Mord, Raub, Diebstahl und Einbruch sind. Anders verhält es sich jedoch mit der Wirtschaftskriminalität, insbesondere in ihren höheren Formen, in denen sich Personen betätigen, die nicht wie Ganoven aussehen, sich seriös geben und es verstehen, Vertrauen zu erwecken.« Heinemann nannte in diesem Zusammenhang: Ausstellen überhöhter Rechnungen, Qualitätsschwindel beim Warenverkauf, Automaten-Betrug, Scheck- und Wechselmanipulationen, Gründung von Scheinfirmen, betrügerische Bankrotte, Steuerhinterziehung und Beamtenbestechung und setzte hinzu: »Die Sozialschädlichkeit der Wirtschaftskriminalität übertrifft die der kleinen Leute bei weitem. Man muß mit einer hohen Dunkelziffer rechnen ... Es kann kein Zweifel darüber bestehen, daß der Staat nicht länger tatenlos zusehen kann.«

Hier wird deutlich, worum es Heinemann ging: Über Einzelheiten jeder Gesetzesbestimmung ließ er mit sich reden und war häufig bereit, lieber nur einen kleinen Schritt zu tun als gar nicht voranzukommen. Im Grundsätzlichen aber gab er nicht nach. Er wollte den Geist der Rechtsordnung ändern, wollte sie vernünftiger, gerechter und zeitgemäßer machen und vor allem denen helfen, die von Natur aus benachteiligt waren. Darin liegt die Bedeutung seines Wirkens als Bundesjustizminister – für die Allgemeinheit wie auch für sein eigenes Leben.
Dieser Grundhaltung entsprang auch die Reform, die Heinemann besonders am Herzen lag: die Gleichstellung der nichtehelichen Kinder, die vom Grundgesetz und vom Bundesverfassungsgericht längst gefordert worden war. Die Diskriminierung des nichtehelichen Kindes gehörte zu den krassesten Ungerechtigkeiten des vom Bürgerlichen Gesetzbuch im vorigen Jahrhundert geschaffenen Familienrechts. Es war skandalös, daß die von den Unionsparteien getragenen Bundesregierungen zwischen 1949 und 1965 nichts unternommen hatten, um dem Auftrag des Grundgesetzes zu genügen. Die wesentlichen Punkte der von Heinemann vorbereiteten und 1969 vom Bundestag verabschiedeten Neuregelung sind diese: Nichteheliche Kinder sind nunmehr auch mit dem Vater und dessen Familie im rechtlichen Sinne verwandt und haben den gleichen Anspruch auf Unterhalt wie eheliche Kinder. Die Mutter hat nunmehr die volle elterliche Gewalt und braucht diese nicht mehr mit dem Jugendamt zu teilen, dessen Pflegerstellung auf Wunsch der Mutter entfällt. Das Kind ist gegenüber dem Vater und dessen Verwandten in gleicher Weise erbberechtigt wie dessen eheliche Kinder. Um menschliche Komplikationen und eine sich daraus möglicherweise ergebende Benachteiligung des nichtehelichen Kindes zu vermeiden, hat Heinemann selber dafür gesorgt, daß dieses nicht Mitglied einer Erbengemeinschaft wird, sondern in Höhe seines Erbteiles einen Ersatzanspruch an die übrigen Erben erhält. Diese Einzelheit ist hier nur deshalb von Interesse, weil sie zeigt, wie gründlich und umsichtig Heinemann die Rechtsreform auch im Detail betrieb. Seine Umsicht war immer dann besonders groß, wenn es darum ging, Randgruppen oder Minderheiten der Gesellschaft zu gleichem Recht zu verhelfen.

Eine solche Minderheit waren auch die Zeugen Jehovas, für deren Gewissensfreiheit Heinemann ja schon 1965 im Bundestag bei der Beratung des Ersatzdienstgesetzes eingetreten war. Er war damals allerdings mit seinen Argumenten nicht durchgedrungen. Als Justizminister unternahm er nun einen neuen Anlauf, um vor allem zu erreichen, daß die Zeugen Jehovas, die ja nicht nur den Wehrdienst, sondern auch den Ersatzdienst ablehnten, wegen dessen Verweigerung nicht immer wieder bestraft würden. Zu diesem Thema schrieb Heinemann am 22. März 1967 einen langen amtlichen Brief an den für den Ersatzdienst zuständigen Arbeitsminister Hans Katzer, worin er die verfassungsrechtlichen, politischen und humanitären Probleme der Angelegenheit darlegte. Der Brief ist ein eindrucksvolles Zeugnis für die Art und Weise, wie Heinemann unter voller Berücksichtigung rechtlicher Notwendigkeiten Wege suchte, auf denen gleichwohl ethisch und menschlich befriedigende Regelungen gefunden werden könnten.

Zur Einleitung schrieb er: »Eine angemessene Lösung dieser Problematik setzt eine undogmatische Betrachtungsweise voraus, wenn wir den Ausgleich zwischen den in Frage stehenden wichtigen Individual- und Gemeinschaftsbelangen nicht einschränken wollen.« Als zweite Feststellung schickte er voraus: »Eine pragmatische Lösung, die den verfassungsrechtlichen Anforderungen genügt, aber politischen und humanitären Erwägungen besser als die gegenwärtige Praxis entspricht, ist verfassungsrechtlich nicht ausgeschlossen.« Er belegt das dann anhand von Urteilen des Bundesverfassungsgerichts und stellt insbesondere fest, daß ein verfassungsrechtlicher Bestrafungszwang »durchaus dem Geist unserer Verfassung zuwiderlaufen« würde. »Das Grundgesetz begründet vielmehr mit der Anerkennung der Glaubens- und Gewissensfreiheit einen Schutz der eigenverantwortlichen Persönlichkeit in allen Lebensbereichen.« Heinemann wiederholt dann den schon 1965 in seiner Bundestagsrede gegebenen Hinweis auf die Praxis der DDR, wo Wehrdienstverweigerer in Baukompanien Dienst leisten können, und fährt fort: »Eine vernünftige Lösung wenigstens des Problems der wiederholten Bestrafung wegen Dienstflucht aus Gewissensgründen könnte bessere Voraussetzungen dafür schaffen, daß die Kirchen in der ›DDR‹* mit ihrer Bemühung um volle Anerkennung von Kriegsdienstverweigerern und insbesondere auch um eine Nichtbestrafung derer, die den Dienst in den Bauabteilungen der Volksarmee verweigern, Gehör finden. Diese Möglichkeit sollte daher vom gesamtdeutschen Interesse her nicht versäumt werden.« Der Deutschlandpolitiker Heinemann war auch im Justizminister noch lebendig. Im weiteren macht er dann einzelne Vorschläge: z. B. »sollte davon abgesehen werden, die Vollzeitprediger der Zeugen Jehovas weiterhin zum Ersatzdienst einzuberufen«. Heinemann weiß zwar, daß diese keine Geistliche im Sinne des Gesetzes sind, befürwortet jedoch »eine Auslegung, wonach – vom Selbstverständnis der Zeugen Jehovas ausgehend – jedenfalls solche Angehörigen der Glaubensgemeinschaft vom Wehrersatzdienst freigestellt werden können, die wie die Vollzeitprediger maßgebend im Dienste der Glaubensgemeinschaft stehen und geistliche Funktionen dabei wahrnehmen«. Bemerkenswert ist, daß Heinemann immer wieder dazu aufruft, bei Fragen der Gewissensfreiheit vom Standpunkt der Betroffenen mindestens so sehr wie von dem des Staates auszugehen. Dabei stellt er möglichst darauf ab, was ein Gesetz *nicht* erfordert, um von daher zu vernünftigen Lösungen zu gelangen. »Das Ersatzdienstgesetz erfordert aber nicht die wiederholte Einberufung solcher Personen, von denen bekannt ist, daß sie ihren Dienstpflichten aus Gewissensgründen nicht nachkommen werden. Die wiederholte Einberufung hätte in derartigen Fällen nur den Zweck, eine wiederholte Bestrafung zu ermöglichen.« Schließlich »sollte zu gegebener Zeit auch geprüft werden, ob als Strafe wegen einer aus Gewissensgründen begangenen Dienstflucht anstelle von Gefängnis Einschließung vorzusehen ist.« Einschließung ist eine nicht ehrenrührige Freiheitsstrafe, die allerdings, wie auch Heinemann erwähnt, erst im Zuge der weiteren Strafrechtsreform grundsätzlich eingeführt werden müßte. Wenngleich Heinemann beim Gesetzgeber nicht durchdrang, so entschied doch das Bundesverfassungsgericht am 7. März 1968, daß die wiederholte Bestrafung von Ersatzdienstverweigerern nicht zuläs-

* Aus taktischen Gründen verwendete Heinemann in diesem dienstlichen Brief die Gänsefüßchen!

sig ist, wenn die Nichtbefolgung einer Einberufung zum Ersatzdienst auf die ein für allemal getroffene und fortwirkende Gewissensentscheidung des Täters zurückgeht. Es war nicht das erste Mal, daß sich das höchste deutsche Gericht der Rechtsauffassung Gustav Heinemanns angeschlossen hat.
Nicht eigentlich zur Rechtsreform gehörig, aber dennoch eine der ersten Aufgaben auch des neuen Bundesjustizministers war die Verabschiedung der Notstandsverfassung. Das Thema hatte die Öffentlichkeit der Bundesrepublik seit Beginn der sechziger Jahre beschäftigt und zeitweise zu heftigen Gegenkundgebungen geführt. Die Problematik lag einmal darin, daß im Grundgesetz überhaupt keine Vorkehrungen für den Fall eines inneren Notstandes getroffen worden waren, daß aber durch den mit den Westmächten 1952 geschlossenen Deutschlandvertrag bis zum Erlaß einer deutschen Notstandsverfassung den ehemaligen Besatzungsmächten Vorbehaltsrechte zugestanden worden waren, deren Ablösung wünschenswert war. Die Gegner einer Notstandsgesetzgebung argumentierten vor allem mit der Befürchtung, daß die staatlichen Organe die in der Notstandsverfassung vorgesehenen Maßnahmen auch ohne einen wirklichen Notstand anwenden und damit möglicherweise den Notstand überhaupt erst herbeiführen würden. Heinemann, der als Justizminister der großen Koalition – zur Überraschung, ja zum Befremden vieler seiner Anhänger – für die Verabschiedung der Notstandsverfassung eintrat, begründete seine Haltung am 10. Mai 1968 mit einer bemerkenswerten Rede im Bundestag.

Er erinnerte daran, daß der Mißbrauch von Notstandsbefugnissen der Exekutive in der Weimarer Zeit gerade dadurch ermöglicht worden sei, daß das Ausführungsgesetz zu Art. 48 der Weimarer Verfassung niemals verabschiedet worden war. Das Grundgesetz, das als Provisorium geschaffen worden sei, enthalte keinerlei diesbezügliche Bestimmungen. »Das führte dazu, daß frühere Bundesregierungen die sogenannten Schubladengesetze erarbeiteten und allen Dienststellen im Lande als geheime Verschlußsachen zugehen ließen. Nur wenige wissen genau, was diese Schubladengesetze beinhalteten. Ich habe sie auf der Rosenburg angetroffen und fand sie in ihren Ausmaßen, wenn ich es gelinde sage, deprimierend... Alles das sollte am Tage X, wenn die

Schubladen aufgemacht wurden, von hoher Hand in Kraft gesetzt werden.« Diese Schubladengesetze seien dank der Beteiligung der SPD an der Bundesregierung verschwunden, doch sei das nur ein negativer Akt und keine positive Lösung. Wenn die Gegner der Notstandsverfassung die Parole ausgäben »Schütze deine Freiheit gegen den Notstand!«, dann sage er dagegen: »Es geht um den Schutz der Freiheit auch und gerade im Notstand!« Man müsse sich fragen, ob die Gegner der Notstandsverfassung deren Inhalt überhaupt kennten. »Wenn ich an die Protestbriefe denke, die mir zumal von alten politischen Weggenossen zugehen, muß ich sagen, daß da immer noch gegen vieles protestiert wird, was längst verschwunden ist. Es liegt freilich in der Natur der außerparlamentarischen Opposition, daß sie nur von draußen hier hereinschauen kann. Das habe ich selber erlebt; ich war ja sieben Jahre in außerparlamentarischer Opposition.«
Politische und persönliche Anhänger Heinemanns hatten besonderen Anstoß an einer Bemerkung genommen, die er wenige Tage vor seiner Rede im Bundestag in einer Fernsehdiskussion mit Studenten gemacht hatte. Er hatte dort die Ansicht geäußert, ähnlich wie bei anderen umstrittenen Gesetzen würde schon nach wenigen Wochen niemand mehr von der Notstandsverfassung sprechen. Diese Prognose hat sich trotz zahlreicher Demonstrationen und Proteste in den letzten Wochen vor der Verabschiedung als richtig erwiesen. Schon ein Jahr später war die Notstandsverfassung aua der öffentlichen Debatte in der Bundesrepublik so gut wie verschwunden. Das lag freilich nicht nur an der bekannten Schnellebigkeit unserer Zeit; nicht zuletzt haben die Wahl Heinemanns zum Bundespräsidenten und die damit sich andeutende Machtverschiebung zur Beruhigung der Öffentlichkeit beigetragen. Zunächst allerdings blieb die von Heinemann im Bundestag angesprochene außerparlamentarische Opposition (APO) mißtrauisch.

In welchem Verhältnis stand Heinemann zur APO, und wie war überhaupt deren Stellung zu Staat und Gesellschaft in jenen Jahren? Die Antwort auf diese Frage wird erleichtert durch einen Brief, den Ludwig Raiser, angesehener Rechtslehrer in Tübingen und Vorsitzender der Kammer für öffentliche Verantwortung der

EKD, unmittelbar nach Verabschiedung der Notstandsverfassung am 13. Juni 1968 an Oberkirchenrat E. Wilkens, den Leiter der Kirchenkanzlei der EKD, geschrieben hat. Der Brief sollte als Grundlage für eine Lagebesprechung im Rat der EKD dienen. Raiser bejahte grundsätzlich die »Notwendigkeit einer verfassungsrechtlichen und gesetzlichen Vorsorge für Fälle des äußeren und inneren Notstandes«, sprach jedoch von einer Überbetonung des Verhältnisses zu den ehemaligen Besatzungsmächten und sah in Umfang und Umständlichkeit der Notstandsgesetzgebung »einen weit übertriebenen Perfektionismus«, der eine »starke Deformierung unseres Grundgesetzes« zur Folge habe. »Die weitere Folge ist eine fast unausweichliche Orientierung unseres ganzen politischen und verfassungsrechtlichen Denkens an den Grenzfällen des Notstandes und an der Vorbereitung für diese Gefahrenlagen statt am Normalzustand einer friedlichen Demokratie und an der Befestigung ihrer rechtlichen Ordnung.« Es wäre eine besondere Untersuchung wert, inwieweit die teilweise überzogene Reaktion der Öffentlichkeit und der Behörden in der Bundesrepublik auf die Terroranschläge in den siebziger Jahren eine Folge der Notstandsgesetzgebung auch dann gewesen ist, wenn die Gesetze als solche inzwischen längst aus dem öffentlichen Bewußtsein entschwunden sind.
Raiser untersucht weiter die Art der Auseinandersetzung über die Notstandsgesetze in der Öffentlichkeit und kommt wiederum zu einem auch heute noch bedenkenswerten Schluß: »In der Endphase lief die Auseinandersetzung auf einen Machtkampf zwischen der Regierung und den Parteien der großen Koalition auf der einen Seite und der sogen. Außerparlamentarischen Opposition auf der anderen Seite hinaus. Es ist der Zurückhaltung und Mäßigung der Gewerkschaften in diesem Stadium zu verdanken, daß Regierung und Parlament und der von ihnen repräsentierte Staat gesiegt haben. Aber so glatt der Sieg im Parlament selbst errungen wurde, so deutlich ist, daß dafür im politischen Bewußtsein der Öffentlichkeit ein sehr hoher Preis gezahlt werden mußte. Es besteht die hohe Gefahr, daß sich dieser Sieg für unsere Demokratie als Pyrrhussieg, wenn nicht als offene Niederlage erweisen wird.« Raisers Aufzeichnung liest sich weithin wie eine Prognose dessen, was – teilweise allerdings erst mit einer

Verzögerung von fünf bis sechs Jahren – in der Bundesrepublik eingetreten ist: Die APO, zumal große Teile der studentischen Jugend, fühle sich ausgeschlossen von der bestehenden Demokratie, es komme zu einer Verschärfung des Meinungskampfes, zu einer »Polarisierung in unüberbrückbare gegensätzliche Positionen« und damit zur »Schrumpfung der Basis eines Konsensus über die Grundwerte, der für jede Demokratie lebensnotwendig ist«. Die Kirche, so meint Raiser, dürfe dieser Entwicklung nicht hilflos gegenüberstehen. Auf der Suche nach Möglichkeiten kirchlicher Hilfe kommt er zu einer höchst bemerkenswerten Aussage: »Als erstes käme es wohl darauf an, die... in der gegenwärtigen Situation liegenden Gefahrenpunkte als solche auch öffentlich zu nennen. Wenn wir einen Bundespräsidenten von persönlichem und politischem Format hätten, so wäre das jetzt seine Aufgabe. Aber wir haben ihn jetzt nicht und haben auch keine Aussicht, einen solchen Präsidenten zu bekommen. Damit erhebt sich für die Kirche die Frage, ob sie hier nicht einen stellvertretenden Dienst zu leisten hat.« An dieser Aussage ist bemerkenswert, daß zu jenem Zeitpunkt offenbar auch in der evangelischen Kirche noch niemand auf den Gedanken gekommen war, Gustav Heinemann als Kandidaten für die Bundespräsidentschaft ins Gespräch zu bringen. Kirchenamtliche Stellen haben sich auch später nicht um eine Kandidatur Heinemanns bemüht.
Teile der APO sahen in Heinemann beinahe so etwas wie ihren Vertrauensmann in der Bundesregierung und richteten manchmal Erwartungen an ihn, die er gar nicht erfüllen konnte und wollte. So schrieb ihm am 27. Dezember 1967 der junge Historiker Immanuel Geiss, der schon in den Tagen der Gesamtdeutschen Volkspartei mit Heinemann zusammengearbeitet hatte, in einem sehr kritischen Brief über die große Koalition: »Gerade von Ihnen... erwartet man als einzigem in dieser Bundesregierung noch ein klares und offenes Wort in dieser Richtung. Werden Sie noch einmal den Absprung finden, Partei- und Koalitionsräson den Geboten der politischen Vernunft und der Menschlichkeit unterzuordnen? Sie könnten gewiß sein, daß Sie damit der Demokratie in Deutschland einen noch größeren Dienst erweisen würden als in der Vergangenheit durch Ihr Aufbegehren gegen die westdeutsche Aufrüstung... und einen größeren Dienst, als wenn

Sie eine noch so schöne und wichtige Reform unseres Strafrechts durchbringen werden.« Heinemann antwortete am 9. Januar 1968, daß sich »Ihr fortwährender Kummer über die große Koalition« doch hoffentlich noch legen würde. »Jedenfalls ist es müßig, immer wieder darüber nachzudenken, ob im Dezember 1966 eine kleine Koalition mit der FDP möglich gewesen wäre. Das war sie nun keinesfalls ... Auch Ihre Hoffnung darauf, daß ich aus der derzeitigen Bundesregierung ausscheiden würde, wird sich jedenfalls nach allem bisherigen Stand der Dinge nicht verwirklichen. Man kann aus solchen Vorgängen kein Prinzip machen, ohne sich selber zu blamieren. Natürlich könnte es einmal zu einem ernsten Konflikt kommen, aber auch das ist kein Programmpunkt. Wir werden uns bei allen Schwierigkeiten, die die große Koalition auch intern mit sich bringt, nach vorn durchschlagen müssen.«

Daß sich Heinemann gleichwohl seine unabhängige Stellung und sein Verständnis für Haltung und Bestrebungen der jungen Generation in der APO bewahrt hatte, zeigte sich schon wenige Monate später. Einer der geistigen Führer der APO, der damals siebenundzwanzigjährige Student Rudi Dutschke, wurde am 11. April 1968 in Berlin durch einen Mordanschlag des nur wenige Jahre jüngeren Anstreichers Josef Bachmann schwer verwundet. Vielleicht hätte Heinemann auf eine öffentliche Stellungnahme verzichtet, doch hatte er das richtige Gefühl, daß eine Rundfunkrede des Bundeskanzlers Kiesinger am 13. April (Ostersonntag) nicht die einzige amtliche Erklärung bleiben dürfe. Kiesinger hatte in der üblichen Weise reagiert und mit starken Worten gegen »militante linksextremistische Kräfte« gewettert, »die sich die Zerstörung unserer parlamentarisch-demokratischen Ordnung offen zum Ziel gesetzt haben«; dagegen bezeichnete er den Täter als »keiner politischen Gruppe angehörenden abseitigen Verbrecher«. Heinemann gab daraufhin am Ostermontag ebenfalls in Rundfunk und Fernsehen eine Erklärung ab, worin er das seither berühmt gewordene – übrigens aus der Bewegung für Moralische Aufrüstung herrührende – Bild gebrauchte: »Wer mit dem Zeigefinger allgemeiner Vorwürfe auf den oder die vermeintlichen Anstifter oder Drahtzieher zeigt, sollte daran denken, daß in der Hand mit dem ausgestreckten Zeigefinger zugleich drei andere Finger auf ihn selbst zurückweisen.« Darüber hinaus fragte Heinemann, was man daraus folgern müsse, daß der Attentäter ebenso wie die demonstrierenden Studenten junge Menschen waren. »Heißt das nicht, daß wir Älteren den Kontakt mit Teilen der Jugend verloren haben oder ihnen unglaubwürdig wurden?« Heinemann verurteilte auch in dieser Erklärung wieder Gewalttaten als »gemeines Unrecht und eine Dummheit obendrein«, aber er sagte auch dies: »Zu den Grundrechten gehört auch das Recht zu demonstrieren, um öffentliche Meinung zu mobilisieren. Auch die junge Generation hat einen Anspruch darauf, mit ihren Wünschen und Vorschlägen gehört und ernst genommen zu werden.« Obwohl diese Erklärung in der Öffentlichkeit ein überwältigendes – allerdings größtenteils ablehnendes – Echo fand, schuf Heinemann damit doch wieder eine feste Vertrauensbasis zwischen sich und der studentischen Jugend, mit der er auch während seiner Präsidentschaft immer wieder Kontakte gesucht hat.

Sieben Jahre später, am 2. Oktober 1975, sagte Ivan Nagel in seiner Laudatio auf Heinemann aus Anlaß der Verleihung des Lessing-Preises der Stadt Hamburg im Rückblick auf diese Rede: »Indem er die Wahrheit der doppelseitigen Schuld aussprach, trug Heinemann mehr zur Aufhebung der Entfremdung, zur Versöhnung bei als alle konservativen Erzieher der Nation, die vielerorts zwischen Dorfschule und Bundestag ihre ordnungsstiftenden Ruten schwingen.«

Daß es sich bei Heinemanns wohlabgewogener Rundfunkerklärung vom Ostermontag 1968 nicht nur um eine spontane Antwort auf die für viele provozierende Stellungnahme Kiesingers gehandelt hat, beweist ein Aufsatz »Die Vision der Menschenrechte«, den er wenige Wochen vorher in der sozialdemokratischen Zeitschrift *Die neue Gesellschaft* veröffentlicht hatte. Dort trat er dafür ein, über die Mißstände an den Hochschulen hinaus »den geistigen, gesellschaftlichen und politischen Hintergrund des Unbehagens zu erhellen, dessen Ausdruck die Bewegung unter den Angehörigen der jungen Generation ist. Hier muß mit aller Deutlichkeit gesagt werden: Die Ideenstille, die bislang bei uns herrschte, war kein erfreuliches Zeichen für die Entwicklung unserer Demokratie.«

Heinemann erklärte weiter, er halte nichts von Utopismus, aber »die vor uns liegenden Aufgaben können nicht von bloßen Technikern der Macht gelöst werden. Wir brauchen ›realists with vision‹ (John F. Kennedy), nüchterne Realisten mit Phantasie, die das Bild einer besseren Ordnung im Herzen tragen und von dem Willen erfüllt sind, mehr und bessere Gerechtigkeit zu erkämpfen, als sie hier und jetzt vorhanden ist.« In diesem Aufsatz umriß Heinemann aber nicht nur die grundsätzlichen Aufgaben seines Amtsbereiches, sondern ließ auch erkennen, wie er den Auftrag der SPD in der politischen Verantwortung verstand. Er hat sich ja niemals nur als Justizminister verstanden, sondern immer auch als Mitglied der Bundesregierung und damit als Teilhaber der politischen Gesamtverantwortung. »Wir haben erkennen müssen, daß die Freiheit des einzelnen nicht nur vor der Gewalt des Staates, sondern ebensosehr vor ökonomischer und gesellschaftlicher Macht geschützt werden muß. Wir haben gelernt, daß die klassischen Freiheitsrechte der Ergänzung durch soziale, wirtschaftliche und kulturelle Menschenrechte bedürfen, und daß die Freiheit, um real zu sein, sozial verankert sein muß.« Am Schluß des Aufsatzes kehrt der radikale Demokrat Heinemann zu seiner Lieblingsthese zurück: »Wir stehen erst am Anfang der ersten wirklich demokratischen Epoche der deutschen Geschichte. Noch immer spielen in unserem Lande obrigkeitsstaatliche Strukturen eine große Rolle. Ihre Uhr ist jedoch abgelaufen. Ein ständiges, sich an der Situation orientierendes Umdenken ist gefordert. Nicht weniger, sondern mehr Demokratie – das ist die Forderung der Zeit.« Der Aufsatz liest sich heute beinahe wie eine Vorstudie zu Willy Brandts Regierungserklärung vom Oktober 1969; als Heinemann diese Sätze niederschrieb, war aber an eine sozialdemokratisch geführte Bundesregierung kaum zu denken.

Als Bundesminister der Justiz war Heinemann nicht nur Politiker, sondern auch Ressortchef. Das war für ihn keine ganz neue Erfahrung. Sieht man einmal von dem knappen Jahr ab, in dem er in der ersten Zeit des Wiederaufbaus Justizminister in Nordrhein-Westfalen gewesen war, so hatte er als erster Innenminister wiederum ein Jahr lang eines der wichtigsten Bundesministerien aufgebaut. Daß ihm damals auch Fehlentscheidungen in Personalfragen unterlaufen sind, lag nicht nur daran, daß ihm selbst diesbezügliche Erfahrung fehlte, sondern auch an den damaligen Verhältnissen: mancher sachlich qualifizierte Bewerber war aus politischen Gründen nicht tragbar, und die weitere Entwicklung des allmählich zu einem Mammutministerium heranwachsenden Innenressorts war kaum vorauszusehen. Seit 1950 hatten sich die Verhältnisse jedoch völlig gewandelt. Heinemann übernahm in der Rosenburg ein ursprünglich von Thomas Dehler vorzüglich aufgebautes, von dessen Nachfolgern aber mit wenig Phantasie weitergeführtes Ministerium. Das Justizressort war nach Dehlers Ausscheiden 1953 stiefmütterlich behandelt und im Kuhhandel der Koalitionspartner gern als Abstellgleis benutzt worden. Das hatte dazu geführt, daß die Minister häufig wechselten. Vor Heinemann hatte es in siebzehn Jahren acht Bundesjustizminister gegeben, worauf er bei seiner ersten Pressekonferenz mit den Worten anspielte: »Darf ich mich vorstellen: ich bin Gustav der Neunte.« Die Presse sprach damals auch von einem jahrelangen Dornröschenschlaf der Rosenburg, aus dem Heinemann das Ministerium nun vermutlich erlösen würde.

Aber nicht nur die Verhältnisse waren andere, auch Heinemann hatte sich seit 1950 erheblich gewandelt. Er hatte beträchtliche politische und vor allem parlamentarische Erfahrungen gesammelt. Sachlich war er nicht nur durch seinen Anwaltsberuf, sondern vor allem auch als langjähriger Vorsitzender des rechtspolitischen Arbeitskreises der SPD auf das beste gerüstet. Wenn seine Ernennung innerhalb der Justizverwaltung und zumal des Ministeriums zunächst mit Skepsis aufgenommen wurde, so galt solche Zurückhaltung – sieht man einmal von politischer Rankünе ab – wohl weniger seiner Person als dem Umstand, daß es seit 1923, als der bedeutende Gustav Radbruch aus dem Amt schied, keinen sozialdemokratischen Justizminister mehr gegeben hatte. Heinemann aber war, mochte er im übrigen auch als Einzelgänger gelten, von der SPD in dieses Amt entsandt worden.

Wie also würde der neue Hausherr auf der Rosenburg seine Aufgabe anpacken? Wie stark würden neue Einflüsse und Kräfte von außen in das Haus hineinwirken? Man wußte im Ministerium, daß Heinemann im rechtspolitischen Arbeitskreis der SPD zwei sehr tüchtige Assistenten hatte, und man war deshalb überzeugt, daß er diese ins Ministerium und in sein Vorzimmer mitbringen würde. Heinemann verfuhr anders: er bat den kurz vor der Altersgrenze stehenden Staatssekretär Bülow, ihm unter den Beamten des Ministeriums einen persönlichen Referenten auszusuchen, der das Haus kannte und, was für diesen Posten selbstverständlich war, Heinemanns Partei angehörte. Zur Begründung sagte der neue Minister, ihm sei das Ministerium ebenso unbekannt wie dem nach Bülows Ausscheiden als Staatssekretär vorgesehenen Freiburger Professor Horst Ehmke. Daß der von Bülow vorgeschlagene persönliche Referent, der heutige Ministerialdirektor Buhrow, Zivilrechtler war, fand Heinemann wiederum »gerade gut«, weil sein ebenso wie Ehmkes Arbeitsgebiet mehr das öffentliche Recht war. Buhrow siedelte dann 1969 mit Heinemann in die Villa Hammerschmidt über und blieb bis zum Frühjahr 1972 sein persönlicher Referent. Mit dieser ersten Personalentscheidung hatte Heinemann eine Stilprobe gegeben, wie er sein neues Ressort zu führen und mit den Beamten in der Rosenburg zusammenzuarbeiten gedachte. Er legte großen Wert auf ein gutes Verhältnis zu seinen Mitarbeitern. Nachdem Ehmke im Februar 1967 sein Amt als Staatssekretär übernommen hatte, machte Heinemann mit ihm zusammen die Runde in der Rosenburg und besuchte jeden einzelnen Mitarbeiter an dessen Arbeitsplatz – nicht etwa nur die höheren Beamten, sondern auch die Botenmeister und einfachsten Hilfskräfte. Auch geselligen Veranstaltungen der Mitarbeiter entzog er sich keineswegs. Es mag schwerfallen, sich Gustav Heinemann bei der in Bonn üblichen Weiberfasnacht vorzustellen, aber er machte nicht nur mit, sondern erteilte den dafür verantwortlichen Mitarbeitern ein besonderes Lob, weil sie die Veranstaltung gut arrangiert hätten.

Bei der Vorbereitung seiner Reformen handelte Heinemann sehr überlegt und umsichtig. Ehe er damit an die Öffentlichkeit oder gar vor den Bundestag trat, suchte er sich mit denen zu verständigen, von denen der härteste Widerstand erwartet werden konnte; das waren im Bereich des Sexualstrafrechts häufig die Kirchen. Es lag Heinemann nicht, mit dem Kopf durch die Wand zu wollen. Lieber begnügte er sich mit kleinen Schritten, wenn diese nur in die von ihm gewünschte Richtung führten. Bismarcks auf die Gestaltung der auswärtigen Beziehungen gemünztes Wort von der Politik als der Kunst des Möglichen hat Heinemann sich auf dem gänzlich anders gearteten Gebiet der Rechtsreform zur Richtschnur genommen und verwirklicht. Er war der erfolgreichste Justizminister der Bundesrepublik und kann als erster Sozialdemokrat in diesem Amt seit Gustav Radbruch den Vergleich mit jenem großen Vorgänger wohl aushalten.

Seine erfolgreiche Arbeit als Justizminister erklärt für sich allein jedoch nicht ausreichend, wie es dazu kam, daß Heinemann schon frühzeitig als Kandidat für das Amt des Bundespräsidenten ins Gespräch kam. Andere Faktoren trugen dazu bei: Einmal Heinemanns moralische Autorität, deren Fundament die inzwischen schon fast legendär gewordene Tatsache war, daß er 1950 aus Gewissensgründen vom Ministeramt zurückgetreten war. Sodann sein unermüdlicher politischer Kampf für eine außen- und deutschlandpolitische Alternative in den fünfziger Jahren, deren tatsächliche Erfolglosigkeit nicht hinderte, daß er bei vielen Bürgern hohes Ansehen genoß und in dem Rufe stand, eine eigene, von Parteien nicht beeinflußbare Meinung zu haben. Sein unerschrockenes Eintreten für Minderheiten und für die Gewissensfreiheit war schon in früheren Jahren aufgefallen und wurde von dem Justizminister Heinemann bestätigt. Schließlich aber hatte dieser spröde Mann, der vielen Zeitgenossen bis ans Ende seines Lebens als Verkörperung der Nüchternheit schlechthin erschienen ist, eine menschliche Wärme und Ausstrahlung, von der nur diejenigen wissen, die ihm im Leben nähergekommen sind.

Es gibt dafür einige Zeugnisse. Zum großen Bekanntenkreis der Heinemanns gehörte in den vierziger und fünfziger Jahren ein sehr viel jüngeres Ehepaar, beide Wissenschaftler, die auch politisch zu seinen Anhängern zählten. Um die Mitte der fünfziger Jahre scheiterte die Ehe dieser beiden Menschen. Die Frau besuchte Heinemann in Essen und schilderte ihm ihre Sorgen. Einige Wochen später schrieb sie ihm einen Brief, in dem es heißt: »Daß Sie mir im April die Möglichkeit gaben, mich mit Ihnen auszusprechen, war mir eine so große Hilfe. Es ist immer wieder ein Wunder für mich zu erleben, daß es Menschen gibt wie Sie, die die Wirklichkeit so hinnehmen, wie sie ist, ohne sofort einen Wertmaßstab daran zu legen und eine Theorie daraus zu machen.«

Aus einer ganz andern Perspektive kam fast zehn Jahre später Günter Grass zu einem ähnlichen Urteil. In einem Brief an Horst Ehmke, in dem er sich sehr kritisch mit dem Verhalten sozialdemokratischer Politiker beschäftigt, schreibt Günter Grass am 8. November 1967: »Umgekehrt wirkt Heinemanns puritanische Schlichtheit auf Intellektuelle. Im Nachherein zahlen sich Gustav Heinemanns lange zurückliegende politische Entschlüsse und seine permanente Integrität aus ... Ich bitte Dich, Gustav Heinemann zu grüßen. Er hat die seltene Gabe, mit wenigen Worten und durch bloße Gegenwart Mut zu machen.«

Diese menschliche Ausstrahlung wurde noch dadurch verstärkt, daß Heinemann ein waches Interesse für die unterschiedlichsten Vorgänge in der Öffentlichkeit hatte. Ein Beispiel dafür ist der Streit, der 1967 in Flensburg dadurch enstand, daß der Pfarrer der Gemeinde St. Marien ein Kriegerdenkmal aus der Kirche entfernen ließ mit der Begründung, dergleichen gehöre nicht in die Kirche. Die Pfarrer hatten schließlich Heinemann das Für und Wider dieses in der ganzen Bundesrepublik Aufsehen erregenden Streites unterbreitet und ihn um seine Meinung gefragt. In einem langen Brief vom 13. März 1967 erinnerte Heinemann zunächst an einen ähnlichen Fall, in den in Magdeburg 1928 der damalige Pfarrer und spätere Professor der Theologie Günther Dehn eingegriffen hatte, um sich gegen die Gleichsetzung von Soldatentod und christlichem Opfertod auszusprechen; Dehn hatte damit die Angriffe aller Nationalisten auf sich gezogen. In seinem Brief an die Flensburger Pfarrer nennt Heinemann jene Vorgänge »einen der Anmarschwege zum Nationalsozialismus« und fährt dann fort: »Weite Kreise sind nach anfänglicher Besinnung in den ersten Jahren nach 1945 heute wieder in die alten Verquickungen von Thron und Altar zurückgefallen. Das zeigt der Flensburger Vorgang ... Um so erfreuter bin ich über Ihre Haltung. Ich kann Sie nur ermuntern, bei Ihrer Sache zu bleiben und sie in ruhiger Klarheit und im Vertrauen auf Gottes Führung zu vertreten.«

Heinemann wäre aber nicht der gewesen, der er war, wenn er diesen Fall nicht zu weiterführenden Überlegungen benutzt hätte: »Unbegreiflich ist mir, wieso die Verfechter kirchlicher Ehrung derer, die ihr Leben in einem riskanten Einsatz verloren, dieses immer auf Soldaten beschränken. In meiner Ruhrgebietsheimat sterben unausgesetzt Bergleute den Bergmannstod. Mancher Feuerwehrmann oder Polizist läßt sein Leben im Dienst für Mitmenschen. Würden sie nicht gleicher Ehrung teilhaftig zu machen sein? Wo vollends dokumentiert unsere Kirche ein Gedenken an die Opfer des nationalsozialistischen Terrors?« Heinemanns Stellungnahme führte zu einem längeren Briefwechsel mit andersdenkenden Männern der evangelischen Kirche in Schleswig-Holstein.

Heinemann war unermüdlich, wenn es darum ging, von ihm für richtig gehaltene Grundsätze Andersdenkenden zu erläutern und nahezubringen. Ihm war das Christenpflicht und demokratische Aufgabe zugleich, und er machte damit nicht selten auch dann Eindruck auf seine Gegner, wenn es ihm nicht gelang, sie in der Sache zu überzeugen. Bezeichnend dafür ist ein Satz in den schon vorher erwähnten »Thesen gegen die Koalition der Mutlosen mit den Machthabern«, die der Frankfurter Soziologe Jürgen Habermas im Dezember 1966 gegen die soeben geschaffene große Koalition veröffentlichte: »Gegen die Befürchtung, daß die SPD, die um jeden Preis Kompromisse schließt, eines Tages auch den Ordnungshütern um jeden Preis assistieren könnte, spricht vorerst nur das protestantische Gewissen eines aufrechten Justizministers.«

Daß dieser Justizminister eine ungewöhnliche Erscheinung auf der damaligen politischen Bühne der Bundesrepublik war, fand seinen Niederschlag in Kommentaren der Presse. Heinemann hatte im August 1967 eine Pressekonferenz abgehalten, auf der er über die Arbeit seines Ministeriums berichtete. Er fand damit die Zustimmung gerade der seriösen Zeitungen, und zwar in der Sache sowohl wie hinsichtlich seines persönlichen Stils. So hieß es in einem Kommentar der Wirtschaftszeitung *Handelsblatt* am 18. August: »Daß nicht wenige deutsche Gesetze reformbedürftig sind, war auch Heinemanns Vorgängern bekannt. Der Unterschied zwischen ihnen und ihrem Nachfolger liegt darin, daß dieser den Mut hat, sich bei unpopulären, aber notwendigen Entscheidungen auch einmal mit seiner eigenen Partei anzulegen.« Der liberalen *Stuttgarter Zeitung* war insbesondere Heinemanns Stil aufgefallen. Sie kommentierte am 25. August: »Für die Bonner Journalisten ... war Heinemanns Pressekonferenz ein reines Vergnügen. Wo sonst der große Auftritt unter den Scheinwerfern des Fernsehens stattzufinden pflegt, die Selbstdarstellung des Politikers, bei dem es mehr darauf anzukommen scheint, wie etwas gesagt wird, mit welchen Gesten, mit welcher Mimik, als auf das, was gesagt wird, ging es bei Heinemann um Fakten, Überlegungen und Argumentationen. Der Sinn einer Pressekonferenz, das Frage- und Antwortspiel nämlich, war selten so augenfällig, der Minister zeigte sich informiert auch im Detail. Freilich, das Vergnügen der Journalisten ist an sich so bemerkenswert nicht, in diesem Falle jedoch paart es sich mit der Feststellung, die allenthalben getroffen wird, daß Gustav Heinemann das Versprechen der großen Koalition, hart und sachlich zu arbeiten, zu erfüllen bemüht ist.« Diese harte und sachliche Arbeit, die Heinemann zwei Jahre lang als Justizminister geleistet hat, ohne sich von den zunehmenden Unstimmigkeiten in der großen Koalition beirren zu lassen, hat sein Ansehen in der SPD weiter vermehrt und dazu beigetragen, daß er schließlich als Kandidat für das Amt des Bundespräsidenten aufgestellt wurde.

Aber auch während dieser Zeit war Heinemann immer noch ein Mann der Kirche, wiewohl er sich offiziell aus dem letzten kirchlichen Führungsamt zurückzog, nachdem er Justizminister geworden war. Am 6. Januar 1967 schrieb er an den Berliner Bischof Kurt Scharf, der damals Vorsitzender des Rates der Evangelischen Kirche in Deutschland war, daß er bei der für April 1967 vorgesehenen Neuwahl des Rates nicht mehr kandidieren wolle, und begründete seinen Entschluß folgendermaßen: »Als ich 1949 zugleich Präses der Synode der EKD und Bundesminister war, konnte ich in beiden Funktionen einer Einheit der Kirche und unseres Volkes hüben und drüben dienen. Heute liegt das leider völlig anders. Zur Zeit wäre eine irgendgeartete neue Personalunion bedenklich. Es muß alles vermieden werden, was die Brüder drüben beschweren könnte. Zugleich möchte ich an meinem Teil deutlich machen, daß die EKD unter den gegebenen Umständen auf klare Eigenständigkeit auch gegenüber der Bundesrepublik Deutschland achten sollte.« Der Entschluß fiel Heinemann nicht leicht. Zu dem von ihm genannten Grund dürften aber noch die Erfahrungen von 1955 gekommen sein, als politische Gegner ihn nicht wieder zum Präses der Synode wählten. Er wollte von vornherein jedem Vorwurf vorbeugen, daß er in seiner Person kirchliche und staatliche Funktionen auf unzulässige Weise vermische. Als er 1949 in die Bundesregierung berufen wurde, war ihm das politische Amt gegenüber dem kirchlichen zweitrangig erschienen; er war damals erst auf dem Wege, Politiker zu werden. Jetzt hatte er sich ganz dem politischen Beruf verschrieben – und näherte sich zudem seinem siebzigsten Lebensjahr.

Sein Ausscheiden aus dem Rat minderte jedoch nicht sein kirchliches Engagement. Anfang April 1967 fand in Berlin die Synode der EKD statt, die allerdings durch ein Verbot der DDR-Regierung erstmals genötigt wurde, in einer west- und einer ostdeutschen Abteilung zu tagen. Die Hoffnung der Ostberliner Regierung, dadurch die Neuwahl des Rates zu verhindern, scheiterte an der Standfestigkeit der ostdeutschen Kirchen. Die Lutheraner verhinderten jedoch die Wiederwahl von Bischof Scharf, dessen Nachfolger der konservative bayerische Landesbischof Dietzfelbinger wurde. Heinemann schrieb am 10. April an seinen Freund Scharf: »Handfester, als es geschehen ist, konnte ein lutherischer Anspruch auf Deine Ablösung schwerlich verfochten werden. Ich kann nur tief beklagen, daß der neue Rat im Schatten des leidigen Konfessionalismus so zustande kam, wie er nun gebildet worden ist.« Heinemann begegnete hier wieder demselben Übel, gegen das er schon dreißig Jahre vorher auf der Synode in Oeynhausen protestiert hatte. Zum Schluß schrieb er an Scharf mit verhaltenem Bedauern: »Wir werden uns nun nicht mehr in den Ratssitzungen begegnen, aber einander dennoch begleiten. Die 21 Jahre meiner Zugehörigkeit zum Rat – darin eingeschlossen die Leitung der Kirchenversammlung in Eisenach 1948 und der Synode von 1949 bis 1955 – lassen es nicht zu, daß ich in ein Abseits gehen könnte. Wo ich Dir und Euch allen helfen kann, tue ich es jederzeit.«

Als Heinemann ein Jahr als Justizminister amtiert hatte, verlieh ihm die theologische Fakultät der Universität Bonn die Würde eines Ehrendoktors der Theologie. Bei dieser Gelegenheit hielt er einen Vortrag über das für ihn sehr bezeichnende Thema »Der demokratische Rechtsstaat als theologisches Problem«. Heine-

mann hatte schon in den dreißiger Jahren begonnen, sich mit Theologie zu beschäftigen, und zeitweilig sogar mit dem Gedanken gespielt, ob er ein theologisches Studium beginnen solle. Theologische Themen haben ihn immer wieder beschäftigt, und ganz besonders hat ihm niemals die Frage Ruhe gelassen, warum in Deutschland die evangelische Kirche bis in das Dritte Reich hinein und teilweise sogar noch darüber hinaus von konservativem Denken geprägt gewesen ist und zur Demokratie häufig eine ablehnende, mindestens aber eine reservierte Haltung eingenommen hat. So sagte er in seinem Vortrag in Bonn: »Der Durchbruch zur Demokratie im Jahre 1918 hatte sich nicht nur ohne christliche Beteiligung vollzogen, sondern geradezu gegen den Willen vor allem der evangelischen Kirchen. Das hätte grundsätzlich auch anders sein können, wie die angelsächsische Geschichte eindrucksvoll beweist. Hier aber, in Deutschland, blieben Kirche und Theologie aufs Ganze gesehen auch dann noch rückbezogen auf den Patriarchalismus und auf staatskirchliche Privilegien, als mit der Weimarer Republik eine neue Zeit anbrach. Man fand kein positives Verhältnis zur Demokratie, begegnete ihr vielmehr mit Reserviertheit, ja sogar mit Abscheu. Alles, was sich über ihre Gefahren sagen ließ, wurde gründlicher ausgebreitet, als was über ihre Bedeutung in der Gegenwart, zumal für den demokratischen Rechtsstaat, zu sagen gewesen wäre. Wenn der Göttinger Theologe Trillhaas noch 1956 schreiben konnte, daß die Demokratie das eigentlich unbewältigte Thema der lutherischen Theologie sei, so galt das erst recht für die Weimarer Zeit.«
Hier liegt auch die Erklärung dafür, daß Heinemann zwar immer bereit war, Luther auch dort, wo er dessen Handeln für falsch hielt, aus den Bedingtheiten seiner Zeit zu verstehen; daß er aber weniger Verständnis, oft sogar Abneigung angesichts der lutherischen Theologie seiner eigenen Zeit empfand. Daß Luther konservativ war, nahm er hin; daß die Kirchen und zumal das Luthertum unserer Zeit immer noch überwiegend konservativ sind, ist ihm immer ein Stein des Anstoßes gewesen. Bezeichnend dafür war ein Vortrag, den er zwei Monate vor der Verleihung des Ehrendoktors am Reformationsfest 1967 in der Frankfurter Paulskirche über »Die gesellschaftliche Bedeutung der Reformation« gehalten hat. Dort stellte er im Hinblick auf die armen

Völker der dritten Welt die Frage, ob es dort Revolution geben dürfe oder gar müsse, und fuhr fort: »Dieses Thema christlicher Ermunterung, ja Teilnahme am Umsturz hat in breiter Weise die Theologie unserer Tage erfaßt und bedeutet allein schon als diskutierbar gewordenes Thema ein Stück Umwälzung im theologischen Denken. Der Avantgardismus, der in diesem Thema liegt, wird noch viel Widerspruch erfahren, weil er dem überkommenen christlichen Konservatismus zutiefst fremd ist... Die Auflösung der Verquickungen von Thron und Altar hat ja noch längst nicht zur vollen Eigenständigkeit geführt. So führt das Erinnern an den Anfang der Reformation an das Bewußtsein der verbleibenden Aufgaben.«

Die Amtszeit des Bundespräsidenten endete normalerweise im September 1969, die Neuwahl war für Anfang Juli zu erwarten. Wenn gleichwohl schon im Sommer 1967 erste Spekulationen über die Person des Nachfolgers von Heinrich Lübke auftauchten, so hing das damit zusammen, daß dessen altersbedingtes Ungenügen immer deutlicher wurde, so daß ein früherer Amtswechsel nicht auszuschließen war. Dazu kam die Frage, ob die Partner der großen Koalition imstande sein würden, sich auf einen gemeinsamen Kandidaten zu einigen. Schließlich fand die Präsidentenwahl diesmal auch deshalb besondere Aufmerksamkeit, weil sie zum ersten Mal seit 1949 in dasselbe Jahr fiel wie die Neuwahl des Bundestages; es war daher unvermeidlich, daß zwischen beiden Ereignissen ein politischer Zusammenhang hergestellt wurde. Obwohl im Sommer 1967 noch einige Landtagswahlen ausstanden – deren Ergebnis die Zusammensetzung der Bundesversammlung beeinflussen würde –, war schon damals abzusehen, daß es, sofern kein gemeinsamer Kandidat der großen Koalition aufgestellt würde, wahrscheinlich von den Freien Demokraten abhängen würde, welche der beiden großen Parteien ihren Kandidaten durchbringen könnte. Beide große Parteien würden dann einen Kandidaten nominieren müssen, der den Liberalen akzeptabel wäre. Unter diesen Umständen war es nicht erstaunlich, daß sich das Kandidatenkarussell schon frühzeitig zu drehen begann. Die liberale *Stuttgarter Zeitung* schrieb am 27. September 1967 in einer ausführlichen Würdigung von Heinemanns Wirken als Justizminister, für die von ihm geplanten Rechtsreformen benötige »selbst ein Justizminister von der atemberaubenden Schnelligkeit Heinemanns« Zeit, und fuhr dann fort: »Hat Heinemann diese Zeit? Er ist 68 und durchaus bereit, im rechten Augenblick einem Jüngeren Platz zu machen. Denn in Amt und Würden bekräftigt er aufs neue, daß er nicht daran klebt. Und nicht zu vergessen: sein Name ist auch schon in der Kandidaten-Lotterie für die Bundespräsidentenwahl aufgetaucht, und niemand wird sagen wollen, daß er bereits verspielt habe. Falls die SPD ihren Anspruch durchsetzen kann, sind seine Chancen im Kontrast zu bekannten Gegenbeispielen eben deshalb so beträchtlich, weil jeder weiß, daß er sich nicht nach diesem Amt drängt.«

Das wußte allerdings jedermann – mindestens unter den Politikern, die den Bundespräsidenten zu wählen hatten. Vielleicht wußte es auch ein Teil der Öffentlichkeit; aber was wußte sie eigentlich sonst von diesem Mann, der nun schon seit Jahren im vordersten Glied der Bonner Politiker stand? Heinemann hat zeitlebens größten Wert darauf gelegt, über seine Person und sein Privatleben so wenig wie möglich zu sprechen. Er wollte, wie er als Bundespräsident einmal im Hinblick auf aufdringliche Pressefotografen gesagt hat, weder »Staatsschauspieler« noch »Ausstellungsobjekt« sein. Es war daher auch kaum möglich, über den Menschen Heinemann mehr zu erfahren, als er durch sein öffentliches Handeln in Bürgergemeinde und Christengemeinde über sich aussagte und zu erkennen gab. In Bonn wußte man eigentlich nur, daß er vor Dienstbeginn ein begeisterter Schwimmer und nach Feierabend ein eifriger Skatspieler war. Darüber hinaus gibt es kaum einen Hinweis. Eine der wenigen Ausnahmen bildet Heinemanns Antwort auf eine Umfrage, welche die Zeitschrift *Kirche und Mann* im Spätsommer 1963 bei evangelischen Abgeordneten veranstaltet hatte. Geantwortet hat Heinemann damals vielleicht auch nur, weil es sich um ein kirchliches Blatt handelte, aber selbst da fiel die Antwort nicht gerade üppig aus: »Da soll also nun herauskommen, was sich hinter unserem Tun in Beruf, Politik und Kirchenamt abspielt. Bei mir kommt da keine Spezialität zutage – weder Musik noch Kegeln noch Autofahren oder dergleichen. Ich muß viel lesen und lese gern. Arbeit und Freizeit gehen dabei ineinander über, weil es vielerlei ist, was mich aus Zeitgeschehen oder Geschichte, aus Recht oder Theologie beschäftigt. Im übrigen laufe ich viel, sonderlich durch Wald. Und an manchen Abenden sitze ich gern bei einem Glas Wein mit Freunden aus nah und fern beisammen.« Nüchterner konnte die Selbstdarstellung kaum ausfallen, und auch hier fehlt jeder Hinweis auf Frau und Kinder und auf alles, was einen Blick in das Innenleben dieses im besten Sinne merkwürdigen Menschen ermöglicht hätte.

Trotzdem war Heinemann zu dem Zeitpunkt, als er für das höchste Amt in Aussicht genommen wurde, seinen Mitbürgern unbekannt nur als Privatmann. Sein politischer Weg durch die letzten zwanzig Jahre ließ keinen Zweifel daran, daß er als Christ und Demokrat ein freier Mann war. Deshalb stand zu erwarten, daß er noch über sein damaliges Amt als Bundesjustizminister hinaus in Pflicht genommen würde. Der Weg in die Villa Hammerschmidt schien nunmehr vorgezeichnet zu sein.

8 Der Bürgerpräsident

Wir haben gelernt, daß der Staat kein höheres Wesen mit Anspruch auf unterwürfigen Gehorsam ist. Er ist unser aller Helfer zu einem geordneten gemeinschaftlichen Leben freier Bürger.

24. Dezember 1971

Die fünf Jahre, in denen Gustav Heinemann als Bundespräsident an der Spitze der Bundesrepublik Deutschland stand, waren in der Weltpolitik wie auch im eigenen Lande eine unruhige Zeit.
Weltpolitisch am wichtigsten war zunächst das Bemühen der neuen amerikanischen Administration unter Richard Nixon, den Krieg in Vietnam ohne allzu offenkundigen Gesichtsverlust zu beenden. Das gelang nach mancherlei Rückschlägen schließlich im Sommer 1973, als bereits der Watergate-Skandal seine Schatten über die politische Szene in Washington warf. Ein Jahr später sah Richard Nixon sich genötigt, als Präsident der Vereinigten Staaten zurückzutreten. Sein Nachfolger wurde Gerald Ford, ehemals Fraktionsvorsitzender der Republikaner im Repräsentantenhaus und ein knappes Jahr zuvor zum Nachfolger des ebenfalls in einen Korruptionsskandal verwickelten Vizepräsidenten Agnew ernannt.
Kaum weniger bedeutsam war der im Oktober 1973 von Israels arabischen Nachbarn begonnene sogenannte Jom-Kippur-Krieg gegen den jüdischen Staat, der mit einer Niederlage Israels endete. In diesem Krieg wurde erstmals das Erdöl von den arabischen Staaten als politische Waffe eingesetzt. Das führte in der ganzen Welt zu einer vorübergehenden Erdölverknappung. Die Erdölkrise, die in Wirklichkeit Vorläufer einer Rohstoffkrise war, führte einer breiten Öffentlichkeit die vom Club of Rome, *einer Vereinigung internationaler Wissenschaftler, bereits warnend erwähnten Grenzen wirtschaftlichen Wachstums vor Augen.*
Die Bundesrepublik war jedoch in den ersten Jahren der sozial-liberalen Koalition vornehmlich mit der Verwirklichung einer neuen Ostpolitik beschäftigt. Diese sollte – wie Adenauer es zwanzig Jahre vorher gegenüber dem Westen getan hatte – nun auch gegenüber

dem Osten einen Schlußstrich unter die Nachkriegszeit ziehen und einen Friedensvertrag, da dessen Zustandekommen unwahrscheinlich geworden war, durch zweiseitige völkerrechtliche Verträge ersetzen. Der Erfolg dieser Ostpolitik, die insbesondere die Anerkennung der als Kriegsfolge eingetretenen Gebietsveränderungen in Osteuropa herbeiführte und mit dem deutsch-deutschen Grundlagenvertrag abgerundet wurde, war das persönliche Werk Willy Brandts, wurde aber auch von den Freien Demokraten unter Führung des Bundesaußenministers Walter Scheel mitgetragen. Um diese Ostpolitik wurde im Bundestag erbittert gerungen. Im Verlauf dieser Debatte schmolz die Mehrheit der Regierungskoalition infolge von Übertritten einiger Abgeorneter zu den Unionsparteien auf ein Minimum zusammen. Der Versuch der Opposition, durch ein konstruktives Mißtrauensvotum die Bundesregierung zu stürzen und den Fraktionsvorsitzenden der CDU/CSU Rainer Barzel zum Bundeskanzler zu wählen, verfehlte jedoch im April 1972 knapp sein Ziel. Um eine festere Grundlage für ihre Politik zu gewinnen, erwirkte die Bundesregierung im Spätsommer 1972 die Auflösung des Bundestages. Bei der Neuwahl im November errang vor allem die SPD den bis dahin größten Erfolg ihrer Geschichte, wurde stärkste Fraktion und verfügte danach zusammen mit der ebenfalls erfolgreichen FDP über eine breite Mehrheit von beinahe 50 Sitzen.

Zur allgemeinen Überraschung nutzte die Koalition jedoch diese Mehrheit nicht, um die schon 1969 angekündigten inneren Reformen nun tatkräftig voranzutreiben. Obwohl Willy Brandt, der 1971 mit dem Friedens-Nobelpreis ausgezeichnet wurde, international mit Abstand der angesehenste Staatsmann jener Jahre war, verloren er und die Koalition schon bald nach der Bundestagswahl von 1972 mehr und mehr an Tatkraft und Initiative. Ein Zerwürfnis mit Herbert Wehner und andere Mißhelligkeiten führten im Frühjahr 1974 zu Brandts Rücktritt, wobei die Affäre mit dem in die nächste Nähe des Bundeskanzlers vorgedrungenen DDR-Spion Guillaume mehr den Anlaß als den Grund abgab. Im Amt des Bundeskanzlers folgte ihm Helmut Schmidt, doch blieb Willy Brandt Vorsitzender der sozialdemokratischen Partei. Etwa gleichzeitig wurde, da Heinemann auf eine zweite Amtszeit verzichtet hatte, Walter Scheel zum Bundespräsidenten gewählt.

Gustav Heinemann wurde am 5. März 1969 zum dritten Präsidenten der Bundesrepublik Deutschland gewählt. So wenig wie seine Vorgänger hatte er sich zu diesem Amt gedrängt oder von sich aus darum beworben. Theodor Heuss, der erste Bundespräsident, war infolge einer Koalitionsabsprache zwischen den Unionsparteien und den Freien Demokraten 1949 in das höchste Amt gewählt worden. Da Adenauer Kanzler werden wollte, blieb für den acht Jahre jüngeren Vorsitzenden der FDP nur das politisch weniger gewichtige Amt des Staatsoberhauptes. Sein Nachfolger Heinrich Lübke kam nur dadurch in die Villa Hammerschmidt, daß Adenauer zunächst selbst dorthin gestrebt, dann aber noch gerade rechtzeitig erkannt hatte, daß er von dort aus nicht einmal mehr mittelbar regieren könnte; daher mußte, zumal da der Adenauers Nachfolge als Kanzler anstrebende Bundeswirtschaftsminister Erhard abwinkte, im Handumdrehen ein akzeptabler Kandidat aus den Reihen der Unionsparteien gefunden werden, die ja 1959 mit absoluter Mehrheit regierten. Lübke war ein tüchtiger Landwirtschaftsminister, im übrigen aber politisch unscheinbar. Er folgte dem Ruf seiner Partei. Was immer später an Lübke kritisiert worden ist, persönlichen Ehrgeiz hat ihm niemand nachgesagt.

Auch Heinemann folgte schließlich dem Ruf seiner Partei, doch war die Lage 1968 gänzlich anders als zehn Jahre vorher. Vor allem gab es keine eindeutigen Mehrheitsverhältnisse in der Bundesversammlung, die den Bundespräsidenten wählt. Die Versammlung tritt ausschließlich zu diesem Zweck zusammen und besteht aus den Abgeordneten des Bundestages und einer gleichen Zahl von Delegierten der Landtage, die entsprechend der parteipolitischen Zusammensetzung der Länderparlamente entsandt werden. Von den 1969 zu erwartenden 1036 Mitgliedern der Bundesversammlung würden weder die Unionsparteien noch die Sozialdemokraten die absolute Mehrheit stellen, so daß die Freien Demokraten und die rechtsradidale Nationaldemokratische Partei (NPD) auf die eine oder die andere Weise den Ausschlag geben würden. Jede der beiden großen Parteien würde einen Partner benötigen, um ihren Kandidaten durchzubringen. Theoretisch hätte dieser Partner auch die jeweils andere große Partei sein können. Wenn der neue Bundespräsident zwei Jahre früher hätte

gewählt werden müssen, so wäre ein Kandidat der damals erst wenige Monate alten großen Koalition sehr wahrscheinlich gewesen. Inzwischen aber waren die Verschleißerscheinungen dieses Regierungsbündnisses bereits so groß, daß es seinen Partnern nicht mehr möglich war, sich auf einen gemeinsamen Kandidaten zu einigen. Diese wie alle anderen wichtigeren Entscheidungen der drei im Bundestag vertretenen Parteien – die Delegierten der NPD in der Bundesversammlung kamen ausschließlich aus einigen Landtagen – gerieten mehr und mehr in den Schatten der für den Herbst 1969 zu erwartenden Bundestagswahlen, von deren Ausgang es abhängen würde, ob neue Mehrheitsverhältnisse im Bundestag und gegebenenfalls welche Koalitionen möglich sein würden.
Die Schwierigkeiten, vor denen 1968 die Parteiführungen standen, lassen sich heute nur noch aus der damaligen Situation heraus verstehen. Die Führer der großen Koalition hatten zwar die Erfahrung gemacht, daß ihr Bündnis nicht von Dauer sein könne, nachdem die wirtschaftliche Rezession, die 1966 zu ihrem Zusammengehen geführt hatte, überwunden worden war. Sie wußten aber nicht, ob ihnen das Wahlergebnis vom September 1969 gestatten würde auseinanderzugehen. Würde es überhaupt keine Verschiebungen geben – eine keineswegs auszuschließende Möglichkeit –, so blieben die Partner der großen Koalition zur Fortsetzung ihrer Zwangsehe verurteilt. Daher würde man den Wahlkampf und alles, was ihm vorausging, zwar kontrovers führen können und – um des angestrebten Zieles einer absoluten Mehrheit willen – auch führen müssen; aber der Kampf gegen den Partner von heute durfte wiederum nicht so hart geführt werden, daß dadurch eine eventuell nötige Fortsetzung der Koalition unmöglich würde. Unter diesen Umständen überrascht es nicht, daß Herbert Wehner, der aus taktischen Gründen der eigentliche Vater der großen Koalition gewesen war, zunächst auf sozialdemokratischer Seite am entschiedensten dafür eintrat, einen gemeinsamen Präsidentschaftskandidaten zu suchen. Er setzte diese Bemühungen auch noch fort, nachdem Willy Brandt dem CDU-Vorsitzenden Kiesinger längst mitgeteilt hatte, daß die SPD einen eigenen Kandidaten aufstellen würde. Das war bereits am 7. August 1967 geschehen, zu einem Zeitpunkt also, zu dem sich

noch niemand konkrete Gedanken über die erst zwei Jahre später zu erwartende Neuwahl machte. Immerhin brauchte dieser Entschluß noch nicht den Verzicht auf einen gemeinsamen Kandidaten der beiden großen Parteien zu bedeuten; es wäre ja auch ein Kandidat der SPD denkbar gewesen, dem die Unionsparteien ihre Zustimmung geben konnten. Nicht zuletzt unter diesem Gesichtspunkt wurde der damalige Verkehrsminister Georg Leber ins Gespräch gebracht, der einerseits Gewerkschafter, andererseits aber auch Mitglied des Zentralkomitees der deutschen Katholiken war.

Als im Herbst 1968 noch immer keine Klarheit geschaffen war, setzte Bundespräsident Lübke die Parteien dadurch unter einen gewissen Druck, daß er am 14. Oktober seinen Rücktritt für den 3o. Juni 1969 ankündigte, obwohl seine Amtszeit eigentlich erst im September endete. Dieser Entschluß war vernünftig, weil dadurch die Neuwahl des Präsidenten ebenfalls um drei Monate in den März vorverlegt werden mußte, so daß sie immerhin durch sechs Monate von der Bundestagswahl getrennt wurde und nicht mehr in den Wahlkampf hineingezogen werden konnte. Daraufhin bestellte die SPD eine siebenköpfige Kommission mit dem Auftrag, einen sozialdemokratischen Kandidaten auszuwählen. Heinemann hat nach seiner Präsidentschaft die Vorgänge, soweit sie ihn betrafen, folgendermaßen geschildert: »Sie (die Kommission) tagte Ende Oktober 1968 in Berlin und ließ mich wissen, daß zwei Fragen mit mir zu klären seien, derentwegen (das Kommissionsmitglied) Johannes Rau mich eilig aufsuchen werde. Wir trafen uns in der Nähe von Düsseldorf. Ich sagte Rau: ›Deine beiden Fragen kann ich mir denken. Du willst wissen, ob ich bei etwaiger Wahl zum Bundespräsidenten erwarte, daß man mich nach Ablauf der Amtszeit von fünf Jahren noch ein zweites Mal wähle. Antwort: Nein. Nach fünf Jahren ist Freiheit der Entscheidung für beide Seiten. Zweite Frage: Du willst wissen, ob ich mich sperren würde, wenn im Verlauf der Wahlgänge in der Bundesversammlung meine Kandidatur zugunsten einer anderen zurückgezogen werden würde. Antwort: Nein.‹ Johannes Rau konnte alsbald nach Berlin zurückreisen. Kurz darauf ließ Brandt mich am 1. November telefonisch wissen, daß die SPD mich für das Amt des Bundespräsidenten vorschlage.

Es besteht kein Grund, diese Darstellung anzuzweifeln, wohl aber bedürfen die Vorgänge einer Erläuterung. Die eher halbherzig geführten Bemühungen um einen gemeinsamen Kandidaten der großen Koalition waren zu diesem Zeitpunkt praktisch gescheitert. Dadurch hatte Georg Leber für die Sozialdemokraten an Attraktivität verloren. Wichtiger war nämlich inzwischen eine andere Überlegung geworden. Wenn die SPD gegen die Unionsparteien anträte, so hätte sie Erfolgsaussicht nur dann, wenn sie von den Freien Demokraten unterstützt würde. Das aber bedeutete, daß sie einen Kandidaten präsentieren mußte, der für die FDP annehmbar wäre. Ein solcher war der wegen seiner liberalen Rechtsreform bei der FDP wohlangesehene Heinemann viel eher als der Gewerkschaftsführer Leber. Diese Überlegung war natürlich nicht neu; solange aber auch nur eine kleine Chance für einen Koalitionskandidaten bestanden hatte, durfte Heinemann von der SPD offiziell nicht ins Gespräch gebracht werden, weil der entschiedene Gegner Adenauers und seiner Politik für die Unionsparteien unannehmbar war.
Wie aber stand es um Heinemanns Bereitschaft, für das höchste Amt zu kandidieren? Aus seiner Darstellung der letzten Phase vor seiner Nominierung geht hervor, daß er damals entschlossen war, die Kandidatur anzunehmen. Das war aber nicht von Anfang an so gewesen. Es ist nicht mehr festzustellen, wer zuerst von der Möglichkeit gesprochen hat, Heinemann als Kandidaten der SPD zu nominieren. Anscheinend ist aber Willy Brandt, wenn nicht der Urheber, so jedenfalls der aktivste Förderer einer Kandidatur Heinemanns gewesen, wie Brandt überhaupt von Anfang an für einen eigenen sozialdemokratischen Kandidaten eingetreten ist. Als Brandt diese Absicht erstmals Heinemann nahebrachte, soll dieser erklärt haben, daß er viel lieber Justizminister bleiben als Bundespräsident werden wolle. So dürfte es in der Tat gewesen sein. Einmal erschien Heinemann das mit viel Repräsentation verbundene höchste Amt keineswegs verlockend. Vor allem aber sah er in der Rechtsreform seine eigentliche politische Aufgabe, die nach nur zwei Jahren noch längst nicht abgeschlossen war, die er aber gern so weit geführt hätte, wie es ihm seine Kräfte erlaubten. Brandt war nicht ohne Verständnis für diesen Wunsch Heinemanns, doch wendete er ein, daß niemand den Ausgang der

Bundestagswahl voraussehen könne; es sei also noch völlig offen, ob die SPD danach immer noch Regierungspartei wäre und Heinemann die Fortsetzung seiner Arbeit im Justizressort garantieren könnte. Wenn hingegen, so argumentierte Brandt weiter, die SPD jetzt einen ihrer Politiker in die Villa Hammerschmidt bringen würde, so wäre das schon ein großer Gewinn – und diese Möglichkeit biete sich eben nur bei einer Kandidatur Heinemanns, der als einziger sozialdemokratischer Kandidat auf die selbst dann noch nicht sichere Unterstützung der Freien Demokraten rechnen könne. Diese Darlegung war nüchtern und kaum zu widerlegen. Trotzdem hätte Heinemann vielleicht noch länger gezögert, wenn nicht seine Frau sich sehr entschieden für seine Kandidatur ausgesprochen hätte. Es wäre allerdings verfehlt anzunehmen, daß Hilda Heinemann das getan habe, weil sie etwa den Wunsch gehabt hätte, selber First Lady zu werden. Sie hatte vielmehr früher als ihr Mann erkannt, daß das Amt des Bundespräsidenten nicht nur äußerlich die sinnvolle Krönung seines politischen Lebenswerkes darstellen, sondern daß es Heinemann auch Gelegenheit geben würde, zu dem beizutragen, was ihm von jeher besonders wichtig gewesen war: die Vertiefung des demokratisch-republikanischen Bewußtseins in Deutschland.

Nachdem die SPD Heinemanns Kandidatur angekündigt hatte, gaben zwei Wochen später die Unionsparteien die Nominierung des amtierenden Verteidigungsministers Gerhard Schröder bekannt. Damit standen nun zwar die beiden Kandidaten fest, aber der Ausgang der auf den 5. März 1969 in Westberlin angesetzten Wahl war völlig offen. Wenn auch die 22 Delegierten der NPD frühzeitig mitteilten, daß sie Schröder ihre Stimme geben würden, so war das doch für den Kandidaten der Unionsparteien eher eine Belastung: die Aussicht, daß der nächste Bundespräsident mit den Stimmen der NPD, der geistigen Nachfahren der Nationalsozialisten, gewählt werden könnte, bereitete auch vielen Politikern der CDU Unbehagen. Zudem stand fest, daß selbst dieser Zuzug Schröder noch lange nicht die für die beiden ersten Wahlgänge erforderliche absolute Mehrheit einbringen würde. Der Ausgang der Wahl hing also vom Verhalten der Freien Demokraten ab. Falls deren Delegierte geschlossen für Heinemann stimmen sollten, so würde dieser gewählt werden. Die Geschlossenheit der

FDP-Fraktion in der Bundesversammlung war aber keineswegs gesichert, und der Parteivorsitzende Walter Scheel, der selber Heinemanns Wahl wünschte, wollte die Entscheidung der FDP erst in Berlin unmittelbar vor der Wahl herbeiführen. Das Rennen würde also bis zuletzt offen sein, zumal da niemand dafür garantieren mochte, daß im Falle einer Fraktionsentscheidung für Heinemann sich alle Delegierten der FDP daran gebunden fühlen würden.

In der Öffentlichkeit verliefen Zustimmung und Abneigung gegenüber Heinemanns Kandidatur teilweise entsprechend den Parteilinien, doch gab es auch manche rührende, teilweise fast komische Beweise der Zuneigung. Im September 1968 erhielt Heinemann von einem jungen Mann in Bonn einen Brief, der ein Echo auf einen Zeitschriftenaufsatz war, in dem das häufig eintönige und einsame Leben von Bonner Politikern und Ministern geschildert wurde, die wie der Justizminister ihren Wohnsitz nicht in der Bundeshauptstadt hatten. In dem Brief hieß es: »Sollte die Situation tatsächlich so sein ..., dann sollte man etwas dagegen tun. Meine Frau und ich möchten Sie recht herzlich zu einem Abend zu uns einladen. Wir gehören keiner Lobby an, sind politisch nicht organisiert, arbeiten für keinen ausländischen Geheimdienst, sind nicht von der Presse und haben auch sonst keine konkreten Absichten ... Was an einem solchen Abend getan wird, sollen Sie alleine entscheiden – er soll Erholung für Sie sein und Ihnen Spaß machen. Wir können erzählen, diskutieren oder Schach spielen ... Wir können zu dritt sein oder Sie können weitere Leute mitbringen ... Die Idee, die bei uns hinter der Einladung steht, ist, scherzhaft ausgedrückt, ›keine gute Politik ohne glückliche Minister‹.« Es war typisch für Heinemann, daß er die Einladung annahm und ihr einige Wochen später folgte. Noch ein Beispiel: im November 1968 bat ihn ein völlig Unbekannter aus einer schwäbischen Kleinstadt, Heinemann möge ihm »eine Zeile schreiben und mir darin eine Maxime Ihrer Lebensauffassung bekanntgeben«, die »meinen Enkeln, sechs an Zahl, richtungweisend für ihr zukünftiges Leben sein soll«. Heinemann notierte auf dem Brief die dem Absender mitzuteilende Maxime: »Jeden Tag etwas besser machen, als es gestern war – das ist die Aufgabe, vor der wir stehen.«

Ehe die Neuwahl des Bundespräsidenten schließlich stattfinden konnte, entstand ein neues Problem, das mit den kandidierenden Personen nichts zu tun hatte. Nachdem Bundestagspräsident Gerstenmaier am 18. Dezember 1968 Berlin als Ort der Präsidentenwahl proklamiert hatte, gab es dagegen alsbald einen sowjetischen Protest. Nun war die Bundesversammlung seit 1954 immer in Westberlin zusammengetreten; es hatte manchmal sowjetische Proteste gegeben, die aber eher einer Pflichtübung geglichen hatten. Um so überraschter war man in Bonn, daß es diesmal nicht bei dem formellen Protest blieb, sondern daß Moskau und die Regierung der DDR daraus eine große diplomatische Aktion zu machen drohten. Während die Bundesregierung unter Hinweis auf die früheren Wahlen auf ihrem Standpunkt beharrte und dabei von den Westmächten gestützt wurde, mehrten sich in der westdeutschen Öffentlichkeit die Stimmen, die vor einer Provokation Moskaus warnten. Heinemann bekam nicht wenige Briefe, in denen er gebeten wurde, seine Kandidatur nur dann aufrechtzuerhalten, wenn die Wahl an einem anderen Ort stattfände. Heinemann lehnte das ab. Er begründete seine Haltung in Antwortbriefen, die er seinen persönlichen Referenten schreiben ließ, so z. B. am 19. Februar 1969 an einen Rechtsanwalt in Lübeck: »... Die Sorgen, die Sie bewegen, versteht er sehr gut... Gleichwohl stellt Herr Dr. Heinemann immer die Gegenfrage, was denn nun gewonnen sei, wenn er allein als Bundespräsidentschaftskandidat gegen die Wahl in Berlin seine Stimme erhöbe. Nach den gesetzlichen Vorschriften ist nun einmal der Bundestagspräsident allein zu der Entscheidung berufen, wo die Bundesversammlung stattfinden soll. Eine Äußerung Dr. Heinemanns, die Bundesversammlung möge nicht in Berlin abgehalten werden, würde zudem einem großen Teil von Politikern nur wieder erneute Nahrung geben, Herrn Dr. Heinemann ›Pazifismus, Linksabweichlertum‹ u. ä. vorzuwerfen... Das Ergebnis wäre doch nur entweder das, daß in der Bundesversammlung nur ein Kandidat, nämlich der der CDU/CSU, zur Wahl stünde, oder das, daß die SPD innerhalb kurzer Zeit einen neuen Kandidaten benennen müßte. Es würde jedenfalls einen Wirbel geben, der der ganzen Sache noch weniger dienlich wäre als die gegenwärtige Situation.« Für den Fall, daß der Empfänger des Briefes aus diesen Sätzen

Heinemanns persönliche Einstellung noch nicht herausgelesen haben sollte, folgt die Bemerkung: »Man kann füglich darüber streiten, ob es wohlgetan war, die Bundesversammlung nach Berlin zu legen. Dies ist nun aber einmal geschehen.« Es stellte sich dann allerdings heraus, daß es sich doch wieder einmal nur um Theaterdonner aus Moskau und Ostberlin gehandelt hatte, wenn auch vor der Bundesversammlung die Autobahn von Helmstedt nach Berlin »aus Manövergründen« zeitweilig gesperrt wurde. In den Luftkorridoren gab es aber keinerlei Behinderung, so daß schließlich nur 13 kranke Delegierte der Versammlung fernbleiben mußten, während die übrigen 1023 Wahlmänner am 5. März alle zur Stelle waren.

Die absolute Mehrheit aller wahlberechtigten Delegierten betrug 519 Stimmen. Selbst alle Delegierte der Unionsparteien und der NPD zusammen konnten nur 504 Stimmen aufbringen. Es kam also alles auf die FDP an. Diese beschloß am Vorabend der Wahl in Berlin mit 78 gegen 5 Stimmen, sich für Heinemann zu entscheiden. Es würde also mit größter Wahrscheinlichkeit drei Wahlgänge geben, da die absolute Mehrheit für Heinemann nur bei voller Disziplin aller Delegierten der SPD und der 78 Wahlmänner der FDP erreichbar war. Tatsächlich erhielt er jedoch im ersten Wahlgang nur 514 Stimmen, während Schröder 501 Stimmen auf sich vereinigte. Das genügte ebensowenig wie im zweiten Wahlgang das Stimmenverhältnis von 511 zu 507, das vielmehr auf einen leichten Umschwung zugunsten Schröders hindeutete. So kam es zu dem mit ungeheurer Spannung erwarteten dritten Wahlgang, bei dem Heinemann mit 512 gegen 506 Stimmen gewählt wurde. In allen Wahlgängen gab es 5 Enthaltungen, im ersten dazu noch 3 ungültige Stimmen. Mathematisch zu analysieren sind die drei Wahlgänge nicht, da geheim abgestimmt wurde, aber schließlich zählte Heinemanns Mehrheit im dritten Wahlgang.

Es ist nicht abwegig, die Vorgänge um Gustav Heinemanns Wahl zum Bundespräsidenten so ausführlich darzustellen; denn es handelte sich um ein Ereignis von geschichtlicher Bedeutung. Nichts beweist das besser als das weitreichende Echo, das dieses Ereignis im In- und Ausland hatte. Den politschen Zusammenhang der Wahl beleuchtet besonders gut ein Kommentar der *Neuen*

Zürcher Zeitung, die in den fünfziger und frühen sechziger Jahren eine Parteigängerin Konrad Adenauers gewesen war: »Die Wahl Justizminister Gustav Heinemanns zum deutschen Bundespräsidenten ist ein Symptom für den Wandel des politischen Klimas in der Bundesrepublik ... Zum ersten Male übernimmt ein Sozialdemokrat das höchste Amt im Staate; das Bemühen der SPD um eine konstruktive Mitwirkung an der politischen Gestaltung dieses Staates, dessen Marksteine das Godesberger Programm von 1959, Wehners Plädoyer für eine gemeinsame Außenpolitik vom 30. Juni 1960 und die Bildung der großen Koalition im Dezember 1966 sind, erhält damit seine Krönung ... Die fortschreitende Integration der Sozialdemokratie in das politische Gefüge des nach der Katastrophe von 1945 in Westdeutschland entstandenen demokratischen Staatswesens, die nun in der Wahl Heinemanns zum Bundespräsidenten einen neuen prägnanten Ausdruck gefunden hat, ist ein entscheidendes Charakteristikum des zweiten Jahrzehnts der Geschichte der Bundesrepublik. Daß diese Festigung einer verbreiterten politischen Basis in einem Augenblick erfolgt, da in Deutschland manches in Frage gestellt scheint, das seit 1949 aufgebaut wurde, verleiht der Wahl Heinemanns besonderes politisches Gewicht.«

Während man im Ausland vornehmlich der Wahl eines Sozialdemokraten in das höchste Amt Bedeutung beimaß, spielte in der deutschen Öffentlichkeit daneben auch die Wahl der Person Heinemann eine beträchtliche Rolle. Mit ihm trat ein Mann an die Spitze der Bundesrepublik, für dessen politische Zukunft in den frühen fünfziger Jahren nicht nur seine Gegner keinen roten Heller gegeben hätten. Für die meisten Unionspolitiker kam das Wahlergebnis als ein Schock. Der frühere Ministerpräsident des Landes Nordrhein-Westfalen Franz Meyers hatte schon am Morgen des Wahltages geäußert: »Wenn Heinemann tatsächlich gewählt wird, dann muß ich auswandern und in die Schweiz ziehen.« Er ist dann allerdings doch im Lande geblieben. Der CDU-Vorsitzende und Bundeskanzler Kurt-Georg Kiesinger mußte sich mit Rücksicht auf die noch bestehende große Koalition sehr viel vorsichtiger ausdrücken. Sein offizieller Kommentar endete mit einer auf Hoffnung gestimmten Feststellung: »Die Wahl des Bundespräsidenten war eine wichtige Entscheidung.

Wichtiger aber wird die Bundestagswahl im September dieses Jahres sein; denn dabei werden die Wähler die Entscheidung darüber treffen, welcher Bundeskanzler die Bundesregierung in den nächsten vier Jahren führen wird. In unserem Lande bestimmt der Bundeskanzler die Richtlinien der Politik.« Das war zwar richtig, aber zwischen den Zeilen dieses Kommentars schwingt doch schon die Sorge mit, es könnte zutreffen, was Heinemann wenige Tage nach seiner Wahl in einem Zeitungsinterview sagte, daß nämlich seine Wahl »ein Stück Machtwechsel« sei.

Aus der Bevölkerung erhielt Heinemann eine Flut von Glückwünschen. Dabei erfreuten ihn besonders zustimmende Briefe der jungen Generation. So schrieb ihm ein kurz vor dem Examen stehender Jurastudent in Bonn am Tage nach der Wahl, für ihn sei es »eine große Freude, gerade an Ihnen ein Leitbild zu haben, eine Persönlichkeit, die mir in ihrer Aufrichtigkeit den Weg auch für mein weiteres Leben weisen soll ... Es ist für mich eine Ehre, mich zu einem Staat zu bekennen, an dessen Spitze eine Persönlichkeit wie die Ihre steht.« Die Meinung vieler kritisch denkender Bürger formulierte wenig später der Schriftsteller Günter Grass im Vorwort zu dem ersten nach der Wahl erschienenen Buch über Heinemann (7): »Ich wüßte niemanden, der befugter wäre, das verkrampfte Verhältnis der Deutschen zum Staat zu lockern. Ich wüßte niemanden, der geeigneter wäre, die überlieferte Staatsgläubigkeit durch immer noch mangelnden Commonsense zu ersetzen.«

Nun löste Heinemanns Wahl aber nicht nur Freude oder Enttäuschung aus. Sie hatte auch für ihn selbst ganz konkrete Folgen. Zunächst trat er alsbald von dem Amt des Bundesjustizministers zurück, wo sein bisheriger Staatssekretär Horst Ehmke sein Nachfolger wurde. Ebenso legte er gleich sein Bundestagsmandat nieder. Er blieb Mitglied der SPD, schied aber aus dem Parteivorstand aus. Seine parlamentarische Laufbahn, die elfeinhalb Jahre gedauert hatte, war damit beendet. Die vier Monate bis zu seinem Amtsantritt benutzte Heinemann dazu, sich auf die neue Aufgabe vorzubereiten. Während dieser Zeit bemühte sich die deutsche Öffentlichkeit darum, eine deutlichere Vorstellung von Heinemann zu gewinnen. Dabei standen zwei Themen, auf die sich seine politischen Gegner kaprizierten, im Vordergrund der Debatte:

Heinemanns Verhältnis zum Staat und seine Einstellung zur Bundeswehr. Das zweite Thema erörterte er wenige Tage nach seiner Wahl in einem Interview mit der *Stuttgarter Zeitung* und wirbelte damit viel Staub auf. Der Interviewer fragte ihn nach der Aufgabenstellung der Bundeswehr, worauf Heinemann erwiderte, die Bundeswehr gehöre zu den von Adenauers Politik geschaffenen Tatsachen. »Die Bundeswehr als solche in Frage zu stellen, ohne daß eine übergreifende gesamteuropäische Sicherheits- und Friedensordnung erreicht wird, ist unmöglich.« Auf den Einwand, auch aus diesen Worten würden manche Leute auf ein distanziertes Verhältnis des künftigen Präsidenten zur Bundeswehr schließen, erwiderte er: »Ich kann doch nur sagen, daß alles Rüsten einen politischen Sinn haben muß. Rüstung kann doch nicht an sich etwas Gutes sein. Wenn es aber so ist, daß alle Rüstung, daß alles Soldatentum einen politischen Dienst zu erfüllen hat, dann müssen sich auch alle Soldaten jederzeit mit vor die Frage gestellt sehen: Ist diese politische Aufgabe heute noch so, wie sie etwa anzusehen war, als man mit der Rüstung begann? Das heißt, jede Bundeswehr muß grundsätzlich bereit sein, sich um einer besseren politischen Lösung willen in Frage stellen zu lassen.« Mit dieser Formulierung, die, wie aus dem Zusammenhang eindeutig hervorgeht, der Förderung einer versöhnlichen Ostpolitik dienen sollte, vertiefte Heinemann freilich das Mißtrauen seiner politischen Gegner. Teils wirkte immer noch das Klima des kalten Krieges nach, teils wurde die bloße Möglichkeit, das Militär in Frage zu stellen, als Verstoß gegen eines der stärksten Tabus der preußisch-deutschen Geschichte empfunden. Bezeichnend war ein Brief, den ein aktiver Oberstleutnant der Bundeswehr am Tage nach dem Interview als Protest gegen ebendiese Äußerungen an Heinemann schrieb. Dort heißt es: »Wenn nach Ihren Erkenntnissen die Existenz der Bundeswehr eines der Hemmnisse gegen eine Verwirklichung der Wiedervereinigung ist, so möchte ich Sie, sehr geehrter Herr Minister, bitten, die gesetzlichen Voraussetzungen für meine *vorzeitige* Zurruhesetzung unter Beibehaltung meiner Rechte aus dem Soldatenversorgungsgesetz zu schaffen. Mein Ausscheiden aus dem aktiven Dienst einer Bundeswehr, die tatsächlich ein Hindernis für die Wiedervereinigung wäre, würde in mir den Konflikt, der durch

Ihre Äußerungen entstanden ist, beseitigen.« Teils durch solche privaten Reaktionen und teils durch Äußerungen führender Unionspolitiker sah Heinemann sich veranlaßt, einen Tag später der Deutschen Presse-Agentur ein weiteres Interview zu geben. Darin sagte er unter anderem: »Wir sind von den Zielen einer politischen europäischen Einheit ebenso entfernt wie von dem Ziel einer kontrollierten Abrüstung. Diese Entfernung darf uns nicht in dem Bemühen hemmen, uns diesen Zielen in kleinen Schritten zu nähern.« Zum Thema Bundeswehr sagte er: »Ich bin kein Gegner der Bundeswehr, aber ein Gegner eines jeden Hurra-Patriotismus. Ich achte das Pflichtbewußtsein, mit dem die Soldaten aller Dienstgrade ihre Pflicht tun.« Was sein Verhältnis zum Staat angeht, so fand er es »amüsant, daß gerade solche Kritiker, die mir sonst ein distanziertes Verhältnis zum Staat vorwerfen, es nun übelnehmen, wenn ich von einem Stück Machtwechsel gesprochen habe... Ich werde mich bemühen, als Bundespräsident Repräsentant eines recht verstandenen Staates zu sein und nicht Teilhaber am innenpolitischen Machtkampf.« Damit erklärte er diese Debatte für seine Person für beendet.

Öffentlich hat sich Heinemann über seine künftigen Aufgaben vor Übernahme des höchsten Amtes nur noch einmal geäußert. In einem Gespräch mit dem sozialdemokratischen Publizisten Leo Bauer, das im Mai 1969 in der Zeitschrift *Die neue Gesellschaft* erschien, antwortete er auf eine diesbezügliche Frage: »Es ist schwer für mich, in den nun fast 70 Jahren meines Lebens zu unterscheiden, was gut und was weniger gut war, was meinen Hoffnungen entsprach und was sich nicht realisieren ließ. Eine durchgehende Linie meiner Bemühungen von jungen Jahren an, d. h. also von der Universitätszeit her, war gerichtet auf Freiheit, auf eine freiheitliche Rechtsordnung. Das hat mir eh und je Konflikte eingebracht, denn es ist ja außerordentlich schwer, unser Volk aus der Erziehung zur Untertänigkeit wirklich herauszubringen. Jahrhundertelang ist unsere Geschichte von solch einer Erziehung des Volkes zur Untertänigkeit geprägt worden, sowohl von Staats wegen wie von der Kirche her, und in der Schule hat es jeweils angefangen. Einiges hat sich inzwischen verändert, verbessert. Das muß aber doch endlich einmal ganz überwunden werden. Wir brauchen Menschen mit Selbstbewußtsein, mit bürgerlichem

Handeln und Verhalten. Ich jedenfalls werde in meinem neuen Amte versuchen, soviel ich kann, zu diesem Prozeß beizutragen.«

Am 1. Juli 1969 wurde Gustav Heinemann als dritter Präsident der Bundesrepublik Deutschland vereidigt. Damit begann der letzte Abschnitt seines politischen Wirkens. Seit seinem Eintritt ins politische Leben waren fast 25 Jahre vergangen, wenige Wochen später vollendete er sein siebzigstes Lebensjahr, aber noch spürte er das Alter kaum. In der kurzen, aber gewichtigen Rede, mit der er sein neues Amt übernahm, erinnerte er an ein Wort des amerikanischen Philosophen Emerson: »Gott bietet jedem die Wahl zwischen Wahrheit und Schlaf. Nimm, was du möchtest. Beides kannst du nicht haben.« Heinemann hat dieses Wort zwar immer auf sich bezogen, in jener Stunde aber wünschte er es dem deutschen Volk ins Stammbuch zu schreiben. Er halte, so sagte er, die »auf Menschenwürde und Menschenrechte begründete Ordnung (der Bundesrepublik) für die beste in unserer bisherigen Geschichte. Diese Ordnung ist aber nicht fertig.« Mit der Forderung, freiheitliche Demokratie, soziale Gerechtigkeit und Rechtsstaatlichkeit ständig zu verbessern, appellierte er an »den mündig mitbestimmenden Bürger« und erteilte zugleich dem Obrigkeitsstaat abermals eine Absage. Mit dem Bekenntnis zu mehr Demokratie und zu dem schwierigen Vaterland Deutschland gab Heinemann unmißverständlich zu erkennen, wie er sein neues Amt interpretierte und auszufüllen gedachte.

Die Bemühungen und die Leistung des Bundespräsidenten Gustav Heinemann lassen sich im Rückblick vornehmlich in vier Gebiete gliedern. Da war zunächst die Aussöhnung der Deutschen mit ihren europäischen Nachbarn, zum andern die damit eng zusammenhängende Förderung des Friedens in Europa, drittens die Vertiefung des demokratisch-republikanischen Bewußtseins bei den Deutschen in der Bundesrepublik und schließlich die Fürsorge für das Recht der Minderheiten in der Gesellschaft.

Bei dem Vorhaben, die Deutschen mit ihren Nachbarn in Europa zu versöhnen, konnte Heinemann in gewisser Hinsicht an die Amtszeit seines Vorvorgängers anknüpfen. Theodor Heuss war

1949 die Aufgabe zugefallen, die mit den Verbrechen der Hitlerzeit belasteten Deutschen wieder in den Kreis der zivilisierten Völker zurückzuführen. Als Person konnte Heuss sich dieser Aufgabe unterziehen, weil er, wiewohl kein Widerstandskämpfer, unbestreitbar ein Repräsentant jenes geistigen Deutschlands war, das vor 1933 in der Welt hohes Ansehen genossen hatte. Die Aufgabe war trotzdem schwierig, weil 1949 die Schrecken des Krieges und der nationalsozialistischen Gewaltherrschaft noch überall gegenwärtig waren. Die Bundesrepublik war noch etliche Jahre lang ein besetztes Land, dessen politische Repräsentanten überall mit Mißtrauen oder jedenfalls mit Zurückhaltung aufgenommen wurden. Erleichert wurde Heuss seine Aufgabe dadurch, daß die Westmächte die Deutschen wieder zu benötigen glaubten, so daß man immerhin geneigt war, ihre Rückkehr in internationale Organisationen als notwendiges Übel zu akzeptieren.
Als Heinemann in die Villa Hammerschmidt einzog, waren seit den Anfängen der Bundesrepublik zwanzig Jahre vergangen. Die Deutschen – jedenfalls soweit sie in der Bundesrepublik wohnten – waren durchweg wieder wohlgelitten. Vergessen hatte das Ausland die Kriegszeit trotzdem noch nicht, und das galt insbesondere von denjenigen europäischen Völkern, die während des Krieges unter deutscher Besatzung zu leiden gehabt hatten. So war es kein Zufall, daß Heinemann den ersten seiner Staatsbesuche im November 1969 den benachbarten Niederlanden abstattete, die im Mai 1940 von Hitler überfallen worden waren und danach bis Kriegsende schwer zu leiden gehabt hatten. Es gab 1969 nur noch wenige europäische Völker, die der Bundesrepublik mit so vielen Vorbehalten gegenüberstanden wie die Holländer. Es war daher auch in den ersten zwanzig Jahren der Bundesrepublik noch zu keinem offiziellen Besuch eines Bundespräsidenten in den Niederlanden gekommen, und es ist ungewiß, ob ein anderer als Heinemann selbst nach zwei Jahrzehnten in Holland willkommen gewesen wäre. Heinemann war willkommen und verstand es, durch die Art seines Auftretens auch die letzten Vorbehalte zu zerstreuen. Es war keine leere Redensart, was der Bürgermeister von Amsterdam aussprach: »Die Absichten, die Sie bei Ihrem Staatsbesuch haben, und der Charakter, den Sie ihm verleihen, haben uns getroffen.« Die Absicht seines Besuches

hatte Heinemann tags zuvor bei dem Galadiner mit den Worten umschrieben, dieser sei »nicht Erfüllung einer protokollarischen Pflicht. Er will bekunden, daß wir uns in Deutschland bewußt bleiben, welches Leid wir dem niederländischen Volk zufügten. Er ist die Annahme einer Hand, die über den schon auf vielen Gebieten erreichten neuen Anfang unter unseren Völkern hinaus die noch verbliebene Verhaltenheit uns gegenüber vollends überwinden will.« Die inzwischen schon fast dreißig Jahre zurückliegende gemeinsame Gegnerschaft gegen den Nationalsozialismus erwies sich – für manche überraschend – als ein politischer Faktor von beträchtlichem Gewicht. Heinemanns moralische Autorität hat in den Jahren seiner Präsidentschaft der Bundesrepublik mehr genützt, als selbst heute noch viele Menschen wissen. Zu dem außerordentlichen Erfolg seines Staatsbesuches in Holland trug allerdings ein menschlicher Umstand wesentlich bei: zwischen dem holländischen Königspaar und dem Ehepaar Heinemann entwickelte sich in kürzester Zeit ein so freundschaftliches Einvernehmen, daß alle protokollarischen Schranken durchbrochen wurden. Ähnliche Besuche stattete Heinemann 1970 Dänemark und Norwegen ab, die in gleicher Weise als ursprünglich Unbeteiligte unter deutscher Besatzung gelitten hatten, sowie Schweden, das insoweit nicht betroffen war.
Es wäre sinnlos, an dieser Stelle der zahlreichen anderen Staatsbesuche zu gedenken, die Heinemann in fünf Jahren absolviert und häufig eher als eine lästige Begleiterscheinung seines Amtes empfunden hat. Er hat sie jedoch ausnahmslos in den Dienst einer Versöhnung und gegenseitigen Verständigung gestellt. Allerdings hat er seine offiziellen Reisen ins Ausland und zumal in europäische Länder immer nur als die eine Seite der Aussöhnung der Deutschen mit ihrer Umwelt verstanden; die andere Seite war sein Bemühen, seine Landsleute selber zu der dafür nötigen Einsicht und Einstellung zu bewegen. Das außenpolitische Denken der meisten Deutschen war immer noch geprägt von den Klischees des kalten Krieges: der gute Westen stand dem bösen Osten gegenüber, gegen den man sich verteidigen mußte, mit dem man aber möglichst keinen Umgang pflegen wollte. Die Ostpolitik, in deren Richtung erste zaghafte Schritte schon von Ludwig Erhards Außenminister Gerhard Schröder getan worden

waren, und die Willy Brandt als Außenminister der großen Koalition im Grundsätzlichen bereits konzipiert hatte, besaß in der Öffentlichkeit noch keinen Anwalt und hatte bis dahin nur wenig Aufmerksamkeit gefunden. Daß aber eines Tages noch sehr viel mehr nötig sein würde als nur die Aufnahme diplomatischer Beziehungen und die Unterzeichnung von Kulturabkommen, daß über eine friedliche Koexistenz hinaus eines Tages auch eine Versöhnung mit den Völkern Osteuropas stattfinden müßte, überstieg 1969 noch die Vorstellungskraft der meisten Deutschen in der Bundesrepublik. Was mit der Ostpolitik, die 1969 noch gar nicht so genannt wurde, erreicht werden sollte und mußte, hat Gustav Heinemann, ohne sich speziell darauf zu beziehen, in seiner Weihnachtsansprache 1972 über Rundfunk und Fernsehen gesagt. Es war das Jahr, welches nicht nur den vorläufigen Abschluß der Ostpolitik der sozial-liberalen Koalition, sondern auch den Mordanschlag in Münchens Olympischem Dorf gebracht hatte. Schon in seiner kurzen Ansprache bei der Trauerfeier im Olympiastadion hatte Heinemann gesagt: »Das Leben braucht Versöhnung. Versöhnung darf nicht dem Terror zum Opfer fallen.« In der Weihnachtsansprache führte er das Thema weiter aus und sagte unter anderem: »Versöhnung ist nicht billig. Ein bloßes: Seid nett zueinander! genügt nicht. Auch mit Gesten, die gut aussehen, aber zu nichts verpflichten, ist nichts gewonnen. Versöhnung kostet die Überwindung der eigenen Feindseligkeit. Sie kann den Verzicht auf Rechtsansprüche oder Rachegelüste erfordern. Sie kann das Eingeständnis eigener Schuld gebieten. Versöhnung verlangt, ganz ernst zu nehmen, was uns trennt, den Graben zu sehen, der zwischen uns und den anderen besteht.«

Nun waren allerdings nach Heinemanns Verständnis weder die Versöhnung im allgemeinen noch im besonderen die Ostpolitik der sozial-liberalen Koalition Selbstzweck. Beide sollten vielmehr dem übergeordneten Ziel dienen, den Frieden zu schaffen und zu erhalten; denn der Friede ist, wie Heinemann in seiner Antrittsrede am 1. Juli 1969 mit einer seiner einprägsamen Formulierungen gesagt hatte, der Ernstfall: »Ich sehe als erstes die Verpflichtung, dem Frieden zu dienen. Nicht der Krieg ist der Ernstfall, in dem der Mann sich zu bewähren habe, wie meine Generation in der kaiserlichen Zeit auf den Schulbänken lernte, sondern der Frieden ist der Ernstfall, in dem wir alle uns zu bewähren haben. Hinter dem Frieden gibt es keine Existenz mehr.«

Hier setzte sich die Linie eines Mannes fort, der wie seine ganze Generation zwei Weltkriege erlebt und daraus – anders als die meisten seiner Generation – unabdingbare Folgerungen für sein politisches Handeln gezogen hatte. Gustav Heinemann war – er selbst hat das immer wieder betont – kein Pazifist im utopisch-idealistischen Sinne und hat auch niemals einer pazifistischen Vereinigung angehört. Er hatte jedoch mit eigenen Augen erlebt, welche verheerenden Folgen für Deutschland und Europa die Überschätzung und Verherrlichung des Militärischen im wilhelminischen und im nationalsozialistischen Deutschland gehabt hatten. Er hatte in und an seinem geliebten Essen erlebt, was ein mit den Mitteln moderner Waffentechnik geführter Krieg auch für die Zivilbevölkerung bedeutet. Und er hatte, weil er sich den Blick durch keinerlei Phrasen vernebeln ließ, erkannt, daß die getrennten Teile Deutschlands, in gegnerische Paktsysteme eingebunden, im Falle eines neuen militärischen Konfliktes nicht nur Kriegsschauplatz sein, sondern sich gegenseitig vernichten würden. Diese Einsicht vor allem und dazu sein von der Stuttgarter Erklärung vom Oktober 1945 getragenes Verständnis von der Bedeutung von Schuld und Sühne in Politik und Geschichte haben ihn nicht nur daran gehindert, auch nur einen Schritt an der Seite derer zu gehen, die bereit waren, einen dritten Weltkrieg als eine wenn auch entfernte Möglichkeit in ihre politischen Kalkulationen einzubeziehen. Diese Einsicht und dieses Verständnis haben ihn nun, da er als Bundespräsident dergleichen wenigstens anregen konnte, zum eifrigsten Befürworter und Förderer der Friedensforschung in der Bundesrepublik werden lassen.

Es dürfte kein Zufall gewesen sein, daß in Deutschland, wo im Kaiserreich, während der Weimarer Republik und unter Hitler der Begriff Pazifist häufig als Schimpfwort gebraucht wurde, auch nach 1945 die Friedensforschung selbst dann noch eine nahezu unbekannte wissenschaftliche Disziplin war, als in andern Ländern bereits eine umfangreiche Literatur darüber erschienen war. Auf diesem Gebiet den Anschluß an die internationale Forschung zu finden erschien Heinemann so wichtig, daß er den Wunsch danach bereits in seiner Antrittsrede vorbrachte. Sein Hauptziel war und blieb »eine Friedensregelung..., die unser ganzes Volk einschließt«. Dazu aber meinte er: »Hilfreich wäre es, wenn auch wir der Friedensforschung, das heißt einer wissenschaftlichen Ermittlung nicht nur der militärischen Zusammenhänge zwischen Rüstung, Abrüstung und Friedenssicherung, sondern zwischen allen Faktoren, also z. B. auch den sozialen, den wirtschaftlichen und den psychologischen, die gebührende Aufmerksamkeit zuwenden würden.« Dieser Aufgabe widmete er sich in den folgenden Monaten so nachhaltig, daß schon am 28. Oktober 1970 in Bonn die Deutsche Gesellschaft für Friedens- und Konfliktforschung gegründet werden konnte. Sie wird getragen von Bund, Ländern, Kirchen und Gewerkschaften sowie den Arbeitgeberverbänden. Vor der Gründungsversammlung hielt Heinemann eine Ansprache, in der er sich zunächst gegen den Vorwurf wandte, daß er sich für etwas einsetze, »was als Wissenschaft umstritten sei und für die praktische Politik nie Bedeutung erlangen werde«. Die Kritiker hielten die Friedensforschung häufig nicht für streng wissenschaftlich, sondern für eine Form von Friedenspropaganda, wenn nicht gar für ein kommunistisches Tarnmanöver. »Diese und andere Mißverständnisse um die Friedens- und Konfliktforschung gilt es auszuräumen. Wir dürfen es nicht zulassen, daß eine wissenschaftliche Disziplin, von der viel für die Zukunft abhängen kann, von solchen in Acht und Bann getan wird, denen sie einfach nicht in ihr Weltbild paßt.« Heinemann verwies besonders auf die Pionierarbeit des schwedischen Friedensforschers Gunnar Myrdal und erwähnte die in Deutschland geleistete Arbeit des Internationalen Schulbuchinstituts in Braunschweig als ein Stück Friedensforschung. Schließlich sagte er: »Unendlicher Fleiß ist seit erdenklichen Zeiten von Geschichtsschreibern darauf verwendet worden, den Verlauf von Schlachten und Kriegen darzustellen. Auch den vordergründigen Ursachen von Kriegen wurde nachgespürt. Aber nur wenig Kraft, Energie und Mühe wurde in aller Regel darauf verwandt, sich darüber Gedanken zu machen, wie man sie hätte vermeiden können.«

Nicht weniger wichtig als die Errichtung und Festigung einer europäischen Friedensordnung war Heinemann die Vertiefung des demokratisch-republikanischen Bewußtseins im einzelnen

Deutschen. Damit in unmittelbarem Zusammenhang stand für ihn ein gewandeltes Verständnis der deutschen Geschichte. Es ist dokumentarisch nicht zu belegen, daß Heinemann das ihm angetragene Amt des Bundespräsidenten auch oder gar hauptsächlich deshalb angenommen hat, weil er darin eine bessere Möglichkeit als in jedem andern Amt sah, auf die politische Bildung seiner Landsleute Einfluß zu nehmen. Die Vermutung, daß es so gewesen sein könnte, ist jedoch zulässig. Wir haben gesehen, daß Heinemann bereits als Student publizistisch tätig und damit bemüht gewesen ist, auf die politische Meinungsbildung einzuwirken. Diese Bemühung wäre vermutlich niemals über ein Steckenpferd oder eine Nebenbeschäftigung hinausgediehen, wenn er nicht durch die Zeitumstände auf die Politik als seine eigentliche Aufgabe verwiesen worden wäre. Es gehört von jeher zu den Wesensmerkmalen des echten Politikers, daß er den Wunsch hegt und den Versuch macht, die Welt zu verändern. Als Karl Marx seinen Jüngern den diesbezüglichen Rat erteilte, verwies er sie damit aus dem elfenbeinernen Turm des Philosophierens in die Arena der praktischen Politik, möglicherweise auch auf den Weg des revolutionären Umsturzes. Dieser ist aber nicht die einzige und nur selten die brauchbarste Methode, um politische Veränderungen herbeizuführen. Heinemann hat jedenfalls von Revolution und Gewalt als Mittel politischer Verwirklichung in unserer Zeit nie etwas gehalten, sondern hat immer den Weg der Reformen bevorzugt und empfohlen; dabei war er sich bewußt, daß auch auf diesem Wege fast immer nur kleine Schritte möglich sind, die aber, setzt man sie nur konsequent fort, schließlich auch zum Ziele führen.

Gustav Heinemanns Verständnis der deutschen Geschichte hat sich seit seiner Jugend an den republikanischen Bestrebungen im Deutschland des 19. Jahrhunderts orientiert, an denen ja, wie wir gesehen haben, eigene Vorfahren beteiligt waren. Wenn daher das Jahr 1848 für Heinemanns Verständnis der deutschen Geschichte große Bedeutung hatte, so sollte man nicht übersehen, daß sich sein Verhältnis zu 1848 anders ausdrückte, als das bei seinem Amtsvorgänger Theodor Heuss der Fall gewesen ist. Heuss war gleichsam ein Nachfahr und geistiger Erbe des Professorenparlaments in der Frankfurter Paulskirche. Ohne dessen Bedeutung im geringsten zu verkennen, hat Heinemann immer mindestens ebensoviel Gewicht auf die Rolle des kleinen Mannes in den nicht gerade zahlreichen Freiheitsbewegungen der deutschen Geschichte gelegt. Es war daher auch kein Zufall, daß er sich als Bundespräsident im besonderen des kleinen Mannes annahm. Dabei hat eine Rolle gespielt, daß Heinemann als engagierter evangelischer Christ sich besonders intensiv mit der Reformation und ihrer Bedeutung für die deutsche Geschichte beschäftigt hat und dabei notwendigerweise auf die Bauernkriege gestoßen ist.

Als Bundespräsident hat Heinemann sich zu der Rolle, die Geschichtsbewußtsein und Tradition in Deutschland spielen, erstmals am 13. Februar 1970 in Bremen geäußert, wo er Gast bei der von alter Tradition geprägten Schaffermahlzeit war. Es ist eine der für sein Geschichtsverständnis aufschlußreichsten Reden überhaupt. Er wehrt sich darin gegen den Vorwurf, daß er nichts von Tradition halte, und erklärt: »Traditionen sind ... keineswegs das Privileg konservativer Kräfte. Noch weniger gehören sie in die alleinige Erbpacht von Reaktionären, obgleich diese am lautstärksten von ihnen reden. Auch ist es sehr wohl möglich, bestimmte Vorgänge sehr verschieden zu deuten und – was vollends interessant ist – für sehr unterschiedliche Traditionsauffassungen in Anspruch zu nehmen. Es kann – so meine ich – nicht um die Frage gehen: Tradition ja oder nein? Die Alternative besteht vielmehr darin, an welche Traditionen angeknüpft werden soll und in welchem Sinne wir eines historischen Vorgangs gedenken.« Als Beispiel verwies er auf den – heute selbst in Bremen nur noch ganz wenigen Menschen bekannten – Aufstand von 104 Bürgern unter Führung des Goldschmieds Johann Dove, die zu Anfang des 16. Jahrhunderts »für einige Jahre Bremen praktisch eine Herrschaft des Volkes bescherten«, und meinte, dieser Aufstand »verdiente es, in die Geschichtsbücher der Schulen aufgenommen zu werden«. Er habe sich angewöhnt, bei seinen Reisen im Lande in Chroniken und Kirchenbüchern nach freiheitlichen Regungen und örtlichen Aufständen zu forschen. »Es ist erstaunlich kümmerlich, was man dabei in der umfangreichen Produktion an Städtebüchern und dergleichen findet.« Heinemann wollte das gern geändert wissen, denn: »Einer demokratischen Gesellschaft, so meine ich, steht es schlecht zu Gesicht, wenn sie auch heute noch in aufständischen Bauern nichts anderes als meuternde Rotten sieht, die von der Obrigkeit schnell gezähmt und in Schranken verwiesen wurden. So haben die Sieger die Geschichte geschrieben. Es ist Zeit, daß ein freiheitlich-demokratisches Deutschland unsere Geschichte bis in die Schulbücher hinein anders schreibt.«

Die deutsche Geschichte neu zu sehen war die Aufforderung, die zu wiederholen er nicht müde wurde. Er nutzte jede Gelegenheit, die sich ihm als Bundespräsident bot. So hielt er am 17. Januar 1971 eine Rundfunkrede zum 100. Jahrestag der Gründung des Deutschen Reiches. Dabei rückte er Bismarcks Bedeutung für die deutsche Geschichte zurecht: »Bismarck als Schöpfer der Einheit mit Blut und Eisen – so wurde es gelehrt und in der Fülle der ihm gewidmeten Denkmäler in den deutschen Landschaften dargestellt.« Heinemann bestritt Bismarcks Bedeutung als Reichsgründer nicht. »Aber Bismarck gehört nicht in die schwarz-rot-goldene Ahnenreihe derer, die mit der Einheit des Volkes zugleich demokratische Freiheit wollten. Wer also die Linie von den Befreiungskriegen und der Wartburg über Hambach, Frankfurter Paulskirche und Rastatt als Endstation der Revolution von 1848/49 bis nach Sedan und Versailles zieht, verzerrt den Gang der Geschichte.« Solche Sätze aus dem Munde ihres Staatsoberhauptes klangen vielen Deutschen ungewohnt und nicht selten als Ärgernis in den Ohren. Sie hätten vermutlich mehr Widerspruch gefunden, wäre dahinter nicht Heinemanns unanfechtbare moralische Autorität gestanden. So verzichteten zwar große Teile des deutschen Bürgertums auf Widerspruch, die meisten aber verstopften sich die Ohren oder schalteten die Rundfunkempfänger ab.

Wenn Heinemann in jener Rede zur Reichsgründung Rastatt als einen wichtigen Ort deutscher Geschichte genannt hatte, so dürfte das fast allen Zuhörern unverständlich gewesen sein. Hier eben zeigt sich die unterschiedliche Sicht der Geschichte, wobei in diesem Fall noch hinzukommt, daß bei Rastatt ein Urgroßonkel Heinemanns von preußischen Truppen, die dem Großherzog von Baden gegen die Revolutionäre zu Hilfe kommen mußten, tödlich verwundet worden war. Rastatt war aber der wichtigste Schauplatz der Revolution in Baden im Jahre 1849. So hat Heinemann es denn, wenn nicht als Krönung, so doch als angemessenen Abschluß seiner Amtszeit als Bundespräsident empfunden, daß er am 26. Juni 1974, nur fünf Tage vor seinem Ausscheiden aus dem Amt, im Rastatter Schloß eine Erinnerungsstätte nicht nur für die vergessenen Helden und Opfer der Mairevolution von 1849 eröffnen konnte, sondern für republikanische Freiheitsbewegungen in der deutschen Geschichte schlechthin. In seiner Ansprache erinnerte er daran, daß er schon 1970 in Rastatt gewesen war, »gewiß auch aus Gründen meiner Familiengeschichte, vor allem aber um zu erkunden, wie sich an diesem Ort Geschichte bewußtmachen lasse«. Deutlicher als früher und anderswo sagte Heinemann bei dieser Gelegenheit, worin er als Bundespräsident insoweit seine Aufgabe gesehen hatte: »Der Bundespräsident ist nicht der Geschichtslehrer der Nation. Mir geht es darum, bestimmte Bewegungen in unserer Geschichte, die unsere heutige Demokratie vorbereitet haben, aus der Verdrängung hervorzuholen und mit unserer Gegenwart zu verknüpfen.« Sein Interesse war jedoch keineswegs nur retrospektiv und historisch: »Mir liegt daran bewußtzumachen, daß unsere heutige Verfassung durchaus eigenständige Wurzeln hat und nicht nur eine Auflage der Sieger von 1945 ist.« Heinemann stellte die geschichtliche Besinnung bewußt in den Dienst des aktuellen politischen Bewußtseins. Er sagte, die Deutschen in der Bundesrepublik hätten seit 1945 lange »in einem Zustand bewußt gepflegter Vorläufigkeit verharrt«, aber in den letzten Jahren habe sich realistische Erkenntnis durchgesetzt: »Wir haben zur Kenntnis genommen, daß für eine unbestimmte Zeit, deren Ende Gott allein kennt, zwei Staaten in Deutschland bestehen.« Das sei das Verdienst der deutschen Politik nach 1969 gewesen und: »Ob wir uns dessen bewußt sind oder nicht, damit ist eine neue Tradition begründet. Sie hat uns geholfen, Ämterwechsel und Machtwechsel ohne krisenhafte Erschütterungen zu vollziehen, wie es das Lebensgesetz einer Demokratie befiehlt.« Der Chronist mag hier ein Fragezeichen setzen, weil es vier Jahre später noch nicht ganz gesichert erscheint, ob sich Ämter- und Machtwechsel in unserm Staat immer so reibungslos vollziehen werden, wie Heinemann es seinen Landsleuten in Rastatt gleichsam als Vermächtnis gewünscht hat. Das ändert aber nichts an dem Wert jener Erinnerungsstätte. »Sie dient allen Deutschen, weil deutsche Geschichte uns allen gleichermaßen gehört. Unser Land mag teilbar sein – unsere Geschichte ist es nicht. Wenn aber Geschichte allen gehört, dann muß sie auch allen zugänglich sein. Das soll hier ermöglicht werden.«

Zu den bemerkenswerten Wesenszügen Heinemanns, die erst während seiner Zeit als Bundespräsident deutlich sichtbar geworden und voll zur Geltung gekommen sind, gehören sein ausgeprägtes Geschichtsbewußtsein und sein historisches Interesse. Er, dem nichts ferner lag als nationalistische Regungen, war ein Deutscher und hat sich nie als etwas anderes gefühlt; daher läßt sich am Beispiel Heinemanns besonders klar der Unterschied zwischen Nationalgefühl und Nationalismus, zwischen Patriotismus und Chauvinismus verdeutlichen. Europäer war er erst, weil er Deutscher war. Er hat die Tatsache, daß das geschichtliche Interesse der jungen Generation während seines letzten Lebensjahrzehnts stark nachgelassen hatte, bedauert, doch hat ihn das weder an der jungen Generation noch am Wert der Geschichte zweifeln lassen. Auch darin zeigte sich eine seiner besten Eigenschaften: daß er offen war für Menschen wie für geschichtliche Erscheinungen, die ihm zunächst ganz fremd waren. Allerdings neigte er dazu und verstand sich vorzüglich darauf, andere Menschen und Erscheinungen in Gegenwart und Geschichte für die Bestrebungen, die ihm vor allem am Herzen lagen, in Anspruch zu nehmen.

Ein Beispiel dafür ist die Rede, die er am 13. Dezember 1972 in Düsseldorf aus Anlaß der Verleihung des Heinrich-Heine-Preises gehalten hat. Auf den ersten Blick würde man nicht annehmen, daß Gustav Heinemann und Heinrich Heine außer dem Gleichklang ihres Nachnamens viel gemeinsam hätten. In Düsseldorf aber sagte Heinemann zu Beginn seiner Rede: »Ich mag diesen Heinrich Heine. In seinen Gedichten und Reden zu lesen, lieber noch würde ich sagen zu schmökern, hat mir von Jugend an Freude gemacht.« Da Heinemann aber nicht nur literarisch interessiert, sondern auch Politiker war, reicht die Lust am Schmökern als Erklärung seiner Zuneigung zu Heine nicht aus. In der Tat steckte mehr dahinter: »Wenn ich darüber nachdenke, was mir diesen umstrittenen Heine so anziehend machte, so ist es sein Heraustreten aus den Verspießerungen seiner Zeit und aus der kleindeutschen Bedrückung durch allerlei Erbfürstentum samt Anhang bis in die Kirche hinein.« Und Heinemann wäre nicht der gewesen, der er war, wenn er nicht alsbald aktuelle Bezüge hergestellt hätte. Nach Hinweisen auf die Verfolgung Heines durch Metternich und die Nationalsozialisten sagte er, das alles zeige nur, »wie unduldsam auch oder gerade Deutsche von Bildung und Rang reagieren können, wenn es einer wagt, ihnen einen Spiegel vors Gesicht zu halten. Das alles erinnert sehr daran, wie heute Schriftsteller – ich nenne als Beispiel nur Heinrich Böll – angefochten werden, wenn sie den poetischen Elfenbeinturm verlassen. Gute Romane möchte man sie wohl schreiben sehen. Wenn die Romane aber gesellschaftskritische Darstellungen enthalten und gar durch politisch-kritische Offenherzigkeit gekennzeichnet sind, dann stört das die Selbstzufriedenheit heute so gut wie damals bei Heinrich Heine.« Deshalb waren Heinemann, der bei unzähligen Gelegenheiten zu repräsentieren und zu reden eingeladen wurde, bloße Jubiläumsansprachen, die keinen Bezug zur politischen Gegenwart aufwiesen, lästig oder gar zuwider. Seine Heine-Rede ist ein mustergültiges Beispiel dafür, wie er Gedenktage verstand und interpretierte. So auch der Schluß dieser Rede: »Lassen Sie uns nun, nachdem wir auf ihn zurückgeblickt haben, in die Gegenwart mit der Frage zurückkehren: Wer sind heute die wahren Patrioten? Sind es die Selbstzufriedenen, die Deutschland, gleich was bei uns geschah oder geschieht, aus Nibelungentreue ohne Einschränkung bejahen? Oder sind es die, die, weil sie ihr Vaterland lieben, sich nicht einfach mit dem, wie es ist, abfinden? Sie, die die Liebe zu Deutschland dazu treibt, in ihm mehr Raum für Freiheit, Gerechtigkeit und Menschlichkeit zu schaffen, und damit manchmal notgedrungen zu Kritikern des Bestehenden werden? Diese Frage jetzt und hier zu beantworten, dazu möchte ich zu meinem Teil an Heinrich Heines Geburtstag aufrufen.«

Heinemann ist häufig als Bürgerpräsident bezeichnet worden. Der Ausdruck stammt übrigens von ihm selber. In einem Interview zwischen Wahl und Übernahme des Amtes wurde er gefragt, welche Aufgaben er als das gewählte Staatsoberhaupt der Bundesrepublik vor sich sehe. In seiner Antwort sagte er: »In der

Fülle der Post, die mir anläßlich der Wahl ... zugekommen ist, wird vielfältig geschildert, was man von einem Staatsoberhaupt erwartet. Mir wird immer etwas bange, wenn ich diesen Ausdruck lese. Ich fühle mich nicht als künftiges Staatsoberhaupt oder als Staatspräsident. Ich möchte – und das entspricht auch anscheinend dem Wunsch vieler derer, die mir geschrieben haben – Bürger-Präsident sein.« Es zeigt sich hier eine Parallelität zwischen seinem Verständnis von Staat und seinem Verständnis von Kirche. Heinemann war, wie wir gesehen haben, vor allem Gemeindechrist, dem das, was man den kirchlichen Überbau nennen könnte, gewiß nicht gleichgültig, aber doch sehr viel weniger wichtig war als die in der Gemeinde lebendigen Ausdruck findende Gemeinschaft der Gläubigen. So war ihm auch der Staat weniger wichtig als die lebendige Gemeinschaft der Bürger. Mit dem Begriff des Bürgerpräsidenten wollte er zum Ausdruck bringen, daß er als Bundespräsident seine Aufgabe weniger in der Repräsentation des Staates als in der Repräsentation der Bürger sehen werde. So ist er auch von vielen verstanden worden. Mehr als seinen beiden Vorgängern ist es Heinemann gelungen, dem kleinen Mann das Gefühl mitzuteilen, daß auch er und vielleicht sogar gerade er im Bundespräsidenten einen Fürsprecher hatte. Dem Chronisten ist es lange nach Heinemanns Tod widerfahren, daß eine Altersgenossin des verstorbenen Bundespräsidenten bei der Erwähnung seines Namens mit der ganzen Arroganz des Großbürgertums geringschätzig sagte: »Ach, der Bundespräsident der Asozialen!« Heinemann hätte das nicht getroffen; im übrigen wäre, selbst wenn diese Einordnung zuträfe, zu fragen, ob denn nicht auch die Asozialen in diesem Lande endlich einmal das Recht haben sollten, sich vom »Staatsoberhaupt« repräsentiert zu fühlen. Schließlich sind ja die Asozialen in gewissem Sinne auch den Behinderten zuzurechnen. Heinemann, der sich gemeinsam mit seiner Frau stets besonders um die Behinderten gekümmert hat, hat wenige Wochen vor seinem Ausscheiden aus dem Amt auf einer Tagung von Sozialarbeitern in Kiel am 8. Juni 1974 den Kreis der Behinderten sehr weit gezogen. Er sprach von denen, die trotz des allgemeinen Wohlstandes echte Not leiden, welche eben wegen dieses Gegensatzes um so härter empfunden werde, und fuhr fort: »Der Kreis derer, die ins soziale Abseits gestellt sind, ist leicht zu umreißen. Es sind die, die den einseitig auf Leistung bedachten Forderungen der Wirtschaftsgesellschaft am wenigsten entsprechen: die alten Menschen, die Kinder, die Behinderten und Nichtanpassungsfähigen und die Nichtanpassungsgeneigten.« Das letzte sind ausdrücklich auch die vorher erwähnten »Asozialen«. Heinemann hatte sich zu diesem Thema aber schon sehr frühzeitig öffentlich geäußert, beispielsweise auf einem Behindertenkongreß des Verbandes der Kriegsopfer in München am 11. Oktober 1970: »Wir stehen hier in ganz besonderem Maße vor der Aufgabe, den Artikel 20 des Grundgesetzes zu verwirklichen, wonach wir nicht nur ein demokratischer, sondern auch ein sozialer Rechtsstaat sein wollen. Sozialer Rechtsstaat heißt in diesem Zusammenhang, daß unsere ganze Gesetzgebung und alle unsere öffentlichen Einrichtungen der Behinderten zu gedenken haben, wo immer etwas für den Bürger im allgemeinen getan wird ... Im letzten Grunde geht es um unser aller Bewußtseinshaltung gegenüber behinderten Menschen. Hierzu muß ich in aller Offenheit aussprechen, daß ich manche Verhaltensweisen in unserer Gesellschaft erschreckend finde ... Eine Gesellschaft, die alte Menschen, kranke Menschen, behinderte Menschen aller Art nicht als natürlichen Teil ihrer selbst zu achten und zu behandeln weiß, spricht sich selbst das Urteil.«

Wie er sich schon als Justizminister um Minderheiten und Randgruppen der Gesellschaft – Nichteheliche, Homosexuelle, Zeugen Jehovas – besonders bemüht hatte, so wollte er auch als Bundespräsident mit dem falschen Begriff von Repräsentation aufräumen. Er empfand, wie er es in einer Rede formulierte, »Abneigung gegen die vollständige Beherrschung der Neujahrsempfänge beim Bundespräsidenten durch Politiker und hohe Beamte« und lud deshalb auch einfache Bürger zu solchen Veranstaltungen ein. Das hatte gewiß mehr symbolische als grundstürzende Wirkung, doch wurde die Geste vom kleinen Mann sehr wohl verstanden, während sie bei der nach 1949 so rasch, wenn auch nur oberflächlich restaurierten bürgerlichen Gesellschaft durchweg auf wenig Verständnis stieß. Gerade wegen ihres restaurativen Charakters stand diese Gesellschaft auch dem Aufbegehren der studentischen Jugend mit einer Mischung aus Mißfallen und Verständnislosigkeit gegenüber. Heinemann hingegen hatte sich von jeher für Einstellung und Bestrebungen der jungen Generation interessiert, ohne sich deshalb mit ihr zu identifizieren. So sagte er am 18. November 1971 auf der Bundesjugendkonferenz des Deutschen Gewerkschaftsbundes in Dortmund: »Schon heute kann die junge Generation mit Stolz sagen, daß vieles immer noch nicht besser geworden wäre, wenn sie nicht aufbegehrt hätte. Sie wird aber auch sehen müssen, daß die Methoden, mit denen die Widersprüche zwischen Ideal und Wirklichkeit angegangen werden, nicht immer hilfreich sind.« Im Gegensatz zu vielen Altersgenossen machte Heinemann sich die Mühe, sich ein aus Tatsachen bestehendes Bild von der Lage der jungen Generation zu machen. Er tat das auch, aber keineswegs nur deshalb, weil er Bundespräsident war; es war schon vorher seine Gewohnheit gewesen, sich über Sachverhalte gründlich zu informieren, und als Rechtsanwalt verdankte er gerade dieser Gewohnheit manchen forensischen Erfolg. Er nutzte auch jede Gelegenheit, sonderlich wenn er in Berlin war, um sich mit jungen Menschen zu unterhalten. Wenige Tage nach seiner Wahl hatte er in einem Zeitungsinterview gesagt, man habe ihn in Berlin gefragt, ob er zu Diskussionen mit APO-Gruppen bereit sei. »Ich kann nur sagen, zu Diskussionen schon, aber nicht zu Turbulenzen.« Kritisch merkte er dann noch an: »Wir müssen uns erst einmal auf allen Seiten wieder dazu finden, daß wir wirklich miteinander diskutieren, daß heißt auch auf den anderen hören und nicht immer nur uns selbst darstellen wollen.« Auch von der Jugend also forderte Heinemann demokratisches Verhalten, aber er forderte keineswegs Ruhe. Der Gewerkschaftsjugend rief er 1971 am Schluß seiner Rede zu: »Stoßen Sie vor zu neuen Ufern! Setzen Sie sich zur Wehr, wo Unrecht geschieht! Aber übertreffen Sie in Ihrem Kampf jeden an Fairneß und Toleranz!«

Das Amt des Bundespräsidenten ist – das auszusprechen ist schon ein Gemeinplatz geworden – ein repräsentatives Amt, und es bleibt jedem Inhaber des Amtes überlassen, wie er diese repräsentativen Funktionen verstehen will. Man darf aber nicht übersehen, daß das Amt auch politische Funktionen hat, weshalb es abwegig wäre, jemanden zum Bundespräsidenten zu wählen, der oder die keinerlei praktisch-politische Erfahrungen besitzt. Keinem der bisherigen Bundespräsidenten sind politische Ent-

scheidungen erspart geblieben, am wenigsten wohl Gustav Heinemann.
Das hing vor allem mit dem »Machtwechsel« im Jahr 1969 zusammen, von dem Heinemann gleich nach seiner Wahl zum Ärger seiner politischen Gegner gesprochen hatte. Ausschlaggebend war aber der Umstand, daß die sozial-liberale Bundesregierung, die im Herbst 1969 ins Amt kam, außenpolitische Entscheidungen getroffen hat, deren Gewicht nur mit einigen Entscheidungen der beiden ersten Kabinette Adenauer zu vergleichen ist. Die grundsätzliche Bereinigung des Verhältnisses der Bundesrepublik zu Osteuropa rief nicht geringere politische Leidenschaften wach als die Integrierung der Bundesrepublik in das westliche Bündnissystem in der ersten Hälfte der fünfziger Jahre. Diesmal wäre es darüber allerdings um ein Haar zum Sturz der Bundesregierung gekommen. Als diese Krise überwunden war, wurde Heinemann mit einem verfassungspolitischen Novum konfrontiert. Die Koalition aus Sozialdemokraten und Freien Demokraten mußte bestrebt sein, baldmöglichst ihre parlamentarische Basis zu verbreitern und damit nicht bis zum Ende der Wahlperiode im Herbst 1973 zu warten. Sie ging deshalb den gewundenen Weg des Artikels 68 im Grundgesetz, auf dem allein eine vorzeitige Auflösung des Bundestages herbeigeführt werden kann, wenn nämlich ein Vertrauensantrag des Bundeskanzlers nicht die Zustimmung der Mehrheit der Mitglieder des Bundestages findet. In diesem Fall mußte also die Regierungsmehrheit ihrem eigenen Kanzler das Vertrauen versagen, damit dieser die Möglichkeit erhielt, den Bundespräsidenten um die Auflösung des Bundestages zu bitten. Da bekannt war, daß in diesem Fall auch die Unionsparteien Neuwahlen wünschten, wäre es absurd gewesen, wenn Heinemann dem Wunsch nicht entsprochen hätte. Verpflichtet dazu war er allerdings nicht. Kommt es nach Artikel 68 zu einer echten Verneinung der Vertrauensfrage, so braucht der Bundespräsident einem Auflösungsantrag des Bundeskanzlers nicht zu entsprechen, sondern kann diesen auch vorläufig im Amt belassen, bis der Bundestag mit Mehrheit einen andern Kanzler wählt. Es gibt also echte politische Ermessensentscheidungen des Bundespräsidenten, die im Einzelfall weitreichende Folgen haben können.

Im Jahr 1972 hatte sich aber das politische Drama für Heinemann wie für das ganze politische Bonn bereits im April abgespielt, als Rainer Barzel den Versuch unternahm, mittels eines konstruktiven Mißtrauensvotums Willy Brandt vom Stuhl des Bundeskanzlers zu verdrängen. Die relative Distanz des Bundespräsidenten zum tagespolitischen Geschehen demonstrierte Heinemann an jenem 26. April dadurch, daß er – obwohl im Laufe des Tages die Bundesregierung stürzen konnte – einen seit langem im Terminkalender stehenden Besuch in der Bundeswehrschule für innere Führung in Koblenz nicht absagte, sondern dort in großer äußerer Ruhe eine wichtige Rede hielt, in der er nochmals sein Verhältnis zur Bundeswehr darlegte. Ebenso ließ er sich drei Wochen später, als am 17. Mai im Bundestag über die Ostverträge abgestimmt wurde, nicht davon abhalten, zur Feier seines goldenen Doktorjubiläums nach Marburg zu reisen. Zu Beginn seiner Ansprache in der Universität Marburg ging er darauf ein und sagte, er könne auch an einem solchen Tage Bonn durchaus verlassen. »Denn die Entscheidung liegt beim Bundestag, dem ich nicht angehöre und den ich nach den Gepflogenheiten meines derzeitigen Amtes nur ausnahmsweise bei einem Staatsakt betreten darf. Ich beobachte, was sich in Bonn in diesen Stunden abspielt, und werde auch unterrichtet werden über das, was dort vorgeht. Meinem Temperament nach möchte ich natürlich jetzt im Parlament sitzen. Aber in meinem immerhin ziemlich langen politischen Leben habe ich auch gelernt, hier und da Ruhe zu halten!«

Heinemann hat in den nur fünf Jahren als Bundespräsident drei Bundesregierungen die Ernennungsurkunden ausgehändigt, ebensovielen wie seine beiden Vorgänger in jeweils zehn Jahren. Auf die Zusammensetzung dieser drei Regierungen hat er jedoch kaum Einfluß gehabt. Die Entscheidung darüber lag auch dann ausschließlich beim Bundeskanzler, wenn dieser Heinemanns eigener Partei angehörte. Diese Machtlosigkeit hat Heinemann wohl nur selten als bitter empfunden; als erfahrener Jurist war er sich über die Grenzen seines Amtes im klaren. Stärker getroffen hat ihn die Einsamkeit, die ja im allgemeinen das Schicksal der Mächtigen ist; nur besitzt eben der deutsche Bundespräsident Macht so gut wie überhaupt nicht. Die Einsamkeit, unter der – was viele, die ihn in den Jahren der Präsidentschaft näher kannten, bezeugen – Heinemann gelitten hat, war auch nicht eigentlich Einsamkeit der Mächtigen. Er fühlte sich ausgeschlossen von den Beratungen und Überlegungen seiner politischen Freunde. Er war nicht etwa unzureichend informiert, da er vom Bundeskanzler regelmäßig und von anderen Ministern und Parlamentariern häufig unterrichtet wurde. Nur mittun konnte er nicht mehr, wie er das in der Fraktion und zuletzt auch im Kabinett mit nüchterner Leidenschaft getan hatte. Dadurch empfand er das Amt nicht selten als Fessel, und vollends hatte er dieses Gefühl angesichts dessen, was er scherzhaft den »offenen Strafvollzug« nannte, nämlich die unaufhörliche Begleitung und Überwachung seiner Person durch Sicherheitsorgane. In den ersten Monaten seiner Präsidentschaft hatte er sich eines Tages seinen »Kriminalern« heimlich entzogen, war durch ein Pförtchen in der Mauer des Parks der Villa Hammerschmidt entwichen und am Rhein spazierengegangen. Dort hatte ihn ein hoher Beamter zu seiner Verblüffung gesehen und alsbald die Wache verständigt. Es gab eine lebhafte Auseinandersetzung, bei der Heinemann schließlich nachgab, als man ihn darauf hinwies, welche Folgen solche Ausflüge für die mit seiner Sicherheit Beauftragten haben könnten. Nicht minder störte es ihn, daß er bei seinen Staatsbesuchen im Ausland immer, wie er es empfand, an die Kette gelegt war und kaum jemals eigenen Neigungen nachgeben oder sich Wünsche erfüllen konnte. Ganz selten gelang es ihm, sich durchzusetzen, so bei seinem Besuch in Japan aus Anlaß der Weltausstellung in Osaka im Mai 1970. Schon im frühen Stadium der Vorbereitung dieses Besuches hatte Heinemann den Wunsch geäußert, Hiroschima aufzusuchen. Als das Protokoll Bedenken äußerte, drohte Heinemann, überhaupt nicht nach Japan zu reisen. So konnte der Bundespräsident seine Absicht verwirklichen und am ersten Tag seines Aufenthaltes im Lande am Mahnmal von Hiroschima eine kurze Ansprache halten, in der er auf die Verantwortung aller Menschen dafür hinwies, »daß unser aller Weg nicht in eine Katastrophe führt«. Mit den Jahren nahm sein Widerstand gegen die Wünsche des Protokolls ab, aber lästig war ihm die gesellschaftlich-repräsentative Seite seines Amtes bis zuletzt.

Dazu gehörte auch seine Abneigung gegen die bei allen öffentlichen Veranstaltungen in Schwärmen auftretenden Bildberichterstatter. Er wollte ihnen nicht ihre berufliche Arbeit erschweren und sich allenfalls auch noch mit »Lärm und Licht, Gedränge und Geraufe« abfinden. »Aber«, so sagte er im September 1970 in einem Zeitungsinterview zu Werner Höfer, »ich weigere mich, zum Ausstellungsobjekt umfunktioniert zu werden«. Er wehrte sich vor allem auch dagegen, irgendwelche Szenen nachzustellen, weil Rekonstruieren dabei nur ein anderes Wort für Manipulieren sei. »Ich bin kein Staatsschauspieler!« In diesem Punkt blieb er unerbittlich. »Ich bin nicht bereit, Eindringlichkeit der Berichterstattung durch Aufdringlichkeit der Berichterstatter zu bezahlen.« Solche Ansichten und Äußerungen haben viel dazu beigetragen, daß Heinemanns Zeitgenossen und zumal viele Leute in seiner weiteren Umgebung ihn für unbequem hielten; es gibt sogar aus jenen Jahren ein ganzes Buch über ihn mit dem Titel *Der unbequeme Präsident* (2). Dieses Adjektiv war aber nur sehr bedingt richtig. Heinemann war schwierig, wie fast alle starken Charaktere schwierig sind, und er hatte die vielen Menschen ungewohnte Eigenschaft, Wahrheiten auszusprechen und seiner Überzeugung gemäß zu handeln. In menschlicher Hinsicht war er aber rücksichtsvoll und in der Sache fast immer zu Kompromissen bereit. Faire Kritik nahm er bereitwillig an, aber wenn man ihm vorhielt, er solle auf Beifall oder gar Jubel im In- und Ausland anders reagieren, als es seine – manchmal gewiß übermäßig – nüchterne Art war, wurde er deutlich. In einem Zeitungsinterview mit dem Publizisten Reinhard Appel zu Beginn seines dritten Jahres als Bundespräsident sagte er: »Man erwartet offenbar, daß ein Staatsoberhaupt sich gern und selbstverständlich bejubeln läßt. Nun ja. Wenn man aber in einem langen Leben ... erlebt hat, wer nicht alles bejubelt worden ist und was daraus letzten Endes nachgeblieben ist, kann man das nur mit einer gewissen Distanz entgegennehmen.« In demselben Gespräch wurde Heinemann gefragt, wie es denn mit seinem Kampf gegen unnützes Protokoll und gegen Orden stehe. Die nüchterne, von verdecktem Humor geprägte Antwort lautete: »Das ist ein Gemisch von Sieg und Niederlage.« Was die Orden angeht, so hat Heinemann sich als Bundespräsident einmal im Januar 1973, als er selbst einige Bundesverdienstkreuze überreichte, über die Ordenspraxis in der Bundesrepublik geäußert und diese als unbefriedigend bezeichnet, weil zu wenige Frauen und zu viele Angehörige des öffentlichen Dienstes vertreten seien. Grundsätzlich hat er sich bei jener Gelegenheit natürlich nicht über das Für und Wider von Orden geäußert, sondern nur den Bürgern, welche die Annahme von Orden verweigern, ausdrücklich seinen Respekt bekundet.

Wenn eine Bürgerin der Bundesrepublik nicht nur einen Orden, sondern das Großkreuz des Verdienstordens der Bundesrepublik Deutschland verdient hätte, so war das Hilda Heinemann. Einen Orden hätte sie vermutlich auch bekommen, wenn sie nicht gerade die Ehefrau des Bundespräsidenten gewesen wäre, die nach einer nicht unbedingt wohlverstandenen Übung während der Amtszeit ihres Mannes von solchen Auszeichnungen ausgeschlossen ist. Hilda Heinemann hat im Leben ihres Mannes eine außerordentliche, ja man darf wohl sagen: eine ausschlaggebende Rolle gespielt – ausschlaggebend nicht im Sinne einer Vorherrschaft, sondern weil sie in Gustav Heinemanns öffentlichem Leben wesentliche Entscheidungen mitgetragen und nicht selten gefördert hat. Das gilt vor allem bezüglich seiner Entscheidung, für das Amt des Bundespräsidenten zu kandidieren. Hilda Heinemann war, wie die Autoren des ersten über Heinemann geschriebenen Buches (7) es formuliert haben, »der wahre Seismograph, Interpret und schließlich Korrektor der Befindlichkeit des Gustav Heinemann«, und auch dem weiteren Urteil kann man zustimmen: »...(sie) verkörpert eine auf den ersten Blick ganz unwahrscheinliche Verbindung aus großer Dame, naiver Mütterlichkeit, trainiertem Intellekt und einer geradezu mädchenhaft bedingungslosen Hingabe an den Mann, dem sie gefolgt ist.« Ein Freund des Ehepaares hat Hilda Heinemann eine feurige Parteigängerin ihres Mannes genannt. Daß sie diese Rolle über Jahrzehnte hinweg mit Erfolg hat spielen können, erklärt sich aus der bei aller Verschiedenheit ihrer Charaktere dennoch vorhandenen Übereinstimmung gewisser Grundpositionen der Eheleute. Große Bedeutung hatte dabei der Umstand, daß Hilda Heinemann erheblich dazu beigetragen hat, daß ihr Mann im Christusglauben das unerschütterliche Fundament seines privaten und öffentlichen Lebens gefunden hat. Die geistige und geistliche

Übereinstimmung des Ehepaares war für Heinemanns politisches Durchhaltevermögen in den fünfziger Jahren ebenso wichtig wie zeitlebens das Bewußtsein, daß Haus und Kinder wohlaufgehoben waren. Seit Beginn des Kirchenkampfes bis zum Ende der Bundespräsidentschaft, also über reichlich vierzig Jahre hinweg, hat Heinemann im öffentlichen Leben ein Programm absolviert, mit dem der Tagesplan zweier tüchtiger Menschen unschwer hätte ausgefüllt werden können. Reden und Reisen, Sitzungen und Sachdiskussionen, Briefe und Beratungen – über Jahrzehnte hinweg eine nicht enden wollende Kette von Verpflichtungen, denen er nur genügen konnte, weil er diese Frau an seiner Seite hatte.

Sie hat Heinemanns Kandidatur von dem Augenblick an unterstützt, als diese Möglichkeit erstmals im Gespräch auftauchte. Sie war von der Richtigkeit dieses Weges zunächst viel überzeugter als er selbst, und sie hatte wohl recht. Gewiß war Heinemann als Justizminister kaum entbehrlich, doch hatte er in jenem Amt die entscheidenden Anstöße schon gegeben. Von der Villa Hammerschmidt aus konnte er das noch auf vielen andern Gebieten tun und konnte kraft seiner moralischen Autorität eine Möglichkeit des höchsten Amtes verwirklichen, die bisher noch nicht genutzt worden war. Ob sie geahnt haben mag, welche Wirkung auf ihr eigenes Leben und Wesen die Wahl ihres Mannes zum Bundespräsidenten haben würde? In ihrem Verhältnis zur Öffentlichkeit trat eine erstaunliche Wandlung ein. Bis dahin war Hilda Heinemann in der Öffentlichkeit so gut wie überhaupt nicht hervorgetreten. Sie war die Ehefrau eines angesehenen Bürgers der Stadt Essen gewesen und hatte getan, was damit für sie verbunden war. Gemessen an ihren materiellen Verhältnissen, hatten die Heinemanns immer ein eher bescheidenes Leben geführt: ein gastfreies Haus, etliche Reisen, aber überhaupt kein Luxus. Als Abgeordneter und auch noch als Justizminister hatte Heinemann darauf verzichtet, nach Bonn umzuziehen. Er führte noch, als er längst sechzig gewesen war, das Leben eines »möblierten Herrn« und war froh, wenn er übers Wochenende nach Hause fahren konnte. In Bonn kannte man Frau Heinemann nur von gelegentlichen Besuchen und Veranstaltungen. Kaum jemand wäre auf den Gedanken gekommen, in dieser Frau eine First Lady zu vermuten, wie man sie sich vollendeter kaum vorstellen kann. Nicht nur, daß sie mit natürlicher Würde an der Seite des Bundespräsidenten stand, wenn dieser in Deutschland oder im Ausland seinen ihm eher lästigen Repräsentationspflichten nachkam. Hilda Heinemann wurde auch im übrigen gleichsam über Nacht zu einer ganz und gar eigenwilligen und selbstgeprägten Persönlichkeit. Sie entdeckte für sich Möglichkeiten und Aufgaben, die ihr viele nicht zugetraut hatten. Daß sie eine Stiftung für Behinderte ins Leben rief, entsprach noch der allgemeinen Vorstellung, daß die Frau des Staatsoberhauptes sich auf irgendeinem Gebiet karitativ zu betätigen habe. Hilda Heinemann aber entdeckte eigentlich erst jetzt die moderne Kunst als ihr Element, förderte junge Künstler, die weit vom Üblichen oder Anerkannten abwichen, und veranstaltete in der Villa Hammerschmidt Ausstellungen, die große Aufmerksamkeit fanden. Dabei verlor sie weder ihre schlichte Menschlichkeit noch ihre Lernfähigkeit. Ohne sich jemals in den Vordergrund zu drängen, war sie zwar auch, aber keineswegs nur die Frau des Bundespräsidenten. Sie war, wie schon fast fünfzig Jahre vorher in Marburg, eine selbständige Persönlichkeit. Sie war Hilda Heinemann.

Je länger Heinemann in der Villa Hammerschmidt war, um so näher rückte nicht nur für ihn die Frage, ob er sich für eine zweite Amtszeit zur Verfügung stellen sollte. Das Problem hatte ja zwischen ihm und der SPD schon vor seiner Nominierung im Herbst 1968 eine Rolle gespielt. Heinemann hatte damals gesagt, daß nach fünf Jahren beide Seiten Entscheidungsfreiheit haben würden. Nun hatte sich für die SPD die Situation in den Jahren 1970 und 1971 verändert: die Landtagswahlen hatten die Mehrheitsverhältnisse in der Bundesversammlung zu ihren Ungunsten verschoben. Daher mußte sie um die Mitte von Heinemanns Amtszeit an einer zweiten Kandidatur schon deshalb interessiert sein, weil sie einen andern Kandidaten nicht durchbringen würde. Er selbst behielt sich die Entscheidung darüber lange vor und war wohl bis in das Jahr 1973 hinein unentschlossen. Nach der Bundestagswahl vom November 1972 war die SPD zusammen mit der FDP wieder stark genug, um jeden Kandidaten durchzusetzen. Dadurch lag die Entscheidung nun ganz allein bei

Heinemann. Für ihn ging es dabei sowohl um persönliche wie um grundsätzliche Überlegungen.

Allmählich machte sich bei ihm die enorme Belastung der letzten zwei Jahrzehnte bemerkbar. Heinemann litt schon lange unter zu hohem Blutdruck und gelegentlichen Magenstörungen. Er mußte annehmen, daß beide Beschwerden im Laufe der Zeit zunehmen würden, und mußte bedenken, daß er zugleich mit der ersten Amtszeit sein fünfundsiebzigstes Lebensjahr vollenden würde. Das legte ihm den Verzicht auf eine zweite Amtszeit nahe. Dazu kam eine verfassungspolitische Überlegung, die zwar für ihn, wäre er zehn Jahre jünger gewesen, kaum den Ausschlag gegeben hätte, aber doch ihr eignes Gewicht besaß: er hielt es nicht für gut, daß die vom Grundgesetz gegebene Möglichkeit der einmaligen Wiederwahl des Bundespräsidenten zum Gewohnheitsrecht würde. Er hatte sich dazu bereits unmittelbar nach seiner Wahl im März 1969 in einem Zeitungsinterview geäußert. Die immer wieder einmal diskutierte Möglichkeit, statt zwei Amtsperioden zu fünf Jahren eine einzige von sieben Jahren ohne Möglichkeit der Wiederwahl einzuführen, lehnte er damals ab, weil er häufige Änderungen des Grundgesetzes mißbilligte. Er meinte, solchen Vorschlägen liege die Ansicht zugrunde, »daß sich nicht die Tradition zweimaliger Wahl festigen soll. Meine beiden Amtsvorgänger sind zweimal auf je fünf Jahre gewählt worden; ich habe von vornherein erklärt..., daß ich von keinem derer, die mich jetzt gewählt haben, erwarte, daß er mich nach fünf Jahren noch einmal wählen sollte. Es kann also diese Tradition auch wirklich einmal aufgebrochen werden, soweit sie überhaupt schon eine ist.«

Infolge seines nicht immer befriedigenden Gesundheitszustandes dürfte er sich im letzten Jahr seiner Amtszeit auch häufiger der Tatsache erinnert haben, daß sein Vorgänger Lübke in seiner zweiten Amtszeit zunehmend unter Altersbeschwerden zu leiden hatte und dadurch in der Ausübung seiner Geschäfte behindert wurde. So kam Heinemann im Laufe des Sommers 1973 zu dem Entschluß, auf eine erneute Kandidatur zu verzichten. Er teilte dies den Parteien und in einer Rundfunkansprache am 14. November auch der Öffentlichkeit mit und sagte, die Entscheidung sei ausschließlich in seinem Alter begründet: »Ich werde im nächsten Jahr, so Gott will und ich lebe, 75 Jahre alt. Bei einer Wiederwahl stellt die Verfassung den Bundespräsidenten erneut in eine Amtszeit von fünf Jahren. Es ist ausgeschlossen, daß ich die Anforderungen dieses Amtes bis zum 80. Lebensjahr erfüllen könnte. Auszuschließen ist aber auch, eine zweite Amtszeit mit dem Vorbehalt zu übernehmen, daß ich ja jederzeit zurücktreten könnte. Das würde Unsicherheit und vor allem ständige Spekulationen auslösen, die für das Amt als solches und für uns alle schwer erträglich wären. Ich halte es deshalb schlicht für ein Gebot der Vernunft, nicht mehr zu kandidieren, und bitte alle die Mitbürger, die etwas anderes erwarten, um ihr Verständnis für meine Entscheidung.« Etwas weniger förmlich, aber nicht minder treffend formulierte Heinemann die Begründung für seinen Verzicht später in einem Gespräch: »Man soll gehen, solange man noch laufen kann.«

Heinemanns Bitte um Verständnis richtete sich nicht zuletzt an Herbert Wehner und andere Politiker der SPD, die angesichts der zunehmenden Schwierigkeiten in der eigenen Führungsspitze auf eine Weiterführung des Amtes durch Heinemann gehofft hatten. Zumal Wehner war über den Verzicht des Bundespräsidenten sehr enttäuscht. Als Willy Brandt sich im Mai 1974 zum Rücktritt als Bundeskanzler entschloß, mußte Heinemann zum dritten Mal in seiner Amtszeit eine neue Bundesregierung ernennen. Danach aber begann der Abschied. Als er am 1. Juli 1974 in einer gemeinsamen Sitzung von Bundestag und Bundesrat seine Abschiedsrede hielt, korrigierte er seine frühere Ansicht und setzte sich nun doch für eine einmalige Amtszeit des Bundespräsidenten von sieben Jahren ein, denn »eine etwas längere, aber dann nicht weiter verlängerbare Amtszeit (könnte) die Verwertung von Erfahrungen verbessern und allseitig eindeutige Gegebenheiten schaffen«. Das war sein letzter Wunsch im Amt.

Heinemann wollte damit aber nicht endgültig auf jede öffentliche Tätigkeit verzichten. Um das zu motivieren, erzählte er in seiner Abschiedsrede eine Anekdote aus dem nordamerikanischen Mittelwesten des 19. Jahrhunderts. Während einer Parlamentssitzung zog ein schweres Unwetter herauf, dessentwegen die Abgeordneten die Sitzung abbrechen und von hinnen eilen wollten. Der Sprecher des Hauses sagte darauf: »Meine Herren! Entweder die

Welt geht jetzt nicht unter und unser Herr kommt noch nicht – dann ist kein Grund, die Sitzung abzubrechen. Oder unser Herr kommt jetzt – dann soll er uns bei der Arbeit finden. Die Sitzung geht weiter!« Dieser für ihn so bezeichnenden Geschichte fügte Heinemann den Satz an: »Mit solcher Gesinnung möchte ich selber, solange Gott mir die Kraft gibt, auf meine Weise an unseren gemeinsamen Aufgaben weiterhin beteiligt bleiben.«

9 Die letzten Jahre

Mir liegt entscheidend daran, daß wir unser Grundgesetz in vollem Umfang ernst nehmen, weil die Verfassung die menschenwürdigste ist, die wir in unserer Geschichte je erreicht haben.

22. Januar 1975

Das Jahr, in dem Gustav Heinemann als Bundespräsident aus dem Amt schied, bescherte den Vereinigten Staaten eine der schwersten innenpolitischen Krisen ihrer Geschichte. Der Watergate-Skandal erreichte seinen Höhepunkt und nötigte Richard Nixon, als Präsident zurückzutreten. Die Kontinuität der auf Entspannung gerichteten amerikanischen Außenpolitik blieb jedoch gewahrt, da Nixons Nachfolger Gerald Ford den Außenminister Henry Kissinger im Amt beließ.

In Asien bahnten sich Veränderungen an. Das Leben Mao Tse-tungs neigte sich seinem Ende zu. In Indochina setzten sich die Kommunisten endgültig gegen die bislang von den Amerikanern gestützten Politiker durch. In Indien versuchte Nehrus Tochter, die langjährige Ministerpräsidentin Indira Gandhi, durch Aufhebung der meisten demokratischen Rechte der wachsenden innenpolitischen Schwierigkeiten des Landes Herr zu werden und ihre Herrschaft zu stützen. Im Nahen Osten dauerten die Bemühungen um einen stabilen Frieden an, wobei der amerikanische Außenminister Kissinger eine maßgebliche Rolle spielte.

In Griechenland brach die Diktatur der Obristen unter Papadopoulos zusammen und machte einem demokratischen Regime Platz. Diese Ereignisse führten jedoch zu einer schweren Krise auf Zypern, das teilweise von der Türkei besetzt wurde. In Frankreich starb de Gaulles Nachfolger Pompidou; an seiner Stelle wurde als Kandidat der Gaullisten und der Parteien der Mitte Valéry Giscard d'Estaing mit knapper Mehrheit zum Staatspräsidenten gewählt. Dort wie in Italien befand sich jedoch die politische Linke deutlich auf dem Vormarsch.

In der Bundesrepublik hingegen sprach man von einer Tendenzwende im Sinne einer Hinwendung zum Konservatismus. Dazu hatten die seit 1972 sporadisch auftretenden Anschläge einer kleinen Minderheit von Terroristen beigetragen, als deren Symbolfiguren Andreas Baader und Ulrike Meinhof angesehen wurden, die schließlich zusammen mit einigen andern in Stuttgart-Stammheim vor Gericht gestellt wurden.
Diese Ereignisse beförderten jedoch in Wahrheit weniger eine Renaissance konservativer Politik als vielmehr den von wenig konkreten Ängsten diktierten Ruf nach Gesetz und Ordnung. Typisch dafür war der sogenannte Radikalen-Erlaß der deutschen Ministerpräsidenten, der dazu dienen sollte, die Unterwanderung des öffentlichen Dienstes durch Extremisten zu verhindern. In der Praxis führte dieser Erlaß jedoch, zumal da die Zahl von wirklichen oder potentiellen Linksradikalen in der Bundesrepublik verschwindend gering blieb, zu einer Kommunistenschnüffelei im Stile des amerikansichen McCarthyismus.

Was tut ein Bundespräsident, der aus dem Amt geschieden ist? Es genügt nicht, darauf achselzuckend zu antworten, das sei schließlich Sache des jeweils Betroffenen, der ja mit dem Ende seiner Amtszeit wieder Privatmann geworden sei wie jeder pensionierte Minister oder Beamte. Die Antwort genügt nicht, weil ein Altbundespräsident vom Staat keineswegs als gewöhnliche Privatperson angesehen wird. Er bleibt unter dem Schutz der staatlichen Sicherheitsorgane, man bewilligt ihm ein kleines Büro zur Abwicklung von Arbeiten, die eine Folge seiner früheren Tätigkeit sind – und die Öffentlichkeit erwartet von ihm, daß er auch nach seiner Amtszeit politische Zurückhaltung übe. Was diese Erwartung angeht, so entbehrt sie jeder rechtlichen Grundlage und dürfte auch politisch oder gar moralisch nicht zu begründen sein. Das Thema ist nur deshalb bisher nicht ernstlich diskutiert worden, weil die drei ersten Bundespräsidenten beim Ausscheiden aus dem Amt jeweils schon 75 Jahre alt waren, das übliche Pensionsalter also schon um zehn Jahre überschritten hatten, weshalb man bei keinem von ihnen mehr mit größerer Aktivität rechnen zu müssen glaubte. Andererseits waren alle drei damals nur wenig älter als Adenauer zu der Zeit, da er erstmals

Bundeskanzler wurde. Heuss hat als Altbundespräsident noch vier, Lübke drei und Heinemann nur zwei Jahre gelebt. Die Frage wird aber vermutlich spätestens dann aktuell werden, wenn Walter Scheel die Villa Hammerschmidt verläßt: selbst nach einer zweiten Amtsperiode würde er erst fünfundsechzig und damit gewiß nicht zu alt für die Übernahme eines anderen politischen Amtes sein.

Heinemann hat sich, wie das natürlich ist, als Altbundespräsident zunächst um die Sichtung seiner Papiere und um die Herausgabe einer Dokumentation seiner wichtigeren Reden und Aufsätze bemüht. Er hatte jedoch keineswegs die Absicht, sich auf diese archivarisch-biographische Tätigkeit zu beschränken, sondern verfolgte das politische Tagesgeschehen weiterhin mit größtem Interesse. Schon während seiner Amtszeit hat er mehrmals geäußert, daß er manchmal gern »noch bei den Debatten im Bundestag dabei sein können und etwas sagen können« würde. In einem Gespräch mit dem Journalisten Joachim Besser hat er am 1. September 1971 sogar gesagt: »Natürlich habe ich nie im Traum daran gedacht, jemals auf diesem Stuhl zu sitzen. Ich war immer ein Politiker der Auseinandersetzungen an den Fronten, und sicherlich entspricht die Tätigkeit eines Ministers mehr meinem Wesen als dieses Amt.« Bei allen solchen Gelegenheiten beeilte Heinemann sich aber stets hinzuzusetzen, daß er sich gleichwohl im höchsten Amt wohl fühle. Das stimmte im Grunde auch, nur manchmal lockte es den streitbaren Politiker, in die Arena zurückzukehren. So wird erzählt, was freilich nur eine treffende Anekdote sein mag, er habe im Sommer 1972 – nach Rainer Barzels gescheitertem Versuch, den Bundeskanzler zu stürzen, und dem heftigen Streit um die Ostverträge – einmal mit dem Gedanken gespielt, als Bundespräsident zurückzutreten, damit er sich am bevorstehenden Bundestagswahlkampf beteiligen könnte. Se non è vero, è ben trovato. Mindestens der Gedanke an eine solche Möglichkeit entsprach dem Wesen dieses Mannes, der den fairen Kampf als Lebenselement der Politik empfand.

Wenn ihn sein Körper nicht schon so bald im Stich gelassen hätte, so hätte er gewiß auch als Altbundespräsident immer wieder Freude an streitbaren Auseinandersetzungen gehabt. Öffentlich hervorgetreten ist er damit zuletzt im Frühjahr 1976, als er einen

Aufruf zugunsten seines viel jüngeren Freundes Erhard Eppler erließ, der inzwischen Landesvorsitzender der SPD in Baden-Württemberg geworden war und im Landtagswahlkampf auf verlorenem Posten kämpfte. Es gab damals Leute, die Heinemann diese Wahlhilfe verübelten, obwohl doch seine Mitgliedschaft in der SPD, die während seiner Amtszeit geruht hatte, längst wieder aufgelebt war. Ihn haben solche Einwände um so weniger berührt, als er sich damals bereits über die Aussichtslosigkeit seines Zustandes im klaren war.

Geistig ist Gustav Heinemann bis in die letzten Tage seines Lebens auf der Höhe gewesen. Er hat das Zeitgeschehen aufmerksam wie immer verfolgt und zumal an den Dingen lebendigen Anteil genommen, die ihm besonders am Herzen lagen: an der Weiterführung der Dokumentation seiner Reden und Schriften und am Ausbau der zwei Jahre vorher von ihm eröffneten Gedenkstätte für Freiheitsbewegungen in der deutschen Geschichte im Schloß von Rastatt. Er hat auch bis in die letzte Lebenszeit hinein Verantwortung gefühlt und bekundet für diejenigen Fragen, die ihn während des größten Teiles seines Lebens am meisten beschäftigt haben: der Zustand des demokratisch-republikanischen Bewußtseins in Deutschland und die Rolle der Kirche in Staat und Gesellschaft. Über beide Themen hat er als Altbundespräsident in den beiden ihm verbliebenen Jahren des öfteren geredet und geschrieben.

Nicht nur das republikanische Bewußtsein, sondern die Freiheit und Gerechtigkeit in der Bundesrepublik sah Gustav Heinemann bedroht durch den sogenannten Radikalen-Erlaß. Dieser war eine im Januar 1972 zwischen Bundeskanzler Brandt und den Ministerpräsidenten der Länder vereinbarte Regelung, derzufolge Bewerber für den öffentlichen Dienst abgelehnt werden können, wenn begründete Zweifel daran bestehen, daß sie jederzeit für die freiheitlich-demokratische Grundordnung im Sinne des Grundgesetzes eintreten. Weniger der Wortlaut als die – zudem in den Ländern unterschiedliche – Handhabung dieser Bestimmungen durch mittlere und untere Verwaltungsbehörden hatte bedenkliche Folgen für das politische Klima in der Bundesrepublik. Bereits im Sommer 1972 hatte Heinemanns Freund Helmut Gollwitzer in einem Aufsatz in der Wiener Zeitschrift *Neues Forum* die Situation von Linken und Linksparteien einschließlich der SPD geschildert: »Sie haben keine Gnade, keine Fairneß, keine Gerechtigkeit zu erwarten, solange sie linksverdächtig sind, und sie werden linksverdächtig sein, solange sie nicht auch noch die im Godesberger Programm enthaltenen Momente ihrer Tradition abstoßen, solange sie nicht Garantien gegen deren Wiederaufleben geben – solange sie nicht rechts werden.« Als Bundespräsident konnte Heinemann sich zu diesem Thema nur wenig und sehr zurückhaltend äußern, so etwa bei dem Festakt zum fünfundzwanzigjährigen Bestehen des Grundgesetzes am 16. Mai 1974. Dort kam er darauf zu sprechen, daß die freiheitliche Demokratie das Eindringen ihrer Gegner in die Beamtenschaft verhindern müsse. Er warnte jedoch vor einseitiger Betrachtungsweise: »Je überzeugender es gelingt, Rechtsstaat, Sozialstaat, staatsbürgerliches Bewußtsein und Demokratie in ihrem Zusammenspiel zur Geltung zu bringen, desto weniger brauchen wir uns um die Zukunft der grundgesetzlichen Ordnung zu sorgen. Alsdann dürfen wir es auch im Vertrauen in die Überlegenheit dieser Ordnung wagen, ihren Gegnern nicht nur entschlossen, sondern auch mit gelassener Souveränität zu begegnen. Noch einmal: Wir werden diese Ordnung gegenüber Gegnern mit Zähnen und Klauen verteidigen. Wir werden uns aber auch vor übereifrigem und übersteigertem Schutz zu hüten haben, der das, was wir schützen wollen, erstickt oder unansehnlich macht. Freiheit muß auch die Freiheit für Andersdenkende bleiben, und der Preis für die Freiheit steigt, wenn die Nachfrage sinkt.«

Als er der Fesseln des Amtes ledig war, hat er seiner Sorge, die allerdings inzwischen durch die Praxis der Anwendung des Radikalen-Erlasses noch gewachsen war, sehr viel deutlicher Ausdruck gegeben. Noch sechs Wochen vor seinem Tod erschien in der Wochenzeitung *Das Parlament* ein Aufsatz von ihm unter der Überschrift »Freimütige Kritik und demokratischer Rechtsstaat«, in dem er gleichsam als sein politisches Vermächtnis noch einmal zusammenfaßt, was ihn zeitlebens bewegt und in seinen letzten Lebensjahren mehr und mehr bedrückt hat: »Es muß darauf geachtet werden, daß das Grundgesetz nicht mit Methoden geschützt wird, die seinem Ziel und seinem Geist zuwider sind.« Gerade im Hinblick auf die Jugend stellt Heinemann einen

tiefgehenden Wandel fest: »Anstelle politischer Wachheit und rigoroser moralischer Bewertung des politischen Alltags breitet sich offensichtlich Anpassung und Schweigen aus, so, als gelte es nur noch, die eigene Haut und Karriere zu retten.« In diesem Aufsatz, der die Wiederkehr des Verfassungstages am 23. Mai zum Anlaß hatte, faßt Heinemann noch einmal alle Themen zusammen, denen sein publizistischer Kampf in beinahe sechzig Jahren gegolten hatte. Er erwähnt den notwendigen Kampf, den die deutsche Sozialdemokratie immer wieder gegen den Kommunismus führen mußte, und setzt hinzu: »Dennoch muß der politische Kampf gegen den Kommunismus von einem Antikommunismus, der alles Kommunistische verteufelt, unterschieden werden.« Nur ein Jahr später erhielt im Blick auf Jimmy Carters taktisch ungeschickte Kampagne für die Menschenrechte ein Satz aus diesem letzten Appell Heinemanns aktuellste Bedeutung: »Eine Einmischung in die inneren Angelegenheiten kommunistisch regierter Länder hat keine Verheißung.« Noch einmal behandelt er an dieser Stelle die vernachlässigten Freiheitsbewegungen in der deutschen Geschichte: »Den deutschen Jakobinern wendet sich die geschichtliche Forschung jetzt auch bei uns endlich zu. Aber was weiß die Öffentlichkeit eigentlich von ihnen, was wird in den Schulen von ihnen erwähnt?«
Am Beispiel des Philosophen und Sozialpolitikers Friedrich Albert Lange (1828-75), zu dessen 100. Todestag Heinemann im November 1975 in Duisburg einen Festvortrag gehalten hatte, zeigt er, daß es »Radikale im öffentlichen Dienst« auch schon früher gegeben hat, und zieht alsbald die Konsequenz für die Gegenwart: »Auch heute werden wieder manche Vorschläge zur Verbesserung unseres demokratischen Zusammenlebens in den Verdacht der Verfassungsfeindlichkeit gerückt, obwohl sie in der Verfassung gründen und mit der Absicht vorgetragen werden, die Verfassungswirklichkeit am Verfassungsgebot auszurichten. Derartige Verdächtigungen führen zu Gesinnungsschnüffelei. Der Mut, öffentlich für eine Meinung einzustehen, sinkt.«
Aber auch in diesem letzten Aufsatz macht Heinemann deutlich, daß er bei aller notwendigen Kritik an Fehlentwicklungen in der Bundesrepublik nichts mit denen zu tun haben will, die diesen Staat mit Gewalt verändern wollen. Die winzige Minderheit

studentischer Rebellen der sechziger Jahre, die später entgleist und im Terrorismus geendet ist, hat zwar immer sein psychologisches und menschliches Interesse geweckt, aber seine politische Einstellung zu ihnen ist niemals zweifelhaft gewesen. Wenige Monate nach seinem Ausscheiden als Bundespräsident hat er im Dezember 1974 einen kurzen Briefwechsel mit Ulrike Meinhof geführt, um sie und die übrigen Häftlinge in Stuttgart-Stammheim zum Abbruch ihres Hungerstreiks zu bewegen.* Heinemann äußerte seine Sorge um die Lebensgefahr, in der die Häftlinge schwebten, erklärte aber gleichzeitig, der Hungerstreik sei sinnlos, weil die Haftbedingungen, gegen die er sich richtete, »jedenfalls heute« zum großen Teil behoben seien. »Wenn Sie aber vielleicht meinen, mit einer Selbstaufopferung Ihres Lebens politische Wirkungen in Ihrem Sinne außerhalb des Gefängnisses auszulösen, so sind Sie im Irrtum ... Sie werden es auf Ihrem Wege nicht erreichen, wohl aber erschweren Sie eindeutig alle Bemühungen derer, die sich auf andere Weise um Besserung bemühen. Geht es Ihnen also wirklich um benachteiligte Menschen hier und anderwärts, so bitte ich Sie, dieses noch einmal ernsthaft zu bedenken... Ich habe Ihren Weg ... mit Aufmerksamkeit verfolgt. Glauben Sie mir, daß es mir bei diesem Brief um Sie selbst und das Leben Ihrer Freunde geht. Ob Sie mich verstehen?«

Verständnis oder auch nur Verständigung waren offenbar nicht möglich. Ulrike Meinhof antwortete wenige Tage später mit einer Absage. Der Hungerstreik könne nur beendet werden, wenn eine von zwei Bedingungen erfüllt würde: »Vollständige Aufhebung der Isolation oder Konzentration«, d. h. Zusammenlegung »aller politischen Gefangenen in einer Anstalt bei vollständiger Aufhebung der Isolation zueinander«. Schließlich forderte sie Heinemann auf, sich für kurze Gespräche – mehr, schrieb sie, erlaubten ihre Kräfte nicht mehr – eine Besuchserlaubnis für sie und Baader geben zu lassen. »Ein solcher Schritt würde Mut, Unabhängigkeit und soziale Sensibilität erfordern. Ob Sie das wollen – ob Sie sich das in diesem Staat noch leisten können –, wissen wir nicht.« Darauf blieb Heinemann nur eine Absage. Postwendend schrieb er zurück: »... Ihren ernsten Zustand bedaure ich, kann mir aber

*Veröffentlicht in *Junge Kirche,* Januar 1975.

von meinem Besuch keine Änderung versprechen ... Das für die Haftbedingungen allein zuständige Gericht wird nichts einräumen, was Ihnen und Ihrer Gruppe die Fortführung eines revolutionären Kampfes in der Haftanstalt ermöglichen würde.« Dennoch bittet er Ulrike Meinhof abschließend »erneut, sich selbst die Freiheit zu nehmen, den Hungerstreik abzubrechen und Ihren Freunden die gleiche Freiheit zu geben«.

Es ging Heinemann hier wie überall um die Freiheit der Menschen, deren Idee und Verwirklichung sein ganzes Leben erfüllt haben. Er billigte darum auch die Unterstützung der Freiheitsbewegungen in der dritten Welt durch den Weltkirchenrat, warnte aber vor dem Mißbrauch dieses Gedankens in der Bundesrepublik. So schrieb er in seinem bereits zitierten letzten Aufsatz: »Deutsche Terroristen, die sich fälschlich zu Anwälten dieser Bewegungen ernennen, sind auch hier wirksame Helfer derer, die von Freiheitsbewegungen nichts oder möglichst wenig hören mögen.«

Die größte und letzte Sorge des Patrioten Heinemann galt aber der ihm bedrohlich erscheinenden Entwicklung im eigenen Lande: »Um so deutlicher müssen wir daran festhalten, daß eine freiheitliche Gesellschaft auch bei uns eine Gesellschaft in Bewegung ist. Sie kann kein fertiger und ein für allemal bleibender Zustand sein. Ihre Weiterentwicklung muß bewußt betrieben werden, damit es nicht zu Rückfällen kommt.« Bis zu seinem letzten Atemzug blieb Heinemann sich treu und erhob seine warnende Stimme um der Freiheit willen: »Der Staat soll wieder einmal als das hohe über uns schwebende Etwas verstanden werden, das unabhängig von Parlamenten, Parteien und Volkssouveränität als ein Inbegriff von ausübender Gewalt besteht. Deshalb werden radikale Verfechter von Freiheit und Demokratie auch da in den Verdacht von Verfassungsfeindlichkeit gerückt, wo sie mit und aus der Verfassung heraus für bessere Freiheit und Demokratie eintreten.« Das gedachte Heinemann auch am Ende seines Lebens nicht hinzunehmen. »Wird nun aber radikale Kritik an der Verfassungswirklichkeit mit verfassungsfeindlichem Extremismus bewußt verwechselt, gilt es, Alarm zu schlagen.« Gustav Heinemann, in der Bundesrepublik Deutschland das überzeugendste Beispiel eines Radikalen im öffentlichen Dienst, beschließt seinen letzten Aufsatz nicht viel anders, als er jahrzehntelang geredet und geschrieben hatte: »Kritik, radikale Kritik bedarf des freien Marktes der Meinungen und Gegenmeinungen, um fruchtbar zu bleiben. Dazu gehört auch, daß man sich politisch irren oder gar verirren kann, ohne dafür nach Jahren zur Rechenschaft gezogen zu werden, zumal wenn inzwischen die Irrtümer eingesehen und überwunden sind.« Mit solchen Forderungen sah Heinemann sich durchaus als Erbe und Treuhänder einer deutschen Tradition. Er, dem es um äußere Anerkennung kaum zu tun war, akzeptierte deshalb gern den ihm nach seinem Ausscheiden aus dem höchsten Amt verliehenen Lessing-Preis der Stadt Hamburg und sagte in seiner dortigen Ansprache am 2. Oktober 1975: »Wer Freiheit als eine aufklärerische Aufgabe versteht, muß bereit sein, auch Widerspruch hervorzurufen. Wer Anstoß geben will, muß auch Anstoß erregen können. Ich denke, wir sollten nicht ängstlicher sein, als Lessing es zu seiner Zeit war. Aufklärung, Widerspruch und Anstoß sind miteinander verwandt und allesamt Kinder der Freiheit.«

Das andere Thema, das Gustav Heinemann spätestens seit seinem dreißigsten Lebensjahr ständig begleitet und beschäftigt hat, ist die Stellung der Kirche in Staat und Gesellschaft und zumal im politischen Leben. Dazu hat er in den beiden letzten Lebensjahren noch mehrmals Stellung genommen, so vor allem am 22. Januar 1975 in einem großen Vortrag über den »Lernprozeß Staat-Kirche-Gesellschaft« (II). Er stellte darin noch einmal fest, daß die Rolle der Kirchen »in der Gesellschaft und für die Gesellschaft« nur gefunden werden könne, »wenn sie unsere Staatsordnung der Demokratie nicht nur nolens volens ertragen, sondern als die menschenwürdigste Staatsform bejahen und mittragen. Innere Vorbehalte, wie sie die Weimarer Republik belasteten, haben zu einer wesentlichen Schwächung der damaligen Demokratie beigetragen. Sie würden heute umgekehrt der Kirche Abbruch tun. Es gibt kein Zurück mehr in eine vordemokratische Zeit.«
Zwei Monate später, am 16. März 1975, sprach Heinemann in Nürnberg zur 450-Jahr-Feier der Reformation in der alten Reichsstadt. Dabei distanzierte er sich zunächst von der konservativen Gruppierung innerhalb der evangelischen Kirche, die unter

dem Namen »Kein anderes Evangelium« gegen die sogenannte Theologie der sozialen Befreiung auftrat. Heinemann bemerkte dazu: »Das ist mit anderen Worten die Frage, ob die Kirche neben der Gesellschaft stehe oder ob sie in ihr eine kritische und befreiende Aufgabe hat – ob Gott den einzelnen Menschen in der Predigt nur als einzelnen, also sozusagen privat, anrede, um ihm seinen Trost zu geben und ihm den Weg seines persönlichen Heils zu weisen, oder ob Gott ihn in seinem gesellschaftlichen Bezug anrede, natürlich ihn tröstend und ihm sein Heil weisend, aber auch ihn anregend, nach seinen Kräften zur Besserung der Gesellschaft beizutragen.« Für Heinemann gab es da gar keinen Zweifel. Für ihn gab es keinen Widerspruch zwischen christlichem Glauben und demokratisch-republikanischer Überzeugung. »Es gehört nach meinem Verständnis zur ureigenen Aufgabe der Kirche, dem Angebot des Heils eine Anleitung zum Handeln ihrer Glieder für das Wohl der Menschen hinzuzufügen. Beides gehört zusammen. Es wäre eine Verarmung unseres Lebens und eine Verkümmerung unseres gegenseitigen Helfens zu Frieden und Gerechtigkeit in dieser Welt, wenn wir uns einreden würden, daß das Evangelium dazu keinen Beitrag zu leisten vermöchte, oder wenn wir durchsetzen würden, daß die Verkündigung dazu zu schweigen habe.«

Danach hat Gustav Heinemann als Christ und Bürger sein Leben eingerichtet, und in dieser Glaubensgewißheit und politischen Überzeugung ist er am 7. Juli 1976, wenige Wochen vor der Vollendung seines 77. Lebensjahres, in seinem geliebten Essen gestorben. Sein Freund Helmut Gollwitzer hat ihm die Totenfeier gehalten und in seiner Ansprache das Wesen dieses Mannes mit wenigen Sätzen umrissen: »Jedenfalls konnten wir nie bei ihm sehen, daß Menschenfurcht ihn veranlaßte, abzuweichen von dem Bekenntnis dessen, was er in seiner strengen Gewissenhaftigkeit für richtig und wichtig erkannt hatte. Geborgen im Versprechen seines kommenden Herrn wurde er frei von Furcht und Eitelkeit, und ebendies machte ihn Unzähligen zu einem Mann des Vertrauens, wie unser Volk in diesen Jahren kaum einen zweiten besaß.«

10 Ein Leben als Leistung

Wer nichts verändern will, wird auch das verlieren, was er bewahren möchte.
1. Juli 1974

Am Ende einer Beschreibung oder Betrachtung des politischen Lebens und öffentlichen Wirkens Gustav Heinemanns stellt sich die Frage nach dem Wesen dieses Mannes und nach dem Werk, das er vollbracht und hinterlassen hat.

Die Frage nach Leistung und Werk eines Politikers ist mindestens dann schwierig zu beantworten, wenn man mit der Antwort ein Werturteil verbinden will. Der Zeitgenosse muß bedenken, daß die Historiker oder überhaupt spätere Generationen ganz anders urteilen mögen als er selbst. Man braucht nur daran zu erinnern, wie anders wir heute über Otto von Bismarcks Werk der Reichsgründung von 1871 denken als die Zeitgenossen seines Todesjahres 1898. Die Zeit der kritiklosen Bismarckverehrung ist längst vorüber; heute wissen wir, daß sein vermeintliches Jahrhundertwerk den Todeskeim nicht zuletzt deshalb in sich trug, weil die Verfassung des neugeschaffenen Reiches – was achtzig Jahre nach der Französischen Revolution wohl möglich gewesen wäre – eine effektive demokratische Kontrolle der Regierenden nicht vorgesehen hatte. Allerdings ist die sogenannte große Politik, das Reich der Diplomatie, und deren Fortsetzung mit den Mitteln des Krieges, an der das Reich schließlich zerbrochen ist, insoweit ein Sonderfall, weil mindestens in der Vergangenheit ihr fast ausschließlich das Interesse der Historiker gegolten hat.

Im übrigen vollzieht sich politische Arbeit meistens ohne Glanz, und das gilt zumal für politische Arbeit in einer parlamentarischen Demokratie. Sie besteht ja durchweg nicht aus Kraftakten einzelner, sondern aus mühsam ausgehandelten Kompromissen, die auf Mehrheiten und damit auf die Zustimmung vieler angewiesen sind. Wenn die Nachwelt dem Mimen keine Kränze flicht, so gilt das sehr häufig auch für demokratische Politiker. Ihr Anteil an den unzähligen kleinen Schritten, aus denen die

Weiterentwicklung gesellschaftlicher Verhältnisse besteht, wird von der Nachwelt auch dann meistens rasch vergessen, wenn die Zeitgenossen solche Leistungen anerkannt und vielleicht sogar bewundert haben. Nehmen wir zwei Beispiele aus dem gleichen politischen Bereich in zwei verschiedenen Ländern. Wer kennt in Deutschland außerhalb eines kleinen Kreises von Fachleuten heute noch den Namen von Carl Heinrich Becker (1876-1933), der in den zwanziger Jahren als preußischer Kultusminister einen bedeutenden, teilweise noch heute nachwirkenden Beitrag zur Bildungsreform geleistet hat? Und welcher Engländer weiß heute noch, daß Richard A. Butler (später Lord Butler of Saffron Walden) während des Zweiten Weltkrieges als Erziehungsminister ein Gesetz durchgebracht hat, auf dem das ganze heutige, in mancher Hinsicht vorbildliche britische Schulwesen beruht?
Wer solche Dinge weiß, urteilt zurückhaltend über den Nachruhm demokratischer Politiker zumal dann, wenn das Schwergewicht ihres Wirkens auf dem weiten Gebiet der Gesellschaftspolitik gelegen hat. Das gilt auch für Gustav Heinemann. Soweit man bei ihm von einem politischen Werk sprechen kann, ist dieses die von ihm teils verwirklichte und teils angeregte oder in Gang gesetzte Justizreform. Niemand hat besser als Heinemann gewußt und öfter ausgesprochen, daß Rechtsreform ein immerwährender Prozeß ist, zu dem der einzelne Minister oder Abgeordnete nur einen mehr oder minder großen Beitrag leisten kann. Heinemanns Beitrag ist beachtlich und würde allein ausreichen, um ihm einen ehrenvollen Platz in der Geschichte der Bundesrepublik Deutschland zu sichern. Daran ändert auch der Umstand nichts, daß schon im zweiten Jahr nach Heinemanns Tod unter dem Eindruck des politischen Terrors die Tendenz zu beobachten war, Teile seiner liberalen Reformen rückgängig zu machen – was manche Politiker gewiß auch ohne den Terror gern getan hätten.
Es ist aber kein Zufall, daß Heinemann in der Erinnerung politischer Freunde und Gegner primär nicht als Justizminister oder überhaupt als Jurist fortlebt. Eher schon als Bundespräsident, weil in diesem Amt seine Wesensart und sein politisches Wollen für viele sichtbar geworden sind. Was das im eigentlichen Wortsinn Merkwürdige an Heinemann gewesen ist, hat unlängst in privatem Kreise ein Schweizer, der nicht sonderlich politisch

interessiert ist, als die Rede auf Heinemann kam, in die Worte gekleidet: »Ich glaube, er war eine integre Persönlichkeit.« Das war in der Tat das Besondere, was Heinemann unter den politischen Führern seiner Zeit so auffällig machte: seine Integrität. Sie bedeutet nicht, daß er keine Fehler gehabt oder gemacht habe. Der Begriff besagt nur, daß Heinemann aus seiner langen, engagierten Beschäftigung mit der Politik unverletzt hervorgegangen ist; er besagt darüber hinaus, daß er nicht korrumpierbar war. Wenn in unserer Zeit ein Beispiel dafür gesucht wird, daß nicht etwa die Politik den Charakter verdirbt, sondern daß es eines Charakters bedarf, um gute Politik zu machen, so ist es im politischen Leben und öffentlichen Wirken Gustav Heinemanns zu finden.

Darum erscheint es berechtigt, sein Leben exemplarisch zu nennen. Das haben übrigens manche von denen gewußt, die ihn auf seinem politischen Weg ein Stück begleitet haben; zumal Jüngere haben dafür häufig ein Gespür gehabt. So schrieb ihm der Politologe Arnulf Baring 1964 in einem Brief zu Heinemanns 65. Geburtstag: »Ich gehöre zu einer Generation, die die Hitlerzeit als Kind erlebte und ihre entscheidenden Eindrücke erst nach dem Kriege empfing. In den ersten Jahren nach 1945 haben wir die Welt zu begreifen versucht und uns unter den Männern des Landes nach Vorbildern umgesehen, die ja vor allem in der Demokratie so wichtig sind. Sie sind damals für uns wichtig geworden. Nächtelang haben wir diskutiert, ob die Wiederbewaffnung richtig sei oder nicht, ob es nicht bedauerlich sei, daß Sie den Kampf innerhalb der Regierung aufgegeben hätten, was von Ihrem späteren politischen Unternehmen zu halten sei. An Ihrer Person wie an wirklich keiner anderen haben wir – wie ich hoffe – politisch zu denken und zu entscheiden gelernt ...« Zu demselben Geburtstag gratulierte Heinemann der seiner Generation angehörende Dresdner Bischof Mager: »Ich darf es Dir heute einmal sagen, daß wir Männer, die wir aus dem Arbeiterstand herkommen, immer eine besondere Liebe und Achtung für die Brüder und Schwestern aus den anderen Ständen gehabt haben, die uns als Menschen so nahmen, wie wir durch unser Herkommen nun einmal geformt waren und geformt sein mußten.« In demselben Brief heißt es weiter: »Wenn aus Deinem Stand der Evangelischen Kirche in Deutschland in den vergangenen Jahrzehnten mehr solcher profilierter Persönlichkeiten, wie Du es stets gewesen bist, zur Mitarbeit zur Verfügung gestanden hätten, dann sähe sicherlich manches ganz anders aus.«

Solche Zeugnisse machen deutlich, daß Gustav Heinemann als sein Vermächtnis nicht so sehr konkrete Errungenschaften wie die Justizreform hinterlassen hat, sondern daß seine eigentliche Leistung seine Existenz gewesen ist, sein Leben als Christ und Demokrat, als Bürger und Patriot. Mit dem Verhältnis von Glauben und Handeln hat Heinemann sich schon bald nach seiner Hinwendung zum Christentum beschäftigt. In einem Brief, den er am 2. April 1937 an den Kölner Anglisten und Kulturhistoriker Herbert Schöffler (1888-1946) richtete, mit dem er einige Jahre hindurch in regem geistigem Austausch stand, schreibt er als Anmerkung zu Schöfflers Buch *Abendland und Altes Testament,* es sei nur bedingt richtig zu sagen, »daß das sittliche Handeln für Luther in zweiter Linie gestanden hat... Das sittliche Handeln ist für Luther ... mit dem Besitz des rechten Glaubens ohne weiteres gewährleistet. Luther hat ganz naiv auf dem Standpunkt gestanden, daß ein gesunder Glaube wie ein gesunder Baum die rechten Früchte trägt. Er würde nicht anerkannt haben, daß ein unchristliches Leben und Verhalten mit einem rechten Glaubensbesitz vereinbar sei«. Nach diesem Maßstab hat Heinemann selber gelebt, und durch diese Übereinstimmung hat er auf andere Menschen so überzeugend gewirkt, wie das etwa Johannes Rau erlebt hat. Der nachmalige Wissenschaftsminister und Landesvorsitzende der SPD in Nordrhein-Westfalen, reichlich eine Generation jünger als Heinemann, war diesem als junger Mann kirchlich und politisch nahegestanden und hatte ihn insbesondere 1950 auf dem Evangelischen Kirchentag in Essen kennengelernt. Der tiefe Eindruck klingt noch ein Vierteljahrhundert später in einem von Johannes Rau geschriebenen Nachruf auf Heinemann an: »Hier redet jemand, für den christlicher Glaube keine große, kulturgeschichtliche Tradition ist, die zu bewahren praktisch sein könnte. Hier spricht jemand statt von Tradition von Zukunft, statt von Dogmen von begründeter Hoffnung. Weil noch etwas, weil noch jemand kommt, darum ist diese Welt geliebt und wichtig, verbesserungswürdig und verbesserungsfähig. Darum sind Gerechtigkeit, Menschlichkeit und Vernunft ... keine abstrakten Postulate, sondern machbare und deshalb zu machende Konkretionen biblischer Botschaft.«

Was der Gehorsam gegen und der Glaube an Gott für das politische Handeln bedeuten, ist eine Frage, die Heinemann immer wieder beschäftigt hat. In einem Brief an den »Diplomvolkswirt Helmut Schmidt MdB«, den nachmaligen Bundeskanzler, vom 25. März 1961 beschäftigt Heinemann sich mit dessen kurz zuvor erschienenem Buch *Verteidigung oder Vergeltung* und in diesem Zusammenhang mit Max Webers Unterscheidung von Gesinnungsethik und Erfolgsethik: »Sie sprechen von einem ›abgrundtiefen Gegensatz‹, ob man unter der gesinnungsethischen Maxime handelt: ›Der Christ tut recht und stellt den Erfolg Gott anheim‹, oder unter der verantwortungsethischen Maxime, daß man für die Folgen seines Handelns aufkommen muß. Würden Sie anerkennen, daß in dieser Unterscheidung ein Denkfehler steckt, wenn Gott nicht eine bloße Idee, sondern eine Realität ist, und zwar eine Realität in dem Sinne, daß er als Person uns fordert und die Mißachtung seiner Forderung auch und gerade Folgen auslöst, die wir zu verantworten haben? Gott läßt sich nicht spotten. Das zu wissen war der Grund meines *verantwortungsethischen* (nicht gesinnungsethischen) Handelns im Dritten Reich. Es *konnte* nicht gut gehen, wie Hitler und Konsorten sich benahmen, weil sie Gott verspotteten.« Heinemann argumentiert von da aus auch gegen den Gebrauch von Atomwaffen und Massenvernichtungsmitteln und fährt fort: »Ich gebe zu: Sie müßten zwei Voraussetzungen akzeptieren, um mich zu verstehen, nämlich erstens, daß Gott existiert (als Person, als Schöpfer, Erhalter und Regierer dieser Welt) und zweitens als der, der uns verbietet, uns umzubringen, weil er sich vorbehält, uns leben und sterben zu lassen zu seiner Zeit.«

Es gab und gibt seit 1945 keinen andern deutschen Politiker, der so unbefangen und so unmißverständlich als Christ politisch argumentiert und gehandelt hat, der aber zugleich immer bereit gewesen ist, dem Gesprächs- und Briefpartner eine andere Position zuzubilligen. Manche, die ihm in der Politik begegneten, sahen darin einen Ausdruck von Naivität oder von Sturheit – Jakob Kaiser versicherte ihn 1952 in einem Brief seiner

Freundschaft »trotz aller Sturheit, mit der Sie Ihren Sonderweg glauben gehen zu dürfen« –, waren dann aber perplex, wenn dieser selbe Heinemann mit messerscharfer Intelligenz die gegnerischen Argumente in deren eigenem Bezugssystem zerpflückte. Klugheit und Redlichkeit waren Eigenschaften, die er bei anderen zumal dann schätzte, wenn beide vorhanden waren; so schätzte er unter den führenden Sozialdemokraten in den letzten Jahren besonders Herbert Wehner und Egon Bahr.

Freundschaft war Heinemann wichtig, und doch hatte er in einem kaum überschaubaren Bekanntenkreis nur wenige Freunde, die ihm allerdings sehr viel bedeuteten. Johannes Rau, der zu diesen Freunden gehört hat, schrieb in seinem Nachruf: »Gustav Heinemann hat es vielen nicht leichtgemacht, zu ihm zu finden.« Rau weiß selber aber keine eindeutige Erklärung dafür zu geben. Es hing sicher damit zusammen, daß es Heinemann schwerfiel, aus sich herauszugehen. Er war spröde und nüchtern, aber gar nicht ohne Herzlichkeit, ganz gewiß nicht ohne menschliche Wärme und schon gar nicht ohne Humor. Sein Freund Hermann Kunst, viele Jahre bevollmächtigter Vertreter der evangelischen Kirche bei der Bundesregierung und Militärbischof, schickte ihm 1963 ein heiteres Buch und bemerkte dazu: »Du gehörst ja zu keiner Weltanschauungspartei und darfst deshalb gelegentlich unbefangen lachen.« Wer Heinemann begegnet ist, weiß aus Erfahrung, daß er das nicht nur konnte, sondern auch häufig tat. Wenn das Bild, das sich die Öffentlichkeit von dem Menschen Heinemann gemacht hat, sehr oft gar nicht mit der Wirklichkeit übereinstimmte, so lag das natürlich auch an Heinemann selbst. Das, was die Politiker als Image-Pflege bezeichnen und eifrig betreiben, war ihm von Herzen gleichgültig.

Ein Stück von dem wirklichen Gustav Heinemann wird sichtbar in einer kleinen Ansprache, die sein Schwiegersohn, der Theologe Manfred Wichelhaus, am 23. Juli 1968 bei einer familiären Feier zu Heinemanns 69. Geburtstag auf ihn gehalten hat: »Die Billetts der Lebensfahrt wurden von den verschiedensten Stellen ausgestellt: von den Rheinischen Stahlwerken und von der Bekennenden Kirche, von der Stadt, vom Land Nordrhein-Westfalen und von der Bundesrepublik und von der Evangelischen Kirche in Deutschland. Aber die Billetts hast du meist selbst bezahlt. Du warst Soldat und Kurier und subversiv und bürgerlich und Boß und Trümmerschaufler, Weltmann und Gottesmann, umstritten und verdächtigt und bekämpft und doktoriert honoris causa. Und nun bist du in die Jahre gekommen, und der Elan, mit dem du einmal angetreten bist in den Zwanzigern, ist noch nicht verloren. Und dann sagen die Kritiker: ›Mein Gott, kann denn dieser Mann nicht endlich Ruhe geben? Kann er nicht endlich einmal etwas Klassisches oder womöglich etwas Staatserhaltendes sagen? Kann er nicht endlich reif und milde werden, wie sich das für seine Jahre ziemt?‹ Und tut er das, soweit ihm das möglich ist, dann heißt es: ›Der ist ja völlig senil! Früher, da hat er etwas zu sagen gehabt, aber heute ist er doch der reine Nachzügler seiner selbst. Kann er nicht soviel Takt aufbringen, endlich zu schweigen?‹ Man kann das alles bei Gottfried Benn nachlesen, der ›Altern als Problem für Künstler‹ beschrieb. Es gibt da Parallelen...

Enttäuschungen, die Du manchem bereitest und bereitet hast, sind in deiner Sicht notwendige Folgen einer Einsicht. Diese Einsicht heißt: Weggenossen begleiten uns immer nur ein kurzes Stück, und koalieren soll man mit denen, die ein Stück vorwärts helfen, auch wenn diese sich unter ganz anderen Fahnen beerdigen lassen. Das heißt auch: Parteien entlocken dir keine Heimatgefühle; du bist in der Politik nicht zu Hause. Wer keinen Kalk hat – so denkst du mit Luther –, der mauert mit Mist. Ein hartes Wort, wenn man ›Mist‹ betont; aber du betonst ›mauern‹: Wer keinen Kalk hat, *mauert* mit Mist. Zielvorstellungen verfolgst du mit den angemessenen und unter Umständen wechselnden Medien. Und Medien sollen nicht wie Konfessionen behandelt werden. Du rätst uns, weltanschaulichen Ballast abzuwerfen bei Problemen, die für alle zumutbar gelöst werden müssen, z. B. im Bereich der Schule oder im Bereich des Rechtes. Du selbst meidest Ballast. Du reist mit leichtem Gepäck. Das sieht für mehrere Tage so aus: in der Aktentasche ein Schlafanzug, eine Zahnbürste, zwei weiße Taschentücher und zwei Wechselkragen; diese sind ins Taschentuch eingepackt. Keine Orden. Und deine Frau mahnst du seit vierzig Jahren: ›Denk an den nächsten Umzug!‹

Ich kann dich keinen Theoretiker nennen. Du würdest sonst sagen: ›Ich bin keine stehende Uhr, die zweimal am Tage recht hat.‹ Als Theoretiker müßtest du oft im Zorn zurückblicken. Das tust du nicht. Als wir etwas falsch fanden in einer großen Versammlung und dir das nachträglich sagten, antwortetest du: ›Das liegt zurück. Jetzt kommt das Nächste. Gelegenheit zum Bessermachen.‹ Ich will dich einen Aufklärer nennen, der die Vernunft freikämpfen muß aus der Borniertheit, mit der wir uns selbst beschränken...

Was bedeutet Altern für Politiker? Direkter noch: Was will der späte Heinemann? Mehr als Beiträge zu einer Antwort kann ich nicht geben. Von Clemenceau las ich, daß er mit einem neuen Privatsekretär einig wurde und sagte: ›Wenn Sie Briefe schreiben, denken Sie daran: ein Satz hat ein Hauptwort und ein Verb. Wenn Sie ein Adjektiv gebrauchen wollen, fragen Sie mich vorher, besser noch, streichen Sie es!‹ Wenn man Adjektive wegläßt, merkt man, was gemeint ist. Ich erinnere mich an ein gelbes Schild mit roter Aufschrift hinter deinem Schreibtisch in Essen: ›Fasse dich kurz!‹ Das hat schon einmal hier in Bonn gehangen und hat manchen verschreckt.

Kürzen, straffen, präzisieren! Ist das der späte Heinemann? Das hieße denn: Wer formen will, muß rücksichtslos formulieren, rücksichtslos gegen sich selbst. Denn jeder ist nur nach Maßgabe seiner Sätze vertreten. Wer formen will, muß wissen: Die Kulturkreise enden, auch der, zu dem ich selbst gehöre; der eine endet, und der andere tritt in den Zenit. Wer formen will, der sieht dem ins Auge. Aber in dieser Stunde liegt in seiner Hand das Gesetz und auf ihm das Gesetz des Handelns. Dem muß er folgen. Dieser Lage muß er mit seiner Arbeit entgegentreten und ihr Ausdruck verleihen. Kurz: Resignation ist verboten!«

Ein Jahr nach dieser aufschlußreichen Charakterisierung wurde Gustav Heinemann Bundespräsident. Sieben Jahre danach ist er gestorben. Resignation hat er sich bis zuletzt verboten. Die Frage aber, warum Leben und Wirken dieses Mannes im Gedächtnis der Deutschen aufbewahrt zu werden verdienen, läßt sich mit einem Satz des Publizisten Eberhard Stammler beantworten, der in seinem Nachruf auf Heinemann geschrieben hat: »Was mit der protestantischen ›Freiheit eines Christenmenschen‹ gemeint sein kann, läßt sich am Leben Gustav Heinemanns auf eine faszinierende Weise ablesen.«

Zeittafel

23. 7. 1899	Gustav Heinemann in Schwelm (Westf.) geboren
1909-1917	Besuch des Realgymnasiums in Essen
1917-1918	Soldat
1918-1923	Studium der Rechtswissenschaften, der Volkswirtschaft und Geschichte in Münster, Marburg, München, Göttingen und Berlin. Mitarbeit in Studentengruppen der Deutschen Demokratischen Partei
1921	Promotion zum Dr. rer. pol. in Marburg
seit 1926	Rechtsanwalt in Essen
1926	Heirat mit Hilda Ordemann aus Bremen; dem Ehepaar wurden vier Kinder geschenkt.
1928-1936	Justitiar und Prokurist der Rheinischen Stahlwerke in Essen
1929	Promotion zum Dr. jur. in Münster
1930	Mitglied im Christlich-Sozialen Volksdienst
1933-1939	Lehrauftrag für Bergrecht und Wirtschaftsrecht an der Universität Köln
1933-1945	Mitglied der Bekennenden Kirche
1936-1949	Vorstandsmitglied der Rheinischen Stahlwerke in Essen
1945	Mitgründer der Christlich-Demokratischen Union in Essen und im Rheinland
1945-1967	Mitglied des Rates der Evangelischen Kirche in Deutschland
1946-1949	Oberbürgermeister von Essen
1947-1950	Abgeordneter des Landtages von Nordrhein-Westfalen
1947-1948	Justizminister in Nordrhein-Westfalen
1949-1950	Bundesminister des Innern im ersten Kabinett Adenauer
1950	Rücktritt wegen der von Adenauer eingeleiteten Aufrüstung
1951	Gründung der überparteilichen Notgemeinschaft für den Frieden Europas

1952	Austritt aus der CDU
	Mitgründer der Gesamtdeutschen Volkspartei
1957	Auflösung der Gesamtdeutschen Volkspartei
	Eintritt in die SPD
1957-1969	Mitglied des Bundestages
1958-1969	Mitglied des Parteivorstandes der SPD
1966-1969	Bundesjustizminister in der Regierung der großen Koalition
1969-1974	Bundespräsident
7. 7. 1976	Gustav Heinemann in Essen gestorben

Personenverzeichnis

Im nachstehenden Verzeichnis sind nicht alle im Text vorkommenden Personen aufgeführt, sondern nur solche, die zeitgeschichtlich und zumal im Leben Gustav Heinemanns eine größere Rolle gespielt haben.

Adenauer, Konrad 1876–1967. Oberbürgermeister von Köln 1917–33, erster Bundeskanzler der Bundesrepublik 1949–63.
Agartz, Viktor 1897–1964. Sozialistischer Theoretiker, Leiter des Wirtschaftswissenschaftlichen Instituts des Deutschen Gewerkschaftsbundes 1948–55.
Arnold, Karl 1901–58. Mitgründer der CDU 1945, Ministerpräsident von Nordrhein-Westfalen 1947–56.

Bahr, Egon geboren 1922. Sozialdemokratischer Politiker. Seit 1960 engster Mitarbeiter Willy Brandts. Entwicklungsminister 1974, Bundesgeschäftsführer der SPD 1976.
Barth, Karl 1888–1968. Schweizer Theologe, Wortführer der dialektischen Theologie und geistiger Vater der Bekennenden Kirche.
Böckler, Hans 1875–1951. Gewerkschafter, zuletzt Vorsitzender des Deutschen Gewerkschaftsbundes.
Bodensteiner, Hans geboren 1912. Landrat, CSU-Politiker, 1952 Mitgründer der Gesamtdeutschen Volkspartei.
Brandt, Willy geboren 1913. Regierender Bürgermeister von Berlin 1957–66, Bundesaußenminister 1966–69, Bundeskanzler 1969–74, Vorsitzender der SPD seit 1964.
Brentano, Lujo 1844–1931. Bedeutender Nationalökonom.
Bultmann, Rudolf 1884–1976. Evangelischer Theologe. Lehrte seit 1921 in Marburg, forderte die Entmythologisierung des Neuen Testaments. Lehrer Hilda Heinemanns.

Dehler, Thomas 1897–1967. Jurist und liberaler Politiker. Bundesjustizminister 1949–53. Zeitweilig Partei- und Fraktionsvorsitzender der Freien Demokraten.

Dibelius, Otto 1880–1967. Evangelischer Theologe. Mitglied der Bekennenden Kirche, Bischof von Berlin 1945–66.
von Dietze, Constantin 1891–1973. Agrarwissenschaftler. Präses der Synode der EKD 1955–61.
Dulles, John Foster 1888–1959. Amerikanischer Politiker. Außenminister der USA 1953–59.

Ehlers, Hermann 1904–54. Politiker (CDU) und als Jurist in der evangelischen Kirche tätig. Bundestagspräsident 1950–54.
Ehmke, Horst geboren 1927. Jurist und sozialdemokratischer Politiker. Bundesjustizminister 1969, Minister im Bundeskanzleramt 1969–74.
Elfes, Wilhelm 1884–1969. Oberbürgermeister von Mönchengladbach. Vorsitzender des »Bundes der Deutschen« 1956–69.
Erhard, Ludwig 1897–1977. Politiker (CDU). Bundeswirtschaftsminister 1949–63, Bundeskanzler 1963–66.
Erler, Fritz 1913–67. Sozialdemokratischer Politiker. Seit 1964 stellvertretender Vorsitzender der SPD und Fraktionsvorsitzender im Bundestag.

Gollwitzer, Helmut geboren 1909. Evangelischer Theologe, Mitglied der Bekennenden Kirche, lehrte nach dem Krieg in Bonn und Berlin.
Graeber, Friedrich 1884–1953. Evangelischer Pfarrer. In Essen zusammen mit Heinemann im Widerstand der Bekennenden Kirche.
Grass, Günter geboren 1927. Schriftsteller.

Haeckel, Ernst 1834–1919. Zoologe und Naturphilosoph, Begründer des Monismus.
Heinemann geb. Ordemann, Hilda geboren 1896. Seit 1926 verheiratet mit Gustav Heinemann.
Heinemann, Otto 1864–1944. Sozialpolitischer Praktiker und Prokurist der Firma Friedrich Krupp. Gustav Heinemanns Vater.
Held, Heinrich 1897–1957. Evangelischer Theologe, führend im Widerstand der Bekennenden Kirche. Präses der Evangelischen Kirche im Rheinland 1948–57.
Heuss, Theodor 1884–1963. Liberaler Politiker. Erster Bundespräsident 1949–57.

Kaiser, Jakob 1888–1961. Christlicher Gewerkschafter und Politiker. Mitgründer der CDU in Berlin 1945. Bundesminister für gesamtdeutsche Fragen 1949–57.

Kapp, Wolfgang 1858–1922. Deutschnationaler Politiker. Generallandschaftsdirektor in Ostpreußen 1906–20. Inszenierte 1920 mit dem General von Lüttwitz einen erfolglosen Putsch gegen die Reichsregierung.

Katzer, Hans geboren 1918. Politiker (CDU), Hauptgeschäftsführer der CDU-Sozialausschüsse 1950–77. Bundesarbeitsminister 1966–69.

Kerrl, Hanns 1887–1941. Nationalsozialistischer Politiker. Reichsminister für kirchliche Angelegenheiten 1935–41.

Kiesinger, Kurt-Georg geboren 1904. Politiker (CDU). Im Bundestag 1949–58 und seit 1969. Ministerpräsident von Baden-Württemberg 1958–66, Bundeskanzler der großen Koalition 1966–69.

Leber, Georg geboren 1920. Maurer und sozialdemokratischer Politiker, Bundesverkehrsminister 1966–72, Bundesverteidigungsminister seit 1972.

Lemmer, Ernst 1898–1970. Politiker. Reichstagsabgeordneter der Demokratischen Partei 1924–33. Mitgründer der CDU in der Sowjetzone. Bundesminister in verschiedenen Ressorts 1956–65.

Lilje, Hanns 1899–1977. Evangelischer Theologe. Landesbischof von Hannover 1947–74. Gründer und Herausgeber der Wochenzeitung *Sonntagsblatt* (später *Deutsches Allgemeines Sonntagsblatt*).

Lübke, Heinrich 1894–1972. Politiker, vor 1933 Zentrum, nach 1945 CDU. Bundeslandwirtschaftsminister 1953–59, Bundespräsident 1959–69.

Mellies, Wilhelm 1899–1958. Sozialdemokratischer Politiker. Stellvertretender Vorsitzender der Partei und der Bundestagsfraktion 1952–57.

Müller, Ludwig 1883–1945. Evangelischer Theologe und Nationalsozialist. Reichsbischof 1933–45, aber seit 1935 ohne echte Befugnisse.

Niemöller, Martin geboren 1892. Evangelischer Theologe. Einer der Führer der Bekennenden Kirche, im Konzentrationslager 1937–45. Kirchenpräsident in Hessen und Nassau 1947–64.

Nipperdey, Hans-Carl 1895–1968. Jurist und Rechtslehrer. Präsident des Bundesarbeitsgerichts 1954–63.

Noack, Ulrich 1899–1974. Historiker, Gründer des Nauheimer Kreises 1948, befürwortete Neutralisierung eines wiedervereinigten Deutschlands.

Ollenhauer, Erich 1901–63. Sozialdemokratischer Politiker. Vorsitzender der SPD 1952–63.

Pferdmenges, Robert 1880–1962. Bankier und Politiker, Mitgründer der CDU im Rheinland. Im Bundestag 1949–63. Engster Berater Adenauers.

Posser, Diether geboren 1922. Jurist und Politiker. Als Anwalt Heinemanns Sozius. Seit 1968 Mitglied der Landesregierung von Nordrhein-Westfalen (SPD).

Rau, Johannes geboren 1932. Sozialdemokratischer Politiker. Wissenschaftsminister in Nordrhein-Westfalen seit 1970.

Renner, Heinz 1892–1964. Kommunistischer Politiker. Oberbürgermeister von Essen 1946, im Bundestag 1949–53.

Röpke, Wilhelm 1899–1966. Nationalökonom. Führender Theoretiker des Neoliberalismus und der sozialen Marktwirtschaft.

Scheel, Walter geboren 1919. Liberaler Politiker. Vorsitzender der FDP 1968–74. Bundesaußenminister 1969–74. Vierter Bundespräsident seit 1974.

Scheu, Adolf geboren 1907. Industrieberater und Politiker. Mitgründer der Gesamtdeutschen Volkspartei 1952. Im Bundestag (SPD) seit 1969.

Schmidt, Helmut geboren 1918. Sozialdemokratischer Politiker. Seit 1966 im Bundeskabinett (Verteidigungs- und Finanzminister). Bundeskanzler seit 1974.

Schröder, Gerhard geboren 1910. Politiker (CDU). Bundesminister (des Inneren, des Auswärtigen und der Verteidigung) 1953–69.

Schumacher, Kurt 1895–1952. Sozialdemokratischer Politiker. Im Konzentrationslager 1933–45. Vorsitzender der SPD 1946–52.

Thielicke, Helmut geboren 1908. Evangelischer Theologe. Lehrte nach 1945 in Tübingen und ab 1954 in Hamburg.

Walter, Gustav 1841–1913. Dachdeckermeister in Wuppertal. Großvater Gustav Heinemanns.

Weber, Alfred 1868–1958. Nationalökonom und Kultursoziologe. Lehrte in Heidelberg.

Weber, Max 1864–1920. Soziologe, lehrte zuletzt in München. Begründer der Religionssoziologie. Hatte weitreichende Wirkung auf die Politik.

Wehner, Herbert geboren 1906. Sozialdemokratischer Politiker. Mitglied der KPD 1927–42. Im Bundestag seit 1949. Stellvertretender Parteivorsitzender 1959–73. Fraktionsvorsitzender seit 1969.

Wessel, Helene 1898–1969. Politikerin. Zentrumsabgeordnete im Preußischen Landtag 1928–33, im Bundestag 1949–53. Mitgründerin der Gesamtdeutschen Volkspartei. Für die SPD im Bundestag 1957–69.

Wilm, Ernst geboren 1901. Evangelischer Theologe, führend in der Bekennenden Kirche. Präses der Evangelischen Kirche von Westfalen 1949–68.

Bibliographische Angaben

Es entspräche nicht Art und Zweck dieses Buches, eine erschöpfende Bibliographie der bisher erschienenen Werke von und über Gustav Heinemann zu bringen. Was Heinemanns Schriften angeht, so sei hier nochmals auf die von Martin Lotz bearbeitete und 1976 vom Archiv der sozialen Demokratie in der Friedrich-Ebert-Stiftung herausgegebene Bibliographie verwiesen.
Soweit in diesem Buch Aufsätze und Reden Heinemanns zitiert worden sind, finden sich die Texte, sofern anderes nicht ausdrücklich vermerkt ist, in den bisher drei Bänden der im Suhrkamp Verlag in Frankfurt 1975-77 erschienenen Dokumentation

Gustav Heinemann, *Reden und Schriften*
Band I: *Allen Bürgern verpflichtet.*
Reden des Bundespräsidenten 1969-1974.
Band II: *Glaubensfreiheit – Bürgerfreiheit.*
Reden und Aufsätze zu Kirche-Staat-Gesellschaft. Herausgegeben von Diether Koch.
Band III: *Es gibt schwierige Vaterländer …*
Reden und Aufsätze 1919-1969. Herausgegeben von Helmut Lindemann.

Soweit im Text auf einen dieser Bände Bezug genommen wird, erscheint die Bandzahl in Klammern, z. B. (II). Ein Band IV mit den rechtspolitischen Reden und Schriften befindet sich in Vorbereitung. Einige Reden aus den Jahren 1969-74 sind nach den Weißbüchern des Bundespräsidialamtes *Gustav W. Heinemann, Reden und Interviews I-V* zitiert worden.
Briefe an und von Gustav Heinemann, die in diesem Buch zitiert worden sind, befinden sich als Original oder Kopie im Archiv der sozialen Demokratie der Friedrich-Ebert-Stiftung in Bonn-Bad Godesberg; in zwei Fällen (an Wilhelm Röpke S. 69 und an Herbert Schöffler S. 282) im Landeskirchlichen Archiv der Evangelischen Kirche von Westfalen in Bielefeld. Der Brief Heinemanns an seine Kinder vom Januar 1945 (S. 68) wurde dem Verfasser von Dr. Peter Heinemann zur Verfügung gestellt.

Soweit auf Gespräche des Altbundespräsidenten Heinemann mit Freunden Bezug genommen wird, handelt es sich um Tonbandaufnahmen von Brigitte Gollwitzer, die sie dem Verfasser freundlicherweise ebenso zur Verfügung gestellt hat wie einige autobiographische Aufzeichnungen Heinemanns, vornehmlich aus den frühen sechziger Jahren.
Bücher über Gustav Heinemann oder zugehörige Fragen, die hier verwendet worden sind, werden nachstehend aufgeführt. Soweit im Text darauf Bezug genommen wird, erscheint die ihnen hier vorangestellte Zahl in Klammern.

1. *Gustav Heinemann – Bundespräsident.* Beiträge von Helmut Gollwitzer, Diether Posser, Horst Ehmke, Erhard Eppler und Ernst Wilm. Bonn 1971.
2. Joachim Braun, *Der unbequeme Präsident.* Karlsruhe 1972.
3. Diether Koch, *Heinemann und die Deutschlandfrage.* München 1972.
4. Werner Koch, *Heinemann im Dritten Reich.* Wuppertal 1972.
5. Wilhelm Niemöller, *Bekenner der Kirche.* Gütersloh 1970.
6. Adolf Scheu (Hrsg.), *Aus vergangenen Tagen.* Gustav W. Heinemann zum 70. Geburtstag. Wuppertal 1969. Privatdruck.
7. Hermann Schreiber und F. Sommer, *Gustav Heinemann – Bundespräsident.* Frankfurt 1969.
8. Carola Stern, »Woher sie kamen, woher wir kommen« in: *L 76,* Nr. 2. Frankfurt 1976.
9. Otto Heinemann, *Kronenorden vierter Klasse.* Düsseldorf 1969.
10. Günther Klempnauer, *Über Lebens-Chancen.* Prominenten-Interviews. Wuppertal 1970.
11. Hans-Georg Hermann, *Verraten und verkauft.* Fulda 1958 (Der Fall Agartz).
12. Hartmut Soell, *Fritz Erler – Eine politische Biographie.* Berlin–Bonn 1976.

Bildnachweis:
Archiv der sozialen Demokratie/Friedrich-Ebert-Stiftung.

links oben:	Heinemanns Vater Otto, 32 Jahre alt (1896)
links unten:	Heinemanns Großvater Gustav Walter
rechts oben:	Heinemanns Mutter Hanna, 16 Jahre alt (1891)

Gustav Heinemann, 16 Jahre alt (1915)

Pfarrer Friedrich Graeber, 66 Jahre alt (1950)

oben: Pressekonferenz der Gesamtdeutschen Volkspartei während der Genfer Viermächtekonferenz am 22. Juli 1955. Neben Heinemann Adolf Scheu und Pfarrer Martin Niemöller

links oben: Die Regierung von Nordrhein-Westfalen mit Gustav Heinemann als Justizminister 1947/48

links unten: Kundgebung der Notgemeinschaft für den Frieden Europas in der Frankfurter Paulskirche am 18. November 1951. Neben Heinemann Botschafter a. D. Prof. Meyer und der CSU-Politiker Alois Hundhammer

oben: Französischer Nationalfeiertag 1968. Das Ehepaar Heinemann mit Botschafter Seydoux

links oben: Weiberfasnacht im Bundesjustizministerium 1968

links unten: Der Bundespräsident mit Enkelkindern

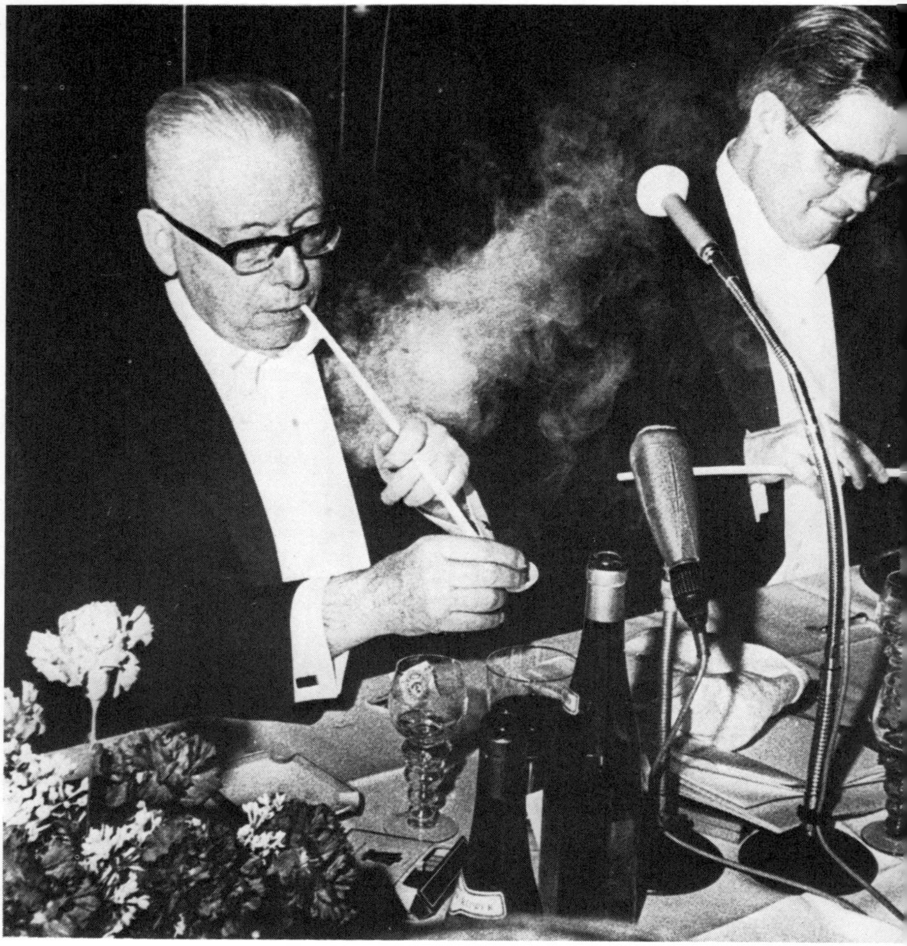

oben:	Auf der Schaffermahlzeit in Bremen im März 1970. Neben Heinemann Bürgermeister Hans Koschnick
rechts oben:	Erster Besuch bei der Bundeswehr im September 1969
rechts unten:	Besuch im bayerischen Grenzgebiet im August 1970. Neben Heinemann Bayerns Arbeitsminister Pirkl

oben:	Staatsbesuch in Schweden im Dezember 1974. Der Bundespräsident mit Prinzessin Margaretha
rechts oben:	Besuch in Hiroschima im April 1971. Kranzniederlegung am Ehrenmal für die Atombombenopfer
rechts unten:	Heinemann im Gespräch mit Prinz Bernhard der Niederlande und Bundesaußenminister Scheel

oben:	Staatsbesuch in Italien im März 1973. Mit Roms Bürgermeister vor dem Denkmal der Wölfin
links oben:	Staatsbesuch in Großbritannien im Oktober 1972. In der Galakutsche mit Königin Elisabeth
links unten:	Staatsbesuch in Großbritannien 1972. Bankett beim Lord Mayor. Heinemann im Gespräch mit Prinzessin Anne

oben:	Begegnung mit dem israelischen Schauspieler Shmuel Rodensky
links oben:	Staatsbesuch in Rumänien im Mai 1971. Mit Staatspräsident Ceausescu
links unten:	Staatsbesuch in Rumänien 1971. Heinemann bei einer Besichtigung

Altbundespräsident Heinemann mit seinem persönlichen Referenten Pfarrer Martin Lotz